Medienbildung

Kapitel und Aufgaben mit diesem Symbol vermitteln dir Kompetenzen, mit denen du die digitalen Medien und Werkzeuge selbstbewusst, kritisch und erfolgreich handhaben kannst.

Vor einigen Aufgaben oder Überschriften steht ein Ⓜ.

Dieses Ⓜ bedeutet: **METHODE**.
In solchen Kapiteln oder Aufgaben erwirbst und vertiefst du Methoden für das selbstständige und für das gemeinsame Arbeiten mit anderen, z. B.:

- Schreibkonferenz
- Sechs-Schritt-Lesemethode
- Redekarten für einen Kurzvortrag
- Ein Gedicht gestaltend vortragen

Auf vielen Seiten findest du eine LUPE mit einer Seitenzahl.

Diese Lupe ist wie ein Link. Wenn du die angegebene Seite aufschlägst, dann findest du dort Informationen, die dir beim Lösen deiner Aufgabe helfen. 282

Hinter einigen Texten steht ein LAUTSPRECHER.

Von diesen Texten gibt es eine Hörfassung auf der BiBox zu Praxis Sprache.

Am Ende des Buches findest du ein REGISTER.

In diesem Register findest du für jedes Schuljahr alle Fachausdrücke, die für dich beim Lernen und Arbeiten im Fach Deutsch wichtig sind.

Ergänzende Materialien für Lehrkräfte

Vorbereiten. Organisieren. Durchführen.
BiBox ist das umfassende Digitalpaket zu diesem Lehrwerk mit zahlreichen Materialien und dem digitalen Schulbuch. Für Lehrkräfte und für Schülerinnen und Schüler sind verschiedene Lizenzen verfügbar. Nähere Informationen unter **www.bibox.schule**

Diagnostizieren. Fördern. Evaluieren.
Die OnlineDiagnose zu diesem Lehrwerk testet die wichtigsten Kompetenzen und erstellt individuelle Fördermaterialien und Arbeitshefte zum Downloaden oder Bestellen. Nähere Informationen unter **www.onlinediagnose.de**

Verstehen. Üben. Testen.
kapiert.de ist das interaktive Lernsystem – passend zu diesem Lehrwerk – mit differenzierten Lerneinheiten, Lernmanager und Klassenarbeitstrainer. Nähere Informationen unter **www.kapiert.de**

Druck A[1] / Jahr 2021
Alle Drucke der Serie A sind im Unterricht parallel verwendbar.

Redaktion: Regina Nußbaum, Katharina Kischkel
Typographisches Konzept: Janssen Kahlert Design & Kommunikation GmbH
Layout: Druckreif! Sandra Grünberg, Braunschweig
Umschlaggestaltung: Janssen Kahlert Design & Kommunikation GmbH
Druck und Bindung: Westermann Druck GmbH, Braunschweig

ISBN 978-3-14-**101944**-5

Inhalt

Über mich und andere: Kinder hier und anderswo

Entdeckungen: Helden und Idole

Die Welt der Bücher: Autor und Buch

Fantasie und Wirklichkeit: Abenteuer und Gruseliges

Verknüpfte Geschichten

Feste feiern – Traditionen wahren

Wort – Satz – Text

Rechtschreibung und Zeichensetzung

Wort – Satz – Text

Sprache und Sprachgebrauch

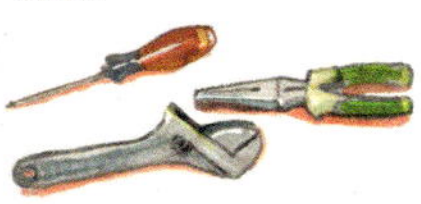

Sprechen und Zuhören

Miteinander diskutieren

Verschiedene Standpunkte einer Diskussion untersuchen

1 Diese Schülerinnen und Schüler diskutieren über ein interessantes Thema. Lest das Gespräch laut mit verteilten Rollen.

Anna: Wisst ihr, was ich gestern in der Zeitung gelesen habe? Es gibt Schulen, da beginnt jeder Tag mit einer Stunde Sport. Toll, ne? Was haltet ihr denn davon? Ich fände es super, wenn es das an unserer Schule auch geben würde.

Paul: Warum das denn?

Anna: Na ja, ich denke, wenn man jeden Morgen Sport macht, startet man viel fitter und entspannter in den Tag. Dann kann man sich bestimmt auch besser auf den Unterricht konzentrieren.

Leon: Ich sehe das genauso wie du. Ich kenne das vom Lernen zu Hause. Wenn ich Mathe pauken muss, gehe ich vorher eine Runde mit dem Hund spazieren. Danach kann ich mich dann viel besser auf die Zahlen konzentrieren.

Paul: Aber jeden Tag Sport? Und das so kurz nach dem Aufstehen? Ohne mich! Da streike ich. Mir reichen die zwei Stunden Sport pro Woche, die wir jetzt schon haben. Entspannter bin ich dadurch auch nicht. Wenn ich mir vorstelle, erst zehn Runden um den Sportplatz zu rennen und danach die Deutscharbeit zu schreiben ...

Jana: Ich sehe das ähnlich wie du, Paul. Besonders wenn man dann den ganzen Tag verschwitzt im Unterricht sitzt – igitt – da halte ich überhaupt nichts von.

Roman: Ach Jana. Man kann doch auch nach dem Sport duschen.

Anna: Genau.

Roman: Ich finde die Idee an sich gut, aber ich gehe ja jetzt schon dreimal in der Woche nachmittags zum Handball. Da ist es mir wichtiger, in der Schule mehr Zeit für andere Fächer wie Deutsch und Mathe zu haben.

Paul: Genau das finde ich auch wichtig. Mein Onkel sagt immer: Lesen, Schreiben, Rechnen muss man können. Von Sport hat er nichts gesagt. Den kann man in der Freizeit machen.

Anna: Also in dem Artikel stand, dass da kein schweißtreibender Sport gemacht wird, sondern viele kleine Übungen für die Beweglichkeit und Geschicklichkeit. Das schult das Gehirn und soll einem dann auch in anderen Schulfächern helfen.

Jana: Aber muss es denn unbedingt Sport sein? Ich meine, ein Instrument zu spielen fördert doch auch das Gehirn.

Stella: Das stimmt. Ich spiele ja seit vier Jahren Schlagzeug. Da muss ich echt viele unterschiedliche Bewegungen mit Füßen, Armen und Händen machen. Und das ist zum Teil anstrengender als Sport.

Leon: Hmm, darüber habe ich noch gar nicht nachgedacht. Aber nicht jeder kann sich ein Instrument leisten. Außerdem hat unsere Schule jetzt schon zu wenig Musiklehrer. Da sind doch ein paar Gymnastikübungen eine günstige Alternative.

Stella: Da hast du wohl recht.

2 Worum geht es in dem Text? Gebt den Inhalt kurz wieder.

3 Anna setzt mit ihren Gedanken ein interessantes Gespräch in Gang. Es werden ganz unterschiedliche Meinungen geäußert. Fasst noch einmal zusammen, welche verschiedene Standpunkte zwischen den Jungen und Mädchen ausgetauscht werden.

4 Untersucht die Beiträge der Jugendlichen zum Thema „Frühsport" nun im Einzelnen:
- Wer spricht sich **dafür**, wer spricht sich **dagegen** aus?
- Gibt es jemanden, der geteilter Meinung ist?
- Wie reagieren die Kinder jeweils auf die Standpunkte der anderen? Nennt auch dazu Beispiele.

5 Die Kinder diskutieren über das Thema, ohne dass es zu einem Streit kommt. Was *diskutieren* genau bedeutet, erfährst du in dem Infokasten.

6 Prüft, ob die Jungen und Mädchen ihren Standpunkt sachlich und überzeugend begründen. Findet passende Beispiele dafür.

7 Bestimmt sind euch auch Diskussionen mit euren Freunden in Erinnerung. Mit wem habt ihr diskutiert und wie ist das Gespräch verlaufen? Nennt Beispiele.

8 Sicherlich habt ihr auch schon Diskussionen zwischen Erwachsen erlebt. Über welche Themen haben die Erwachsenen diskutiert?

9 Diskussionen werden nicht nur im Alltag geführt, sondern auch in verschiedenen Medien.
- Welche Themen kennt ihr, die in Medien eine Rolle spielen?
- Recherchiert einmal oder befragt Personen in eurem Umfeld zu Diskussionsthemen in den Nachrichten, im Internet oder in Fernsehsendungen. Tauscht euch über diese Themen aus.

INFO

Diskussion – diskutieren

Wenn man miteinander diskutiert, dann tauscht man sich über ein bestimmtes Thema oder Problem aus. Man möchte in diesem Gespräch jemanden von etwas überzeugen, z. B. von einem Vorhaben, einer Idee oder einem Standpunkt. Es ist also wichtig, sich vor einer Diskussion gute Gründe zu überlegen, warum man für oder gegen etwas ist. Ein Streit entsteht meist dann, wenn nicht genug bleibt Zeit, sich auf ein Gespräch vorzubereiten.

Sprechen und Zuhören

Über mich und andere: Kinder hier und anderswo

Regeln für erfolgreiches Diskutieren

1 Vier Freunde planen den Bau eines Baumhauses. Sie diskutieren darüber, wie sie ihren Plan am besten umsetzen können. Lest das Gespräch mit verteilten Rollen.

Eddie *(begeistert)*: Leute, ich habe eine großartige Idee. In unserem Garten steht ein großer alter Baum und meine Eltern haben mir erlaubt, darauf ein Baumhaus zu bauen. Wie sieht es aus, wollen wir das gemeinsam machen? Dann hätten wir einen tollen Platz für unsere Treffen.

Nala *(zustimmend)*: Das ist ja eine abgefahrene Idee. Da habe ich gleich eine Vorstellung, wie es aussehen könnte. Sicher könnten wir sogar darin übernachten, wenn wir es gut planen.

Marek *(freudig)*: Erzähl mal, kriegt es eine Treppe, kann man dort richtig gut sitzen, passt ein Sessel rein und ein kleines Regal?

Nala *(überlegend, nachdenklich)*: Mal langsam, Marek, so einfach ist das nicht.

Jesko *(protestierend)*: Hallo, denkt ihr auch mal darüber nach, ob uns jemand dabei helfen kann? Allein schaffen wir das doch gar nicht.

Eddie *(begeistert)*: Und ob, ein Schnipp und das Ding ist fertig. Das wird eine Festung, sag ich euch.

Nala *(überlegend, planend)*: Vielleicht sollten wir nicht gleich mit der Einrichtung beginnen, sondern erstmal über wichtige Dinge nachdenken, zum Beispiel: Wo bekommen wir Material her und wie wollen wir das bezahlen?

Marek *(ironisch)*: Und ein Fenster muss auch drin sein, damit wir sehen, ob Eddies kleine Schwester kommt.

Nala *(ausgleichend)*: Jetzt lass doch mal Biene in Ruhe, sie freut sich bestimmt auch, wenn ein Baumhaus im Garten steht. Verbieten kannst du ihr es doch nicht. Es gehört ja dann sowieso Eddie und Biene gemeinsam.

Eddie *(ablehnend)*: Nee, die kommt da nicht hoch.

Jesko *(genervt)*: Na und wie gehen wir das Projekt nun an?

Eddie *(nachdenklich)*: Mhhhh … weiß auch nicht.

Marek *(begeistert)*: Ach, das kriegen wir schon hin.

Jesko *(skeptisch)*: Und wann soll es eigentlich losgehen?

Marek *(motiviert)*: Mein Vater transportiert uns das ganze Material, er hat ein großes Auto.

Jesko *(genervt)*: Oh man, echt jetzt, Marek! Können wir vielleicht mal einen Plan machen? Einen Schritt nach dem anderen.

Nala *(noch genervter)*: Du immer mit deiner Denkerei, anstatt dass du dich einfach mal freust.

Eddie *(beruhigend)*: Jetzt streitet nicht.

Marek *(freudig)*: Ha ha, das wird so cool.

Jesko *(ironisch)*: Na bestimmt! Wenn das Fenster keine Scheibe drin hat, mit Sicherheit!

2 Untersucht nun einmal, wie das Gespräch verläuft und wie sich die Kinder am Gespräch beteiligen.

- Welche Ideen haben Eddie, Nala und Marek?
- Gibt es Stimmen gegen oder für etwas?
- Wie reagieren die Freunde auf die Meinungen der anderen?
  Nala findet Eddies Idee …
  Marek macht den Eindruck, dass er Eddies Idee …
  Eddie reagiert auf Jeskos Äußerung …
- Wie reagiert Jesko während des Gesprächs? Was ist ihm wichtig?

3 Von Eddies toller Idee bleibt am Ende nicht viel übrig. Welche Tipps könnt ihr den vier Freunden geben, damit sie beim nächsten Mal erfolgreicher miteinander diskutieren können? Lest dazu auch im Infokasten nach.

Regeln für erfolgreiches Diskutieren

INFO

In einer Diskussion sollten die Beteiligten …

- die eigene Meinung sachlich vertreten und beim Thema bleiben,
- höflich, ruhig und in passender Lautstärke sprechen,
- andere ausreden lassen und niemandem ins Wort fallen,
- Zugeständnisse machen und Wertschätzung ausdrücken,
- sich andere Meinungen anhören und darauf eingehen,
- sich eventuell auch mal entschuldigen,
- Verständnis für andere äußern,
- Begründungen für eigene Vorschläge nennen.

Ihr könnt in die Diskussion auch jemanden einbeziehen, der die Leitung übernimmt. Er sollte Folgendes tun:

- die Diskussion eröffnen und in das Thema einführen,
- den Rednern der Reihe nach das Wort erteilen – eventuell nach einer Rednerliste,
- darauf achten, dass die Diskussionsregeln eingehalten werden,
- nachfragen, wenn etwas unklar ist,
- das Ergebnis am Ende der Diskussion zusammenfassen und ein Fazit ziehen.

4 Jetzt seid ihr an der Reihe. Wählt euch ein eigenes Themen aus oder nehmt eines der folgenden und führt eine Diskussion.

➡ ***Täglich eine Stunde Sport am Morgen***
➡ ***Klassenbeitrag für das Schulfest***

- Bestimmt auch ein oder zwei Personen, die eure Diskussion leiten. Das darf auch eure Lehrerin oder euer Lehrer sein.
- Versucht darauf zu achten, dass alle die Regeln fürs Diskutieren einhalten.

Sprechen und Zuhören

Über mich und andere: Kinder hier und anderswo

Den Verlauf einer Diskussion untersuchen und reflektieren

Die vier Kinder versuchen erneut, sich auf einen Plan für den Bau des Baumhauses zu einigen. Jesko übernimmt dabei die Diskussionsleitung.

1 Lest auch diese Diskussion mit verteilten Rollen.

Jesko *(führt ein)*: Also ich fange mal an. Wir müssen uns heute einigen, wie wir unser Projekt angehen. Beim letzten Mal gab es ja schon Ideen, worüber wir nachdenken müssen: finanzielle Unterstützung, Material, Hilfe, Einrichtung und so weiter.

Nala, Marek und Eddie melden sich.

Jesko *(moderiert)*: Eddie, du zuerst.

Eddie *(erklärt)*: Also, ich habe nochmal mit meinen Eltern über unseren Plan gesprochen. Sie haben mir versichert, dass das Baumhaus wirklich nur für mich und meine Freunde sein soll. Biene ist noch zu klein, sagen sie. Es ist zu gefährlich. Mein Vater meinte, wir sollen erstmal eine Zeichnung machen und damit zu ihm kommen.

Jesko *(wägt ab)*: Das klingt doch schon mal sehr gut. Marek, was sagst du?

Marek *(freudig)*: Ich habe es wie Eddie gemacht und mit meinem Vater gesprochen. Ihr wisst ja, er ist Schreiner. Er würde uns mit dem Material und auch beim Bau helfen. Eddie, vielleicht könnte er sich ja mit deinem Vater in Verbindung setzen?

Eddie *(zustimmend, nachfragend)*: Super Idee, Marek. Vielleicht sollten wir beide uns dann einfach um den Bau kümmern? Was sagt ihr dazu?

Jesko *(wägt ab)*: Ja, find ich gut. Ich bin im Organisieren ganz gut. Ich schreibe am besten mal einen kleinen Projektplan. So behalten wir den Überblick, wer sich um was kümmert.

Marek *(interessiert)*: Ein Projektplan? Großartig!

Jesko *(moderiert)*: Nala, jetzt bist du dran. Welche Idee ist dir noch durch den Kopf gegangen?

Nala *(zustimmend, vorschlagend)*: Heute gefällt mir unser Gespräch echt besser, das möchte ich nur mal sagen. Aber nun zu meinen Gedanken. Jesko hat ja beim letzten Mal gesagt, dass wir nicht nur Hilfe benötigen, sondern auch finanzielle Unterstützung. Ich habe dazu zwei Vorschläge. Erstens: Wir könnten es mit einem kleinen Flohmarkt versuchen. Bei meiner Schwester in der Schule wird jedes Jahr einer veranstaltet. Dort können Kinder Sachen anbieten, die sie nicht mehr brauchen. Ich habe noch so viele Spielsachen. Einen Versuch ist es wert. Eine zweite Möglichkeit ist, dass wir einen Tauschbasar machen. Dazu müssten wir uns erstmal notieren, was wir für unser Baumhaus alles benötigen. Danach könnten wir einen Aufruf am schwarzen Brett im Supermarkt starten. Wisst ihr? Diese „Biete: ... Suche: ...“-Aktionen.

Jesko *(moderiert)*: Wow, da hast du dir ja wirklich was Gutes überlegt. Die Idee mit dem Flohmarkt finde ich sehr gut. Wir brauchen also noch eine Liste für die Einrichtung. Möchte jemand diese Aufgabe übernehmen?

Eddie *(vorschlagend)*: Ich bin auch begeistert von deinen Ideen, Nala. Ich würde es sehr gut finden, wenn du die Liste schreiben würdest. Den Flohmarkt finde ich auch prima. Da bin ich dabei. Bei mir findet sich so einiges, was ich nicht mehr brauche.

Nala *(zustimmend)*: Sehr gern. Also mach ich die Liste und wir stimmen uns anschließend nochmal darüber ab. Marek, ist das für dich auch ok?

Marek *(ablehnend, kompromissbereit)*: Ich mag Flohmärkte nicht. Und zum Verkaufen habe ich auch nicht wirklich was. Aber … wartet mal. Meine Großeltern haben viel alten Krempel. Vielleicht kann ich davon was bekommen. Wenn die Liste steht, frag ich einfach mal bei ihnen nach. Und wenn ihr beim Transport Hilfe braucht, frage ich auch gern meinen Vater.

Jesko *(zusammenfassend, vorschlagend)*: Marek, dass du Flohmärkte nicht magst, ist nicht schlimm. Ich finde, was wir bisher ausgetüftelt haben, klingt jetzt wirklich nach einem Plan. Ich fasse nochmal zusammen: Eddie und Marek kümmern sich um das Material und den Bau. Nala macht eine Liste für die Einrichtung und organisiert den Flohmarkt mit Eddie. Ich kümmere mich um den Zeitplan und die Termine. Bald sind Ferien, vielleicht kriegen wir alles so organisiert, dass wir in den Ferien die Einzugsparty feiern können. Um die kümmere ich mich natürlich auch, wenn ihr einverstanden seid.

Marek, Nala, Eddie *(fröhlich zustimmend)*: So machen wir das.

2 Diesmal hat das Gespräch besser geklappt. Was hat euch an der Diskussion besonders gefallen?

3 Untersuche nun den Text noch einmal genauer. An welchen Stellen wird deutlich, dass die Kinder besser miteinander diskutiert haben? Notiere dir Informationen zu folgenden Punkten:

	Kind	*Textbeispiel*
Diskussionsleitung	*Jesko*	*Eddie, du zuerst.*
höflich miteinander sprechen	*Eddie*	…
eigene Vorschläge begründen	…	…
auf andere Meinungen eingehen	…	…
Verständnis für andere äußern	…	…

4 Beschreibt, wie sich die Diskussion verändert hat. Ihr könnt dazu den **Wortschatz** nutzen.

Wortschatz

abwägen
ansprechen
argumentieren
auf andere eingehen
auffordern
begeistern
begründen
fragen
Interesse zeigen
kompromissbereit
motiviert sein
nachfragen
nachgeben
nach Lösungen suchen
offen für andere Vorschläge sein
vorschlagen
Vorschläge einbringen
zu bedenken geben
zustimmen

Sprechen und Zuhören

Über mich und andere: Kinder hier und anderswo

Eine Diskussionsmethode erproben

Fishbowl

- Bildet einen großen Stuhlkreis oder ein Hufeisen.
- In der Mitte befindet sich ein kleiner Innenkreis mit insgesamt 5–7 Stühlen.
- 5–7 Schülerinnen und Schüler sitzen im Innenkreis und diskutieren miteinander über das vereinbarte Thema. Ein leerer Stuhl befindet sich zusätzlich im Kreis.
- Alle anderen Schülerinnen und Schüler sitzen im Außenkreis. Sie hören aufmerksam zu. Nach der Diskussion geben sie Rückmeldung. Zwischenrufe und Kommentare sind nicht erlaubt.
- Wer sich vom Außenkreis an der Diskussion beteiligen möchte, setzt sich auf den freien Stuhl im Innenkreis. Nach einem Redebeitrag wird der Innenkreis wieder verlassen.
- Die Diskussionsleitung führt durch die Diskussion, moderiert und fasst am Ende die Inhalte zusammen. Die Leitung diskutiert **nicht** mit.

1 Führt eine Diskussion nach den Regeln der Fishbowl-Methode durch.
Die Diskussion sollte maximal fünfzehn Minuten dauern. Schaut dazu die nächsten Schritte **A – C** an.

A Themenfindung

Gibt es ein Thema, zu dem es in eurer Klasse aktuell unterschiedliche Meinungen gibt? Über welches Thema aus der Schule oder aus den Nachrichten möchtet ihr unbedingt diskutieren? Tauscht euch aus, erstellt eine Liste, und einigt euch auf ein Diskussionsthema.

Ihr könnt auch aus folgenden Themenvorschlägen wählen:

- Gemeinsames Frühstück in der ersten Woche nach den Ferien?
- Lesenacht mit der Klasse in der Schule?
- Einführung von Geburtstagspaten, die für ein Geburtstagskind – per Los gezogen – eine kleine Überraschung organisieren sollen.
- Theaterbesuch

B Vorbereitung

- Wer leitet die Diskussion?
- Wer sitzt im Innenkreis und diskutiert?
- Wer gibt nach der Diskussion Rückmeldung?
- Gibt es Sonderregeln?

Die Diskussionsleitung:

- Überlege dir eine Einleitung, mit der du die Diskussion eröffnest. Bereite dazu eine Sprechkarte vor.
- Mache dir klar, welche verschiedenen Ansichten es zum Diskussionsthema geben könnte.
- Du kannst dazu auch die **CHECKLISTE** unten nutzen.

Die Diskutierenden:

- Mache dir klar, was dein Standpunkt ist und wie du ihn begründen kannst.
- Erstelle dir Sprechkarten. Nutze dazu den **WORTSCHATZ**.

Die Rückmeldenden:

- Überlege dir, wen du während der Diskussion beobachten möchtest.
- Entscheide dich, was du beobachten möchtest. Bereite dich mithilfe der **CHECKLISTE** unten vor.

C Durchführung und Rückmeldung

- Baut die beiden Stuhlkreise bzw. das Hufeisen und den Stuhlkreis auf.
- Nehmt eure Plätze ein.
- Führt eure Diskussion.
- Gebt euch zum Schluss gegenseitig Rückmeldung.

WORTSCHATZ

Da ist natürlich etwas Wahres dran, aber man muss auch bedenken, dass …
Die Argumente haben mich überzeugt / nicht überzeugt, weil …
Einerseits ist es nachvollziehbar, dass …;
aber andererseits …
Ich denke, dass …
Ich möchte … unterstützen. Deshalb bin ich auch der Ansicht …
Ich vertrete den Standpunkt …
Meiner Ansicht / Auffassung / Meinung nach ist es so, dass …
Nachvollziehbar, was … schildert, aber …
Natürlich hat … recht, wenn man bedenkt …
Aber … hat dabei vergessen, dass …
Nein, das sehe ich ganz anders. Du hast bei … übersehen, dass …
Zum einen … zum anderen …

CHECKLISTE

Die Diskussionsleitung …

- ✔ … hat in das Thema passend eingeführt.
- ✔ … hat moderiert, indem sie den Diskussionsteilnehmern das Wort erteilt, Nachfragen gestellt und Redebeiträge aufeinander bezogen hat.
- ✔ … hat am Ende die Standpunkte zusammengefasst und zur Lösung angeleitet.

Die Diskutierenden …

- ✔ … haben sich … (wie häufig?) und … (wie intensiv?) beteiligt.
- ✔ … haben ihren Standpunkt sachlich und verständlich vorgebracht.
- ✔ … haben ihren Standpunkt begründet.
- ✔ … haben wertschätzend, höflich und freundlich miteinander gesprochen.
- ✔ … haben einander ausreden lassen und sind sich nicht ins Wort gefallen.
- ✔ … haben Verständnis für andere aufgebracht und andere Standpunkte zugelassen.
- ✔ … waren kompromissbereit und haben unterschiedliche Standpunkte überdacht.

Sprechen und Zuhören

Über mich und andere: Kinder hier und anderswo

Eine Diskussion im Plenum führen und auswerten

1 Das folgende Insel-Spiel wird zunächst in Tischgruppen (4–6 Personen) und anschließend mit der gesamten Klasse durchgeführt. Lest euch die Spielanleitung gemeinsam durch.

Das Insel-Spiel

Stellt euch vor, ihr macht zu viert eine Segeltour in der Südsee. In der Nacht gerät euer Schiff in einen schweren Sturm und beginnt zu sinken. Alle können sich auf das Rettungsboot retten. Es ist ein Ruderboot aus Holz, ohne Motor. Am nächsten Morgen seht ihr in der Ferne Land, eine einsame Insel. Einige Gegenstände treiben noch im Wasser umher.

Die Gegenstände sind:

- eine Angel
- ein Schlafsack
- eine Schwimmweste
- eine Tube Sonnencreme
- ein Fass mit 20 Litern Trinkwasser
- ein Laptop
- ein Verbandskasten
- ein Portemonnaie
- eine Taschenlampe
- ein weißes Hemd
- ein Feuerzeug
- eine Kiste mit fünf Kilogramm Nahrung
- eine Sonnenbrille
- ein Satellitentelefon mit geladenem Akku
- ein Messer
- ein Reiseführer über Tahiti
- ein leerer Koffer
- ein Sonnenhut
- eine Signalpistole mit einer Patrone
- ein Eimer

Euer Boot ist schon sehr voll. Ihr könnt deshalb nur noch **zehn** der umhertreibenden Gegenstände zur einsamen Insel mitnehmen.

2 Wähle zuerst **allein** zehn Gegenstände aus, die du für euer Überleben am wichtigsten hältst.
- Mach dir deine Auswahl bewusst.
- Wäge gut ab, welchen Nutzen ihr jeweils von diesem Gegenstand hättet.

3 Tauscht euch danach in der Tischgruppe über eure Auswahl aus.
- Begründet, warum ihr genau diese Gegenstände mitnehmen wollt. Nutzt den **Wortschatz**.
- Formuliert nun aus euren Ideen eine gemeinsame **Tischgruppen-Liste**.

4 Präsentiert eure Liste dann im Plenum und vergleicht eure Ergebnisse untereinander.
- Diskutiert eure Vorschläge und begründet eure Ablehnung bzw. euren Zuspruch.
- Entwickelt anschließend in der Klasse eine **gemeinsame Liste** für alle.

Wortschatz

besonders gut geeignet – das Überleben sichern – immens wichtig – lebensnotwendig – praktisch – sinnvoll – strategisch wichtig – unbrauchbar – unentbehrlich – unnütz – unsinnig – unverzichtbar – unwichtig – überflüssig – überlebenswichtig – zwingend erforderlich

Über mich und andere: Kinder hier und anderswo

Überprüfe dein Wissen und Können

1 Welche Regeln sind für eine Diskussion wichtig? Notiere die vier richtigen Buchstaben.
A Man lässt Redner ausreden und fällt ihnen nicht ins Wort.
B Eine Rednerliste ist immer überflüssig.
C Die Diskussionsleitung moderiert die Diskussion.
D Die Sprache in Diskussionen ist wertschätzend.
E Beleidigungen darf man zur Begründung an wenigen Stellen einsetzen.
F Die Diskussionsleitung leitet am Anfang ins Thema ein und fasst am Ende zusammen.
G Die Diskussionsleitung kann zwischendurch spontan wechseln.

2 Worauf sollte man in einer Diskussion Wert legen?
Notiere die vier richtigen Buchstaben.
A Zugeständnisse machen
B Drohungen
C Gegenangriffe
D Wertschätzung
E Entschuldigungen
F Beleidigungen
G Unterstellungen
H Verständnis für andere ausdrücken

3 Finde passende Beschreibungen für folgende Redebeiträge.
Der **Wortschatz** gibt dir Anregungen.
Lia: Es freut mich, dass wir uns dafür entschieden haben.
Mischa: Das habe ich nicht bedacht! Du hast recht.
Miriam: Das gefällt mir, weil ich das noch nicht gemacht habe.
Fabian: Das ist zwar nicht das, was ich unbedingt machen muss, aber ich kann es mir auch vorstellen.

Wortschatz
begeistert, begründend, einsichtig, gibt zu, kompromissbereit, wertschätzend, zustimmend

4 An welche Regeln sollte man sich in einer Diskussion halten?
Notiere die zwei richtigen Buchstaben.
a) Ich sage immer, was ich meine. Es geht mir nur darum, was mir gefällt.
b) Ich höre anderen aufmerksam zu.
c) Ich achte darauf, durch meine Beiträge niemanden zu beleidigen.
d) Es ist nicht notwendig, meine Meinung zu begründen.

5 Welche der folgenden Redebeiträge würdest du in einer Diskussion verwenden? Finde eine passende Begründung.
a) „Du immer mit deinen blöden Vorschlägen.“
b) „Deine Begründung kann ich wirklich nachvollziehen.“
c) „Mir gefällt gut, was du gesagt hast.“
d) „Deine Idee hat mich überzeugt, darauf kann ich mich gut einlassen.“

Wortschatz
…, weil Verständnis für andere ausgedrückt wird.
…, weil andere Ideen wertgeschätzt werden.
…, weil der Beitrag Kompromissbereitschaft zeigt.
…, weil es abwertend ist.

Sprechen und Zuhören

Meinungen vertreten und begründen

Auf einer Positionslinie einen Standpunkt einnehmen

1 Diskutiert wird überall: auf dem Schulhof, bei der Arbeit, im Fernsehen und in sozialen Netzwerken. Diskussionen sind gut. Wenn jedoch unterschiedliche Meinungen aufeinandertreffen, kann ein Gespräch schwierig werden.
Man muss sich zu einer Streitfrage einigen können. Die eigene Meinung vertreten zu können, ist also sehr wichtig.
Untersuchungen zeigen, dass zum Beispiel das Smartphone für viele Kinder und Jugendliche heutzutage nicht mehr wegzudenken ist. Ein Tag ohne das Gerät ist nahezu unvorstellbar.

- Geht es euch auch so?
- Oder könntet ihr euch vorstellen, auf einer Klassenfahrt das Smartphone zu Hause zu lassen?

2 Schreibt die folgende Streitfrage an die Tafel oder ans Board.

Sollten wir bei der nächsten Klassenfahrt auf Smartphones verzichten?

3 Beantworte die Streitfrage still für dich mit „ja“ oder „nein“ oder mit „unentschieden“.

4 Das Abstimmungsergebnis (Meinungsbild) eurer Klasse lässt sich mit einer **Positionslinie** sichtbar machen. Seht euch die Abbildung an und lest im Infokasten, wie man dabei vorgeht.

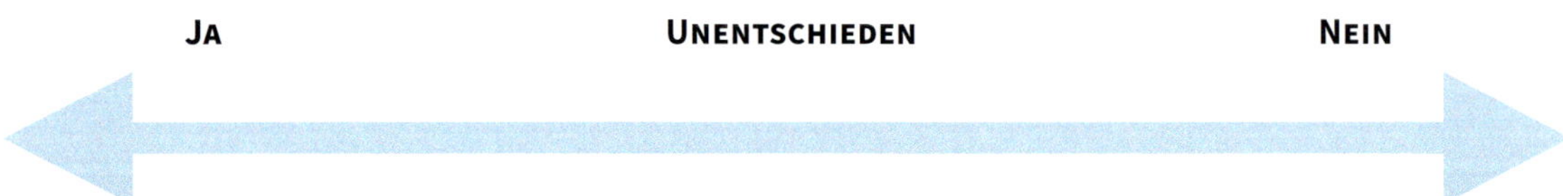

INFO

Auf einer Positionslinie einen Standpunkt einnehmen

- Zieht eine etwa 6 Meter lange Linie (z. B. mit Kreide oder Klebeband) durch den Klassenraum, im Flur oder in der Pausenhalle.
- Markiert das eine Ende der Linie als Ja-Position, das andere als Nein-Position und die Mitte als Unentschieden-Position.
- Stellt die Streitfrage.
- Nun nimmt jeder den Platz auf der Positionslinie ein, der seinem Standpunkt in der Streitfrage entspricht: Antwortet man eindeutig mit *ja* oder *nein*, stellt man sich entweder an der *Ja*- oder *Nein*-Position auf. Ist man nicht eindeutig für *ja* oder *nein*, stellt man sich bei *unentschieden* auf. Oder man wählt einen anderen Platz auf der Linie zwischen *unentschieden* und *ja/nein*.
- Haltet das Abstimmungsergebnis z. B. so fest: *ja: 5, nein: 16, unentschieden/dazwischen: 8*

5 Bildet nun eine Positionslinie und nehmt darauf den Platz ein, der eurem Standpunkt zu dieser Streitfrage entspricht.

6 Haltet das Abstimmungsergebnis an der Tafel oder dem Board fest. Vielleicht macht ihr von eurer Positionslinie auch ein Foto?

7 Warum seid ihr für *ja* oder *nein*? Oder warum wollt ihr keinen eindeutigen Standpunkt einnehmen?
- Begründet eure Position, die ihr auf der Linie einnehmt.
- Ihr könnt dazu auch den **WORTSCHATZ: TEXTBAUSTEINE** nutzen.

WORTSCHATZ: TEXTBAUSTEINE

Ich bin für ***ja****, weil …*
Mein Standpunkt ist ***nein****. Denn ich möchte …*
Ich stehe bei ***unentschieden****. Ich bin / habe nämlich …*
Ich stehe zwischen ***ja*** *und* ***unentschieden****, denn …*
Ich stehe zwischen ***nein*** *und* ***unentschieden****, weil …*

Nutzer verbringen im Schnitt 3,7 Stunden am Smartphone*

Chatten, Serien schauen und online einkaufen: Der durchschnittliche Nutzer verbringt 3,7 Stunden am Tag mit seinem Smartphone – und damit noch einmal deutlich länger als im Vorjahr, zeigt eine Studie. Die Menschen verbringen immer mehr Zeit an ihren Smartphones und nutzen diese zunehmend nicht mehr nur zur Kommunikation und Unterhaltung sondern für Einkäufe und Bankgeschäfte. Nach veröffentlichten Berechnung der Analyse-Plattform „App Annie“ verbrachte der durchschnittliche Nutzer im Jahr 2019 etwa 3,7 Stunden täglich an seinem Smartphone. 2018 waren es noch drei Stunden gewesen.

Weltweit luden sich die Nutzer im vergangenen Jahr insgesamt 204 Milliarden Apps herunter, mehr als doppelt so viel wie die 101 Milliarden im Jahr zuvor.

Die meiste Zeit verbrachten viele Menschen in sozialen Netzwerken, beim Video-Streamen, Spielen und Online-Shoppen. Einen Durchbruch erlebten weltweit Finanz-Apps. Deren Nutzung verdoppelte sich von 2017 bis 2019.

8 Ist das Forschungsergebnis für euch „erschreckend“ oder erscheint es euch eher normal?

9 Überprüft im Selbstversuch, wie oft ihr täglich euer Smartphone checkt.
- Führt einen Tag lang von morgens bis abends eine Strichliste. 𝍸 𝍸 𝍸 𝍸 III …
- Tragt eure Ergebnisse zusammen und ermittelt den Durchschnitt für eure Klasse.

10 Notiert einen Tag lang, was ihr – wie oft – mit dem Handy tut, z. B.
chatten 𝍸 II, telefonieren II, spielen 𝍸, fotografieren, lesen IIII …
Tragt eure Ergebnisse zusammen und ermittelt eine „Hitliste“ für eure Klasse.

11 Konnten die Ergebnisse eures Selbstversuches eure Meinung über einen möglichen Handyverzicht auf Klassenfahrten verändern?
Macht die Probe und bildet erneut eine Positionslinie. Was stellt ihr fest?

(* Text verändert)

Sprechen und Zuhören

Über mich und andere: Kinder hier und anderswo

Schülermeinungen untersuchen – Begründungen ermitteln

1 ***Sollten Smartphone, Tablet und Co. bei Klassenfahrten zu Hause bleiben?***
Zu dieser Streitfrage könnt ihr hier die Meinungen von *Charlie, Moritz* und *Melina lesen*.

Ich soll mein Smartphone eine Woche lang zu Hause lassen? Das geht gar nicht! Ein Handyverbot würde den ganzen Spaß an der Klassenfahrt verderben. Denn es würde für schlechte Stimmung in der Klasse sorgen. Man muss doch seine News checken können. Man will doch wissen, was in der Clique los ist. Ich möchte zum Beispiel nicht verpassen, was gerade in meinem Football-Team passiert. Und überhaupt, mein Handy ist Privatsache. Weil es keinen etwas angeht, wenn ich ein Selfie an die Oma schicke.
Charlie

Die Handys bleiben bei der Klassenfahrt zu Hause – da bin ich dabei. Das ist ein cooles Experiment für alle Smartphone-Junkies in unserer Klasse. Endlich mal nicht chatten. Sondern richtig miteinander reden – von Angesicht zu Angesicht. Abends gemeinsam etwas spielen, ohne dass immerzu jemand nach unten guckt. Ohne Smartphones macht die Klassenfahrt bestimmt mehr Spaß. Weil man viel mehr Zeit hat, sich umeinander zu kümmern, anstatt ständig aufs Display zu starren. Die Leute früher hatten ja schließlich auch ohne Handys Spaß. Also, ich bin experimentierfreudig. Ich bin echt gespannt auf diese Erfahrung.
Moritz

Ein Handyverbot auf der Klassenfahrt? Bestimmt würden viele Schüler ihr Smartphone trotzdem heimlich mitnehmen. Ein Handyverbot würden sie nämlich nicht akzeptieren. Klar, es ist nicht schön, wenn ständig irgendwo Smartphones piepen, blinken, vibrieren. Sie unterbrechen die Gespräche oder stören beim Essen. Aber Smartphones sind doch auch sehr nützlich. Gerade, wenn man in der Gruppe unterwegs ist. Wenn man sich zum Beispiel verlaufen hat, kann man andere anrufen oder die Navi-App nutzen. Ich bin dafür, dass man Handys mitnehmen darf. Aber man sollte verabreden, wann man sie benutzen darf und wann nicht.
Melina

2 Prüft, ob die drei ihre Meinung überzeugend begründen. Tauscht euch aus.

3 Ordnet die Standpunkte von *Charlie, Moritz* und *Melina* auf der Positionslinie (Seite 18) ein. Begründet eure Einschätzung.

4 Lest noch einmal nach und beantwortet die folgenden Fragen.
- Wer teilt seine Meinung gleich am Anfang des Kommentars mit?
- Wer freut sich auf ein spannendes Experiment?
- Wem würde ein Handy-Verbot die Freude an der Klassenfahrt verderben?
- Wer behauptet, dass sich manche nicht an ein Handy-Verbot halten würden?
- Wer hält einige aus seiner Klasse für handysüchtig?

5 Melina gibt auch eine Begründung wieder, die **nicht** ihrem eigenen Standpunkt entspricht. Findet diese Begründung. Wozu fordert Melina am Schluss ihrer kleinen Stellungnahme auf?

6 Lest die folgenden Informationen aufmerksam.
Gebt dann mit euren Wortern wieder, wie man seine Meinung überzeugend vertreten kann.

Argumente

INFO

Mit **Argumenten** will man andere **überzeugen**, dass eine Meinung zu einer Streitfrage richtig oder falsch ist. So braucht man zum Beispiel in Diskussionen stichhaltige Argumente, um den eigenen Standpunkt überzeugend vertreten zu können.

- **Argumente** bestehen aus **Behauptungen** und **Begründungen**, zum Beispiel:
  Charlie vertritt die **Meinung**, dass man Handys auf der Klassenfahrt mitnehmen sollte.
  Er **behauptet**: *Man muss doch seine News checken können.*
  Er **begründet**: *Man will doch wissen, was in der Clique los ist.*
- Manchmal kann man ein Argument mit einem anschaulichen **Beispiel** überzeugender machen. Charlie nennt so ein **Beispiel**:
  Ich möchte zum Beispiel nicht verpassen, was gerade in meinem Football-Team passiert.

7 Untersucht nun die Argumente der Kinder von Seite 20. Ergänzt mündlich folgende Sätze:

I **Charlie** vertritt die Meinung, dass man …
Er **behauptet:** Ein Handyverbot würde den Spaß … → Er **begründet:** Denn es würde …
Er **behauptet:** Man muss doch seine News … → Er **begründet:** Man will doch …
Er **behauptet:** Mein Handy ist … → Er **begründet:** Weil es keinen etwas …

II **Moritz** vertritt die Meinung, dass …
Er **behauptet**: Endlich mal nicht … → Er **begründet:** Sondern richtig …
Er **behauptet**: Abends gemeinsam … → Er **begründet:** Ohne dass …
Er **behauptet**: … → Er **begründet:** …

III **Melina** vertritt die Meinung, …
Sie **behauptet**: … → Sie **begründet:** …
Sie **räumt ein**: Klar, … → Sie **begründet:** …
Sie **behauptet**: … → Sie **begründet:** …

8 Sammelt die Argumente für und gegen Handys auf der Klassenfahrt an der Tafel oder am Board. Zeichnet zwei große Tabellen. Tragt die Argumente wie hier in die Tabellen ein.

Argumente für Handys auf der Klassenfahrt

Behauptung	*Begründung*
Ein Verbot verdirbt den Spaß an der Klassenfahrt.	*Ein Verbot sorgt nämlich für schlechte Stimmung in der Klasse.*
…	…

Argumente gegen Handys auf der Klassenfahrt

Behauptung	*Begründung*
Ständiges Piepen von Handys ist nicht schön.	*Denn es unterbricht Gespräche. Oder, weil es beim Essen stört.*
…	…

9 Übernehmt beide Tabellen in euer Heft oder in eure Mappe. Ergänzt sie mit euren eigenen Argumenten. Bewahrt sie gut auf, denn ihr braucht sie später noch.

Sprechen und Zuhören

Über mich und andere: Kinder hier und anderswo

Das Formulieren von Meinungen trainieren

Die kürzeste Form, eine Meinung abzugeben, ist wohl das Liken: Daumen hoch, Daumen runter. In den sozialen Medien oder in Zeitungen werden aber auch schriftlich Meinungen abgegeben. Wenn ihr den eigenen Standpunkt zu einem Thema schriftlich formulieren wollt, um andere zu überzeugen, solltet ihr kritisch sein, aber ohne zu beleidigen.

1 Zu der folgenden Streitfrage sollst du nun deine eigene Meinung aufschreiben. **Sollen die Noten in Kunst und Musik abgeschafft werden?**
- Entscheide zunächst, welche Meinung du vertreten willst.
- Sammle dazu erst einmal Behauptungen und Begründungen. Am besten nutzt du dazu die Tabellenform.

Argumente für die Notenabschaffung

Behauptung	Begründung
Körperliche Fähigkeiten zu bewerten ist nicht gerecht.	*Nicht jeder kann gut singen oder zeichnen.*
…	

Argumente gegen die Notenabschaffung

Behauptung	Begründung
Man kann schlechte Noten in anderen Fächern ausgleichen.	*Gute Noten in Kunst oder Musik kann man sich doch leicht verdienen.*
…	…

2 Wähle nun zwei oder drei Argumente aus, mit denen du andere von deinem Standpunkt überzeugen willst.
- Markiere die Behauptung mit der entsprechenden Begründung in deinen Tabellen.
- Überlege dir auch ein oder zwei anschauliche Beispiele.
- Beachte die folgenden Arbeitsschritte für das schriftliche Formulieren deines Standpunktes. Auch den **WORTSCHATZ** kannst du zum Schreiben nutzen.

Arbeitsschritte	**WORTSCHATZ: TEXTBAUSTEINE**
• Schreibe die Streitfrage als Überschrift auf.	***Sollen die Noten in Kunst und Musik abgeschafft werden?***
• Leite das Thema kurz ein.	*Diese Frage beschäftigt gerade ein paar Schülerinnen und Schüler meiner Klasse, weil sie häufig schlechte Noten in Kunst und Musik bekommen.*
• Sag deine Meinung (Behauptung).	*Also, ich stehe auf dem Standpunkt, dass die Noten auf keinen Fall / auf jeden Fall abgeschafft werden sollten.*
• Führe zwei, drei Argumente an, die deine Meinung stützen.	*Denn ich finde es falsch / richtig, …* *Das ist mir wichtig, weil …* *Es ist nämlich …*
• Finde ein anschauliches Beispiel.	*Ich kann mir zum Beispiel sehr gut / überhaupt nicht vorstellen …* *In meiner Klasse würden bestimmt …* *Alle / Manche / Einige …*
• Bekräftige am Ende noch einmal deine Meinung.	*Daher steht meine Meinung eindeutig fest: Die Noten … sind nicht wichtig / sollten gegeben werden.*

3 Wähle nun zwei oder drei Argumente aus, mit denen du andere von deinem Standpunkt überzeugen willst.
Um noch überzeugender zu sein, verwende auch ein Gegenargument.

- Markiere das Argument in deinen Tabellen, mit der du deine Meinung vertreten möchtest.
- Markiere zusätzlich ein Argument, entgegen deiner Meinung, was dir wichtig ist.
- Überlege dir auch ein oder zwei anschauliche Beispiele.
- Beachte die folgenden Arbeitsschritte beim schriftlichen Formulieren deines Standpunktes.
- Auch den **WORTSCHATZ: TEXTBAUSTEINE** kannst du zum Schreiben nutzen.

Arbeitsschritte	**WORTSCHATZ: TEXTBAUSTEINE**
• Schreibe die Streitfrage als Überschrift auf.	*Sollen die Noten in Kunst und Musik abgeschafft werden?*
• Leite das Thema kurz ein.	*Diese Frage beschäftigt gerade ein paar Schülerinnen und Schüler meiner Klasse, weil sie immer schlechte Noten in Kunst und Musik bekommen*
• Sag deine Meinung (Behauptung).	*Also, ich stehe auf dem Standpunkt, dass die Noten auf keinen Fall / auf jeden Fall abgeschafft werden sollten.*
• Führe ein Argument an, das deine Meinung stützt.	*Ich kann mir sehr gut / überhaupt nicht vorstellen, dass …* *Es ist doch wichtig … Denn …*
• Führe ein Argument an, das deine Meinung nicht unterstützt. (Gegenargument)	*Natürlich gebe ich zu dass, …* *Allerdings räume ich ein, …*
• Führe ein oder zwei weitere Argumente an, die deinen Standpunkt stützen.	*Aber andererseits ist / sind …* *Außerdem spricht dafür / dagegen, dass …*
• Finde ein anschauliches Beispiel.	*Beispielsweise sind meine Freunde …* *In meiner Klasse ist es nämlich …* *manche / niemanden / viele …*
• Bekräftige am Ende noch einmal deine Meinung.	*Ich bin deshalb der Meinung, …* *Darum stehe ich auf dem Standpunkt, …* *Ich bin dafür / dagegen, dass …*

4 Lest eure Texte im Plenum oder in der Tischgruppe vor.

- Tauscht euch darüber aus, was euch bereits gut gelungen ist.
- Fragt nach, wenn ihr etwas nicht gleich verstanden habt.
- Gebt euch gegenseitig Tipps, wie man etwas noch besser formulieren kann.

Sprechen und Zuhören

Über mich und andere: Kinder hier und anderswo

M Die eigene Meinung im Streitgespräch begründen

1 Bildet zwei Gruppen in der Klasse. Beschäftigt euch mit der folgenden Streitfrage.
Sollen Essen und Trinken im Unterricht erlaubt sein?
Eine Gruppe sammelt Argumente für das Erlauben von Essen und Trinken im Unterricht, die andere Gruppe sammelt Argumente dagegen.

2 Schreibe deine Meinung auf. Orientiere dich an den Arbeitsschritten auf Seite 22–23. 22–23

3 Die unterschiedlichen Standpunkte könnt ihr jetzt in einem Streitgespräch austauschen. Lest dazu einmal, was man genau unter Streitgespräch versteht.

INFO

Streitgespräch

In einem Streitgespräch werden Standpunkte zu einer Streitfrage oder einem Problem in kurzen Reden vorgetragen. Das Ziel eines Streitgesprächs ist es, die Zuhörer von der eigenen Meinung zu überzeugen.

Das geschieht, indem Behauptungen und Begründungen für und gegen etwas gegenübergestellt werden. So kann man seine eigene Meinung anderen präsentieren und gemeinsam eine Lösung zu einem Problem oder einer Streitfrage finden.

4 Für das Streitgespräch arbeiten jeweils zwei Kinder, die für das Essen und Trinken im Unterricht sind und zwei Kinder, die dagegen sind, miteinander.
- Setzt euch in einer Tischgruppe zusammen.
- Nacheinander trägt jedes Kind seinen Standpunkt vor. Die anderen sind dabei Zuhörer. Der Redner wird nicht unterbrochen.
- Wenn etwas unklar ist, sollte dies im Anschluss des Vortrags geklärt werden.
- Anschließend diskutiert die Gruppe darüber, welche Standpunkte die überzeugendsten sind. Sie können auf einem Blatt notiert werden.

5 Sprecht in der Klasse nun über eure Ergebnisse.
- Welche Argumente sind am stärksten? Sammelt sie an der Tafel.
- Wer hat sich von einer anderen Meinung überzeugen lassen?
- Gibt es vielleicht sogar eine Entscheidung für ja oder nein in der Klasse?
- War das Gesprächsverhalten der Teilnehmer in Ordnung?

6 Wählt eines der folgenden Themen aus und diskutiert darüber.
Soll der Unterricht erst um 9.00 Uhr beginnen?
Sollen die Lehrerinnen und Lehrer von den Kindern geduzt werden?

7 Wählt ein eigenes Thema aus und diskutiert darüber.

Über mich und andere: Kinder hier und anderswo

Überprüfe dein Wissen und Können

1 Welches Wort gehört in die Lücke? Notiere: *1) richtig, 2) …*

Ein Lückentext

Möchtest du jemanden davon überzeugen, dass deine Meinung zu einer Streitfrage 1 ist? Dann brauchst du stichhaltige 2. Deine Meinung sollte aus einer 3 und einer 4 bestehen. Manchmal macht ein anschauliches 5 den Standpunkt noch überzeugender. Man kann einen Standpunkt auch schriftlich äußern. Lesen kann man so etwas vor allem in Zeitungen und im 6. Beim Schreiben darf man kritisch sein, aber 7 sollte man nicht.

Argumente
Begründung
Behauptung
Beispiel
beleidigen
Internet
richtig

2 Sechs Kinder haben zum Thema
Sollten zuckerhaltige Getränke im Schulkiosk verkauft werden – ja oder nein?
verschiedene Behauptungen aufgestellt
Ermittle, welches Kind jeweils den Standpunkt *ja* oder *nein* einnimmt.
Notiere: *ja: 1), …* *nein: 2), …*

1) Ein Verkaufsverbot für zuckerhaltige Getränke bringt sowieso nichts, …
2) Gezuckerte Getränke sind schlecht für die Zähne, …
3) Stark gezuckerte Limo und Cola machen dick, …
4) Um aus dem Mittagstief herauszukommen, braucht man etwas Süßes, …
5) Im Schulkiosk dürfen nur ungesüßte Getränke angeboten werden, …
6) Ich möchte zwischen Getränken mit und ohne Zucker auswählen können, …

3 Das sind mögliche Begründungen zu Aufgabe 2. Zu welchen Behauptungen gehören sie?
Notiere: *Zu Behauptung 1 gehört Begründung b). Zu Behauptung 2 gehört …*

a) …, weil Zucker Karies verursachen kann.
b) …, weil sich sonst viele Kinder ihre süße Cola oder Limo mitbringen.
c) …, weil sie viel zu viele Kalorien haben.
d) …, weil Kinder lernen müssen, ihren Durst auf gesunde Weise zu löschen.
e) …, weil ich mir nicht vorschreiben lasse, was ich trinke.
f) …, weil Zucker ein Energiebringer ist, der schnell ins Blut geht.

ℓ **4** Welche Standpunkte findest du wichtig?
Schreibe zwei Behauptungen aus Aufgabe 2 mit den passenden Begründungen aus Aufgabe 3 vollständig auf.

ℓℓ **5** Schreibe deinen Standpunkt auf. Verwende dafür drei Behauptungen aus Aufgabe 2 mit passenden Begründungen aus Aufgabe 3.
Führe ***Beispiele aus deiner Erfahrung*** an.

ℓℓℓ **6** Schreibe deinen Standpunkt zu diesem Thema auf.
Berücksichtige sowohl Behauptungen, Begründungen und Beispiele, die ***dafür*** und ***dagegen*** sprechen.

Neuer BMX- und Dirt-Bike-Park am Pöhlberg*

A **Annaberg-Buchholz.** Am 25. Oktober 2019 übergaben der Oberbürgermeister und zwei Mitarbeiterinnen der Stadt Annaberg-Buchholz eine neue Dirt-Bike-Bahn an junge Sportler. Lukas Knopf, ein bekannter MTB- und BMX-Biker, testete den neuen Dirt-Bike-Park und zeigte sein Können.

B Die etwa 1700 m² Anlage an der Parkstraße **ist** ein Ergebnis des „Jungen runden Tisches“ in Annaberg-Buchholz. Sie ging aus einer gemeinsamen Initiative von Jugendlichen, Stadt, Christliches Jugenddorfwerk Deutschlands sowie vielen ehrenamtlichen Helfern und regionalen Firmen hervor. Der Park mit zahlreichen Rampen, Ab- und Auffahrten **lädt** zum aktiven Freizeitsport **ein**. Die gesamte Anlage **besteht** aus Naturmaterialien. Die Feinarbeiten haben Jugendliche und viele freiwillige Bike-Begeisterte realisiert. Dafür stellten die Leiter des Projekts zahlreiche Arbeitseinsätze auf die Beine.

C Bereits frühzeitig haben die Organisatoren Jugendliche und Bike-Experten in die Planung des Dirt-Bike-Parks einbezogen. Sie konnten selbst mit entscheiden, welche Hügel und Rampen an welcher Stelle platziert werden, und legten dabei auch selbst mit Hand an.

Die Stadt Annaberg-Buchholz konnte dieses Projekt aus unterschiedlichen Förderprogrammen finanzieren.

D Künftig **übernehmen** die Biker selbst Verantwortung für die Betreibung des Parks. „Die Jugendlichen **sollen** sich das Sportgelände selbst **erschließen** und natürlich regelmäßig **warten** und **pflegen**“, sagten die Mitarbeiter des Fachgebietes Soziales, Bildung und Sport der Stadt Annaberg-Buchholz.

9 Wie findet ihr die Aktion, die unter anderem mit Kindern und Jugendlichen der Stadt Annaberg-Buchholz umgesetzt wurde? Kennt ihr solche Projekte auch von eurer oder anderen Schulen? Tauscht euch darüber aus.

10 Seht euch nun den Zeitungsbericht „Neuer BMX- und Dirt-Bike-Park am Pöhlberg“ noch einmal genau an. Ihr findet viele überprüfbare Fakten. Beantwortet die **W-Fragen** mithilfe der Fakten aus dem Text.

- **Was** ist geschehen?
- **Wann** ist es geschehen?
- **Wo** ist es geschehen?
- **Wer** hat etwas getan?
- **Warum** ist es geschehen?
- **Wie** ist das Ganze ausgegangen?

Mountainbiker Lukas Knopf (vorn) zeigt einen Trick auf der neu erbauten Strecke

(* Text verändert)

11 Lest nun den Infokasten aufmerksam.

INFO

Bericht – berichten

Man schreibt einen Bericht, um über ein bestimmtes Ereignis zu **informieren**.

Ein Bericht enthält hauptsächlich Fakten und gibt Antworten auf die **W-Fragen**:
Was ist geschehen? **Wann** ist es geschehen?
Wo ist es geschehen? **Wer** hat etwas getan?
Warum ist es geschehen? **Wie** ist das Ganze ausgegangen?

Es wird über Ereignisse berichtet, die bereits geschehen sind.
Deshalb stehen Berichte in den **Zeitformen der Vergangenheit**.
Am 25. Oktober 2019 übergaben … *… zeigte sein Können.*

In der Regel wird in der **zeitlichen Reihenfolge** des Geschehens berichtet.
Dazu werden Wörter verwendet wie:
dann, daraufhin, als nächstes, im Anschluss, am Ende …

Es gibt ganz unterschiedliche **Arten** von Berichten:
z. B. Praktikumsberichte, Reiseberichte, Unfallberichte für die Krankenkasse, Schadensberichte für die Haftpflichtversicherung, Berichte der Polizei oder Feuerwehr und auch Zeitungsberichte.

12 In den Abschnitten **A** und **B** des Berichtes findet ihr einige Verbformen, die unterstrichen sind.

- Benennt die Zeitformen, in denen sie stehen.
- Begründet, warum der Bericht hauptsächlich in diesen Zeitformen geschrieben ist. Lest dazu auch noch einmal im Infokasten nach.

13 An drei Stellen des Berichtes hat der Reporter andere Zeitformen verwendet:

> Die etwa 1 700 m² Anlage an der Parkstraße **ist** ein Ergebnis des „Jungen runden Tisches“ in Annaberg-Buchholz. Sie ging aus einer ge-

> … hervor. Der Park mit zahlreichen Rampen, Ab- und Auffahrten **lädt** zum aktiven Freizeitsport **ein**. Die gesamte Anlage

> … **ein**. Die gesamte Anlage **besteht** aus Naturmaterialien. Die Feinarbei-

- Um welche Zeitform handelt es sich hier? Benennt sie.
- Erklärt, warum der Reporter hier wohl diese Zeitform gewählt hat?

14 Überprüfe nun die Zeitformen der Verben in den Abschnitten **C** und **D**. Notiere die Verbformen und ergänze die Zeitformen. Lege dir eine Tabelle an.

Verb	*Zeitform*
haben	…
…	…

Schreiben und Präsentieren

Über mich und andere: Kinder hier und anderswo

Einen Bericht überarbeiten und ergänzen

Sitzt ein Affe auf der Schallschutzmauer

1) ? Der Polizei wurde gemeldet, dass an der A 30 in Höhe Rheine-Nord ein Affe herumturnte.
2) ? Die Leitstelle schickte zwei Beamte zur A 30.
3) Die beiden Polizisten dachten ? an einen Scherz.
4) Aber sie mussten nicht lange suchen.
5) Auf einer Schallschutzwand saß ein katzengroßer Kapuzineraffe.
6) Die Leitstelle hatte ? ermittelt, dass das Tier aus einem nahe gelegenen Privatgehege entlaufen war, und die Besitzerin Dagmar Klinge benachrichtigt.
7) Frau Klinge eilte ? zur Autobahn und brachte auch die Transportkiste mit.
8) Sie versuchte, Polly, so der Name des Äffchens, mit Schokolade anzulocken.
9) Aber vergeblich – die verstörte Polly sprang ? auf einen Baum und kam nicht herunter.
10) ? Ein Jäger musste kommen und Polly mit einem Pfeil betäuben.
11) ? Polly kam in ihre Transportkiste, und Frau Klinge durfte sie wieder mit nach Hause nehmen.
12) ? Der kleine Affe hatte sich wieder von der Betäubung erholt.

1 Tauscht euch aus: Was ist passiert und wie ist es ausgegangen?
Ermittelt auch, welche beiden W-Fragen dieser Bericht **nicht** beantwortet.

Was ist passiert?	**Wer** hat etwas getan?	**Wann** ist es passiert?
Wie ist es ausgegangen?	**Wo** ist es passiert?	**Warum** ist es passiert?

2 Einige Stellen in diesem Bericht sind mit ? gekennzeichnet. Setzt dort für die Sätze 1)–6) mündlich Wörter aus dem **Wortschatz** ein.
Es können mehrere Wörter passen. **Achtung:** Steht das ? am Satzanfang, müsst ihr – wie bei der Umstellprobe – die Wörter im Satz umstellen.
Am Dienstagabend wurde der Polizei gemeldet, dass … Daraufhin schickte …

3 Nutzt den **Wortschatz** und die Umstellprobe und überarbeitet den Bericht in der Tischgruppe: *t* Sätze 1)–6), *tt* Sätze 7)–12).

ttt **4** Bildet mithilfe der folgenden Stichwörter die Sätze 13)–18).
13) Polly / zum Frühstück / Obst und Gemüse
14) Frau Klinge / erst jetzt richtig bewusst / großes Glück
15) wäre Polly auf Autobahn herumgerannt / Gefahr für den Verkehr / hätte Jäger scharf schießen müssen
16) inzwischen geklärt, warum Polly weglaufen konnte
17) gab tierischen Helfer
18) Dagmar Klinge: „Unser Hund hat von außen am Zaun des Geheges gebuddelt und Polly von innen."

5 Lest euch eure überarbeiteten Texte vor.

6 Beantwortet jetzt die beiden W-Fragen nach dem **Wann?** und dem **Warum?**.

Wortschatz

zeitliche Reihenfolge:
am Dienstagabend
am nächsten Tag
anschließend
bislang
danach
dann
daraufhin
inzwischen
jetzt
mittlerweile
nachdem
nun
schließlich
sofort
sogleich
umgehend
zuerst
zunächst
zuletzt

Über mich und andere: Kinder hier und anderswo

Zeugenaussagen nutzen – W-Fragen beantworten

1 Betrachtet die Bilderfolge aufmerksam und besprecht, was hier passiert ist.

Hund ausgesetzt

2 Wen könnten die Kinder angerufen haben? Worüber könnten sie berichtet haben?

Schreiben und Präsentieren

Die Kinder haben gleich das zuständige Polizeirevier benachrichtigt.
Eine Viertelstunde später ist eine Polizistin an Ort und Stelle. Die Kinder berichten:

3 Vergleicht die Zeugenaussagen mit den Informationen der Bilderfolge:
Welche wichtigen Informationen fügen die Aussagen der Kinder den Bildern hinzu?

4 Beantwortet die **W-Fragen** mithilfe der Bilder und der Zeugenaussagen erst einmal mündlich. 31

Was ist passiert?
Wann ist es geschehen?
Wo ist es geschehen?
Wer hat etwas getan?
Warum ist es geschehen?
Wie ist das Ganze ausgegangen?

5 Die Polizeibeamtin muss später einen Bericht über den Vorfall schreiben.
Deshalb macht sie sich noch vor Ort genaue Notizen.

- Sieh dir den Notizzettel unten an:
  Einige genaue Angaben sind schon vorhanden, aber andere fehlen noch.
- Übernimm die Notizen in dein Heft und ergänze sie. Nutze dazu die Zeugenaussagen der Kinder aus Aufgabe 3. Orientiere dich auch am Infokasten auf Seite 29. 29

Mittwoch, 24.5.20?? – ca. 16.30 Uhr
Landesstraße 231, Parkplatz Erlengrund
- ?
- ?
- ?
- ?
- junger Mischlingsrüde, mittelgroß, schwarzes Fell, keine Hundemarke
- Tierrettung, Hund ins städtische Tierheim gebracht
- Zeugen: ...?

A Letzten Mittwoch wurde ich zu einem Fall gerufen, der mir echt unter die Haut gegangen ist. Ich finde es immer ganz schlimm, wenn sich Menschen so unverantwortlich verhalten. Ein hilfloses Tier …

B Am Mittwoch, dem 24. Mai 20.., wurde an der Landesstraße 231 ein Tier ausgesetzt. Vier Schüler hielten sich wegen einer Fahrradpanne auf dem Parkplatz Erlengrund auf. Sie konnten beobachten … Außerdem sahen sie, …

6 Text **A** oder Text **B**?
Wie sollte die Polizistin mit ihrem Bericht anfangen?
- Lest die Texte **A** und **B**.
- Lest den Infokasten rechts.
- Begründet eure Entscheidung.

Bericht

INFO

Ein sachlicher Bericht für eine Versicherung oder eine Behörde, wie z. B. die Polizei, soll nur über die reinen Fakten informieren.
Gefühle oder Bewertungen des Schreibers gehören nicht hinein.

7 Schreibe nun den Bericht der Polizistin.
Verwende dazu den folgenden Lückentext.
Nutze deine Notizen aus Aufgabe 5 auf Seite 32, um wichtige Fakten zu ergänzen. 32

Hund ausgesetzt
Am 24. Mai 20?? wurde an der Landesstraße ? ein Hund ausgesetzt.
Vier Schüler hielten sich auf dem Parkplatz ? auf,
als dort gegen ? Uhr ein ? Kleinbus stoppte.
Ein Mann ? und band ? an ? fest.
Dann fuhr er ? davon.
Ein Kind merkte sich das Kennzeichen: ? .
Die Schüler verständigten umgehend ? und kümmerten sich ? .
Es handelte sich um einen ? ohne Hundemarke.
Der Hund wurde von ? abgeholt und ins ? gebracht.
Zeugen des Vorfalls waren: ? .

8 Verfasse den Bericht der Polizistin.
- Nutze dazu deine Notizen und arbeite mit der **CHECKLISTE**

CHECKLISTE
- ✔ Ich schreibe in den Zeitformen der Vergangenheit.
- ✔ Ich informiere mich genau über die Fakten und beantworte die W-Fragen.
- ✔ Ich berichte in der zeitlichen Reihenfolge des Geschehens.
- ✔ Ich verzichte auf eigene Bewertungen und Gefühlsäußerungen.

- Den folgenden Anfang kannst du übernehmen:

Hund ausgesetzt
Am 24. Mai 20?? wurde auf dem Parkplatz Erlengrund an der Landesstraße 231 ein Tier ausgesetzt. Vier Schüler hielten sich dort wegen einer Fahrradpanne auf. Sie konnten beobachten, …

Schreiben und Präsentieren

Über mich und andere: Kinder hier und anderswo

Berichte selbstständig erarbeiten und schreiben

Auf den Seiten 34 – 37 findest du unterschiedliche Materialien mit Bildern, Texten und Aufgaben zu verschiedenen Ereignissen.
Über eines dieser Ereignisse sollst du einen eigenen Bericht schreiben.
Sieh dir diese drei Materialien genau an und entscheide dich dann.

34–37

A Ein Fahrradunfall

Am 12. Juli war die zwölfjährige Mira Bauer mit ihren beiden Freunden Greg und Mona auf einer Fahrradtour im Naturschutzgebiet Beerenbusch in Richtung Althausen unterwegs.

1 Sieh dir die Bilder genau an.
Was ist passiert?

2 Wie ist es wohl zu dem Unfall gekommen?
Wer hat hier etwas falsch gemacht?

3 Nutze den Notizzettel unten, um die **W-Fragen** zu beantworten
- Notiere zu jeder Frage kurze Antworten.
- Einige Angaben musst du dir noch ausdenken.

__Was__ ist passiert?
…
__Wann__ ist es passiert?
12. Juli 20??, um …
__Wo__ ist es geschehen?
…
__Wer__ hat etwas getan?
…
__Wem__ ist etwas passiert?
…
__Warum__ ist es geschehen?
…
__Wie__ ist das Ganze ausgegangen?
…
__Wer__ war Zeuge?
…

4 Zum Glück hat Mira bei dem Sturz nur kleine Schrammen davongetragen. Aber das Fahrrad hat einen Totalschaden. Die Mutter meldet den Schaden der Versicherung und schreibt einen Unfallbericht.

- Nutze deine Notizen aus Aufgabe 3 von Seite 34 und schreibe den Unfallbericht.
- Schau ab und zu auf den **Wortschatz** und die **Checkliste**.

So könnte dein Unfallbericht anfangen:

Unfallbericht
Am 12. Juli 20?? machte meine Tochter Mira mit Freunden im Naturschutzgebiet Beerenbusch eine Fahrradtour. Gegen 14:00 Uhr fuhren die Kinder auf dem Feldweg in Richtung Althausen. Mira fuhr voraus. Als sie sich im Gespräch zu ihren Freunden umdrehte, passierte es. Sie …

Checkliste

- ✓ Ich schreibe den Unfallbericht in den Zeitformen der Vergangenheit.
- ✓ Mein Bericht enthält genaue Fakten und beantwortet die W-Fragen.
- ✓ Ich berichte in der zeitlichen Reihenfolge des Geschehens.
- ✓ Auf Bewertungen und Gefühlsäußerungen verzichte ich.
- ✓ Ich achte auf die Rechtschreibung und Zeichensetzung.

Wortschatz

abgelenkt
anhalten
bremsen
demoliert
Fahrradhelm
Feldweg
Freunde
gegen etwas fahren
helfen
hinterherfahren
Jugendrad der Marke …
mit dem Schrecken davonkommen
nebeneinander fahren
nicht auf etwas achten
nicht bemerken, dass …
quer über dem Weg liegen
radeln
Schramme
sich umdrehen
sich unterhalten
Totalschaden
über etwas stürzen
verunglücken
vorneweg fahren
zurufen

B Gefangen im Kaninchenbau*

5 Am Mittwochnachmittag führten Diedrich und Ursula Grommé ihren Hund spazieren. Dabei passierte etwas Unerwartetes.
Lies zuerst einmal aufmerksam die Zeugenaussagen der beteiligten Personen.

Das Ehepaar Ursula und Diedrich Grommé im Gespräch mit der Feuerwehr.

Diedrich Grommé: Meine Frau und ich waren mit unserem Dackel Luzi am Ochtumdeich spazieren. Wir wollten uns gerade auf den Heimweg machen, als unsere jagdlustige Kleine mal wieder in einem Kaninchenbau verschwand – und nicht wieder herauskam.

Ursula Grommé: Wir haben vor dem Eingang des Baus gewartet und gewartet. Und immer wieder nach Luzi gerufen. Aber sie ist einfach nicht herausgekommen.

Diedrich Grommé: Luzi steckte wohl in einem der engen Gänge des Kaninchenbaus fest. Wir haben gehofft, dass ihr nichts passiert ist.

Ursula Grommé: Aber nach fünf Stunden haben wir es mit der Angst zu tun bekommen und haben die Feuerwehr alarmiert.

(* Text verändert)

Feuerwehrmann I: Gegen 21 Uhr sind mein Kollege und ich angerückt. Es war sehr dunkel an diesem Januarabend. Wir mussten im Schein unserer starken Taschenlampen arbeiten. Mit Schaufeln und Spaten haben wir nach dem Hund gegraben – bei dem gefrorenen Boden ein hartes Stück Arbeit!

Feuerwehrmann II: Nach etwa einer halben Stunde hatten wir uns bis zu dem Dackel durchgegraben.

Feuerwehrmann I: Als der Hund das grelle Licht der Lampen gesehen hat, nahm er vor Schreck noch mal Reißaus. Wir konnten ihn jedoch kurz darauf wieder einfangen.

Feuerwehrmann I: Den Feuerwehreinsatz müssen die Hundebesitzer bezahlen.

Ursula Grommé: Das zahlen wir gerne. Luzis Wohlergehen ist es uns wert.

Diedrich Grommé: Luzi war zwar etwas verwirrt, aber zum Glück sonst unversehrt.

6 Welche Antworten geben diese Zeugenaussagen auf die **W-Fragen**? Lege einen Stichwortzettel an und beantworte die Fragen.

__Wann__ und __wo__ ist es passiert?
__Wer__ war beteiligt?
__Was__ ist geschehen?
__Warum__ ist es passiert?
__Wie__ ist das Ganze ausgegangen?

7 Dieser kleine Vorfall hat sich so in Bremen zugetragen. Er ist der Zeitung einen kurzen Bericht wert.

- Orientiere dich an den **W-Fragen** und schreibe diesen Zeitungsbericht.
- Den folgenden Anfang kannst du übernehmen:

Bremen. *Am Mittwochabend mussten Einsatzkräfte der Feuerwehr einen Hund befreien. Bei einem Spaziergang am Ochtumdeich verschwand der Dackel des Ehepaars … in einem …*

8 Nutze beim Schreiben auch die **CHECKLISTE**.

CHECKLISTE

- ✔ Ich gebe dem Zeitungsbericht eine passende Überschrift / Schlagzeile.
- ✔ Ich schreibe in den Zeitformen der Vergangenheit.
- ✔ In meinem Bericht beantworte ich die W-Fragen und informiere über wichtige Fakten.
- ✔ Ich berichte in der zeitlichen Reihenfolge des Geschehens.
- ✔ Ein oder zwei kurze Zeugenaussagen füge ich in den Bericht ein.
- ✔ Auf eigene Bewertungen und Gefühlsäußerungen verzichte ich.
- ✔ Ich achte auf Rechtschreibung und Zeichensetzung – auch bei der wörtlichen Rede.

C Aus Leichtsinn in Lebensgefahr

Am letzten Wochenende waren wir an der Ostsee. Da wäre unseren Freunden beinahe etwas Schreckliches passiert. Sandra und Carlo haben sich auf ihre Luftmatratzen gelegt, weil sie sich etwas abkühlen wollten. Sie sind hinaus auf die Ostsee gepaddelt, obwohl wir sie gewarnt haben; denn es wehte ein kräftiger Wind. Als wir am Strand Volleyball spielten, haben wir die beiden aber vergessen. Doch dann haben wir plötzlich laute Hilferufe gehört.

Wir waren jedoch mit unserem Spiel so beschäftigt, dass wir uns nichts Böses dabei dachten. „Was ist denn los?", fragte ich. „Sieh mal dort drüben!", rief mir einer zu. Ich fragte erschrocken: „Wo sind denn Carlo und Sandra?" Und dann hörten wir einige „Hilfe!" rufen. „Die Kinder werden von der Strömung rausgetrieben!", schrie Sandras Vater. Ich habe gesehen, wie Carlo und Sandra mit den Armen wedelten.

Das mussten auch die Rettungsleute, die auf ihrem Turm saßen, schon gesehen haben. Nachdem sie heruntergekommen waren, haben sie ihr Rettungsboot angeworfen. Wir haben beobachtet, wie sie sich den beiden dort draußen näherten. Als sie die beiden erreicht hatten, zogen sie sie ins Boot.

Nachdem unsere Freunde endlich wieder an Land waren, bekamen sie einige Vorwürfe von den Rettungsleuten zu hören. Der eine sagte: „Das war großer Leichtsinn, was ihr da getan habt!" Der andere ist noch deutlicher geworden: „Bei diesem Wind ist es lebensgefährlich auf Luftmatratzen so weit hinauszupaddeln!" Sandra und Carlo haben lange Gesichter gemacht. „Es tut uns leid!", sagten sie. Doch sie waren froh, dass sie wieder heil an Land waren. Die Eltern von Carlo haben sich bei den Männern vom Rettungsdienst bedankt. Der eine hat geantwortet: „Das ist schließlich unser Job."

9 Hier erzählt ein Kind lebendig davon, was es am Wochenende erlebt hat. Überprüfe, welche Fakten sich mit den W-Fragen aus dem Erzähltext ermitteln lassen. Mach dir genaue Notizen:
Was ist geschehen? – beinahe ein Unglück mit einer Luftmatratze …

10 In der örtlichen Zeitung soll ein kurzer Bericht über den Vorfall erscheinen – auch als Warnung an die Strandgäste.
- Denke daran: Dieser Bericht stammt von einem Reporter und nicht von den Freunden. Lass also persönliche Bewertungen weg.
- Finde eine treffende Überschrift / Schlagzeile.
- Folgenden Anfang kannst du für deinen Bericht verwenden:

Travemünde. Am letzten Wochenende sind die Jugendlichen Sandra S. und Carlo M. in Seenot geraten. Obwohl es sehr windig war, paddelten die beiden …

11 Nutze beim Schreiben die **CHECKLISTE** auf Seite 36.

Über mich und andere: Kinder hier und anderswo

Aktuelle Berichte gemeinsam als Wandzeitung präsentieren

1 Aktuelle Nachrichten zum Tagesgeschehen gibt es nicht nur für Erwachsene, sondern auch für Jugendliche und Kinder. Ruft im Internet solche Nachrichtenseiten auf, die speziell für euch gemacht sind.

2 Wählt in der Tischgruppe aktuelle Berichte aus und gestaltet damit eine gemeinsame Wandzeitung für die Klasse.
So könnt ihr dabei vorgehen:

Eine Wandzeitung mit aktuellen Nachrichten erarbeiten

Erste Arbeitsschritte

- Sucht im Internet auf Kinder- und Jugendseiten nach aktuellen Nachrichten.
- Wählt einige Berichte aus, die ihr besonders interessant und wichtig findet.
- Druckt euch diese Texte aus. Speichert eventuell ein passendes Foto als Bilddatei ab.

Nächste Arbeitsschritte

- Prüft die ausgedruckten Berichte aufmerksam:
  - Ist die Überschrift interessant?
  - Ist der Text kurz und knackig? Oder ist er zu lang und muss gekürzt werden? Zählt nach: Der Bericht sollte nicht mehr als 150 Wörter umfassen.
  - Ist der Text leicht verständlich geschrieben? Sind einige Sätze zu lang?
  - Gibt es Wörter, die ihr noch kurz erklären solltet?
- Notiert mögliche Änderungen.

Letzte Arbeitsschritte

- Tippt nun die Berichte ab, arbeitet dabei eure Änderungen ein. Beachtet bei der **Formatierung** der Texte die **CHECKLISTE** unten.
- Schreibt unter den Bericht euren Namen und warum ihr ihn ausgewählt habt. *Ich finde den Bericht gut, denn … Mir gefällt an dem Bericht, dass …*
- Bevor ihr eure Berichte endgültig ausdruckt und dann auf der Wandzeitung präsentiert, lest sie gegenseitig Korrektur und berichtigt sie sorgfältig.
- Befestigt dann eure Blätter an einer Pinnwand oder auf einem großen Plakat so, dass alle die Berichte auf eurer Wandzeitung bequem lesen können.

CHECKLISTE

- ✔ Im Menü Seitenlayout stelle ich die Seitengröße **DIN-A4** im **Hochformat** ein.
- ✔ Für die Seitenränder wähle ich die Einstellung **Normal**.
- ✔ Im Menü *Start* nehme ich eine **gut lesbare Schriftart**, z. B. Arial, und wähle **Blocksatz** aus.
- ✔ Für die Überschrift wähle ich mindestens **Schriftgröße 20** und formatiere sie **fett**.
- ✔ Für den Text stelle ich mindestens **Schriftgröße 16** ein.
- ✔ Den Bericht gliedere ich übersichtlich mit **Leerzeilen**.
- ✔ Ich wähle im Menü *Einfügen* ein eventuell zuvor abgespeichertes Bild aus und füge es in das Dokument ein.

Über mich und andere: Kinder hier und anderswo

Überprüfe dein Wissen und Können

1 In dem folgenden Text sind **vier** Sätze inhaltlich falsch.
- Notiere die Buchstaben der falschen Sätze: *Falsch sind die Sätze …*
- Korrigiere die falschen Sätze und schreibe sie korrekt auf.

Der Bericht

a) Man schreibt einen Bericht, um jemanden über ein Ereignis zu informieren.
b) Die W-Fragen sollte man ungenau beantworten.
c) Man hält sich an die Fakten und berichtet in der zeitlichen Reihenfolge.
d) Die Ereignisse, über die man berichtet, werden erst noch geschehen.
e) Deshalb verwendet man beim Berichten hauptsächlich das Präsens.
f) Berichte kann man vor allem in Zeitungen lesen.
g) Muss man einen Bericht schreiben, hält man sich an die Fakten.
h) In einen Sachbericht gehören auch Gefühle und Bewertungen des Schreibers.

2 Schreibe fünf W-Fragen auf, auf die ein Bericht Antworten gibt.

3 Lies dir den folgenden Bericht erst einmal aufmerksam durch.

Unfall im Sportunterricht

a) Am 10.06.2017 übte die Klasse 6d der Astrid-Lindgren-Schule auf dem Sportplatz Weitsprung für die Bundesjugendspiele.
b) Gegen 8.30 Uhr ist Ella Jäger an der Reihe.
c) Beim Absprung verlor die Schülerin einen Turnschuh und der Sprung misslang.
d) Als sie versuchte aufzustehen, schmerzte ihr linker Fuß.
e) Sie fiel der Länge nach in den Sand.
f) Alle erschreckten sich ganz fürchterlich.
g) Die Sportlehrerin Frau Scholz und der Schüler Kevin Müller leisten Erste Hilfe.
h) Das Mädchen wurde umgehend zum Arzt gebracht, der einen Bluterguss am Sprunggelenk feststellte.
i) Die Mitschüler bedauerten Ella sehr und wünschten ihr eine gute Besserung.

4 Welche beiden Sätze gehören **nicht** in den Unfallbericht? Notiere die Buchstaben.

5 Welche beiden Sätze müssen in dem Bericht vertauscht werden, damit die zeitliche Reihenfolge stimmt? Notiere die Buchstaben.

6 Welche Sätze geben Auskunft über folgende Fragen?
Wo und **wann** ist der Unfall passiert? **Wem** ist der Unfall passiert?
Warum ist es zu dem Unfall gekommen? **Wie** ist es ausgegangen?
Schreibe so: *Wo und wann: Satz …*

7 Im Unfallbericht stehen zwei Verben in einer falschen Zeitform. Schreibe sie im Präteritum auf.

Lineare und nicht lineare Texte erschließen

Informationen aus Texten und Bildern entnehmen

Gefährliche Kindheit im Slum*

Katharina Kesper

Es war ein Sonntagnachmittag – der 24. Juni 2018 – als der Fotograf Hartmut Schwarzbach dieses Foto machte. Er sah die vielen Kinder im Meer schwimmen und nach Plastikmüll fischen. Das Mädchen auf dem Foto ist Wenie.

1 Seht euch das Bild in Ruhe an und lasst es auf euch wirken.

UNICEF-Foto des Jahres 2019

2 Sicher habt ihr viele Fragen zu diesem Foto.
Besprecht auch miteinander, was euch besonders neugierig macht.

3 Im folgenden Text erfahrt ihr einiges über Wenies Alltag und über die Entstehung des Fotos.

Weltweit gibt es verschiedene Organisationen, die sich für Kinder und Kinderrechte einsetzen. Eine dieser Organisationen ist UNICEF[1], das Kinderhilfswerk der Vereinten Nationen. Ihr Auftrag ist es, Kinderrechte für jedes Kind zu verwirklichen, unabhängig von seiner Hautfarbe, Religion oder Herkunft. Mit schneller Nothilfe, aber auch langfristigen Wiederaufbauprojekten hilft die Organisation, dass Kinder überall auf der Welt gesund und sicher aufwachsen.

Seit dem Jahr 2000 werden Fotos und Fotoreportagen von UNICEF-Deutschland ausgezeichnet, die Lebensumstände und die Persönlichkeit von Kindern weltweit auf besondere Weise dokumentieren. Das Bild von Wenie wurde das Foto des Jahres 2019.

(*Text verändert)

[1] **U**nited **N**ations **I**nternational **C**hildren's **E**mergency **F**und

Am Hafen von Tondo, das ist ein Stadtteil von Manila, leben 70 000 Einwohner pro Quadratkilometer[2]. Manila liegt auf den Philippinen. Es ist ein Gebiet, in dem weltweit die meisten Menschen auf einem Fleck leben. Man nennt diese Slums[3] auch die Todeszonen am Meer. Die Enge in diesen Siedlungen ist unbeschreiblich: Es dringt kaum Tageslicht in die Gassen. Die Menschen leben oftmals in Wellblechhütten aus Restholz, ohne Strom, fließendes Wasser oder Toiletten. Kein guter Platz für eine glückliche Kindheit. Viele Eltern wissen nicht, wie sie ihre Kinder versorgen sollen. Die Menschen dort gehören zu den ärmsten in Manila.

Wellblechsiedlung am Hafen von Tondo

Eine Chance auf eine Arbeit, von der die Familien leben können, gibt es nicht. Viele Kinder arbeiten vor und nach der Schule, um ihre Eltern zu unterstützen. Sie fischen in Teamarbeit Plastik und Metall aus der Bucht, denn Tondo ist auch die Müllhalde der Stadt. Den gesammelten Müll verkaufen sie an Junk-Shops, so heißen hier die Recyclinghöfe. Das Geld teilen sie untereinander auf.

Kinderarbeit ist auf den Philippinen verboten, aber hier geht es ums nackte Überleben. Die meisten der Kinder sind zwischen 10 und 13 Jahren. Sie sind eine große Hilfe für ihre Familien, doch häufig sterben sie aufgrund von Mangelernährung und schlechter Hygiene. Hautkrankheiten, Durchfall und Infektionskrankheiten sind weit verbreitet. Die Arbeit der Kinder ist lebensgefährlich, aber für das Überleben doch wichtig.

4 Was geht euch nach dem ersten Lesen durch den Kopf? Tauscht euch darüber aus.

5 Der Erzähler gibt euch an unterschiedlichen Stellen Erklärungen zu schwierigen Wörtern. Geht noch einmal auf die Suche.
- Tragt die Wörter und die passenden Erklärungen zusammen.
- Sucht weitere Begriffe, die euch unbekannt sind. Klärt deren Bedeutung gemeinsam mithilfe des Textes oder einem Wörterbuch.

6 Vergleicht nun einmal den Text mit den Bildern. In welchen Zeilen sind Informationen zu den **Bildern A** und **B** zu finden? Lest sie noch einmal vor.

UNICEF:
Kinderhilfswerk der Vereinten Nationen: United Nations International Children's Emergency Fund
Quadratkilometer: *…*
Slums: *…*
Junk-Shops: *…*
…

[2] Ein Quadratkilometer entspricht ungefähr 100 Fußballfeldern. Zum Vergleich: in Leipzig leben ca. 1940 Einwohner pro Quadratkilometer. (Stand: 31.12.2019)
[3] Slums sind sogenannte Elendsviertel in einer Großstadt.

Wenie ist 13 Jahre alt. Ihre Eltern haben sich vor ein paar Jahren getrennt, deshalb wohnt sie mit ihrer Mutter May, ihren drei Geschwistern und ihrer Großmutter in Manila im Slum. Wenies Mutter hat allen Mut für einen Neuanfang zusammengenommen und ist mit ihrer Familie nach Bataan gezogen. Das Bergdorf liegt fünf Autostunden westlich von Manila. Dort hat sie eine Arbeit gefunden, sodass sie ein kleines Haus mieten kann.

Wenie gefällt die Natur in den Bergen. Sie freut sich auch darüber, dass die Familie nicht so oft krank ist. Zu Hause fühlt sie sich aber nicht, weil alle ihre Freunde in Manila leben.

Trotzdem hat Wenies Mutter ihren Kindern das Leben gerettet und sie vor den vielen Gefahren im Slum beschützt.

Wenie kann in ihrer neuen Heimat sogar eine Schule besuchen. „Ich möchte die High School beenden und später dann andere Kinder unterrichten“, erzählt sie stolz.

Wenie (rechts) und ihre Familie in ihrem neuen Zuhause

7 Sammelt nun gemeinsam alle Informationen, die ihr im Text über das Mädchen erhalten habt, an der Tafel oder am Board.

- In den Zeilen … bis … erfahrt ihr besonders viel über Wenie.
- Schaut euch aber auch die **Fotos A, B** und **C** noch einmal aufmerksam an. Welche Informationen könnt ihr diesen Bildern entnehmen?

Steckbrief

Name:
Alter:
Wohnort:
Aussehen:
…

8 Ordne nun die Informationen und lege einen kleinen Steckbrief zu Wenie an.

Über mich und andere: Kinder hier und anderswo

Erwartungen an einen Text stellen – Informationen entnehmen

1 Lest von dem folgenden Text zunächst nur die Überschrift. Besprecht, was ihr von einem Text mit dieser Überschrift erwartet. Vielleicht gehen euch beim Lesen der Überschrift auch schon Fragen durch den Kopf? Tauscht eure Fragen aus.

2 Teilt die sieben Abschnitte (**A** bis **G**) nun auf und lest euch den Text vor.

Leben an der Klippe*

Martin Theis

A Bernard ist acht Jahre alt. Der Junge wohnt im Westen von Alaska, im Dorf Newtok. Hier leben rund 400 Menschen. Die meisten Familien haben nur kleine Hütten oder Häuser. Oft schlafen mehrere Kinder und Erwachsene zusammen in einem Raum. Die Menschen in Newtok gehören zum Volk der Yupik. Das lebt schon seit vielen Hundert Jahren in dieser Region. Nun allerdings gibt es in Newtok ein Problem!

B Der Fluss Ningliq, der hier vorbeifließt, wird immer breiter und gewaltiger. Und das Stückchen Land, auf dem das Dorf liegt, wird immer kleiner. Das sieht man, wenn man Bernard und seine Freunde zum Rand des Dorfes begleitet. Der Weg, über den sie mit ihren Gummistiefeln rennen, ist aus Holzplanken gezimmert. Er sieht aus wie ein langer Bootssteg, der die Häuser miteinander verbindet. Daneben kann man nicht gut laufen: Die Erde ist dort so weich und matschig, dass man mit den Füßen einsinken würde. Wenn viel Regen fällt, verwandelt sich der Boden in eine einzige große Matschpfütze. Deshalb gibt es auch keine Straßen in Newtok.

C Die Schule des Ortes ist auf dicke Metallpfosten gebaut, die tief in die Erde gebohrt sind. Es sieht aus, als stehe das ganze Gebäude auf Stelzen. Die hohen Pfosten braucht es, um bei Hochwasser trocken zu bleiben. Denn nicht weit entfernt liegt das Ufer des Ningliq.

Wie am Meer gibt es hier Ebbe und Flut. Wenn der Wind bei Flut die Wellen aufpeitscht, spritzt das Wasser manchmal bis an die Fenster einiger Häuser. Außerdem trägt der Fluss Stück für Stück die Erde ab und reißt immer wieder große Brocken Land mit sich. Bernard kennt das Fachwort dafür: Erosion.

D Über die Erosion wird im Dorf viel geredet. So wie auch über den matschigen Boden und die Überschwemmungen. Ein wichtiger Grund dafür ist, dass es auf der Erde immer wärmer wird. Für die Umwelt hat das schwere Folgen: Gletscher schmelzen, und der Meeresspiegel steigt an. In Alaska taut außerdem eine Eisschicht auf,

(*Text verändert)

die ungefähr zwei Meter unter der Erdoberfläche liegt. Früher blieb sie das ganze Jahr über gefroren, im Sommer wie im Winter. Das hat die Erde so fest gemacht, dass man darauf laufen konnte, ohne zu versinken. Jetzt aber ist sie weich geworden.

E Als Bernard und seine Freunde das Ufer erreichen, ist dort gerade Ebbe. Das Wasser hat sich aus dem Flussbett zurückgezogen. Die Kinder laufen am Ufer entlang. Dabei müssen sie aufpassen, denn der Boden ist voller Risse – dort können Erdbrocken abstürzen. Die Freunde entdecken eine breite Plastikplane. Die führt über den Hang bis hinunter ins Flussbett, wie eine Rutsche. Als Bernard sie sieht, überlegt er nicht lang: Er nimmt Anlauf und springt, so weit er kann. Mit dem Po landet er auf der Plane und rutscht auf ihr hinunter ins Flussbett. Die anderen rutschen gleich hinterher.

F Auf der anderen Seite des Flusses ragen einige Hügel aus dem Nebel. „Da ist unser neues Dorf. Es heißt Mertavik", sagt Bernard. Die Bewohner von Newtok haben darüber abgestimmt, dass dort ihr neues Zuhause sein soll. Denn Mertavik liegt auf der Insel Nelson, und die besteht aus Vulkangestein. Das kann nicht von Wind und Wasser weggerissen werden. Deshalb hoffen die Menschen von Newtok, dass sie dort sicher leben können. Ihren Umzug haben sie schon vor rund zwanzig Jahren beschlossen. Trotzdem stehen in Mertavik erst vier Häuser. Es ist aufwendig und teuer, die Baumaterialien herzuschaffen, weil Schiffe extra in diese abgelegene Gegend fahren müssen. Ob die Regierung Geld dazugibt, ist nicht klar. Aber allein haben die Bewohner von Newtok nicht genug Geld, um das ganze Dorf neu aufzubauen. Also bleiben die meisten erst einmal, wo sie sind.

G Auch Bernards Oma wohnt noch in Newtok, dabei gehört ihr eines der Häuser in Mertavik. Aber sie möchte in der Nähe ihrer 14 Enkel bleiben. Bernard besucht sie nach dem Spielen. Sie erwartet ihn mit Eskimo-Eiscreme. So nennen die Yupik Eis aus Beeren, die sie in der Umgebung sammeln.

Bernard weiß noch nicht, wann seine Familie umziehen wird. Er war aber schon im neuen Dorf und hat festgestellt: Auf dem festen Boden dort kann man sehr gut spielen. Und man bekommt nicht so schnell nasse Füße wie im Matsch von Newtok.

3 Die Einwohner von Newtok leben in einer besonderen Situation. Beschreibt diese Situation mit euren eigenen Worten.

M 4 Mithilfe der **Sechs-Schritt-Lesemethode** könnt ihr euch den Text über Bernard und das Leben an der Klippe genauer erarbeiten. Geht Schritt für Schritt vor.

Die Sechs-Schritt-Lesemethode

1. Überfliegend lesen:

Worum geht es?

Gleite mit deinen Augen über den Text. Du erfährst dabei, wovon der Text ungefähr handelt. Orientiere dich vor allem an den Bildern, an Überschriften und an den großgeschriebenen oder **hervorgehobenen** Wörtern. Sie enthalten wichtige Informationen. Bereits gelesene Texte kannst du mit diesem Schritt inhaltlich auffrischen.

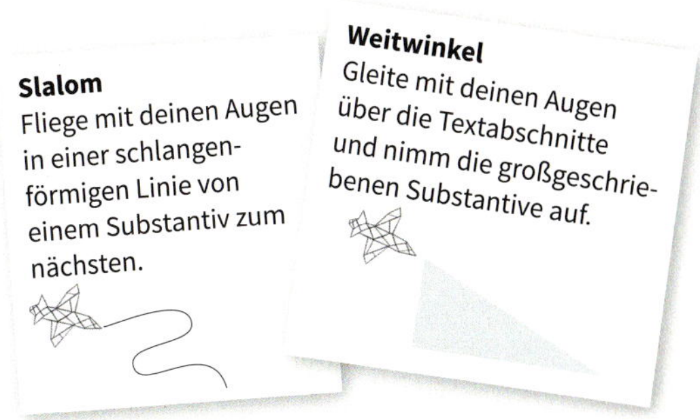

2. Gründlich lesen:

Worum geht es in dem Text genau?

Lies nun Satz für Satz und Absatz für Absatz. Manchmal ist es hilfreich, wenn ein Kind vorliest und die anderen still mitlesen.

3. Unverstandenes klären:

Was verstehe ich nicht?

Wörter, die du nicht verstehst, kannst du dir oft aus dem Textzusammenhang erklären. Wenn du nicht ganz sicher bist, schlage das Wort in einem Wörterbuch nach. An manchen Wörtern findest du eine kleine Ziffer. Die Bedeutung dieses Wortes wird dann am Ende der Seite in einer Fußnote erklärt.

4. Teilüberschriften formulieren:

Was sind die Hauptinformationen in den einzelnen Absätzen?

Nachdem du einen Absatz genau gelesen hast, fasst du den Inhalt mit einem Wort oder in einer Wortgruppe zusammen.

5. Informationen festhalten:

Was will ich mir unbedingt merken?

Schreibe zu den Teilüberschriften weitere Stichpunkte auf. In Partner- oder Gruppenarbeit solltet ihr euch auf die Formulierung der Stichpunkte einigen.

6. Den Inhalt wiederholen:

Wie gebe ich den Text wieder?

Lies deine Teilüberschriften und Stichpunkte noch einmal aufmerksam. Dann kannst du den Text mit deinen Notizen wiedergeben. Ergänzt euch gegenseitig, um nichts Wichtiges zu vergessen.

5 Das Leben von Bernard scheint ganz anders zu sein als deins. Welche Unterschiede und Gemeinsamkeiten kannst du feststellen? Notiere deine Ergebnisse übersichtlich in einer Tabelle.

	Bernard	Ich
Unterschiede		
Gemeinsamkeiten		

Über mich und andere: Kinder hier und anderswo

Informationen in einem Flussdiagramm grafisch darstellen

1 In dem folgenden Text erfährst du viel über das Mädchen Parmila und ihren Arbeitsalltag. Übe das überfliegende Lesen und suche die Antworten auf folgende Fragen im Text:

- In welchem Land lebt sie?
- Wie lange darf das Mädchen am Tag zur Schule gehen? Wie alt ist Parmila?
- Wie heißt Parmilas Freundin?
- Was macht Parmila nach dem Unterricht?

Parmila darf lernen (Text verändert)

Dela Kienle

Parmila ist zwölf Jahre alt und lebt in Nepal. Die Familie hat wenig Geld, deshalb müssen auch die Kinder mit anpacken. Pamilas Arbeitsplatz ist weit weg von ihrem Heimatort, deshalb sieht sie ihre Familie nicht sehr oft. In dem Restaurant, in dem sie arbeitet, hat sie kein eigenes Zimmer und auch kein Bett. Sie schläft auf dem Boden. Das Restaurant ist aber nicht so groß, wie man vielleicht denkt; es ist nur eine kleine Hütte. Parmila arbeitet nun schon seit ihrem 8. Lebensjahr dort und verdient knapp 5 Euro im Monat. Dafür muss sie das schmutzige Geschirr abspülen, Gemüse waschen und schneiden, die Portionen auf den Tellern anrichten und schließlich alles mit einem Lächeln servieren. Die Gäste finden es nicht ungewöhnlich, von einem Kind bedient zu werden.

Kinderarbeit ist in Nepal normal. Das Land gehört zu den ärmsten der Welt, deshalb bleibt dort rund zwei Millionen Kindern nichts anderes übrig als zu arbeiten. Nicht alle Kinder verdienen Geld im Restaurant, wie Parmila. Viele arbeiten auch auf Feldern und in Steinbrüchen, andere in Teppichknüpfereien und fremden Haushalten.

In den letzten Monaten hat sich trotzdem einiges für Parmila verbessert. Sie darf für zwei Stunden am Tag in die Schule gehen. Dort lernt sie Lesen, Schreiben und Rechnen. Für das Mädchen gibt es nichts Schöneres. Natürlich hat Parmila die Hausaufgaben immer perfekt erledigt. Auch wenn ihr dafür kaum Zeit bleibt. Jeden Morgen macht sie die Schularbeiten, bevor sie in die Küche muss.

Noch wichtiger ist für sie, dass sie Kontakt zu anderen Kindern hat, denen es genauso geht wie ihr. Gemeinsam spielen sie nach dem Unterricht und albern herum. Aber das Allerbeste ist, dass Parmila eine Freundin gefunden hat: Balkumari. Ihr kann sie alles anvertrauen. Außerdem ist das Mädchen eine wahre Quatschexpertin. Nach dem Unterricht gehen die Mädchen zurück zu ihren Arbeitsplätzen. Abschied nehmen fällt jeden Tag schwer, aber beide wissen ja: Morgen sehen sie sich wieder in der Schule.

2 Seht euch die Bilder von Parmila genauer an.
- Wie wirkt das Mädchen auf euch?
- Welche Informationen aus dem Text haben euch besonders beeindruckt?

3 Lies den Text noch einmal aufmerksam.

4 Die folgenden Bausteine zu Parmilas Tagesablauf sind etwas durcheinandergeraten. Ordne sie in der richtigen Reihenfolge.
1: *aufstehen*
2: …
3: …
…

servieren
Hausaufgaben erledigen
Gemüse waschen und schneiden
Arbeit im Restaurant
Schule
Freunde treffen
aufstehen
spielen
Teller anrichten
Küchenarbeit
schlafen gehen
Geschirr abwaschen

5 Vergleicht eure Ergebnisse. Arbeitet zu zweit.

6 Gestalte nun mit deinen Informationen ein Flussdiagramm über den Tagesablauf von Parmila.

Flussdiagramm

INFO

Um Abläufe oder Prozesse grafisch darzustellen, nutzt man Flussdiagramme. Dazu werden meist Pfeile und einfache Formen verwendet, in denen eine kurze Information notiert ist.

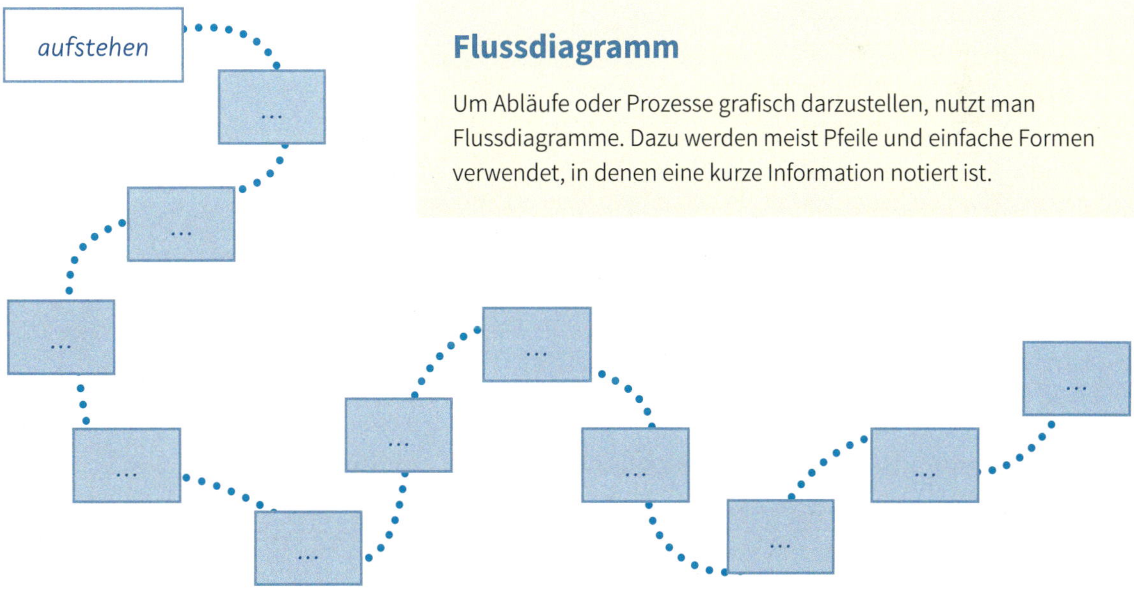

7 Überlege einmal, wie ein normaler Wochentag bei dir aussieht. Gestalte auch ein Flussdiagramm zu deinem Tagesablauf.

8 Vergleicht eure Ergebnisse in der Klasse. Welche Gemeinsamkeiten und Unterschiede könnt ihr feststellen?

Über mich und andere: Kinder hier und anderswo

Einer Infografik gezielt Informationen entnehmen

1 Schaut euch die Infografik an. Was nehmt ihr auf den ersten Blick wahr?

2 Sucht nun bestimmte Elemente aus der Infografik heraus. Beschreibt sie oder lest sie vor.

- Schlagzeile – große Überschrift
- Untertitel – kleine Überschrift
- Angabe zu Zahlenwerten
- Erklärungen / Legende
- Beschriftungen
- Farben
- Blickfang – Eyecatcher
- Quellenangabe

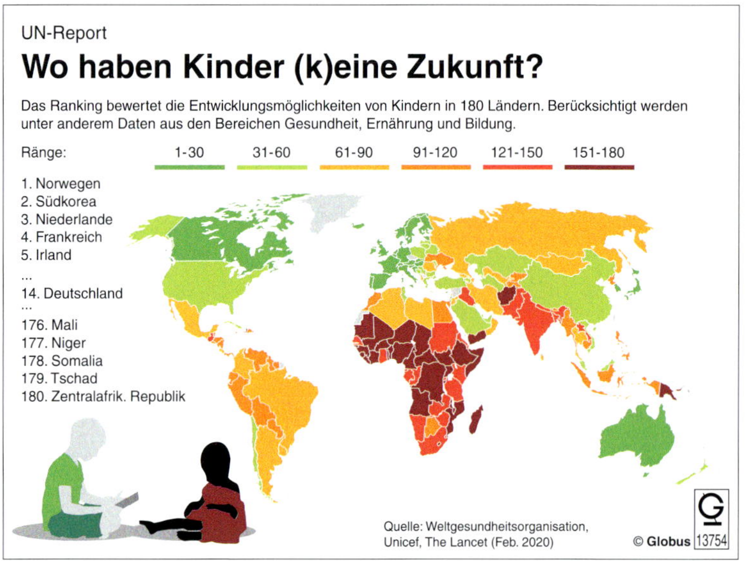

3 In der Infografik werden die Begriffe UN-Report[1] und Ranking[2] verwendet. Versucht einmal, diese Begriffe mithilfe eures Vorwissens oder der Fußnoten rechts zu erklären.

[1] UN-Report: *UN* ist die Abkürzung für den englischen Begriff ***U**nited **N**ations*, auf Deutsch: Vereinte Nationen. Damit ist ein Zusammenschluss vieler Länder der ganzen Welt gemeint, die gemeinsam an bestimmten Themen arbeiten.

[2] Ranking: Rangfolge

4 Stellt euch Quiz-Fragen, die sich kurz und eindeutig aus der Infografik beantworten lassen, z. B.:

a) Wie viele Ränge werden in der Infografik insgesamt angegeben?
b) Auf welchem Rang könnte Australien liegen?
c) Wo ist die Zukunft von Kindern am meisten bedroht?

- Stellt die Fragen reihum in der Klasse.
- Achtet darauf, dass die Fragen richtig beantwortet werden.

5 Lest die folgenden Informationen aufmerksam. Welche der genannten Elemente enthält die Infografik oben **nicht**?

INFO

Infografiken

Infografiken sind **nicht lineare Texte**, die Daten und Fakten übersichtlich und **anschaulich** darstellen. Man findet sie in Zeitungen, Zeitschriften, in Fach- und Lehrbüchern oder auch im Internet. Die Leser sollen sich **schnell** über ein Sachthema **informieren** können.

Infografiken können ganz unterschiedlich aussehen, weil sie verschiedene **Elemente** enthalten. Das können zum Beispiel **Landkarten, Tabellen** oder **Diagramme** sein. In vielen Infografiken dient auch ein **Bild** als **Blickfang / Eyecatcher**. Aber alle Infografiken haben eine oder mehrere **Überschriften, Quellenangaben** sowie eine **Zeichenerklärung / Legende**.

Über mich und andere: Kinder hier und anderswo

M Eine Infografik mit der Drei-Schritt-Lesemethode erschließen

1 Mit der **Drei-Schritt-Lesemethode** kannst du dir **nicht lineare Texte** wie Infografiken, Diagramme und Tabellen erarbeiten. Wende diese Methode an, um dir die Infografik auf Seite 48 zu erschließen. 48

INFO

Die Drei-Schritt-Lesemethode

Erster Schritt: Sich orientieren

- Lies die Überschrift. Wirf einen ersten Blick auf Infografik, Diagramm oder Tabelle.

Zweiter Schritt: Den Inhalt erfassen

- Notiere kurz, um welches Thema es geht und was du unmittelbar verstehen kannst.
- Kläre, was schwierige Fachwörter und Beschriftungen, z. B. Größen- oder Zahlenangaben, bedeuten.
- Lege einen Notizzettel an. Schreibe wichtige Informationen stichwortartig auf.

Dritter Schritt: Ergebnisse wiedergeben

- Nutze deinen Stichwortzettel und gib die Informationen anderen mündlich wieder.
- Oder: Nutze deinen Stichwortzettel und schreibe die Informationen in einem kurzen Text auf.

2 Du kannst die folgenden Stichwörter und auch den **WORTSCHATZ: TEXTBAUSTEINE** dazu nutzen.

Überschrift: ...
Thema: Zukunft der Kinder in unterschiedlichen ...
Blickfang: farbige Grafik der ... und von ...
Bewertung: ...
Rangliste: angegeben sind die Ränge ... bis ...
Legende: die Farben zeigen ...
Grün bedeutet ...
Rot ...

WORTSCHATZ: TEXTBAUSTEINE

für beschreibende und vergleichende Texte

Als Blickfang dient ...
Auf dem nächsten Platz folgt ...
Die schlechtesten Entwicklungsmöglichkeiten ...
Die größten Chancen auf eine Zukunft ...
In den Ländern ...
Auf dem Kontinent ...
Die Rangliste zeigt, ...
Beispiele dafür sind ...

3 So könnte dein Text beginnen:

Die Infografik mit der Überschrift „...“ beschäftigt sich mit dem Thema ...
Die Umfrage stammt von ... Sie ist aus dem Jahr ...
In 180 Ländern wurden die Entwicklungsmöglichkeiten ... von ... bewertet.
In der Grafik erfährt man ... Die Farbe ... steht dabei für ... und das Rot steht für ...

4 Tragt eure Ergebnisse in der Tischgruppe vor. Hört einander gut zu.
Besprecht, was euch bereits gut gelungen ist und was ihr noch verbessern könnt.

LESEN Umgang mit Texten und Medien

Über mich und andere: Kinder hier und anderswo

Eine Infografik lesen und erschließen

1 Welche Elemente der Infografik sind euch zuerst aufgefallen? Woran kann das liegen? Beschreibt euren Eindruck.

2 **Wer** sind die Befragten dieser Infografik? **Wonach** wurden sie befragt?

3 Der **Eyecatcher** in Infografiken ist oft ein Bild oder ein Piktogramm. Lest dazu den Infokasten.

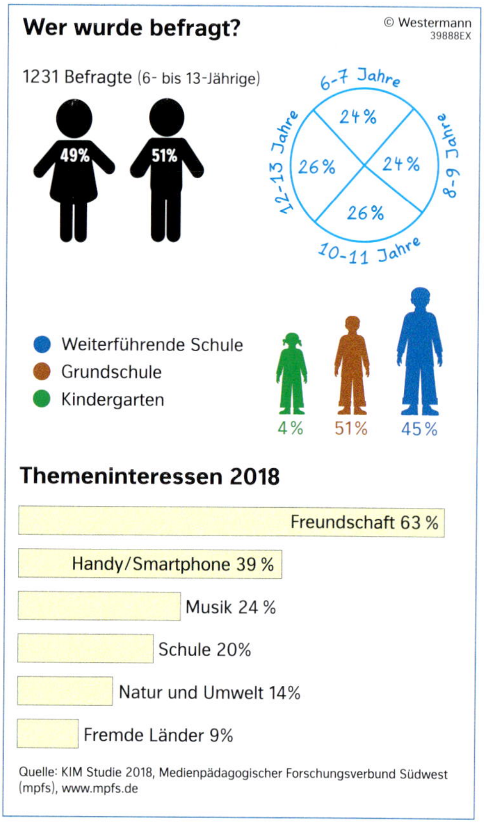

INFO

Piktogramme

Piktogramme sind kleine, einfache Bilder.
Oft werden sie einfarbig dargestellt und dienen in Infografiken als Blickfang.
Mithilfe von Piktogrammen erkennt man schnell, worum es inhaltlich geht. Sie sind weltweit leicht verständlich und müssen nicht zusätzlich durch Text erklärt werden.

4 Schaut euch die beiden Bereiche der Infografik an.
- **Obere Hälfte:** Welche Angaben machen das Kreisdiagramm, die Piktogramme und die Farben? Erklärt, was die Zahlen, Farben und Bilder bedeuten.
- **Untere Hälfte:** Welche Angaben werden im Balkendiagamm gemacht? Bildet reihum Sätze zur Rangfolge der sechs Themeninteressen.

5 Erschließt euch nun die Infografik mithilfe der **Drei-Schritt-Lesemethode.**

6 Führt eine ähnliche Untersuchung zu **Themeninteressen** in eurer Klasse durch. Präsentiert eure Ergebnisse in einer Infografik. Ihr könnt sie zeichnen oder am Computer erstellen.

7 Wählt ein eigenes Thema, zu dem ihr eine kleine Untersuchung durchführen wollt. Zum Beispiel zum Thema **Essen, Apps und Spiele, Haustiere** oder **Hobbys**.
- Überlegt, wen ihr befragen wollt. Es sollten **mindestens 10 Personen** sein.
- Präsentiert eure Ergebnisse in einer Infografik. Ihr könnt sie zeichnen oder am Computer erstellen.

Welche Feste feiern …
Welche Hobbies haben …
Welche Haustiere haben …
Was essen …
… Kinder in anderen Ländern?
… Kinder in anderen Ländern?
Wie wohnen …
Wie leben …
Welche Spiele mögen …

Über mich und andere: Kinder hier und anderswo

Überprüfe dein Wissen und Können

1 Sieh dir das Balkendiagramm aufmerksam an.
Notiere dann,
- worum es in diesem Balkendiagramm geht,
- woher und von wann die Daten stammen,
- wie viele Personen befragt wurden

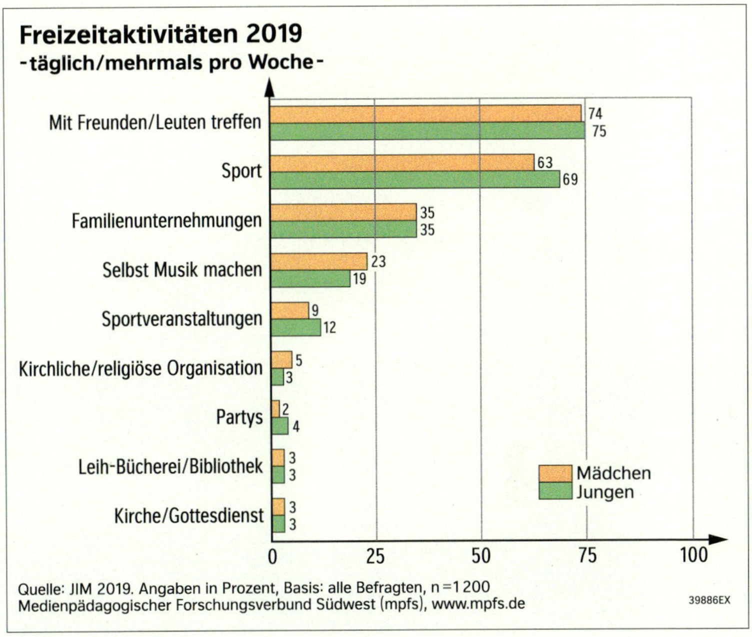

2 Ergänze die folgenden Sätze zu diesem Diagramm.
Schreibe die Sätze vollständig auf.
a) Fast genauso viele Jungen wie Mädchen treffen …
b) 23 Prozent der … machen selbst Musik.
c) Sportveranstaltungen werden häufiger von … als von … besucht.

3 Bilde zwei Sätze zu weiteren Ergebnissen der Umfrage.

4 Welche beiden Aussagen lassen sich **nicht** aus dem Balkendiagramm entnehmen:
Notiere die Buchstaben.
A Ein Viertel der Jungen trifft sich täglich / mehrmals in der Woche mit Freunden.
B Bei der Gestaltung der Freizeitaktivitäten spielen Partys eine größere Rolle als der Besuch von Sportveranstaltungen.
C Jungen verbringen ihre Freizeit zu gleichen Anteilen in kirchlichen / religiösen Organisationen wie Mädchen im Gottesdienst bzw. in der Kirche.

5 Hier sind fünf Aussagen über nicht lineare Texte. Drei davon sind richtig.
Notiere die Buchstaben.
a) Tabellen, Diagramme und Infografiken sind nicht lineare Texte.
b) Viele Infografiken enthalten Bilder, die als Blickfang dienen.
c) Nicht lineare Texte liest man immer fortlaufend: von links nach rechts und von oben nach unten.
d) Flussdiagramme beschreiben Abläufe und Prozesse.
e) Tabellen bestehen aus waagerechten Spalten und senkrechten Zeilen.

6 Welches Piktogramm passt zu welchem Begriff?
Notiere die Zahl mit dem passenden Buchstaben.
A Bildung **C** Naturschutz
B Landwirtschaft **D** Energie

1 2 3 4

LESEN Umgang mit Texten und Medien

Gespräche über Literatur

Einen literarischen Text kennenlernen

Sie leben in Kolumbien, Peru, Chile, Bolivien, Brasilien, in Nicaragua
oder auf den Philippinen ... Sie leben auf der Straße – Tag und Nacht.
Oder sie leben mit ihren Familien in den ärmsten Elendsvierteln
am äußersten Rand der Großstädte. Sie leben als Diebe
von der Hand in den Mund – immer in der Angst, gefasst zu werden.
Oder sie leben als Schuhputzer und Müllsammler, als Arbeiter in den
Bergwerken und Steinbrüchen, als Losverkäufer oder Ziegelbrenner.
Sie leben in bitterer Armut und oft wissen sie nicht,
wovon sie sich ernähren sollen.
Aber sie leben auch von ihrer Stärke und von der Hoffnung
auf ein besseres Leben – morgen oder übermorgen ...
Und sie sind: Kinder dieser Welt!

Mecka Lind, die Autorin des Romans, aus dem ihr auf den folgenden Seiten einen längeren Ausschnitt lesen könnt, hat mehrere Monate in Rio de Janeiro (Brasilien) verbracht und dort viele Gespräche mit Straßenkindern geführt. Alles, was in diesem realistischen Roman passiert, beruht auf wahren Begebenheiten.

Isabel, ein Straßenkind in Rio*

Mecka Lind

[...]

Als eine Zeit vergangen ist, sagt Luiz eines Morgens: „Heute wirst du kein Kaugummi verkaufen. Heute gehen wir hinunter zum Strand."

Wie immer stellt Isabel keine Fragen. Vielleicht ist er der Meinung, dass sie ein Bad braucht. Das machen sie manchmal sehr früh am Morgen oder spät am Nachmittag, wenn nicht mehr so viele gaffende Touristen am Strand sind. Sie gehen mit den Kleidern ins Wasser und rennen dann herum, bis sie an der Sonne wieder getrocknet sind. Isabels Kleid wird mit jedem Mal verblichener, aber es wird auch sauber.

Als sie zum Strand kommen, stellt sich heraus, dass Luiz keineswegs ans Baden gedacht hat.

„Kannst du laufen?", fragt er.

„Natürlich kann ich laufen", lacht Isabel.

„Ich meine, kannst du schnell laufen?"

„Ich glaube schon."

„Wir laufen um die Wette, damit ich sehe, was du kannst."

Luiz ist unglaublich schnell. Isabel hat keine Chance. Hinterher setzen sie sich in den Sand.

„Von heute an laufen wir, so oft es geht", sagt Luiz. „An dem Tag, an dem du mich einholst, darfst du dich satt essen, das verspreche ich dir. Wenn du es nicht schaffst, musst du selbst fürs Essen sorgen."

„Aber du hast doch viel längere Beine als ich", protestiert Isabel.

„Du musst dich eben ein bisschen anstrengen", sagt Luiz.

„Irgendetwas musst du machen, und zum Kaugummiverkaufen taugst du nicht mehr. Wenn du schnell genug laufen kannst, darfst du tagsüber mit mir zusammenarbeiten."

Isabel hat keine Ahnung, was Luiz arbeitet. Doch sie hat nichts dagegen, die Kaugummis los zu sein.

(* Text verändert)

Heute bekommt sie eine Extrachance, sagt er. Aber nur weil es der erste Tag ist. Isabel läuft so schnell, dass sie Blutgeschmack im Mund hat. Trotzdem ist er weit, weit vorn und lacht über sie, wie sie kämpft. Aber das Lachen ist nicht gemein.

„Und wie organisiert man was zum Essen?", keucht sie.

„Das musst du schon selbst herausfinden", sagt er und wird mit einem Mal ernst. „Sonst wirst du nie durchkommen. Deine Tüte hast du ja schon."

Ja, das stimmt, sie hat eine Tüte. Aber sie geht nicht gerne herum und bettelt, und auch wenn sie sich allmählich daran gewöhnt hat, macht sie es nur, wenn das Ziehen im Bauch ganz schlimm ist. Dann hat sie eine Idee. Die Mülltonnen! Es gibt zwar viele, die in den Mülltonnen und Abfallsäcken der Restaurants wühlen, aber vielleicht ist ja auch für sie etwas übrig.

Schon als sie in die erste Tonne hineinschaut, kommt Sidney, ein anderer Bandenführer, zu ihr.

„Diese Abfälle gehören uns", sagt er drohend. „Hat Luiz dir das nicht gesagt?"

„Nein", sagt Isabel. „Welche Viertel hat er denn?"

„Er hat die Märkte."

Isabels Gesicht leuchtet auf. Ja, verdammt, die Märkte hat sie ganz vergessen. Es gibt viele. Jeden Tag ist in einer anderen Straße ein Gemüsemarkt. Sie muss nur noch herausfinden, wo heute Markt ist. Sie findet bald einen. Eine ganze Straße voller beladener Obst- und Gemüsestände. Sie geht herum und versucht herauszufinden, wo etwas weggeworfen wird. Plötzlich kullert eine Mango von einer Pyramide aus Früchten herunter. Sie ist gleich da, aber der Besitzer des Standes nimmt ihr die Frucht weg.

„Du wartest, bis Schluss ist, genau wie alle anderen."

Sie muss lange warten. Sie setzt sich an eine Hauswand und schläft ein. Als sie wieder aufwacht, sieht sie, dass noch mehr Kinder gekommen sind. Und sie warten alle. Das wird einen Kampf geben um die verdorbenen Früchte, die weggeworfen werden. Aber sie ist bereit. Die anderen Kinder waren nur schon viel öfter als sie hier und wissen, welche Verkäufer am meisten wegwerfen und welche auch Früchte aussortieren, die nur halb verfault sind.

Isabels Beute ist also mager ... eine halbe, fast widerlich überreife Melone. Na ja, wenn sie schon nicht schmeckt, so löscht sie zumindest den Durst. Später geht sie ratlos zum Strand zurück. Zu betteln lohnt sich nicht um diese Tageszeit, in den Cafés sind kaum Leute. Da kann sie genauso gut ein bisschen Laufen üben.

Sie läuft unten, direkt am Wasser, wo die Wellen den Sand benetzen und er härter und fester wird. Aber hier sind auch viele Leute. Sie kreuzt zwischen ihnen durch. Ein kleiner Junge kommt mit einem Brot in der Hand zum Wasser getorkelt. Er sieht sie nicht. Aber sie sieht ihn.

Und natürlich könnte sie es vermeiden, mit ihm zusammenzustoßen, aber sie tut es nicht. Sie fallen beide hin und genau, wie sie gehofft hat, landet das Brot im Sand. Gerade als sie es aufhebt, spürt sie einen Schatten über sich. Es ist ein groß gewachsener weißer Mann. Er hebt den weinenden Jungen hoch und schimpft sie aus.

Dann nimmt er ihr das Brot weg und wirft es ins Wasser. Isabel läuft hinterher, damit die Wellen es nicht wegspülen. Das Brot ist sandig und nass, aber sie schlingt es gierig hinunter, und sie verschließt die Augen vor den Blicken voller Abscheu, mit denen die Erwachsenen unter ihren Sonnenschirmen sie betrachten. Das Brot dämpft ihren Hunger ein bisschen, und sie läuft weiter zu einem Teil des Strandes, an dem weniger Leute sind. Dann setzt sie sich zum Trocknen in die Sonne.

Jeden Morgen und jeden Abend läuft Isabel im Sand an der Copacabana entlang. Luiz ist nicht immer bei ihr, aber wenn er mit ihr läuft, merkt sie, dass sein Vorsprung kleiner wird. Sie

wird auch immer geschickter im Beschaffen von etwas Essbarem. Aber oft muss sie sich hungrig schlafen legen, und manchmal bekommt sie Durchfall von etwas Verdorbenem, das sie aus einer Mülltonne gefischt hat, wenn Sidney und seine Bande nicht in der Nähe waren.

Eines Tages passiert etwas Merkwürdiges. Sie geht zwischen den Cafés umher und bettelt um Essensreste. Als sie vor einem Touristenpaar steht, packt die Frau sie plötzlich und drückt sie auf einen Stuhl neben sich. Isabel versucht natürlich abzuhauen, aber die Frau hält sie fest und sagt in holprigem Portugiesisch: „Du bleibst jetzt hier sitzen, dann bekommst du einen Teller Suppe. Du siehst aus, als ob du ihn brauchen würdest."

Der Kellner schaut finster, als die Frau bestellt, und Isabel weiß, dass sie dieses Café eine Weile meiden muss. Aber sie isst die Suppe und das frische Brot, und sie genießt es. Die Frau fragt sie, wie alt sie sei. Isabel sagt, dass sie bald neun werde. Als der Mann fragt, wo sie wohnt, antwortet sie, sie wohne mit ihrer Mutter oben in einer der Favelas , und dann erzählt sie weiter, weil sie gerade so gut in Fahrt ist. Sie berichtet, wie krank ihre Mutter sei und dass sie so viele Geschwister habe, dass das Essen zu Hause nie reiche und sie deshalb mit der Tüte betteln gehen müsse. Die Frau und der Mann nicken verständnisvoll und seufzen vor Mitleid, Isabel bekommt noch einen Teller Suppe. Sie genießt auch den und erzählt weiter vom Elend in den Favelas. Aber plötzlich entdeckt sie Luiz, der nur ein paar Meter von ihr entfernt am Gehsteig entlangschlendert. Ihre Blicke treffen sich für eine kurze Sekunde, und sie bemerkt sein Erstaunen, dann starrt sie wieder in ihren Suppenteller. Als sie vorsichtig wieder hochschaut, ist er weg. Sie bedankt sich höflich für das Essen, und die Frau wickelt alles übrig gebliebene Brot in eine Serviette und reicht es ihr.

„Hier, nimm es mit nach Hause", sagt sie.

Isabel bedankt sich noch einmal, dann läuft sie schnell davon, den brennenden Blick des Kellners spürt sie noch lange auf dem Rücken.

1 Was meint ihr: Ob Isabels Geschichte, die sie dem Touristenpaar erzählt, wohl wahr ist? Was spricht dafür, was dagegen?

Sobald sie in eine der kleinen Seitenstraßen einbiegt, ist Luiz neben ihr. Ohne ein Wort zu sagen, gibt sie ihm das ganze Brot. Als er alles aufgegessen hat, sagt er: „Morgen laufen wir wieder um die Wette."

Sie sind fast allein am Strand. Es ist erstens noch früh am Morgen, zweitens ist es August und somit Winter. Die Bewohner von Rio gehen um diese Zeit nicht an den Strand. Es gibt nur wenige Touristen. Hauptsächlich Geschäftsleute sind um diese Jahreszeit hier, und die sitzen jetzt entweder beim Frühstück oder sie schlafen ihren Rausch aus.

Also beachtet niemand das kleine magere Mädchen und den etwas größeren, aber mindestens ebenso dünnen Jungen, die da im Sand laufen. Zuerst ist sie hinter ihm, dann laufen sie eine ganze Weile nebeneinander, aber schließlich zieht sie langsam und hartnäckig an ihm vorbei. Freude breitet sich in Isabel aus. Sie hat es geschafft! Sie hat es geschafft, schneller als Luiz zu laufen.

„Ja, zum Teufel auch!", lacht er, als sie nebeneinander sitzen und verschnaufen. „Jetzt können wir anfangen zusammenzuarbeiten."

„Was ist das für eine Arbeit?"

Luiz steht auf, klopft den Sand von seiner Lederjacke und geht Richtung Strandpromenade.

„Das wirst du gleich sehen", ruft er ihr nach hinten zu.

Sie gehen durch den Straßentunnel, der von der Copacabana zum Botafogoviertel führt, folgen dann der Rua Voluntário bis hinauf zu der riesigen Markthalle Cobal. Isabel ist noch nie hier gewesen. Sie schaut mit großen Augen in die enorme Halle. Noch nie im Leben hat sie so viel Obst und Gemüse auf einmal gesehen. Und Fleisch und Fisch und überhaupt alles, was man essen kann.

„Vergiss es", sagt Luiz. „Ich kannte einen, der versucht hat, hier drinnen etwas zu klauen. Ich habe ihn seither nicht mehr gesehen."

Sie gehen stattdessen weiter in eine Querstraße, die nach Sao Clemente führt, eine Parallelstraße zur Rua Voluntário. Sie gehen ein Stück zurück, dann bleibt Luiz stehen und zeigt auf eine Favela, die am Berg liegt. Es ist eine sehr große Favela.

„Santa Marta", sagt er.

2 Versucht euch einmal auszumalen, was Luiz vorhat.

- Haltet eure Vermutungen und Ideen schriftlich fest.
- Tauscht anschließend eure Ergebnisse im Gespräch aus.
- Lest erst danach auf den nächsten Seiten, wie die Geschichte weitergeht.

Dann schaut er sich um. Isabel ahnt schon, was kommen könnte. Sie weiß schließlich, was die Bande macht, sie hat alles unter der Brücke gehört.

„Beobachte die da drüben“, sagt er mit einem kurzen Nicken.

„Die Dicke mit der Sonnenbrille und dem Hut?“

„Genau. Ich gehe jetzt zu ihr hin und frage sie, wie viel Uhr es ist, dann frage ich, wie man zur Vista Alegra in Santa Teresa kommt. Wenn ich sie abgelenkt habe, schleichst du dich hin und reißt ihr die Schultertasche weg. Wie du siehst, hält sie sie nicht besonders gut fest. Und dann läufst du mindestens so schnell wie unten am Strand. Ich werde schreien und dich jagen, aber darum darfst du dich nicht kümmern. Du wirst in diese Straße dort einbiegen und dann hinauf in die Favela.“

„Und wenn sie mir da oben die Tasche abnehmen?“

„Ich komme dir hinterher, das habe ich doch gesagt. Ich gehe jetzt, bleib du in der Nähe.“

Die Sache gefällt Isabel nicht. Und doch weiß sie, dass sie es tun muss, wenn sie was zu essen haben wollen. Sie hat schon öfter Handtaschenräuber beobachtet und versucht nun sich zu erinnern, wie die es gemacht haben. Sie geht ein Stück hinter Luiz an der Hauswand entlang. Sie inspiziert die Straße, die sie zur Favela hinauflaufen soll. Im Moment scheint der Weg frei zu sein. Luiz steht neben der Frau, die auf ihre Uhr schaut. Jetzt zeigt und gestikuliert sie. Er hat also schon nach dem Weg gefragt. Jetzt muss sie sich beeilen. Isabel ist jetzt so nah an der Frau, dass sie nur noch die Hand nach der Tasche auszustrecken braucht. Aber sie ist nervös und zögert den Bruchteil einer Sekunde zu lange. Plötzlich schreit ein Mann auf der anderen Straßenseite, um die Frau zu warnen, die ihn aber nicht hört, weil der Verkehrslärm so laut ist. Der Mann hastet herüber ... ein Bus kommt dazwischen ... da zieht Isabel der Frau entschlossen die Tasche über die Schulter, so wie sie es bei Ramiro gesehen hat. Dann spurtet sie los. Luiz brüllt ihr wütend hinterher und rennt ihr nach.

Sie hört, wie er sie einholt. Schlimmer ist, dass sie auch den Mann hört. Sie steigert das Tempo, so gut sie kann, und schon ist sie in der Straße, die in die Favela führt. Da stehen ein paar Männer und sehen sie kommen. Sie fühlt sich wie in einer Falle gefangen und starrt dem einen Mann erschrocken in die Augen. Er nickt ihr zu, und endlich ist sie auf dem Weg bergauf. Hinter sich hört sie die Stimmen der Männer, die den Mann aufhalten, der sie verfolgt hat. Werden sie auch Luiz festhalten? Und warum haben sie sie vorbeigelassen? Werden sie ihr jetzt folgen und ihr die Tasche abnehmen? Sie kauert sich hinter ein paar Büsche an einer Grube, in die sie fast hineingefallen wäre. Als sie hochschaut, sieht sie Luiz, der oben steht und sie sucht. Er sieht sie nicht. Da finden die anderen sie vielleicht auch nicht. Sie will ihm etwas zurufen, traut sich aber nicht, und er geht weiter bergauf.

Nach einer Weile hat sie sich beruhigt und macht neugierig die Tasche auf. Sie findet einen Lippenstift, einige Papiertaschentücher, Zigaretten und die Brieftasche. Darin ist ein Bündel Scheine. Sie hat inzwischen zählen gelernt, und auch wenn es nicht sonderlich viel ist, reicht es, damit Luiz zufrieden sein kann. Sie stopft alles in die Tasche ihres Kleides, aber gerade als sie die Handtasche wegwerfen will, sieht sie ihn ... den Ring. Er liegt in einem der Fächer und glitzert. Sie zögert nur einen Moment, dann nimmt sie ihn und steckt ihn in den Mund. Den will sie selbst behalten. Luiz braucht nicht immer alles zu kriegen. Außerdem hat sie sich heute den schlimmsten Gefahren ausgesetzt. Sie wird den Ring verkaufen. Wie und wo und wann, weiß sie noch nicht. Aber das wird sie schon noch herausbekommen.

Jetzt sieht sie Luiz. Er geht auf dem Weg, der an der Grube vorbeiführt. Als er ganz nahe ist, flüstert sie: „Ich bin hier."

„Hast du die Tasche schon durchsucht?", fragt er misstrauisch. „Zeig, was drin war!"

Isabel holt hervor, was sie in der Tasche hat, und gibt es ihm. Der Ring brennt unter der Zunge. Er zählt die Scheine und steckt sie ein. Sogar die Zigaretten und den Lippenstift nimmt er.

„Die verkauf ich den Huren unten am Strand", erklärt er.

Isabel will ihn fragen, ob die Beute gut war, aber gerade als sie das erste Wort sagen will, passiert es: Der Ring in ihrem Mund verrutscht, und sie schluckt ihn vor Schreck hinunter. Sie erstarrt, und Luiz, der sehr aufmerksam ist, fragt:

„Was war das?"

„Ich hab' ihn verschluckt", stottert Isabel und schaut Luiz verzweifelt an. Ihr ist klar, dass sie einen Fehler gemacht hat.

„Was hast du verschluckt?"

„Den Ring", brummt sie. „Den Goldring, den ich in den Mund gesteckt hatte, damit du ihn nicht findest."

Sie erwartet, dass er sie schlagen wird, aber stattdessen lacht er, umarmt sie und küsst sie mitten auf den unglückseligen Mund.

„Gut!", sagt er. „Du wirst es schaffen. Du wirst jeden Tag gerissener."

„Aber falls ich nun sterbe, wenn er in den Bauch rutscht", jammert sie.

Luiz lacht noch lauter.

„Keine Angst“, sagt er. „Ich werde schon dafür sorgen, dass das nicht passiert, zumindest nicht, bevor du ihn mir herausgekackt hast.“

„Ich kacke fast nie“, sagt sie. „Bloß, wenn ich Durchfall habe.“

„Mir ist egal, wie er herauskommt“, grinst Luiz. „Hauptsache, er kommt. Und wenn er kommt, gehört er mir. Ich lass’ dich nicht aus den Augen.“

Isabel grinst zurück.

„Ich muss erst was zu essen kriegen, sonst kann ich nicht kacken“, sagt sie.

„Sicher“, nickt Luiz. „Du bekommst was zu essen. Verdammt viel zu essen.“

„Gutes Essen“, sagt Isabel. „Ich kacke schneller und besser, wenn ich gutes Essen bekomme.“

Sie gehen einen anderen Weg von der Favela zurück. Die Männer waren zwar gute Bekannte von Luiz, aber man kann ja nie wissen. Dann gehen sie in eine Pizzeria, wo Luiz den Pizzabäcker kennt. Bald sitzen sie im Hof hinter der Pizzeria und essen jeder eine riesige Pizza und trinken Fruchtlimonade dazu. Mein Gott, wie das schmeckt! Aber man wird müde, wenn man so viel isst, besonders, wenn man es nicht gewohnt ist. Schließlich schläft Isabel in Luiz’ Armen ein.

Als sie wieder aufwacht, hat sie Bauchweh und erinnert sich an den Ring. Luiz schläft, sie steht vorsichtig auf und schleicht hinter ein paar Müllsäcke.

„Na?“, fragt Luiz verschlafen, als sie wieder zurückkommt.

„Du kannst ja selbst nachschauen“, sagt sie.

Der Ring kommt heraus, aber erst am nächsten Tag und erst nach einer weiteren Pizza. Luiz versucht sofort, ihn zu verkaufen, ist aber sauer, weil er einen so schlechten Preis bekommt.

„Da kann man wohl nichts machen“, sagt Isabel, als er sich beschwert. „Hätte ich ihn vielleicht auch noch für dich verkaufen sollen?“

3 Sicherlich hat dich dieser Text über Isabels Leben bewegt.
Nimm dir die Zeit und denke über den Text nach.

- Welche Fragen oder Gedanken beschäftigen dich besonders?
- Sammle sie auf einem Blatt.

4 Tauscht eure Gedanken nun im Plenum miteinander aus.

5 Ergänze deine Aufzeichnungen mit Fragen und Gedanken deiner Mitschülerinnen und Mitschüler.
Bewahre diese Notizen gut auf.
Du kannst sie später noch für dich nutzen.

Helden- und Göttersagen

Merkmale von Heldensagen erkennen

Odysseus

Odysseus war der König der griechischen Insel Ithaka. Durch eine List mit einem hölzernen Pferd konnte er die Stadt Troja gemeinsam mit seinen Gefährten erobern. Endlich konnte er in seine Heimat und zu seiner Frau Penelope und seinem Sohn Telemach zurückkehren. Auf der Überfahrt nach Ithaka wird Odysseus jedoch immer wieder durch ungünstige Winde und Meeresströmungen abgetrieben. Zehn Jahre dauert es, bis er tatsächlich zu Hause ankommt. Von den Abenteuern, die Odysseus in dieser Zeit erlebt hat, erzählt die „Odyssee", eine der größten Dichtungen der Weltliteratur.

1 Erzählt, was ihr schon über Odysseus und seine List mit dem Trojanischen Pferd wisst.

2 Ein Abenteuer, das Odysseus mit seinen Gefährten erlebt, ist die Begegnung mit einem Zyklopen[1]. Hört euch die Sage vom Zyklopen Polyphem an oder lest sie selbst.

Der Zyklop Polyphem*

bearbeitet von Gustav Schwab

Auf ihrer Fahrt in die Heimat landeten Odysseus und seine Gefährten auf einer dicht bewaldeten Insel. Sie entdeckten im Gesträuch eine Höhle und betrachteten neugierig das Innere: Körbe voller Ziegenkäse, Eimer voll Milch, dazu eine Menge Schafe und Lämmer. Als Odysseus eine große Keule am Boden liegen sah, ahnte er, wer der Herr dieser Höhle war. Hier konnte nur der Fürchterlichste unter den Zyklopen hausen, der Sohn des Poseidon, Polyphem.

Hungrig setzten sie sich dennoch nieder, zündeten ein Feuer an und aßen von dem leckeren Käse. Es dauerte nicht lange, da hörten sie die polternden Schritte des Riesen. Das Blut gefror ihnen in den Adern, als sie das Ungeheuer am Eingang erblickten. Sein massiger Körper war stark und behaart. Doch vor allem fiel den Gefährten sein gewaltig großer Kopf auf. Das Besondere daran war, dass er nur ein riesiges Auge in der Mitte der Stirn hatte. Und das schien sie jetzt anzustarren. Er trieb die Schafe und Ziegen herein und rollte einen mächtigen Felsblock vor den Eingang. Odysseus und seine Männer saßen in der Falle. Verängstigt krochen sie in die hinterste Ecke der Höhle. Doch das mächtige Ungetüm mit seinem riesigen furchterregenden Auge fuhr sie schon mit rauer Stimme an: „Wer seid ihr, Fremde?" Ihnen rutschte das Herz in die Hosen. Doch Odysseus nahm seinen ganzen Mut zusammen und bat den Riesen um Gastfreundschaft. Da lachte der Riese laut und hässlich. Als Antwort auf die Bitte des Odysseus packte das Ungeheuer zwei seiner Gefährten, zerriss sie und fraß sie auf. Nach diesem grausigen Mahl schüttete er einen Kübel voll Milch in sich hinein, streckte sich aus und begann laut zu schnarchen. Jammernd beteten Odysseus und seine Männer zu Zeus. Am nächsten Morgen wiederholte sich das grausame Schauspiel. Dann schob der Zyklop mit scheinbarer Leichtigkeit den Felsen vom Eingang der Höhle, trieb seine Herde hinaus und schob ihn von außen wieder zu.

Odysseus und seine Männer waren gefangen wie eine Maus in der Falle. Ihnen musste etwas einfallen. Odysseus dachte nach. Er hatte einen

* Text verändert

Plan. In der Höhle lag die Keule des Zyklopen, riesig und dick wie der Mast eines Schiffes. Sie schlugen ein Stück ab, glätteten und schärften es oben spitz und härteten es in der Flamme. In dem herumliegenden Mist konnte die Waffe gut versteckt werden. Es dauerte nicht lange und sie hörten die schlurfenden Schritte des Ungeheuers. Das grausame Spiel des Morgens wiederholte sich und wieder wurden zwei der Gefährten verschlungen. Odysseus nahm nun all seinen Mut zusammen und näherte sich dem Zyklopen. Er bot ihm eine Kanne schweren griechischen Weines an. Wortlos riss ihm das Ungetüm die Kanne aus der Hand und schüttete den Inhalt in sich hinein. Bald verlangte er mehr und fragte nach seinem Namen. Als Odysseus merkte, dass der Wein die Sinne des Unholds zu umnebeln begann, antwortete er ihm: „Meine Mutter gab mir einen sehr seltsamen Namen. Ich heiße Niemand.“ Der betrunkene Riese gluckste in sich hinein und meinte, dass Odysseus als Letzter aufgefressen werden würde.

Schon bald war ein lautes Schnarchen zu hören. Der betrunkene Riese war in einen tiefen Schlaf gefallen. Jetzt mussten die Männer schnell handeln. Sie steckten die Spitze des selbst gefertigten Pfahls in die glimmende Asche, bis die ganze Spitze glühte. Zu viert rammten sie den Pfahl mitten in das einzige Auge des Riesen. Ein grauenvolles Geheul brach an. Der Riese tobte, schrie, schleuderte den Pfahl durch die Höhle, sodass der Boden erzitterte. Seine Nachbarn mussten das Gebrüll gehört haben und kamen herbei. „Was ist mit dir, Polyphem? Können wir dir helfen?“ Und die List des Odysseus ging auf. Der Unhold[2] brüllte: „Niemand ist hier. Niemand bringt mich um!“ Verwundert und kopfschüttelnd trollten[3] sich die Riesen wieder. Polyphem aber tappte nun blind durch die Höhle und suchte nach Odysseus und seinen Gefährten. Nachdem er sie nicht finden konnte, blieb ihm nichts anderes übrig, als die Höhle zu öffnen und seine Herde hinauszutreiben. Er selbst hockte sich vor den Eingang und betastete die Rücken der hinausdrängenden Schafe. Doch Odysseus und seine Freunde banden sich unter die besonders kräftigen Tiere und entkamen so den tastenden Händen des Geblendeten.

[1] Zyklop: einäugiger Riese
[2] Unhold: Ungeheuer, bösartiges und furchterregendes Wesen
[3] trollten sich: machten sich davon

3 Verschafft euch zunächst einen Überblick über die Figuren der Sage.
Sammelt die Informationen auf Karten und legt eine Figurenübersicht an (Tafel, Board).
- Wer sind die beteiligten Figuren?
- Wie stehen die Figuren zueinander? Findet entsprechende Symbole, um ihre Beziehung zueinander deutlich zu machen.
- Erklärt nun die Beziehungen der Figuren mit eigenen Worten.

63

4 Schaut euch die Illustration auf Seite 63 an. Erzählt:
- An welchem Ort spielt die Sage?
- Welche Situation ist hier abgebildet?

5 Schaut nun noch einmal in den Text. Beantwortet folgende Fragen:
- In welcher gefährlichen Situation befinden sich Odysseus und seine Männer?
- Welche Vorbereitungen treffen sie, um sich zu befreien?
- Mit welcher List kann Odysseus sich und seine Gefährten retten?

6 Tauscht euch aus: Ist Odysseus für euch ein Held? Begründet eure Standpunkte.

7 Lest nun die Merkmale von Sagen im Infokasten nach.
- Was trifft davon auf die Sage über Odysseus zu? Lest dazu entsprechende Textstellen vor.
- Sucht auch nach möglichen Wahrheitshinweisen in der Sage.

INFO

Merkmale von Heldensagen

Heldensagen sind weit über die Grenzen ihres Landes hinaus bekannt.
Sie beziehen sich auf tatsächliche geschichtliche Ereignisse (Wahrheitshinweise) und erzählen von adligen Herrschern und ihren Gefolgsleuten.
Durch ihre außergewöhnlich mutigen Taten und ihre Stärke sind sie zu Vorbildern für ihr Volk geworden. Die Ereignisse, die sich die Menschen nicht erklären konnten, wurden fantasievoll ausgeschmückt.
Ursprünglich wurden Heldensagen in Liedform verfasst und vor einem Publikum gesungen. Darum nennt man sie auch Heldenlieder.

Mögliche **Wahrheitshinweise** in Sagen können sein:
- Ortsangaben *(Land, Stadt, Gebirge, Fluss …)*,
- Zeitangaben *(Jahreszahl, Jahreszeit, Tageszeit, Uhrzeit …)*,
- historische Personen, die früher tatsächlich gelebt haben *(Kaiser, Könige, Bischöfe …)*,
- Hinweise auf Inschriften an Gebäuden, auf Gedenksteinen …,
- Hinweis auf Eintragungen in alten Schriften *(Taufbücher, Urkunden)*,
- Benennung von angeblichen Augenzeugen oder betroffenen Personen,
- Hinweis auf erhaltene Namen, die an ein außergewöhnliches Ereignis erinnern *(Straßennamen, Namen von Bergen, Höhen, Wäldern …)*,
- Hinweis auf Gebäude,
- genaue Mengen- oder Zahlenangaben *(Anzahl von Opfern, Kämpfern …)*.

Entdeckungen: Helden und Idole

Eine Göttersage erschließen und nacherzählen

1 Die folgende Sage hat man sich in Griechenland schon vor über 2000 Jahren erzählt. Seitdem fesselt sie die Menschen. Lest die Sage gemeinsam.

Prometheus*

bearbeitet von Gustav Schwab und Richard Carstensen

Erschaffung der Erde

A Die Welt war geschaffen. Himmel, Erde und Wasser hatten ihren festen Platz. Am Himmel tummelten sich Vögel, in den Wellen die Fische und auf dem Erdboden krabbelte es überall. Tiere aller Art bevölkerten die Erde. Aber ein Geschöpf fehlte, der Mensch.

Prometheus erschafft den Menschen

B Da betrat Prometheus die Erde. Er war der Enkel des Himmelsgottes Uranos und Sohn des Titanen Japetos. Die Familie des Japetos wurde einst durch Zeus entmachtet und in die Unterwelt verbannt. Prometheus hatte von seinem Vater Erfindungsreichtum und Klugheit geerbt. Und so nahm er einen Klumpen Ton und formte aus ihm eine Gestalt. Ganz nach dem Ebenbild der Götter. In die Brust schloss er ihr gute und böse Eigenschaften ein, die er den Seelen aller Lebewesen der Erde entnommen hatte. So formte er die menschliche Seele. Die Göttin Athene half Prometheus und blies der Gestalt ihren Atem ein. Die ersten Menschen waren geschaffen.

Menschen ohne Verstand

C Schon bald füllte sich die Erde. Doch was nützten den Menschen Körper und Seele ohne Verstand? Sie lebten ohne Plan und wie im Traum dahin. Sie wussten nichts vom Lauf der Sterne oder den Jahreszeiten, sie konnten keine Häuser bauen und kein Feuer entfachen.

Prometheus lehrt die Menschen

D Da begann Prometheus sie zu lehren. Er brachte ihnen bei zu verstehen, was sie sehen und hören. Er lehrte sie, den Tag einzuteilen und die Jahreszeiten zu begreifen. Er zeigte ihnen, die Tiere als Helfer zu nutzen und das Meer mit Schiffen zu befahren. Er lehrte ihnen das Handwerk und feste Häuser zu errichten. Nur eines fehlte den Menschen noch immer: das Feuer.

…

E Die Götter, vor allem der gewaltige Zeus, hatten von den Menschen Anerkennung ihrer Herrschaft und Verehrung verlangt. Dafür würden sie die Menschen auch beschützen. Die Menschen waren dazu bereit und schickten Prometheus, um mit den Göttern zu verhandeln. Prometheus aber versuchte, Zeus zu täuschen. Er brachte den Göttern die wertlosen Teile eines Opfertiers und behielt das genießbare Fleisch für die Menschen.

…

F Aus Zorn verweigerte Zeus den Menschen das Feuer. Und wieder griff Prometheus zu einer List. Er näherte sich mit einem leicht entzündbaren Riesenhalm dem vorüberfahrenden Wagen des Sonnengottes Helios. Als der Halm Feuer fing, eilte er mit dieser Fackel zur Erde. Überall flammten die Holzstöße auf. Zeus aber gefiel es gar nicht, die Menschen nun mit einer solchen Gabe ausgestattet zu sehen. Sofort schickte er ihnen ein schlimmes

* Text verändert

Übel auf die Erde. Eine wunderschöne Jungfrau, die von allen Göttern mit einer unheilbringenden Gabe beschenkt worden war: Pandora. Die schöne Pandora ließ sich von ihnen bewundern. Epimetheus, der Bruder von Prometheus, war gutgläubig und nahm ein Geschenk von Pandora an, eine schöne Büchse. Kaum wurde der Deckel von Pandoras Büchse geöffnet, da entflogen alle Krankheiten. Übel und Schmerzen verbreiteten sich in Windeseile über die Menschen. Fieberkrankheiten und der Tod überfielen die wehrlosen Menschen. So bestrafte Zeus den Raub des Feuers durch Prometheus.

G Voller Zorn blickte Zeus auch auf Prometheus. Ihn ließ er ohne Mitleid in die wildeste Einöde des Kaukasus schleppen. Dort wurde er von Hephaistos, dem Gott des Feuers und der Schmiedekunst, mit unlösbaren Ketten an einen Felsen geschmiedet. Ohne Schlaf, ohne Speise und Trank blieb der Götterenkel allein. Zu seinem Unglück kam täglich ein Adler und fraß von seiner Leber, die sich immer wieder erneuerte. …

H Viele Jahrhunderte dauerte die Qual des Verdammten, doch Zeus blieb erbarmungslos. Eines Tages kam der Held Herakles des Weges. Er hatte sofort Mitleid mit dem Titanensohn. Herakles befreite den leidenden Prometheus und erlegte den Adler. …

2 Die Sage trägt den Titel „Prometheus“.
Stellt zu folgenden Fragen Informationen zusammen:
- Was erfahrt ihr über die Herkunft / Familie der Figur Prometheus?
- In welcher Beziehung stehen Prometheus und die Götter zueinander?
- Wie steht Prometheus zu den Menschen?

3 In dieser Göttersage wird Prometheus als Schöpfer der Menschen dargestellt.
- Beschreibt, wie er die Menschen „erschaffen“ hat. (Zeile 8–13)
- Was fehlt den Menschen aber am Anfang noch? (Zeile 14–17)

4 Nach ihrer Erschaffung ist Prometheus für die Menschen noch immer wichtig. Was lehrt er sie? Lest entsprechende Textstellen vor.

5 Prometheus ist nicht gerade gut auf Zeus zu sprechen.
Welche Gründe hat er dafür? Lest in den Zeilen 5–7 nach.

6 Im fünften Abschnitt der Sage spitzt sich der Konflikt zwischen Prometheus und Zeus zu.
In welcher Zeile findet ihr den Grund dafür? Lest den Satz vor.

7 Prometheus macht Zeus erneut sehr wütend, indem er das Feuer zu den Menschen bringt.
- Wie gelingt ihm das?
- Welche Folgen hat das für Prometheus?
- Wie rächt sich Zeus auch an den Menschen?

Merkmale von Göttersagen

INFO

Älter als die Heldensagen sind die Göttersagen, die bereits vor vielen Tausend Jahren entstanden sind.
Da sich die Menschen so manche Naturerscheinung, wie z. B. Blitz und Donner, nicht erklären konnten, dachten sie sich dafür verantwortliche Wesen aus.
Diese Wesen nannten sie Götter und sie gaben ihnen ein menschliches Aussehen.
Besonders die alten Griechen hatten eine Vielzahl von Göttern. In ihrer Vorstellung war der Olymp, ein hoher Berg im Norden Griechenlands, der Sitz ihrer Götter.
Die griechischen Göttersagen erzählen vom Göttervater Zeus und anderen Göttern.

8 Erklärt mithilfe des Infokastens, weshalb diese Sage zu den Göttersagen zählt.

9 Findet nun für die Abschnitte passende Teilüberschriften. Tauscht eure Vorschläge aus.

10 Übernimm die folgenden Teilüberschriften in dein Heft.
Notiere weitere Informationen zu den einzelnen Abschnitten in Stichpunkten.

A Erschaffung der Erde
- *Himmel, Erde und Wasser*
- *Vögel, Fische*
- *Tiere aller Art*

B Prometheus erschafft den Menschen
- *Enkel des Uranos, Sohn von Japetos*
- *Verbannung der Familie in die Unterwelt*
- *Prometheus ist erfindungsreich und klug*
- *formt Menschengestalt aus Ton*
- *gibt ihnen gute und böse Eigenschaften*
- *Athene hilft, Menschen zu beleben*

C Menschen ohne Verstand
- *...*

11 Nun könnt ihr die Sage mit eigenen Worten mündlich nacherzählen.
Helft einander, falls ihr einmal stecken bleibt.

Nacherzählung

INFO

Eine Nacherzählung ist eine **lebendige Wiedergabe des Originaltextes** mit eigenen Worten. Dabei bleibt die **Reihenfolge** des Originaltextes erhalten.

Die Nacherzählung steht vorwiegend im **Präteritum**.

Die **wörtliche Rede** der Figuren wird in der Nacherzählung **beibehalten**, sofern sie vorhanden ist.

Der **Umfang** einer Nacherzählung entspricht ungefähr dem **Originaltext**. Manches kann beim Nacherzählen zusammengefasst oder auch ausgebaut werden.

LESEN Umgang mit Texten und Medien

Entdeckungen: Helden und Idole

Eine Sage in Bildern und Texten nacherzählen

Schaut euch die Seiten 68 – 73 mit den Sagen und Aufgaben an. 68–73
Entscheidet dann, welche Materialien ihr gern bearbeiten möchtet.

- Ihr könnt die Aufgaben auch in Partner- oder Gruppenarbeit lösen.
- Zum Schluss stellen alle Teams den anderen ihre Ergebnisse vor.

1 Lest die folgende Sage gemeinsam laut.

Die Sage vom Ritter Iwein mit seinem Löwen

Aus „König Artus' Tafelrunde" – erzählt von Wolfgang Menzel

Vor über 1000 Jahren lebte in England ein Ritter namens Iwein. Der zog in seiner Rüstung mit Ross und Schwert vom Hofe des Königs Artus hinaus in die Welt, um große Abenteuer zu erleben. Eines Tages kam Iwein auf seinem Weg in eine wüste Gegend. Dort sah er von fern, wie ein Drache und ein Löwe sich im wütenden Kampf ineinander verbissen hatten. Iwein band sein Pferd an einen Baum und ging näher heran. Nun erkannte er, wie der Drache den Löwen gepackt und mörderisch umschlungen hatte. Aus seinem Atem sprühte heißes Feuer heraus.

Iwein beeilte sich, dem König der Tiere zu Hilfe zu kommen. Er stürmte auf die Kämpfenden zu und stieß dem Drachen sein Schwert in den Leib. Da spritzte das Blut wie ein Wasserfall hervor. Das Ungeheuer wälzte sich mit Gebrüll auf die Seite und starb. Der Löwe aber sprang davon in den Wald. Da ging Iwein zu seinem Pferd zurück.

Doch welch ein Wunder! Als Iwein bei seinem Pferd ankam, da lag der Löwe still neben dem Pferd und schaute den Ritter mit dankbaren Augen an. An seiner Seite lag ein Reh, das er im Walde gejagt hatte und das er nun seinem Retter zum Geschenk machen wollte.

Iwein entzündete ein Feuer. Er briet das Reh, aß davon und gab auch dem Löwen seinen Teil davon ab. Dann legte er sich schlafen. Der Löwe aber wich nicht von Iweins Seite und bewachte den Ritter und das Pferd.

Von da an blieb der Löwe sein treuer Gefährte und begleitete ihn auf allen Wegen durch Wälder und Städte. Bald wurde das seltsame Paar im ganzen Land berühmt, und man nannte Iwein fortan den „Ritter mit dem Löwen".

Noch heute kann man auf Bildern das Wappen des mutigen Ritters sehen mit seinem Begleiter, dem Löwen.

2 Tausche dich mit einem Partner oder in der Tischgruppe über die Sage aus. Helft euch gegenseitig, wenn ihr etwas nicht verstanden habt.

3 Formuliere nun zu jedem Absatz eine Teilüberschrift.

4 Schreibe jetzt zu den Teilüberüberschriften weitere Stichwörter auf. In einer Partner- oder Gruppenarbeit solltet ihr euch auf die Formulierung der Stichwörter verständigen.

5 Überprüft, ob ihr den Inhalt der Sage verstanden habt, indem ihr die Sage nacherzählt. Ein Gruppenmitglied beginnt die Nacherzählung, die anderen ergänzen reihum.

6 Stelle nun die Geschichte von Iwein mit dem Löwen in einer Bildgeschichte dar.

- Du kannst insgesamt sechs Bilder zeichnen. Sie sollen den wichtigsten Stationen der Handlung entsprechen.
- In Bildgeschichten kannst du auch Ausdrücke oder Zeichen verwenden, die du normalerweise beim Schreiben nicht benutzt. Mit diesen Zeichen kannst du z. B. **Äußerungen, Geräusche, Gefühle** oder auch **Gedanken** ausdrücken.
- Anregungen fürs Zeichnen der ersten beiden Bilder findest du hier. Hilfen für den Aufbau der weiteren vier Bilder und für Geräuschwörter findest du darunter.

Bild 3
Iwein, das Pferd, der Löwe, das tote Reh
SEUFZ HMMM

Bild 4
Lagerfeuer, das Essen

Bild 5
Iwein zieht mit dem Löwen durchs Land, Menschen
WHOW

Bild 6
Das Wappen von Iwein

LESEN Umgang mit Texten und Medien

Das Nibelungenlied

Zu den berühmtesten Helden der germanischen Sagen gehört Siegfried, ein Königssohn, der als Drachentöter berühmt wurde. Die Siegfriedsage ist Teil des Nibelungenlieds. Das ist ein Lied mit sehr vielen Versen. Ursprünglich wurde es mündlich überliefert. Erst um das Jahr 1250 wurden alle Verse des Nibelungenliedes aufgeschrieben. Später hat man dann ganz auf die Verse verzichtet und nur noch den Inhalt erzählt.

7 Hört euch die Sage über Siegfried den Drachentöter an.

Siegfried besiegt den Drachen

A Eines Tages schickte der König seinen Sohn Siegfried zu dem Schmied Regin. Regin beherrschte sein Handwerk gut. Er sollte den jungen Siegfried in der Runenkunde[1] und in der Kunst des Schmiedens unterrichten. Regin war berühmt für seine vortrefflichen Schwerter von ungewöhnlicher Schärfe und Härte. Aber Regin war ein finsterer Mensch. Eines Tages fragte ihn Siegfried: „Warum bist du so hasserfüllt?“. Da erzählte Regin ihm von seinem Bruder Fafnir. Fafnir hatte ihren Vater erschlagen und das ganze Erbe geraubt. „Das Erbe besteht aus einem gewaltigen Goldschatz“, sagte Regin. „Den bewacht mein Bruder nun in Gestalt eines feuerspeienden Drachen. Tag und Nacht sinne[2] ich auf Rache, doch Fafnir ist zu stark für mich. Wenn du aber den Drachen besiegst, wirst du dir großen Ruhm erwerben. Und Fafnirs Goldschatz soll dir auch gehören!“

B Siegfried hatte zuerst wenig Lust auf dieses Abenteuer. Doch Regin schilderte dem Jungen den Schatz in allen Einzelheiten und lockte ihn mit dem Ruhm, den er sich erwerben könnte. „Gelingt es dir, Fafnir zu töten“, schmeichelte er, „dann wird dein Ruhm den aller Helden und Könige überstrahlen“. Da antwortete Siegfried: „Ich werde gegen Fafnir kämpfen und das Unrecht an dir und deinem Vater rächen. Du aber schmiede mir ein besonders scharfes Schwert, mit dem ich im Kampf gegen den Drachen bestehen kann.“ Regin war einverstanden und machte sich sogleich an die Arbeit.

C Schon bald war das Schwert fertig. Siegfried sollte es ausprobieren, nahm es in beide Hände und schlug damit auf den Amboss[3]. Aber die Klinge zerbrach unter dem wuchtigen Hieb in viele Stücke. Regin staunte über die Kraft des jungen Siegfried. Der aber sagte: „Schmiede ein härteres Schwert.“ Aber auch das zweite Schwert zerbrach. Ein drittes Schwert schmiedete Regin aus den Bruchstücken eines Schwertes, das der Gott Odin[4] einst seinem Vater geschenkt hatte. Mit diesem Schwert spaltete Siegfried den Amboss in zwei Teile, ohne dass die Klinge Schaden nahm. Weil Siegfried jetzt eine Waffe hatte, forderte Regin die Einlösung des Versprechens. „Nun kämpfe gegen Fafnir und räche meines Vaters Tod!“ Siegfried war einverstanden. So ritten beide los.

D Die beiden Männer fanden Fafnir in einer Höhle. Der Drache lag auf seinem Gold und bewachte den Schatz. Nur ab und zu wälzte er sich hinunter

[1] Runenkunde: Lehre des Lesens von Schriftzeichen der Germanen
[2] auf Rache sinnen: sich rächen wollen
[3] Amboss: eiserner Block mit ebener Fläche, auf dem der Schmied das Eisen schmiedet

zum Fluss, um seinen Durst zu löschen. Dabei hinterließ er eine tiefe, breite Kriechspur in der Erde.

E Als Siegfried die gewaltige Spur des Drachen sah, machte er Regin Vorwürfe: „Du hast gesagt, der Drache sei nicht groß. Seine Kriechspur aber ist breit und tief wie ein Graben." Da riet Regin ihm, hinunterzusteigen und für sich eine Grube in die Kriechspur zu graben. „Verstecke dich in diesem Loch, und wenn der Drache zum Fluss kriecht, dann stoße ihm dein Schwert in den Leib!" „Was geschieht, wenn das Blut des Drachen in meine Grube läuft?", wollte Siegfried noch wissen. „Spring schnell heraus", erwiderte Regin, „dann wird dir nichts geschehen." Siegfried stieg hinab und begann, eine Grube auszuheben.

F Schon bald nachdem Siegfried sich in der Grube versteckt hatte, hörte er den Drachen unter fürchterlichem Getöse[5] herankriechen. Bei jedem seiner Schritte bebte die Erde. Morsche[6] Baumstämme barsten[7] krachend unter seinem Gewicht, und die Luft war erfüllt von seinem giftigen Atem. Siegfried fürchtete sich nicht, sondern wartete, bis Fafnir über ihn hinwegkroch. Dann stieß er ihm sein Schwert in den Leib[8]. Da bäumte sich der Drache auf. Rasend vor Schmerz schlug er wild mit seinem Kopf und mit dem Schwanz um sich. Schnell zog er das Schwert aus der Wunde des Drachen und kletterte aus der Grube.

[4] Gott Odin: Oberhaupt der germanischen Götter
[5] Getöse: lautes Geräusch, Lärm
[6] morsch: brüchig, leicht zerfallend
[7] bersten: auseinanderbrechen
[8] Leib: Körper

G Während Siegfried dem Drachen beim Sterben zusah, war unablässig[9] Fafnirs Blut geflossen. Knöcheltief stand Siegfried im dampfenden Drachenblut. Zu seiner großen Verwunderung bemerkte er, dass das Drachenblut seine Haut verhornte und ihn unverwundbar machte. Sogleich entkleidete sich Siegfried, stieg in die Grube und badete in Fafnirs Blut. – Da fiel von einem nahen Lindenbaum ein Blatt herab und blieb unbemerkt zwischen Siegfrieds Schultern liegen. So konnte an diese Stelle kein Drachenblut gelangen, und Siegfried blieb dort verwundbar.

Nach dem Bad ritt Siegfried zur Höhle, wo er Fafnirs Goldschatz so vorfand, wie Regin ihn beschrieben hatte. Von allen Kostbarkeiten wählte er die schönsten aus und packte so viel in Kisten, wie sein Pferd tragen konnte. Den Rest versteckte er im Innern der Höhle und ritt davon.

8 Erzählt, was euch an der Sage besonders beeindruckt.

9 Einige Wörter im Text sind mit Fußnoten versehen. Seht euch diese Wörter genauer an und tauscht euch über deren Bedeutung aus.

10 Setzt euch nun mit Siegfried näher auseinander.
- Beschreibt, wie ihr euch Siegfried vorstellt. Denkt dabei an sein Aussehen, sein Alter und auch seine Kleidung.
- Diskutiert darüber, welche Eigenschaften besonders auf Siegfried zutreffen. Begründet eure Meinung mithilfe des Textes.

Mut	*Arroganz*	*Zielstrebigkeit*
Überheblichkeit	*Weisheit*	*Habgier*
Vorsicht	*Stolz*	*Klugheit*

11 Aus welchen Motiven (Beweggründen) heraus handelt Siegfried? Lest dazu die Textabschnitte **B** und **C** noch einmal genauer. Schreibt mit euren Worten die Beweggründe von Siegfried auf.

12 Zwischen Siegfried und Fafnir kommt es zu einem dramatischen Kampf. Erzählt, wie es Siegfried schließlich gelingt, den Drachen zu töten.

[9] unablässig: ununterbrochen

13 Die Sage ist in sieben Abschnitte (**A**–**G**) unterteilt.
Für die ersten vier Textabschnitte findet ihr hier passende Teilüberschriften.

Siegfried probiert sein Schwert aus

Regin erzählt Siegfried von Fafnir

Regin überzeugt Siegfried davon, gegen Fafnir zu kämpfen, und schmiedet ihm ein Schwert

Siegfried und Regin reiten zu Fafnir

Diese Teilüberschriften stehen noch nicht in der richtigen Reihenfolge und müssen den Abschnitten noch richtig zugeordnet werden.

- Schreibt also zuerst die Buchstaben der Textabschnitte untereinander auf.
- Ordnet dann die Teilüberschriften den ersten vier Textabschnitten zu.
- Schreibt eure Arbeitsergebnisse so auf:
  A *Regin erzählt Siegfried von Fafnir*
  B …

14 Formuliert für die restlichen vier Textabschnitte nun selbst passende Teilüberschriften und tragt sie in eure Liste ein.

15 Ergänze deine Notizen mit Stichwörtern aus dem Text. Der **WORTSCHATZ: TEXTBAUSTEINE** rechts kann dir dabei helfen.

16 Erzählt die Sage mündlich mithilfe eurer Notizen nach.

17 Schreibe eine Nacherzählung über den Teil der Sage, in dem Siegfried den Drachen besiegt (ab Absatz **D**).
Nun saß Siegfried in der Grube und wartete auf Fafnir. Aber er musste nicht lange warten. Schon bald hörte er …
Überprüfe deinen Text mithilfe der **CHECKLISTE**.

CHECKLISTE

- ✔ Ich gebe den Originaltext lebendig wieder.
- ✔ Ich verwende dazu eigene Worte.
- ✔ Ich halte die richtige Reihenfolge der Handlung ein.
- ✔ Ich schreibe in den Formen der Vergangenheit.
- ✔ Die wörtliche Rede der Figuren behalte ich bei.
- ✔ Die Textlänge meiner Nacherzählung entspricht dem Original.

WORTSCHATZ: TEXTBAUSTEINE

Königssohn
Schmied Regin
Unterricht
Regins Vergangenheit
Fafnirs Taten
Regins Versprechen
Schatz und Ruhm als Lockmittel
Siegfrieds Antwort
Regin schmiedet Schwert
Schwerter zerbrechen
Odins Schwert
Versprechen einlösen
Fafnirs Höhle
Kriechspur
Regins Plan
Grube
Schwerthieb
Fafnirs Tod
Wirkung des Blutes
Siegfried badet
Lindenblatt
Goldschatz

LESEN Umgang mit Texten und Medien

Entdeckungen: Helden und Idole

Eine Sage szenisch gestalten

1 Lest die folgende Sage von Dädalus und Ikarus aufmerksam.

Dädalus und Ikarus

nacherzählt von Harald Herzog

1 In Athen lebte einst Dädalus, ein berühmter Architekt und Bildhauer. Man lobte ihn für seine Bauwerke und Marmorstatuen. Eines Tages geriet er in Streit mit seinem Neffen Talos und ermordete ihn aus Zorn. Um seiner Strafe zu entgehen, musste er aus Athen fliehen. Lange zog er ziellos durch Griechenland. Schließlich fand er bei König Minos auf der Insel Kreta Unterschlupf. Auf Kreta baute Dädalus prächtige Bauwerke und schuf Marmorstatuen von großer Schönheit. Der König war mit ihm sehr zufrieden und belohnte ihn großzügig für seine Arbeit.

2 Doch schon nach wenigen Jahren konnte Dädalus seine Verbannung nicht mehr ertragen. Er wollte wieder in seine Heimat zurückkehren. Das aber erlaubte König Minos nicht, weil er auf seinen begabtesten Architekten und Bildhauer nicht verzichten wollte.

3 Dädalus schmiedete also heimlich einen Plan, um von der Insel zu fliehen. „Wenn König Minos mich daran hindern kann, Kreta zu Land und zu Wasser zu verlassen, so ist er doch nicht der Herrscher über die Lüfte. Durch die Luft will ich meine Flucht wagen!“ Und sogleich machte er sich an die Arbeit. Er sammelte Vogelfedern und fügte sie mit Wachs zu Flügeln zusammen. Bei dieser Arbeit half ihm sein Sohn Ikarus. Nachdem Dädalus nun für sich ein Paar Flügel gebaut hatte, fertigte er auch für Ikarus ein kleineres Flügelpaar. Denn ohne seinen Sohn wollte er Kreta nicht verlassen.

4 Als der Tag der Flucht gekommen war, schnallten beide ihre Schwingen um. Dädalus ermahnte seinen Sohn zur Vorsicht: „Meide die Sonne, mein Sohn, sonst schmilzt das Wachs und du stürzt ins Meer. Flieg aber auch nicht zu dicht über dem Wasser. Denn werden deine Flügel nass und schwer, so ziehen sie dich in die Tiefe." Dann erhoben sich Vater und Sohn in die Lüfte und ließen die Insel Kreta unter sich.

5 Dädalus flog mit gleichmäßigen Flügelschlägen voran. Ikarus folgte ihm in einiger Entfernung. Von Zeit zu Zeit schaute Dädalus nach seinem Sohn. Anfangs hielt Ikarus sich an die Ratschläge des Vaters. Er flog nicht zu nah an die Sonne und nicht zu dicht ans Wasser heran. Doch schon bald packte ihn der Übermut. So flog er immer höher und höher. Viel zu spät merkte er, dass das Wachs schmolz und seine Flügel auseinanderbrachen. Ikarus stürzte in die Tiefe und ertrank im Meer.

6 Als Dädalus sich wieder einmal nach seinem Sohn umwandte, sah er ihn nicht mehr. Verzweifelt suchte er das Meer ab und rief nach ihm. Aber er erhielt keine Antwort. Erst als er Federn auf dem Meer treiben sah, wusste er, dass Ikarus ertrunken war. Dädalus landete auf einer nahe gelegenen Insel, und als das Meer den Leichnam seines Sohnes anspülte, bestattete er ihn unter vielen Tränen.

2 Was hat euch an dieser Sage besonders gefallen?

3 Schaut euch die beiden Abbildungen auf Seite 74 – 75 an. Welche Szenen der Sage sind dort dargestellt?

4 Vermutet einmal, welchen **wahren Kern** diese Sage enthalten könnte.

Einzelne „Stationen“ der Sage „Dädalus und Ikarus“ lassen sich gut zu einem **szenischen Spiel** ausgestalten.
Die folgende Szene spielt vor der Flucht, als Dädalus seinen Sohn Ikarus in seinen Fluchtplan einweiht:

Der Fluchtplan

Dädalus sitzt nachdenklich und mit ernstem Gesicht in seiner Werkstatt. Den Kopf stützt er in die rechte Hand. Er scheint ins Leere zu blicken. Da kommt Ikarus in die Werkstatt und sieht seinen Vater.

Ikarus: *(zuerst fröhlich pfeifend, bleibt stehen, als er seinen Vater sieht, dann etwas besorgt)* Aber Vater. Was sitzt du hier so traurig in der Werkstatt? Es ist so ein schöner Tag ... viel zu schön, um ganz allein in der Werkstatt zu sitzen!

Dädalus: *(spricht langsam, so, als sei er gerade aus einem Traum erwacht)* Ach, du bist es, Ikarus, mein Junge ... Es ist gut, dass wenigstens du so fröhlich bist. Ich aber habe Heimweh nach Athen. Ich kann nicht mehr länger auf Kreta bleiben. Auch wenn Minos uns gut behandelt, so gehören wir doch nicht hierher. Und selbst ein mächtiger König wie Minos kann mich hier nicht länger festhalten.

Ikarus: *(etwas ratlos und traurig)* Aber Vater, gegen Minos kannst du nichts ausrichten. Seine Soldaten bewachen das Land und die Häfen. Ohne seine Erlaubnis können wir Kreta nicht verlassen!

Dädalus: *(mit ruhiger fester Stimme)* Da irrst du dich, mein Sohn.

Ikarus: *(schaut seinen Vater verwundert an)* Was meinst du?

Dädalus: *(winkt seinen Sohn näher zu sich heran, flüstert)* Ich habe nämlich einen Plan ... einen Plan, wie wir entkommen können.

Ikarus: *(ist erstaunt, kommt näher zu Dädalus, spricht erregt und etwas zu laut)* Einen Plan? Du hast dir einen Fluchtplan ausgedacht? Das ist ja ...

Dädalus: *(unterbricht Ikarus leicht ärgerlich)* Pssst ... Nicht so laut. Willst du, dass uns die Wachen hören? Sei leise und hock dich zu mir. Und dann höre dir meinen Plan an. Also ...

5 Die Szene ist hier noch nicht zu Ende. Schreibt sie in Partnerarbeit weiter.
- Lest eure fertige Szene danach mehrfach mit verteilten Rollen vor.
- Überarbeitet sie gegebenenfalls.

6 Wenn eure Szene „rund“ ist, dann könnt ihr sie vor der Klasse vorspielen.

Entdeckungen: Helden und Idole

Überprüfe dein Wissen und Können

1 Welche vier der folgenden Aussagen sind richtig? Notiere die Buchstaben.

a) Sagen wurden zunächst nur mündlich überliefert und erst viel später aufgeschrieben.

b) Heldensagen hat man ursprünglich in Liedform verfasst und vorgesungen. Später hat man dann auf Verse verzichtet und nur noch den Inhalt erzählt.

c) Bekannt waren die Heldensagen nur in den kleinen Gebieten, in denen sich das tatsächliche Ereignis (wahrer Kern) abgespielt hatte.

d) Die Göttersagen sind älter als die Heldensagen.

e) Viele Göttersagen handeln von gefährlichen Klippen und Felsen.

f) Die Menschen haben sich die Götter ausgedacht, weil sie sich Naturereignisse nicht erklären konnten und jemanden dafür verantwortlich machen wollten.

2 Schreibe folgende Sätze ab und ergänze, ob es sich um Helden- oder Göttersagen handelt.

a) Die Sage von Odysseus, das Nibelungenlied und die Sage von Dädalus und Ikarus zählen zu den ?, weil sie von adligen Herrschern und ihren Gefolgsleuten erzählen. Durch ihre außergewöhnlichen, aber auch mutigen Taten und ihre Stärke sind sie zu Vorbildern für ihr Volk geworden.

b) Bei der Prometheus-Sage handelt es sich jedoch um eine griechische ?, denn sie erzählt von der Auseinandersetzung zwischen dem Göttervater Zeus und dem Göttersohn Prometheus.

3 Der folgende Text ist ein Auszug aus einer Nacherzählung, in die sich noch Fehler eingeschlichen haben. Finde die drei inhaltlichen Fehler, die drei Zeitformfehler und einen Zeichensetzungsfehler bei der wörtlichen Rede. Schreibe dann den Text fehlerfrei auf.

Dädalus und Ikarus

Der berühmte Architekt und Bildhauer Dädalus muss wegen des Mordes an seinem Sohn Talos aus Athen fliehen. Auf der Insel Rhodos fand er bei König Minos Unterschlupf. Aber schon nach wenigen Jahren bekommt Dädalus Heimweh nach Athen. Daher ging er zu Minos und sprach: Mein König. Seit vielen Jahren diene ich dir nun schon. Aber ich habe Sehnsucht nach meiner Heimatstadt. Lass mich bitte nach Athen zurückkehren!“ Das lehnte König Minos jedoch ab. Denn er wollte auf einen so geschickten Krieger und Künstler nicht verzichten. In seiner Verzweiflung schmiedet Dädalus einen Fluchtplan. Zusammen mit seinem Sohn sammelte er ...

LESEN
Umgang mit Texten und Medien

Historische Heldinnen und Helden

Historische Heldinnen und Helden kennenlernen

Etliche Menschen sind als Helden in die Geschichte eingegangen, weil sie überaus vorbildlich und mutig gehandelt haben. Heute finden wir Informationen über berühmte Menschen in Büchern und im Internet.

1 Verschafft euch hier erst einmal einen Überblick über die Personen, die euch vorgestellt werden. Tauscht euch anschließend darüber aus, was ihr über sie vielleicht schon wisst.

Bertha Benz

- am 3. Mai 1849 in Pforzheim (Deutschland) geboren als Cäcilie Bertha Ringer
- besuchte das Hilda-Gymnasium in Pforzheim
- 1872 Heirat mit Carl Benz
- Kinder: 2 Söhne, 3 Töchter
- am 5. Mai 1944 in Ladenburg (Deutschland) gestorben

Roald Amundsen

- am 16. Juli 1872 in Borge (Norwegen) geboren
- sein Vater war Kapitän und arbeitete später im Ministerium
- ab 1881 besuchte er das Gymnasium Otto Andersen in Kristiania (heute Oslo)
- 1890 legte er sein Abitur mit der Note 4 ab
- unternahm zahlreiche Expeditionen
- vermutlich am 18. Juni 1928 nahe der Bäreninsel (Norwegen) gestorben

Rosa Parks

- am 4. Februar 1913 in Tuskegee (USA) geboren
- lebte mit ihrem Bruder, ihrer Mutter und Großmutter in einem Haus
- bis zum 11. Lebensjahr unterrichtete ihre Mutter sie zu Hause
- anschließend besuchte sie Schulen, an denen ausschließlich Afroamerikaner unterrichtet wurden
- nach dem Schulabschluss arbeitete sie als Näherin
- 1932 Heirat mit Raymond Parks, er war Frisör, wirkte aber auch in der NAACP (eine Organisation, die für die Rechte schwarzer Bürger kämpft) mit
- ab 1943 arbeitete sie als Sekretärin bei der NAACP
- am 24. Oktober 2005 in Detroit (USA) gestorben

Levi Strauss

- am 26. Februar 1829 als Loeb Strauß in Buttenheim (Deutschland) geboren
- die Familie war sehr arm, nachdem der Vater starb
- 1847 wanderte die Familie in die USA aus
- seinen ursprünglichen Namen Loeb legte er ab und nannte sich ab sofort Levi
- arbeitete im Textilhandel seiner Brüder
- 1853 zog er nach San Francisco
- eröffnete dort mit seinen Brüdern ein Geschäft für Stoffe und Gebrauchsgegenstände
- am 26. September 1902 in San Francisco (USA) gestorben

2 Die Informationen in den kleinen Steckbriefen lassen sicherlich noch nicht auf etwas Heldenhaftes schließen. Stellt Vermutungen darüber an, was die vier Personen wohl Herausragendes getan haben könnten. Die Bilder und auch die Informationen geben euch schon erste Hinweise.

Entdeckungen: Helden und Idole

Einen Internettext erschließen

Um herauszufinden, ob die vorgestellten Personen etwas Heldenhaftes getan haben, sind noch weitere Informationen nötig. Auf den nächsten Seiten findet ihr Hinweise, worauf es bei der Internetrecherche ankommt. Das Wichtigste ist dabei, das Ziel – also das **Thema** oder die **Problemfrage** – nicht aus den Augen zu verlieren. Recherchiert also auf den nächsten Seiten unter der Frage: *Ist die Person eine Heldin / ein Held?*

1 Auf der Internetseite www.mercedes-benz.com ist der folgende Beitrag über Bertha Benz zu finden. Lest den Text zunächst Abschnitt für Abschnitt.

Eine Frau bewegt die Welt*

A Waschbenzin fürs „Ungetüm“

„10 Liter Ligroin[1]?“, fragt der betagte Apotheker ungläubig nach. Zugegebenermaßen: Das Kleid der Dame ist auffallend verschmutzt. Dass eine Portion Wahnsinn dazugehören muss, sich als Weibsbild so überhaupt an die Öffentlichkeit zu wagen, denkt er insgeheim. Zumal das Frauenzimmer Umgangsformen besitzt, die so gar nicht zu ihrem Aufzug passen wollen. „Ein Liter Waschbenzin wird völlig ausreichen, um das Kleid wieder sauber zu bekommen“, rät er. Doch die wunderliche Dame im verwirrten Aufzug besteht darauf, sämtliche Bestände an Ligroin aufzukaufen. Denn sie will gar nicht waschen. Sondern tanken. Um die allererste Fernfahrt der Welt mit ihrem Benz Patent-Motorwagen erfolgreich fortsetzen zu können. Die Dame heißt Bertha Benz.

B Querkopf aus gutem Hause

Die kleine Bertha wird 1849 in eine Zeit geboren, in der Frauen der Zugang zu höherer Bildung nicht erlaubt ist. Wissenschaftler sind sich einig, dass das leichtere Gehirn der Damen logischerweise auch weniger aufnehmen und verarbeiten kann. Außerdem beeinträchtige zu viel Denken die Gebärfähigkeit.

Bertha aber interessiert sich schon früh für technische Zusammenhänge. Wann immer der Vater ihr die Eisenbahn erklärt, beginnen ihre Augen zu leuchten. Als sie mit neun Jahren eine Schule für höhere Töchter[2] besuchen darf, wird das Fach „Naturlehre“[3] zu ihrer Lieblingsstunde. Umso härter trifft sie der Eintrag in der Familienbibel[4], den sie eines Tages lesen muss: „Leider wieder nur ein Mädchen“. Das hatte ausgerechnet der geliebte Vater anlässlich ihrer Geburt notiert. Der Legende nach reift in ihr fortan der Wunsch, der Welt zu beweisen, dass auch Frauen Weltbewegendes leisten können.

(* Text verändert)

[1] Ligroin: auch Waschbenzin genannt, wurde zum Entfernen von Flecken genutzt
[2] Schule für höhere Töchter: so nannte man früher eine Mädchenschule, später Mädchengymnasium
[3] Naturlehre: dazu gehören zum Beispiel Themen aus der Biologie, Chemie und Physik
[4] Familienbibel: auch Hausbuch genannt, es enthält Wissen und Aufzeichnungen zur Familie

C Abenteuer Ehe

Schön, klug, unterhaltsam ist Bertha Ringer, als sie ins heiratsfähige Alter kommt. Und wohlhabend. Die Liste ihrer Verehrer ist lang. Doch das Schicksal will es, dass auf einer Ausfahrt ein mittelloser junger Ingenieur[5] zu ihr und der Frau Mutter in die Kutsche steigt.

Als der das Gespräch auf einen Wagen ohne Pferde lenkt, an dem er derzeit arbeitet, ist es um die junge Bertha geschehen. Trotz seines nachlässigen Aufzugs[6] und der merkwürdigen Art und Weise: Carl Benz ist der Mann, den sie sich für den Rest ihres Lebens an ihrer Seite wünscht.

D Kühn[7] und kompromisslos

Alle Warnungen des Vaters schlägt sie in den Wind. Er selbst war durch harte Arbeit und geschickte Immobilien-Geschäfte[8] zu Wohlstand gelangt. Nun bemüht er sich, ihr einzuschärfen, dass Wohlstand nicht selbstverständlich ist. Doch nichts kann sie von ihrem Heiratswunsch abbringen. Sie zieht den schweigsamen Tüftler einem standesgemäßen Leben an der Seite einer „guten Partie“ vor. Ohne zu zögern, investiert sie noch vor der Hochzeit ihre gesamte Mitgift[9] in den Aufbau seiner Firma. Die Gründerjahre sind hart. Carl Benz besticht zwar durch seine handwerklichen und erfinderischen Fähigkeiten, mit kaufmännischem Talent kann er jedoch nicht prahlen[10].

So häufen sich die Rückschläge für die immer größer werdende Familie. Bertha Benz lernt Hunger, Not und den Spott der Gesellschaft kennen. Doch wann immer ihr Mann verzweifelt, ist sie es, die ihn wieder aufrichtet. Sie weicht nie von seiner Seite.

E Plan B wie Bertha

Nach Jahrzehnten harter Arbeit und einer fast endlosen Geschichte von Rückschlägen wird der Motorwagen am 29. Januar 1886 zum Patent angemeldet und Carl Benz damit zum Erfinder des Automobils. Doch zur Überraschung der Familie Benz bleiben die Kaufinteressenten aus. Sollte die Menschheit eine solche technische Errungenschaft etwa nicht ernst nehmen? Allein der Gedanke scheint der fünffachen Mutter unerträglich. Sie fasst sich ein Herz: Bertha selbst wird eine Fernfahrt von Mannheim nach Pforzheim unternehmen und der Welt beweisen, wozu das Automobil in der Lage ist.

[5] Ingenieur: Berufsbezeichnung für eine Person, die ihren Abschluss an einer Hochschule im Bereich Technik gemacht hat
[6] nachlässigen Aufzugs: unordentlich gekleidet sein, sich nicht so kleiden, wie es erwartet wird
[7] kühn: mutig
[8] Immobilien-Geschäfte: Handel mit Grundstücken und Gebäuden
[9] Mitgift: Vermögen in Form von Geld und Gegenständen, die eine Braut mit in die Ehe bringt
[10] prahlen: sich hervorheben, angeben

F Die Waffen einer Frau

Mit ihren Söhnen Richard und Eugen macht sich Bertha Benz in den frühen Morgenstunden eines schönen Augusttages 1888 ohne das Wissen ihres Mannes mit dem Benz Patent-Motorwagen auf den Weg. Dass die Straßen, auf denen sonst Pferdewagen fahren, stellenweise ungeeignet sind, kann sie nicht davon abhalten. Treibstoffmangel, verstopfte Ventile oder durchgescheuerte Kabel – sie findet unterwegs für alles eine Lösung. Sei es ein Strumpfband, eine Hutnadel oder das Plündern der Ligroin-Bestände der Apotheken auf dem Weg. Doch auch als vor Wiesloch das Benzin restlos ausgeht und der Patent-Motorwagen kilometerweit geschoben werden muss, ist sie sich nicht zu schade, mit abzusteigen und anzupacken.

Und ihr Plan geht auf: Während manche große Angst vor dem rauchenden Ungetüm haben, bitten andere um eine Probefahrt.

G Besser spät als nie

Jahrzehnte der Armut und der Verspottung[11] weichen nun Anerkennung und Wohlstand. Zwar dauert es noch Jahre, bis die Neuerung von den breiten Massen akzeptiert wird. Doch im 20. Jahrhundert wird das Automobil zu einer der wichtigsten kulturellen Errungenschaften des aufkommenden Zeitalters. Keiner würde mehr wagen zu bestreiten, welchen Verdienst Familie Benz an der Moderne trägt. Möglich gemacht hat das nicht zuletzt Bertha: Mit ihrem unerschütterlichen Glauben, ihrem Geld und ihrer Tapferkeit hat sie diese Erfolgsgeschichte wesentlich geprägt.

[11] Verspottung: sich boshaft über jemanden oder etwas lustig machen

2 Dieser Text verrät euch schon viel mehr über das Leben von Bertha Benz und darüber, wie Frauen in ihrer Zeit lebten.

- Überfliegt noch einmal die Abschnitte **A** und **B**.
- Findet heraus, wie die Gesellschaft Frauen damals gesehen hat.
- Diskutiert, welcher Begriff jeweils am besten in die Lücke passt.

Eine Frau sollte in der Öffentlichkeit immer … auftreten.
(gut gekleidet, zurückhaltend, ordentlich)
Ein Frau sollte gute … haben.
(Körperhaltung, Umgangsformen, Manieren)
… durfte eine Frau nicht. (Studieren, Lernen, Zur Schule gehen)
Sie war für das … zuständig. (Haus, Gebären, Essen)

3 Bertha hat sich nicht am normalen Bild der Frau orientiert. Sie war schon immer besonders. Versucht einmal, mit eigenen Worten nachzuerzählen, was ihr in den Abschnitten **B**, **C** und **D** über Bertha erfahrt.
Nutzt dazu die Stichwörter des **WORTSCHATZES**.

4 In den Abschnitten **E**, **F** und **G** wird beschrieben, welche Handlung Bertha zu einer herausragenden Person machte.
Beantwortet gemeinsam und mithilfe des Textes die folgenden Fragen:
- Was tut Bertha Benz besonderes?
- Warum greift sie zu diesem Plan?
- Wie läuft die Umsetzung des Plans ab?
- Welche Hürden muss Bertha Benz überwinden?
- Welche Folgen hatte dieser ungewöhnliche Plan?

5 Berthas Mut und Tapferkeit, ihre Ehe mit Carl und ihr beherzter Plan machen sie zu einer herausragenden Persönlichkeit.
- Sammle und ordne alle Informationen zu Bertha Benz, die sie als eine besondere Frau in ihrer Zeit beschreiben, in einer **Mindmap**.
- 78 Nutze dazu auch die Informationen aus dem Steckbrief von Seite 78.

WORTSCHATZ

Vater
Schule
Lieblingsstunde
Familienbibel
Wunsch
Verehrer
Ausfahrt
Ingenieur
Warnungen
Wohlstand
Heiratswunsch
Tüftler
Mitgift
Firma
Rückschläge
Hunger
Spott

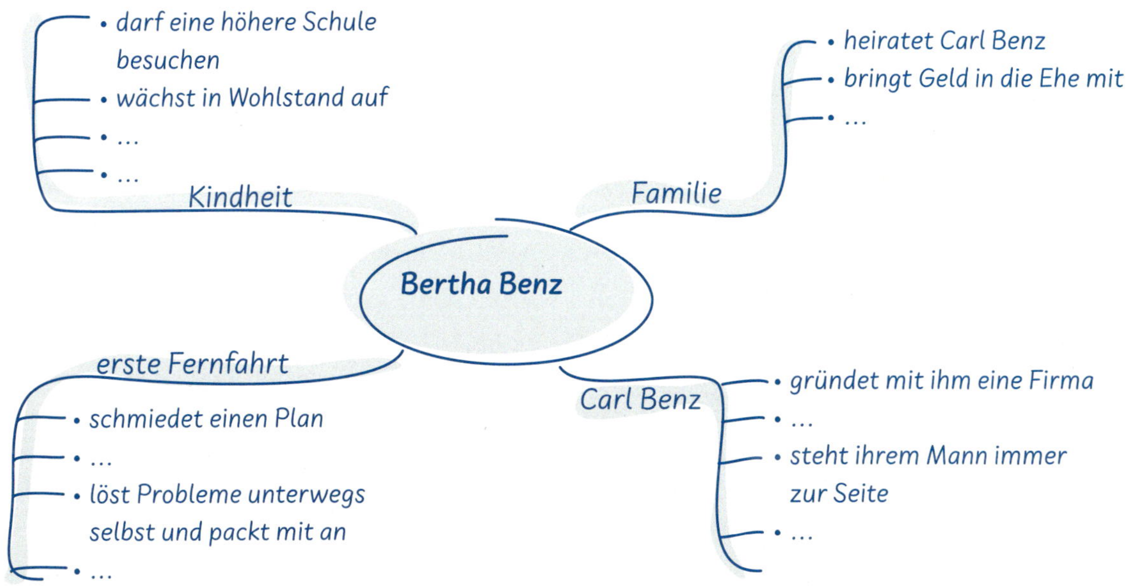

6 Überlege, an welchen Stellen du diese Informationen in deine Minmap einordnen könntest.

- *Carl Benz erfindet das Automobil*
- *interessiert sich für Naturwissenschaften und Technik*
- *bekommt mit Carl zwei Söhne und drei Töchter*
- *will dem Vater beweisen, dass auch ein Mädchen etwas erreichen kann*
- *unternimmt die erste Fernfahrt heimlich*
- *beweist mit der Fahrt die Tauglichkeit des Wagens*
- *erträgt Spott, Not und Hunger*

LESEN Umgang mit Texten und Medien

Entdeckungen: Helden und Idole

Im Internet recherchieren

78

1 Im Steckbrief zu Roald Amundsen auf Seite 78 ist die Information enthalten, dass er an vielen Expeditionen teilnahm.
Doch macht ihn das zu einem Helden?
Tauscht noch einmal eure Vermutungen aus, worin seine besondere Leistung bestanden haben könnte.

2 Nun heißt es, Informationen zu Amundsen im Internet genauer zu recherchieren.
Dafür sind Suchmaschinen notwendig.
Lest zunächst im **Infokasten** nach, was es beim Recherchieren im Internet zu beachten gilt.

Dezember 1911 am Südpol: Zeltlager von Amundsen und seinem Expeditionsteam

INFO

Suchmaschinen gezielt nutzen

- Suchmaschinen durchsuchen das Internet nach den Wörtern, die man eingibt.
  Wählt also solche Wörter aus, die möglichst genau ausdrücken, wonach ihr sucht.
- Ihr könnt die Suche noch weiter einschränken, indem ihr mehrere Stichwörter eingebt.
- Begrenzt die Suche dennoch auf maximal vier Begriffe.
- Verwendet unterschiedliche Suchmaschinen.
- Achtet auf die Rechtschreibung.

3 Seht euch diese beiden Suchanfragen einmal genau an.
Sprecht darüber, welche Unterschiede ihr feststellen könnt.

4 Erklärt, wie die unterschiedliche Anzahl der Suchergebnisse zustande kommt.

5 Wie ihr in diesem Beispiel sehen könnt, werden euch bei manchen Suchmaschinen automatisch weitere Suchbegriffe vorgeschlagen. Begründet, welche Suchanfrage ihr wählen würdet, um Roald Amundsens Heldentat auf die Spur zu kommen.

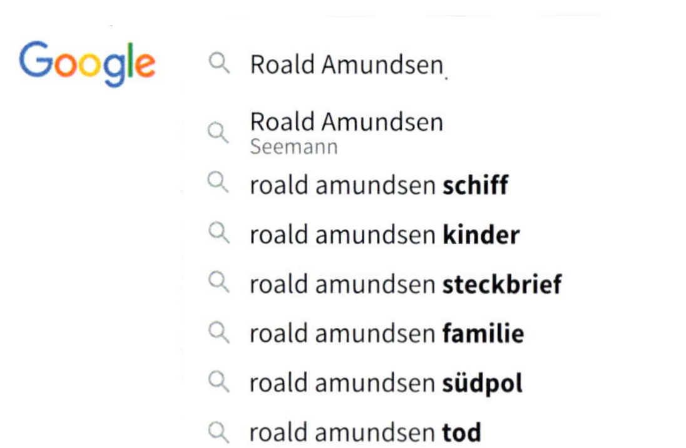

6 Übt jetzt selbst das Recherchieren indem ihr den Suchbegriff **Roald Amundsen** mit unterschiedlichen Wörtern kombiniert: **Schiff, Familie, Seemann**.

- Vergleicht die Ergebnisse.
- Welche Beiträge werden euch vorgeschlagen?
- Gibt es auch Übereinstimmungen?

Tauscht euch dazu aus.

„Die Fram“: das Expeditionsschiff von Amundsen und seiner Crew

7 Die Suche nach **Roald Amundsen Südpol** hat die folgende Link-Sammlung ergeben.

- Seht euch die Informationen zunächst genau an.
- Sind euch die Internetseiten bekannt? Tauscht euch darüber aus.
- Welcher Link kann euch bei der Recherche weiterhelfen? Stellt Vermutungen an und begründet eure Entscheidung.

www.welt.de › Geschichte ▾
Roald Amundsen: Wieso der erste Mensch am Südpol als ...
14.12.2016 — Als **Roald Amundsen** am 14. Dezember 1911 als erster Mensch den **Südpol** erreichte, wurde der letzte weiße Fleck auf der Weltkarte getilgt.

www.medienwerkstatt-online.de › vorlagen › showcard ▾
14. Dezember 1911 - Roald Amundsen - Der erste Mensch ...
Dezember 1911 — **Roald Amundsen** - Der erste Mensch am **Südpol**. Abb. Roald Engebreth Gravning Amundsen war ein norwegischer Polarforscher. Am 14.

www.hanisauland.de › roald-amundsen-erreicht-suedpol ▾
Roald Amundsen war als 1. Mensch am Südpol, 1911 | Politik ...
Roald Amundsen Südpol. Jeder wollte der Erste sein: Anfang des letzten Jahrhunderts lieferten sich mutige Polarforscher und Abenteurer ein Wettrennen zum ...

www.travelbook.de › orte › gefaehrliche orte › amunds... ▾
Amundsen gegen Scott: Das tödliche Duell um den Südpol ...
27.03.2020 — **Roald Amundsen** (ganz links) im Dezember 1911 am **Südpol**. Insgesamt erreichten mit ihm vier weitere Männer den südlichsten Punkt des ...

www1.wdr.de › Stichtag
Roald Amundsen erreicht als Erster den Südpol, Stichtag - WDR
14.12.2011 — Der Norweger **Roald Amundsen** und der Brite Robert Falcon Scott haben denselben Traum: für ihr Land den **Südpol** zu erobern.

8 Recherchiert nach **Roald Amundsen** mit verschiedenen Suchmaschinen.
Das könnt ihr in Partnerarbeit tun.
Welche Unterschiede und Gemeinsamkeiten könnt ihr bei den Ergebnissen feststellen?

9 Überprüft mithilfe des Internets, welche der folgenden Bezeichnungen für Amundsen in den Beiträgen verwendet werden.
Polarforscher – Abenteurer – Schurke – Pirat – Segler – Kapitän – Schwede – Politiker – Naturwissenschaftler

www.hanisauland.de › roald-amundsen-erreicht-suedpol ▾
Roald Amundsen war als 1. Mensch am Südpol, 1911 | Politik ...
Roald Amundsen Südpol. Jeder wollte der Erste sein: Anfang des letzten Jahrhunderts lieferten sich mutige Polarforscher und Abenteurer ein Wettrennen zum ...

10 Der Link zu der Internetseite www.hanisauland.de[1] führt zum folgenden Text. Das ist allerdings nur ein Auszug. Lies den Text zunächst aufmerksam.

Erster Mensch am Südpol (Text verändert)

Wer war dieser Mann?

Roald Engebreth Gravning Amundsen wurde am 16. Juli 1872 in Norwegen geboren. Sein erster Vorname Roald bedeutet „der Ruhmvolle“, was sich in seinem Leben als sehr passend herausstellte. Als Schüler war von den späteren Leistungen allerdings noch nicht viel zu merken. Amundsen brachte häufig schlechte Noten nach Hause, da er sich für die Schule kaum begeistern konnte. Für seinen großen Traum, Polarforscher zu werden, trainierte er bereits als Kind eifrig und setzte sich zum Beispiel im Winter extremer Kälte aus.

Wagnis Nordwestpassage

Zunächst studierte Amundsen Medizin, brach das Studium dann aber ab, um als Steuermann zur See zu fahren. Auf ersten Expeditionen in die eisige Polgegend sammelte er Erfahrungen, wie das Überleben in extremer Kälte funktioniert. Im Jahr 1903 durchquerte er als erster Seefahrer und Expeditionsleiter mit seinem Schiff Gjøa die Nordwestpassage. Dies ist ein Seeweg, der den Atlantik mit dem Pazifik verbindet. So wurde Amundsen weltberühmt und ging in die Geschichtsbücher ein.

Wettrennen zum Südpol

Amundsens größter Traum war es, als erster Mensch den Südpol zu erreichen. Mit diesem Wunsch war er aber nicht alleine. Auch der Brite Robert Falcon Scott wollte als erster am Südpol sein, verlor den Wettlauf aber gegen Amundsen. Dieser erreichte – knapp einen Monat später – am 18. Januar 1912 zusammen mit vier Begleitern das Ziel vor dem Briten.

Dramatisches Ende

Nach diesem Erfolg hatte Amundsen längst noch nicht genug. Die Polarregionen blieben seine Leidenschaft. Am 12. Mai 1926 überflog er mit einem Luftschiff den Nordpol und war damit vielleicht sogar der erste Mensch, der dem Pol so nah gekommen ist. Im Jahr 1928 wurden Amundsen seine Liebe zum ewigen Eis und die Treue zu seinen Gefährten jedoch zum Verhängnis. Als sein italienischer Kollege Umberto Nobile mit seinem Luftschiff auf einer Eisscholle abstürzte, zögerte Amundsen nicht, ihm zu helfen, und flog ihm entgegen. Doch sein Flugzeug kam wahrscheinlich nie an. Seit dem 28. Juni 1928 gilt Amundsen als verschollen und wurde später für tot erklärt.

Quelle: https://www.hanisauland.de/node/1231

[1] www.hanisauland.de: eine Internetseite für Kinder, die Politik leicht erklärt. Der Name Hanisauland setzt sich aus den Bewohnern zusammen: Es leben **Ha**sen, **Ni**lpferde und Wild**säu**e gemeinsam in Hanisauland.

11 Seit seiner Jugend verfolgt Amundsen einen großen Traum.
Sein guter Ruf ist damit eng verbunden.
- Beschreibt, welche Schritte Amundsen unternimmt, um seinem Heldenruf gerecht zu werden.
- Achtet dabei auch auf die farbig markierten Textstellen.

12 Lege einen Steckbrief zu Roald Amundsen an.
Ergänze den Steckbrief mit Informationen aus dem Text.

Roald … … Amundsen

- *16. Juli 1872 in Borge (Norwegen) geboren*
- *Sein Name bedeutet …*
- *Vater: war Kapitän; arbeitete später im Ministerium*
- *besuchte ab 1881 das Gymnasium Otto Andersen in Kristiania (heute Oslo)*
- *Sein großer Traum …*
- *1890: Abitur mit der Note 4*
- *studierte zunächst …; brach ab, um …*
- *unternahm zahlreiche Expeditionen*
- *sammelte Erfahrungen: …*
- *1903: …*
- *18. Januar 1912: …*
- *1926: …*
- *starb vermutlich am 18. Juni 1928 nahe der Bäreninsel (Norwegen)*

13 Entscheide nun für dich, ob Roald Amundsen ein Held ist.
- Positioniere dich und begründe deine Entscheidung.
- Notiere deine Gedanken in einer pro-contra-Tabelle.

Ist der Polarforscher Roald Amundsen für mich ein Held?

pro *Gründe die dafür sprechen:*	**contra** *Gründe die dagegen sprechen:*
– …	– …

14 Wählt eine geeignete Form, um eure Ergebnisse in der Klasse zu präsentieren.

Entdeckungen: Helden und Idole

Informationen aus schwierigen Texten erschließen

Die Geschichte der USA ist eng mit den Begriffen *Sklavenhandel* und *Sklaverei* verbunden. Erst im Jahr 1865 wurde die Sklaverei durch ein Gesetz dort abgeschafft. Es vergingen jedoch noch weitere 100 Jahre, in denen Afroamerikaner in fast allen Lebensbereichen benachteiligt wurden. Sie durften nicht wählen, mussten hauptsächlich in Dienstleistungsberufen arbeiten und es wurde ihnen das Recht auf Bildung oder angemessenen Wohnraum verwehrt.
Sie wurden sogar mit Gewalt in abgetrennte Gebiete oder Stadtteile vertrieben. Gegen diese Rassentrennung wurden ab 1905 Bürgerrechtsbewegungen gegründet, die dafür kämpften, **alle** Menschen nach gleichem Recht zu behandeln.
In diesem Zusammenhang lernt ihr hier eine Frau kennen, die den Mut aufbrachte, für **„gleiches Recht für alle Menschen“** einzustehen. Ihr Name ist Rosa Parks.

1 Lies den folgenden Text zunächst einmal ganz in Ruhe durch.

Bürgerrechtsaktivitäten

In Montgomery, der Hauptstadt des US-Bundesstaates Alabama, war die Rassentrennung früher stark ausgeprägt. So wurden z.B. damals in Schulen oder auf Parkbänken Schilder angebracht, auf denen „Whites only“ (Nur für Weiße) oder „Coloreds only“ (Nur für Farbige) geschrieben stand. Selbst in Bussen gab es besondere Regeln: Die ersten vier Sitzreihen waren ausdrücklich ‚für Weiße‘ reserviert. In den Sitzreihen dahinter durften sich dann People of Color hinsetzen. Wenn sich aber eine ‚weiße‘ Person in eine der anderen Reihen setzen wollte, dann mussten alle People of Color in der Sitzreihe aufstehen und sie verlassen.

Im Jahr 1955 lehnte sich die 42-jährige Schneiderin Rosa Parks gegen diese Regeln auf. Rosa Parks engagierte sich neben ihrem Beruf als Sekretärin der NAACP[1] in Montgomery. Als sich am 1. Dezember 1955 ein ‚weißer‘ Fahrgast im Bus in eine hintere Sitzreihe setzen wollte, standen alle Personen bis auf Rosa Parks auf.

Rosa Parks wird festgenommen und muss ihre Fingerabdrücke abgeben.

Sie weigerte sich, für den Rest der Busfahrt zu stehen. Daraufhin rief der Busfahrer die Polizei und ließ Rosa Parks verhaften. Sie wurde wegen ‚Störung der öffentlichen Ruhe‘ zu einer Strafzahlung von 14 Dollar verurteilt.

Die Verhaftung von Rosa Parks führte dazu, dass Martin Luther King den Montgomery Bus Boykott[2] organisierte. Dieser Boykott zwang die Behörden dazu, die Trennung von ‚Weißen' und People of Color in Bussen und Zügen aufzuheben. Der Boykott gilt außerdem als Auslöser für viele weitere Proteste der Bürgerrechtsbewegung in den USA. Rosa Parks gilt seitdem als Ikone[3] der Bürgerrechtsbewegung. Allerdings führte das auch dazu, dass sie ständig bedroht und angerufen wurde. Diese permanente Bedrohung sorgte für einen Nervenzusammenbruch bei ihrem Mann Raymond Parks. Aus diesem Grund zogen die beiden 1957 nach Detroit, aber Rosa Parks blieb aktiv in der Bürgerrechtsbewegung.

Seit dem Jahr 2000 wird an jedem 1. Dezember ein Platz in Bussen freigehalten, um Rosa Parks und ihres Mutes zu gedenken.

2 Der Text ist sprachlich eine kleine Herausforderung und nicht ganz leicht zu verstehen. Sicherlich seid ihr beim Lesen über einige schwierige Textstellen gestolpert. Lest den Text gemeinsam **noch einmal Satz für Satz** und besprecht die folgenden Stolpersteine:

- Oft findet ihr in Texten **Abkürzungen**, die euch noch unbekannt sind. Hier ist es die Abkürzung **NAACP**. Die Erklärung zu dieser Abkürzung findet ihr in der Fußnote unten auf dieser Seite. Sprecht gemeinsam über diese Erklärung.
- **Fremdwörter** oder Begriffe aus anderen Sprachen können auch dafür sorgen, dass man einen Text nicht gleich verstehen kann. Lest die folgenden Wörter laut. Klärt ihre Bedeutung gemeinsam aus dem Text:
  Montgomery – Whites only – Coloreds only – reserviert – Dollar – Martin Luther King – Boykott – Ikone – Detroit
- Manchmal sind auch Begriffe oder Formulierungen aus der deutschen Sprache nicht leicht zu verstehen. Klärt zusammen die Bedeutung dieser Begriffe:
  Bürgerrechtsaktivitäten – Rassentrennung – stark ausgeprägt
  Störung der öffentlichen Ruhe – permanente Bedrohung

[1] NAACP: Die „National Association for the Advancement of Colored People" (Nationale Organisation für die Förderung farbiger Menschen) ist eine der ältesten und einflussreichsten schwarzen Bürgerrechtsorganisationen der USA.

[2] Montgomery Bus Boykott: Die schwarze Bevölkerung wurde zu dem Protest aufgerufen, die Busse nicht mehr zu benutzen. Die Menschen bildeten Fahrgemeinschaften, nutzten Taxis oder gingen zu Fuß.

[3] Ikone: Person, die ganz bestimmte Werte verkörpert und für andere Menschen ein Vorbild oder Leitbild ist

LESEN Umgang mit Texten und Medien

3 Lies den Text von Seite 88–89 noch einmal still. Überprüfe, ob der Inhalt nun verständlich ist.

4 Nutzt man Informationen aus Büchern oder von Internetseiten, muss man immer angeben, woher der Betrag stammt. Warum das so ist und wie das gemacht wird, kannst du im Infokasten nachlesen.

INFO

Quellen angeben

Die Person, die einen Text geschrieben oder ein Bild oder Video aufgenommen hat, wird als **Urheberin** oder als **Urheber** bezeichnet. Die Arbeit der Person ist also geschützt. Das bedeutet: Andere dürfen dieses Material nicht einfach so verwenden. Das würde sonst das **Urheberrecht** verletzen und ist außerdem strafbar. Möchtest du für deine Recherche oder deinen Kurzvortrag also fremde Texte oder Bilder verwenden, bist du **verpflichtet**, die **Quelle anzugeben**. Das gilt auch für Material aus dem Internet.

Eine **Buchquelle** gibst du so an:
Autor (Jahr): Titel des Buches. Ort: Verlag
Lisbeth Kaiser (2019): Little People, Big Dreams: Rosa Parks. Berlin: Insel Verlag GmbH

Eine **Internetquelle** gibst du so an:
Autor des Textes (wenn genannt): Titel, Webadresse (URL), das letzte Zugriffsdatum
Constance Schirra: Rosa Parks – Stiller Protest im Bus, https://www.kindernetz.de/wissen/rosa-parks-stiller-protest-100.html, letzter Zugriff: 07.05.2021

5 **„Ist Rosa Parks eine Heldin?"**
Um diese Frage für dich zu beantworten, recherchiere noch einmal im **Text** auf Seite 88–89 und im **Steckbrief** auf Seite 79.
Die folgenden Fragen können dir dabei helfen.
- Wie ist Rosa Parks aufgewachsen?
- Wie leben Afroamerikaner in den USA der 1950er Jahre?
- Welche Person hat Einfluss auf Rosa Parks und wodurch?
- Welche herausragende Tat macht Parks berühmt?

Notiere deine Ergebnisse anschaulich. Beachte auch, dass du die Quelle notierst.

88–89 79

6 **„Ist Rosa Parks eine Heldin?"**
Um diese Frage für dich zu beantworten, recherchiere noch einmal im Text auf Seite 88–89.
- Ergänze deine Notizen auch mit Informationen aus dem Steckbrief von Seite 79.
- Notiere deine Ergebnisse anschaulich. Beachte auch, dass du die Quelle notierst.

88–89 79

7 **„Ist Rosa Parks eine Heldin?"** –
Um diese Frage für dich zu beantworten, recherchiere noch einmal im Text.
- Recherchiere in weiteren Internetbeiträgen zu Rosa Parks und ergänze deine Notizen.

Tipp: Eine Internetseite findest du im Infokasten.
- Notiere deine Ergebnisse anschaulich. Beachte auch, dass du die Quelle notierst.

88–89

8 Präsentiert eure Ergebnisse in der Klasse.

Entdeckungen: Helden und Idole

Zu einem historischen Helden recherchieren

1 Nun bist du an der Reihe! Im Steckbrief auf Seite 79 hast du bereits einiges über Levi Strauss erfahren. Recherchiere nun zu der Frage: **„Durch welche außergewöhnliche Leistung ist Levi Strauss zum Helden geworden?“** und bereite eine Präsentation vor.
Orientiere dich dazu an den folgenden Schritten:

SCHRITT 1: Vorbereitungen

- Lege ein Textdokument auf dem Computer *(Word, Libre office, Open Office)* an, in dem du deine Informationen sammelst.
- Um geeignete Texte im Internet zu finden, überlege dir, was du bereits über dein Thema weißt. Notiere dir **Stichpunkte** in dein Dokument. Etwa so wie im Beispiel rechts:
- Notiere dir nun **Suchbegriffe**, die dich bei deiner Recherche leichter ans Ziel bringen. Kombiniere dazu das **Hauptwort** mit einem weiteren wichtigen Wort.

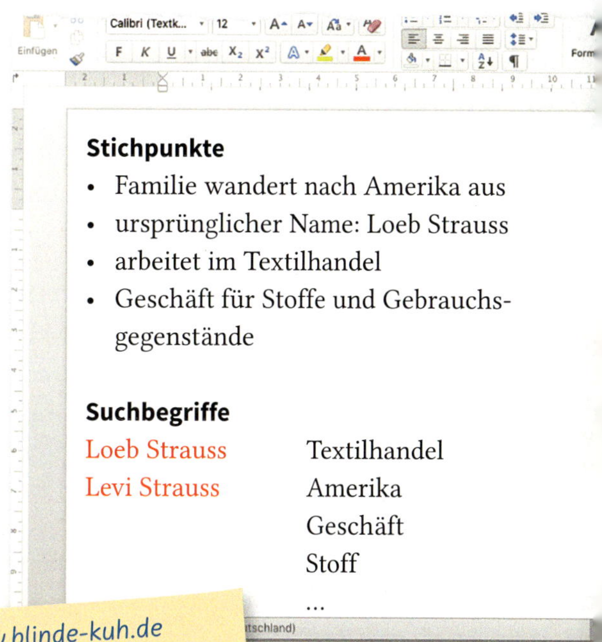

Stichpunkte

- Familie wandert nach Amerika aus
- ursprünglicher Name: Loeb Strauss
- arbeitet im Textilhandel
- Geschäft für Stoffe und Gebrauchsgegenstände

Suchbegriffe

Loeb Strauss	Textilhandel
Levi Strauss	Amerika
	Geschäft
	Stoff
	…

www.blinde-kuh.de
www.helles-koepfchen.de
www.google.com

SCHRITT 2: Recherche

- Wähle zwei oder drei Suchmaschinen aus, mit denen du deine Begriffe recherchieren möchtest.
- Wähle anschließend die Internetseiten sorgfältig aus, die dir angezeigt werden.
- Kopiere den vollständigen Link zu jeder Internetseite, die du verwenden möchtest. Dann kannst du später deine Quellen korrekt nachweisen. 90

SCHRITT 3: Informationen sammeln und ordnen

- Wähle die Texte sorgfältig aus. Kopiere sie am besten in dein Textdokument. Ein Beispiel, wie das aussehen kann, findest du auf Seite 92. 92
- Lies die Texte nun aufmerksam.
- Anschließend kannst du Absätze, die für dein Thema nicht wichtig sind, auch löschen.
- Markiere unbekannte Wörter farbig und recherchiere eine verständliche Begriffserklärung.
- Fasse deine Ergebnisse zusammen. Schreibe einen Text oder ordne die Ergebnisse in Stichpunkten.

SCHRITT 4: Präsentation vorbereiten

- Sortiere deine Ergebnisse.
  Gib deinem Text Teilüberschriften oder ordne deine Stichpunkte auf Redekarten.
- Sprich deine Präsentation mehrmals durch, damit du vor deinem Publikum frei sprechen kannst.

Für eine Präsentation kannst du verschiedene Möglichkeiten nutzen:

- *Kurzvortrag mit Bildmaterial*
- *Präsentation z. B. mit PowerPoint*
- *Gestaltung eines Leporello*
- *Vorlesen eines selbstgeschriebenen Textes*

Notizen zu Levi Strauss

Quelle: https://www.a-n-a.com/shop/blog/portraits/10-menschen-die-die-modewelt-revolutioniert-habe

letzter Zugriff: 07.05.2021

Loeb Strauß (aka Levi Strauss). Erfinder der Jeans*

Wer hätte seinerzeit gedacht, dass ein jüdischer Textilhändler aus dem oberfränkischen Buttenheim einmal in aller Munde sein würde? Loeb Strauß wurde 1829 als Sohn eines armen Tagelöhners geboren. Als der Vater starb, bestieg die Familie ein Schiff und wanderte in die USA aus. In New York fand der junge Levi, wie er sich nun nannte, keine Zukunft für sich. Als 1848 die Nachricht von Goldfunden in Kalifornien die Runde machte, wurde auch er vom Goldrausch gepackt und machte sich auf, an der Westküste sein Glück zu versuchen. Allerdings schürfte er nicht wie die übrigen Glücksritter nach Goldnuggets, sondern dachte sich einen viel besseren Weg aus, um an Geld zu kommen: Er eröffnete in San Francisco einen Laden für Goldgräberausrüstung, wo er vor allem robuste Arbeitskleidung herstellte und verkaufte. Seine Hosen aus grobem blauen Denimstoff erfreuten sich bald großer Beliebtheit. Als er begann, die Hosen an den Nähten mit Nieten zu verstärken, war die Jeans geboren. Sein Name wurde mit dieser Erfindung unsterblich, bis heute ist die Levi's Jeans die meistgekaufte Hose überhaupt.

Tagelöhner: jemand, der kein festes Arbeitsverhältnis hat, er stellt seine Arbeitskraft anderen zur Verfügung
Goldnuggets: Goldklumpen
robust: …
Denimstoff: …

Wichtige Notizen

…

* Text verändert

Entdeckungen: Helden und Idole

Überprüfe dein Wissen und Können

1 Welche Aussagen über die Recherche in Texten sind richtig? Notiere die Buchstaben.
a) Ich sollte einfach drauflos recherchieren, sobald ich mein Thema kenne.
b) Hilfreich ist es, eine Problemfrage zu formulieren.
c) Es reicht, einen guten Text zu lesen.
d) Texte müssen auf nützliche und unwichtige Informationen untersucht werden.
e) Man sollte richtig viele Suchmaschinen benutzen.
f) Die Suchanfrage sollte aus maximal vier Begriffen bestehen.
g) Die Rechtschreibung ist beim Suchen nicht so wichtig.
h) Je mehr Ergebnisse die Suchmaschine anzeigt, desto besser.

2 Notiere die Suchanfragen, die gut zu der Problemfrage „Wie schlafen Wale?“ passen. Begründe deine Entscheidung.

- Pottwal Verhalten
- Wale Lebensweise Schlaf
- Schlaf von Fischen Wale
- Wie schlafen Wale?
- Wale
- Wale schlafen

3 Welche Begriffe verstecken sich hinter diesem Buchstabensalat? Schreibe die Wörter richtig auf

NILK – SSHNUMACICHE – HERCHERCE
ll *EIBWESTE RECHTHEBERUR*
lll *LELRINTENTQUEE*

4 In den folgenden Text haben sich **acht** Wörter eingeschlichen, die inhaltlich **nicht** passen. Die ersten fünf Wörter sind rot markiert. Die restlichen drei Wörter musst du selbst finden.
- Lies dir den Text zunächst einmal in Ruhe durch.
- Schreibe den Text anschließend auf.
  Ersetze dabei die falschen Wörter durch passende Wörter aus dem **WORTSCHATZ**.

Internetquellen angeben

Die Peperoni, die einen Text gezeichnet oder ein Bild oder Video aufgenommen hat, wird als Urheberin oder als Urheber bezeichnet. Die Arbeit der Person ist also geschützt. Das bedeutet: Andere dürfen dieses Metall nicht einfach so verlieren. Das würde sonst das **Urheberrecht** verschieben und ist außerdem strafbar. Möchtest du für deine Reklame oder für deinen Kurzvortrag also fremde Texte oder Kleider verwenden, bist du verpflichtet, die Quelle anzugeben. Das gilt auch für Material aus dem Internet. Eine Internetquelle gibst du so an: Autor des Textes (wenn genannt): Titel, Webadresse (URL), das achte Zugriffsdatum.

WORTSCHATZ

Person
geschrieben
Material
verwenden
verletzen
Recherche
Bilder
letzte

Sprechen und Zuhören

Moderne Heldinnen und Helden

Meinungen zu einem Helden kennenlernen

Jeden Tag informieren euch verschiedene Medien über Ereignisse oder Personen. Zeitungen berichten meist täglich von aktuellem Weltgeschehen. Soziale Netzwerke aktualisieren ununterbrochen die neusten Meldungen und das Internet schläft nie. Jeder kann Beiträge schreiben, Kommentare verfassen oder Liken. Auf dieser Seite findet ihr Beiträge zu einem Ereignis aus dem Jahr 2009.

1 Seht euch auf dieser Seite um. Wohin ist euer Blick als erstes gewandert? Tauscht euch darüber aus.

2 Informationen über Ereignisse oder Personen kann man heutzutage überall bekommen. Zählt auf, welche verschiedenen Medien hier informieren.

Chesley Sullenberger – Pilot wird als Held gefeiert

Ganz Amerika spricht vom „Wunder am Hudson River". Dass der Absturz der US-Airways-Maschine so glimpflich abging, verdanken die Passagiere wohl vor allem ihrem Piloten.

Nach ihrer Rettung aus der Unglücksmaschine berichteten Passagiere von einer „fabelhaften Leistung" des Piloten des Airbus A 320. Er hat die Insassen genau darüber informiert, wie sie sich bei der Notwasserung auf dem Hudson River verhalten sollen. Dann hat er die Maschine erstaunlich kontrolliert auf dem Fluss aufgesetzt.

„Es war meisterhaft", sagte ein Passagier im US-Fernsehen. In amerikanischen Medien wird Pilot Chesley Sullenberger seitdem als Held gefeiert. Auch New Yorks Bürgermeister Michael Bloomberg sprach von einer spektakulären Flugleistung und lobte das schnelle Handeln der Crew. „Sie haben dafür gesorgt, dass alle rauskamen", sagte er auf einer Pressekonferenz am Donnerstag. Er habe persönlich mit dem 57-jährigen Kapitän sprechen können. Der hat sich nach der Evakuierung noch selbst vergewissert, dass niemand an Bord geblieben ist, während das Flugzeug langsam im Wasser sank.

„Ich war schon auf vielen Flügen", sagte Insasse Fred Baretta dem Sender CNN. „Doch das war eine unglaubliche Landung." Baretta saß auf dem Sitz 16A, genau über der Turbine, die nach dem mutmaßlichen Zusammenstoß mit einem Vogelschwarm versagte. Danach sei es im Flugzeug mucksmäuschenstill gewesen. „Alle warteten auf die Reaktion der Besatzung." Nur wenig später hat der Pilot dann über die bevorstehende Notlandung informiert. *ott/jba*

Darsteller Tom Hanks (R) posiert mit Captain Chesley „Sully" Sullenberger bei der Premiere von „Sully" in Los Angeles, Kalifornien, USA, 8. September 2016.

PANORAMA Sonnabend/Sonntag, 23./24. Januar 2021

„Gern geschehen“

2009 schaffte Chesley Sullenberger das „Wunder vom Hudson“ – heute wird der Held 70 Jahre alt

Er überschlug sich nicht und brach nicht auseinander: Der Jet, der am 15. Januar 2009 mit Tempo 250 auf dem Wasser aufsetzte, wurde drei Tage nach dem Unglück geborgen. FOTO: EDOUARD GLUCK/AP

…kalten Hudson notgewassert hat. FOTO: STEVEN DAY/AP

Von Barbara Munker

New York. Bescheidenheit zeichnet den „Helden vom Hudson“ auch heute noch aus. „Gegen das ‚H‘-Wort habe ich mich immer gewehrt“, sagt der amerikanische Pilot Chesley „Sully“ Sullenberger. Fliegerei sei ein „Teamsport“, und wie so oft im Leben habe Zusammenarbeit damals zum Erfolg geführt und Leben gerettet. Sully, so sein Spitzname, blickt zwölf Jahre …

…ort, das dies ein …and ist, die größ…g, der schlimms…bens“, erinnert …n den ersten Se…i Gedanken ge…icht wahr sein! …nicht passieren! …nntnis, dass im …einen früheren …icht unversehrt …n endet.“ Doch …wesen, die Ma…den zu bringen …schen an Bord …ur eine Person …, hätte ich das …en empfunden …g zutiefst be…

… den Hudson …amals 57-Jäh…me an den To…f dem eisigen …r Skyline von New York war eine fliegerische Meisterleistung. Der Airbus überschlug sich nicht und brach nicht auseinander, als er mit Tempo 250 auf das Wasser knallte.

Ein Schnitt im Bein einer Stewardess war die schlimmste Verletzung. Innerhalb von wenigen Minuten und fast ohne Panik kletterten die Passagiere auf die Tragflächen des schwimmenden Fliegers. Boote kamen zur Rettung. Sullenberger, ein ehemaliger Militärpilot mit 40 Jahren Flugerfahrung, ging als Letzter von Bord. Er hatte zuvor noch einmal die sinkende Maschine abgesucht, um auch wirklich niemanden zurückzulassen.

Den Dank eines Passagiers quittierte er mit einem Lächeln und den Worten „Gern geschehen“. Seiner Frau Lorrie und den beiden Töchtern daheim in Kalifornien berichtete er kurz danach am Telefon ruhig: „Hier gab es einen Unfall.“

Demokratieschützer: Chesley Sullenberger wird 70. FOTO: D. VAN TINE/STAR MAX/AP

Nach dem „Wunder vom Hudson“ brach … manie“ a… scheidene … Interviews … wieder sei… sident Geo… dem Pilote… dent Barac… nach dem … eidigung … „Dies war e… lights“, sagt … Obama mit … dass auch sei… milien zu de… men dürften.

Die weltweite Aufmerksamkeit sei überwältigend gewesen, sagt Sullenberger. „In den ersten Monaten bekamen wir 50 000 Briefe und E-Mails.“ Auf seiner Facebook-Seite hat er mehr als 600 000 Fans. Er schrieb eine Autobiografie („Man muss kein Held sein“) – später die Vorlage für Clint Eastwoods Film „Sully“ (2016). Der drehte sich auch um die weniger bekannten Nachwehen des Flugdramas: die monatelange Crashuntersuchung der Flugsicherheitsbehörde und den Medienrummel. Tom Hanks spielt den Piloten mit grauen Haaren und ordentlich getrimmtem Schnäuzer.

Seit 2010 ist Sullenberger im Ruhestand und setzt sich als Experte weiter für Flugsicherheit und …

Chesley Sullenberger: Drei Minuten, 28 Sekunden*

Triebwerksausfall über New York, 155 Menschen an Bord. Pilot Sullenberger ahnt: Er wird keinen Flughafen mehr erreichen. Dann schreibt er Luftfahrtgeschichte.

Ein Mensch mit 57 Jahren hat knapp 500 000 Stunden Leben hinter sich. 20 000 davon hat Chesley „Sully“ Sullenberger bereits am Steuerknüppel von Flugzeugen verbracht, als er am 15. Januar 2009 einen fast voll besetzten Airbus von New York nach Charlotte, North Carolina, fliegen soll. Er ist keine zwei Minuten in der Luft, als beide Triebwerke der US-Airways-Maschine ausfallen. Getroffen von Wildgänsen.

Von Helga Kleisny
9. September 2016, 12:51 Uhr

*(Text verändert)

Kapitän Chesley „Sully“ Sullenberger posiert mit Besatzungsmitgliedern und Passagieren, die sich auf dem US Airways-Flug 1549 befanden. Die Gruppe feierte am Dienstag, den 15. Januar 2019, den 10. Jahrestag des Ereignisses im Carolinas Aviation Museum in Charlotte.

3 Auch wenn das Ereignis bereits im Jahr 2009 stattfand, wird es immer wieder aufgegriffen. Sucht nach Hinweisen, wann die Beiträge entstanden sind.

Sprechen und Zuhören

4 Lest den Artikel „Chesley Sullenberger – Pilot wird als Held gefeiert“ aufmerksam.

5 In diesem Artikel kommt nicht nur der Reporter selbst zu Wort, sondern auch andere Personen werden wörtlich zitiert.
Welche Personengruppen könnt ihr entdecken?
Die farbigen Markierungen im Text helfen euch.

6 Jede Person in dem Artikel schätzt die Leistung des Piloten und seiner Crew ein.
Notiere in einer Tabelle, was genau sie hervorheben.

Passagiere sagen:	*Bürgermeister sagt:*	*Insassen sagen:*
– Pilot informierte alle Passagiere genau, wie sie sich verhalten sollen	*– lobte …*	*– …*
– er landete die Maschine kontrolliert	*– …*	

7 In der Überschrift des Zeitungsartikels verwendet der Reporter das Wort Held für Chesley Sullenberger. Stimmt ihr ihm zu? Nutzt dazu den Infokasten und diskutiert anschließend darüber.

INFO

Held / Heldin

Ein **Held** oder eine **Heldin** ist eine Person, die eine besondere Leistung vollbringt. Dabei kann es sich um reale oder ausgedachte Personen handeln, zum Beispiel in Geschichten oder Sagen.
Die besonderen Fähigkeiten können körperlicher Art sein, wie Kraft, Schnelligkeit oder Ausdauer. Heldentaten sind aber auch durch Mut, Aufopferungsbereitschaft, dem Kampf für Ideale, dem Bestehen einer schweren Aufgabe oder durch Einsatzbereitschaft für Mitmenschen gekennzeichnet.
Die Heldentat ist also nichts Alltägliches. Meist bringt sie dem Helden oder der Heldin Bewunderung ein.

8 Jeder Beitrag geht ganz unterschiedlich mit der Rettungsaktion um. Sprecht darüber, welche Aussage zu welchem Beitrag passt. Begründet eure Entscheidung.

Hier wird Sullenberger als Held dargestellt.

Damit wird Werbung gemacht.

Dieser Beitrag soll zum Nachdenken anregen.

Hier geht es darum, wie der Flugzeugabsturz verlief.

9 Kennst du auch Helden, die in unterschiedlichen Medien vorgestellt wurden?
- Notiere den Namen deines Fernseh-, Internet- oder Zeitungshelden auf einer Karte.
- Sammelt die Karten und bewahrt sie gut auf, sie werden noch einmal gebraucht.

Entdeckungen: Helden und Idole

Sich zu einem Helden eine Meinung bilden

1 **„Lebensretter Kenan will kein Held sein“** lautet die Überschrift des folgenden Zeitungsartikels. Vermutet einmal, welche besondere Leistung der Junge vollbracht hat.

2 Lest nun im Artikel von Herbert Mackert nach, wodurch der Junge zum Helden wurde.

Lebensretter Kenan will kein Held sein (Text verändert)

Kenan Büyükhan aus Nürnberg reagierte schnell und zog seine kleine Schwester aus einem brennenden Auto. Für den Zehnjährigen ist seine Tat eine Selbstverständlichkeit.

Für seine Rettungsaktion bekam er bundesweite Aufmerksamkeit und Applaus: Der damals neunjährige Kenan Büyükhan befreite Ende März seine kleine Schwester aus einem brennenden Auto, von dem Minuten später nur noch ein verkohltes Wrack übrig war. Sogar Bayerns Innenminister Joachim Herrmann (CSU) lobte ihn: „Das hätte ein Erwachsener nicht besser gekonnt“. Kenan habe wie ein Profi gehandelt und einen kühlen Kopf bewahrt. Für die Rettung seiner zweijährigen Schwester wurde der Viertklässler am Mittwoch von Ministerpräsident Markus Söder (CSU) mit der bayerischen Rettungsmedaille ausgezeichnet, einer der höchsten Ehrungen für Zivilcourage im Freistaat.

Die Geschwister hatten an diesem 26. März alleine im Auto auf ihre Mutter gewartet, die ihr drittes Kind in einem Kindergarten abgab. Die kleine Hira rechts hinten im Kindersitz, Kenan vorne auf dem Beifahrersitz. Plötzlich bemerkte Kenan über dem Hinterreifen Rauch aufsteigen, dort, wo seine Schwester saß. Er stieg aus und sah, dass der Reifen lichterloh brannte. Einige dramatische Sekun-

den lang kämpfte er mit dem klemmenden Gurtverschluss am Kindersitz seiner Schwester. „Der wollte nicht aufgehen. Normalerweise machen das meine Eltern. Man muss den mit beiden Daumen gleichzeitig drücken. Plötzlich sprang er dann doch auf“, sagt Kenan. Sein erster Gedanke sei gewesen: „Ich muss meine Schwester rausholen. Das war ein Reflex.“ Als Mutter Tugba zurückkam, sah sie das Auto brennen. „Ich hab gerufen ‚Oh mein Gott‘ und habe als Erstes ins Auto geschaut, ob Hira

Sprechen und Zuhören

noch drin ist. Aber das Auto war leer – Kenan hatte sie auf dem Arm", berichtete die 31-Jährige zwei Monate nach der Heldentat ihres Sohnes. Danach habe es drei Mal laut geknallt und der Kombi sei völlig ausgebrannt.

Ein paar Wochen später lud der türkische Generalkonsul in Nürnberg Kenan ein und verlieh ihm eine Auszeichnung. Und die Polizeiinspektion Nürnberg-Ost gratulierte ihm zu seinem zehnten Geburtstag mit einer »Superheld« Urkunde, unterschrieben vom Polizeipräsidenten.

Was ging Kenan bei seiner heldenhaften Aktion durch den Kopf? „Ich dachte in dem Moment nur an meine Schwester, weil sie mir sehr wichtig ist. Ich wollte nicht, dass sie so früh von uns geht. Sonst wäre unsere Familie sehr traurig."
Herbert Mackert, dpa

3 Was hat euch an diesem Artikel besonders beeindruckt? Tauscht eure Gedanken in einem Gespräch aus.

4 Beschreibt mit euren Worten, welche Heldentat der Junge vollbracht hat:
- Aus welcher Situation heraus hat Kenan gehandelt?
- Mit welchen Schwierigkeiten hatte er dabei zu kämpfen?
- Was ging dem Jungen in dieser brenzligen Situation durch den Kopf?

Lest dazu noch einmal in den Zeilen 33–35, 37–44 und 46–48 im Text nach.

5 Beschreibt einmal, auf welche Weise der Junge für sein Handeln gewürdigt wird:
- Wer lobt ihn für seine Rettungsaktion?
- Wie wird dem Jungen gezeigt, dass er etwas Großartiges vollbracht hat?

Lest passende Textstellen vor. Hier werdet ihr fündig: Zeile 14–20, 20–26, 61–65.

6 Tauscht euch darüber aus, welche besonderen Fähigkeiten Kenan bei seiner Rettungsaktion gezeigt hat. Begründet eure Entscheidung.

Schnelligkeit – Mut – Aufopferungsbereitschaft
Ruhe bewahren – einen kühlen Kopf behalten
Ausdauer – Kraft – überlegtes und ruhiges Handeln

7 Die Überschrift dieses Artikels lautet: **„Lebensretter Kenan will kein Held sein"**. Vermutet, warum Kenan trotz des großen Applauses für seine Tat **kein** Held sein möchte.

8 Kenan bekommt zu seinem 10. Geburtstag von der Polizei eine „Superheld"-Urkunde geschenkt. Forscht einmal nach, was die folgenden Begriffe bedeuten:
Alltagsheld – Nationalheld – Superheld – Antiheld.
- Worin unterscheiden sich diese Helden?
- Welcher Heldenbegriff trifft eurer Meinung nach am besten auf Kenan zu?

Entdeckungen: Helden und Idole

Sich zu einer Person positionieren

In Syrien begann 2011 ein Bürgerkrieg. Immer wieder verlieren dort Menschen ihr Zuhause oder sogar ihr Leben. Sehr viele Menschen flüchten in der Hoffnung, wieder ein normales Leben führen zu können. Doch auf der Flucht durch mehrere Länder können sie nichts mitnehmen. Viele überleben die anstrengende Reise nicht. Ein Mädchen, das nicht nur die Flucht aus Syrien, sondern noch viel mehr geschafft hat, lernt ihr hier kennen.

1 Seht euch zunächst die Materialsammlung zu Yusra in Ruhe an.
Lest die Texte und betrachtet die Bilder.

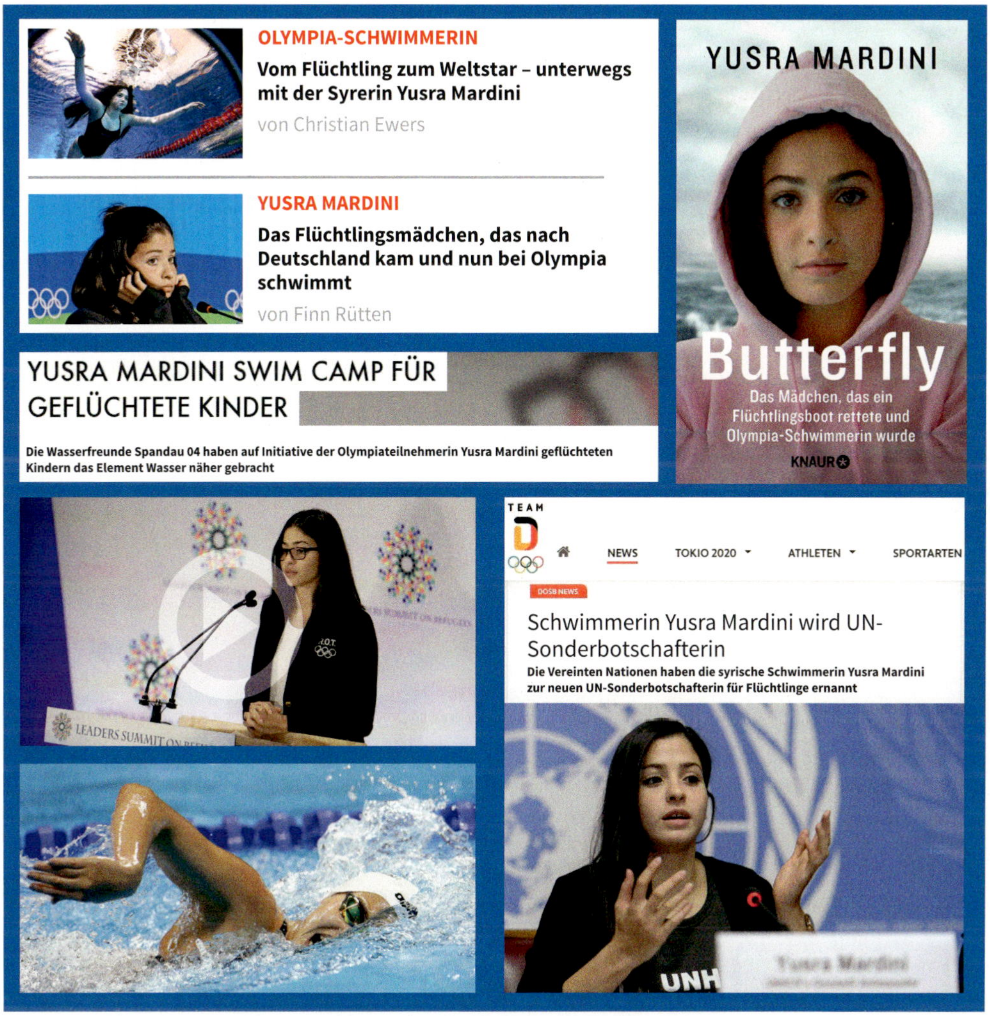

2 Habt ihr erkannt, welche Beiträge oder Medien hier abgebildet sind? Zählt sie auf.

3 Was interessiert euch an den Erlebnissen des Mädchens besonders?
Sammelt eure Gedanken oder Fragen auf einem großen Papier.

Sprechen und Zuhören

4 Lies nun die ganze Geschichte des Mädchens.
Wähle anschließend die Aufgabe 5, 6 oder 7 und bearbeite sie.

Populär[1] – Yusra Mardini (Text verändert)

Autor: Jörg Fingerhut (2019)

Was in Hamburg unvorstellbar erscheint, hat die Schwimmerin Yusra Mardini in ihrer Heimatstadt Damaskus tatsächlich erlebt. Aber sie hatte Glück, denn die Granate durchschlug zwar das Dach der Schwimmhalle. Aber sie explodierte nicht, sondern sank langsam und bedrohlich auf den Grund des Beckens wie ein großes Spielzeug.

2015 hat sich Yusra (17), entschlossen, Syrien zu verlassen. Dabei war die Granate beim Schwimmtraining nicht mal ausschlaggebend für diese Entscheidung. Viel schlimmer war für sie die Normalität des Krieges. „Man registriert den Angriff, weiß nicht, woher er kommt und durch wen. Aber das Leben geht nur wenig später einfach weiter. Diesen Alltag wollte ich nicht für mein Leben." Mit ihrer zwei Jahre älteren Schwester Sara macht sie sich auf den Weg in ein Leben ohne Krieg. Es beginnt eine Flucht, die 25 lange Tage dauert und die den vielen Flüchtlingen aus den umkämpften Gebieten ein Gesicht und eine Stimme geben wird.

(*Text verändert)

B

Zwischen dem türkischen Festland und der griechischen Urlaubsinsel Lesbos erlebt sie dreieinhalb dunkle Stunden. Von denen wird sie später Hunderten Journalisten, Politikern aus der ganzen Welt sowie Barack Obama und dem Papst berichten. Aber die Flucht beginnt erst mal mit zwei Flügen: von Damaskus nach Beirut. Dann weiter nach Istanbul. Von da über Land Richtung Küste. Und in ein viel zu kleines Boot mit 20 fast fremden Menschen rüber nach Europa. 500 Euro Bargeld hat Yusra noch und ein wasserdicht eingewickeltes Smartphone. Brille und Schuhe verliert sie.

Ob sie zwischen Damaskus und Hamburg jemals die Hoffnung verloren hat? „Das ist nicht meine Art. Nein!“ Auch nicht, als der Außenborder[2] auf dem Weg nach Lesbos ausfällt und es dunkel wird. Gemeinsam mit Sara, auch eine hervorragende Schwimmerin, geht sie ins Wasser, um das Boot zu stabilisieren und die Fremden und auch sich zu retten. Dreieinhalb Stunden! Und sicher war das tatsächlich die schwierigste Situation der Flucht. „Wir sind beide gute Schwimmer, es wäre eine Schande, wenn wir hier ertrinken würden.“ Sie haben ihr Ziel vor Augen, kommen aber einfach nicht näher.

Yusra denkt zurück und sagt: „Gerade zwei Monate vor der Flucht habe ich ein Rennen über 10 Kilometer auf dem Meer gewonnen. Vielleicht hat Gott mich da ja schon getestet?“

Zu schaffen machen ihr auf dem weiteren Weg von Griechenland über Mazedonien, Serbien, Ungarn und Österreich vor allem traurige Szenen. In Griechenland und Ungarn verweigern Händler ihr mehrfach den Verkauf von Lebensmitteln. „Kurz vorher war ich noch die talentierte Schwimmerin, die für Olympia trainiert. Plötzlich behandelt man mich wie ein Tier – obwohl ich mich oder mein Verhalten ja gar nicht verändert habe.“ Aber sie erzählt ebenso, dass sie wirklich überall auch wunderbare, hilfsbereite Menschen kennengelernt hat. „Sogar wenn du eigentlich niemandem vertrauen solltest, gibt es selbst auf der Balkanroute in den schlimmsten Situationen auch Menschen, die dir helfen wollen. In jedem Land! So wie den ungarischen Taxifahrer, der wie der Teufel fuhr, damit wir unseren Bus Richtung Deutschland erwischen konnten.“

C

Angekommen in Berlin, trainiert sie bei den Wasserfreunden Spandau[3] und wird tatsächlich für das Team „Refugee Olympic Athletes“[4] nominiert, das 2016 in Rio unter olympischer Flagge starten darf. Yusra tritt dort mit 100 Meter Freistil und Schmetterling an. 300 Mails mit Interviewanfragen erreichen sie innerhalb der nächsten Nacht. Eine neue Dimension der Aufmerksamkeit folgt. Nach den Spielen wird sie nach New York eingeladen, um dort eine große Veranstaltung der UN (United Nations) zu eröffnen. Sie muss immer noch lachen, als sie daran denkt, wie sie zu Beginn vor Aufregung ins Stocken gerät und die anwesenden Staatschefs erst mal mit einem freundlichen (aber improvisierten) „Ladies and Gentlemen …“ begrüßt.

Der beeindruckendste Typ, mit dem sie gesprochen hat? „Der Papst, dem ich 2016 den Bambi überreichen durfte. Auch wenn ich keine Christin bin: Er war warmherzig. Er hat mich sehr berührt.“ Seit zwei Jahren ist Yusra Mar-

[1] populär: berühmt
[2] Außenborder: Motor des Bootes, der außerhalb befestigt ist.
[3] Wasserfreunde Spandau: Schwimmverein in Berlin Spandau
[4] Refugee Olympic Athletes: Bezeichnung der Mannschaft, die bei den Olympischen Spielen 2016 in Rio de Janeiro startete. Sie bestand aus Sportlern, die nicht für ihr Heimatland antreten konnten. Es waren Menschen, die als Flüchtlinge anerkannt waren.

Sprechen und Zuhören

Entdeckungen: Helden und Idole

Ein Plakat informativ und kreativ gestalten

Mit einem Plakat oder einem Poster kann ein Thema anschaulich dargestellt werden. Man kann sich damit also einen guten Überblick über beinahe jedes Thema verschaffen. Es eignet sich, um über Personen zu informieren, wissenschaftliche Themen zu präsentieren oder ein Buch vorzustellen.
Wichtig ist auf jeden Fall die Gestaltung des Plakates. Dabei muss man beachten, **wer** das Plakat ansehen wird, **wo** es ausgestellt wird und **zu welchem Thema** das Plakat gestaltet wird.

1 Thema festlegen

Variante 1:
Wenn du bereits ein Thema vorgegeben bekommen hast, kannst du gleich mit Schritt zwei weitermachen.

Variante 2:
Musst du dir selbst ein Thema suchen, dann überlege dir gut, was du präsentieren möchtest. Wichtig ist dabei:

- Möchtest du etwas oder jemanden vorstellen (Thema, Buch, Person) oder dich mit einer Problemfrage auseinandersetzen?
- Das Thema sollte dich interessieren, damit du Freude an der Recherche hast.
- Zu deinem Thema sollte auch wirklich Material zu finden sein.

2 Zeitplanung machen

Überlege auch, welche Quellen dir für die Recherche zur Verfügung stehen (Bibliotheken, also Bücher, Zeitschriften, das Internet). Brauchst du auch einen Drucker?
Um ein anschauliches Plakat zu gestalten, kannst du nach folgenden Schritten vorgehen.

	Montag	Dienstag	Mittwoch	Donnerstag	Freitag	Samstag	Sonntag
1. Woche		Thema wählen Unterthemen festlegen		Recherche in Schulbibo	Recherche in Stadtbibo	Infos sortieren	
2. Woche	Recherche im Internet			Infos sortieren Plakat skizzieren	Plakat gestalten		

3 Informationen sammeln

Mach dir nun Gedanken, was genau du zu deinem Thema präsentieren möchtest. Gliedere dazu dein Thema in Unterthemen. Beginne anschließend mit der Recherche.

- Informationen kannst du dazu aus deinen Quellen herauskopieren oder herausschreiben. Achte darauf, dass die Informationen aktuell und richtig sind. Notiere auch deine **Quellen**, die du verwendet hast.
- Damit dein Plakat später anschaulich wird, solltest du auch nach Bildern suchen. Diagramme eignen sich für manche Themen ebenfalls gut. Du kannst natürlich auch selbst Fotos oder Bilder machen und später einfügen.

90

4 Informationen sortieren und zusammenfassen

Nach der Recherche geht es nun darum zu überlegen, welche Informationen auf dein Plakat sollen. Damit man sich die Inhalte deines Plakates gut merken kann, sollte später nicht zu viel Text darauf stehen. Prüfe also, welche deiner Informationen wirklich wichtig sind. Fasse sie in kurzen Stichpunkten zusammen und ordne sie deinen Unterthemen zu. Wähle auch dein Bildmaterial aus und ordne es den Unterthemen zu.

5 Gestaltungsmaterial bereitlegen

Hier ist alles erlaubt, was für eine kreative Gestaltung deines Plakates wichtig ist.

- festes Papier oder Karton (DIN A3 oder DIN A2) als Untergrund
- buntes Papier zum kreativen Hervorheben von Themenfeldern
- bunte Stifte (z. B. Fineliner, Filzstifte, Buntstifte, Textmarker)
- Bleistift
- Anspitzer
- Radiergummi
- Lineal
- Schere
- Kleber
- farbiges Klebeband

6 Plakat gestalten

Nun beginnt die kreative Arbeit.

1. Entwurf:

- Dazu solltest du zunächst eine Skizze deines Plakates machen. Überlege, wie du Informationen und Bilder anordnen möchtest. Die Elemente sollten sinnvoll auf deinem Plakat verteilt sein.
- Entscheide auch, welche Farben du für dein Plakat verwenden möchtest. Sie sollten zu deinem Thema passen. Wähle helle Papierfarben für deine Texte, damit sie gut lesbar sind.

2. Gestaltung:

- Deine Überschrift (Thema) sollte groß und gut lesbar am oberen Rand oder in der Mitte des Plakates platziert werden.
- Solltest du beim Schreiben noch etwas unsicher sein, schreibe Überschriften oder Texte leicht mit dem Bleistift vor oder zieh dir Hilfslinien. Anschließend kannst du die Buchstaben nachzeichnen und den Bleistift später wegradieren. Natürlich kannst du Texte auch am Computer schreiben und ausdrucken.
- Erst wenn alle Elemente gestaltet sind und du zufrieden mit der Gestaltung deines Plakates bist, solltest du die einzelnen Elemente festkleben.
- Denke daran, deinen Namen, deine Klasse und das Datum zu notieren.

Personen beschreiben

Wie Personen beschrieben werden

1 Lest euch diese Beschreibung vor.

Die beiden Neuen

Gestern sind zwei Neue in unsere Klasse gekommen, ein Mädchen und ein Junge. Die beiden sind Zwillinge und heißen Maria und Moritz. Sie sehen sich aber überhaupt nicht ähnlich.

Maria hat eine leicht rundliche Figur. Ihre roten Wangen stehen ihr prima. Ihre blonden Haare sind zu einem Pferdeschwanz zusammengebunden. Mit ihren blauen Augen hinter der Brille guckt sie neugierig in die Runde. Sie mag wohl gern bunte Klamotten, denn sie trägt ein pinkes T-Shirt, knallgrüne Leggins und lila Sandalen. An ihrem Hals baumelt ein Kettchen aus dicken roten Perlen. Sie steht etwas zappelig neben ihrem Bruder und tritt ständig von einem Fuß auf den anderen.

Ihr Bruder hat eine sportliche Figur und dunkle wuschelige Haare. Sein Gesicht ist braungebrannt und voller Sommersprossen. Mit breiten Beinen steht er neben seiner Schwester. Seine Hände hat er in den Hosentaschen vergraben. Gekleidet ist er eher unauffällig. Er hat ein blaues Hemd und verwaschene Jeans an. Um seinen Hals hat er ein schwarzweiß gestreiftes Halstuch gebunden. Seine Füße stecken in braunen Turnschuhen. Moritz macht einen ruhigeren Eindruck als seine Schwester. Er steht einfach so da. Seinen Rucksack hat er auf den Fußboden zwischen seine Beine gestellt.

Die beiden erzählen, dass sie aus Wien hierher umgezogen sind. Moritz spricht ruhig mit etwas rauer Stimme, und Maria plappert mit ihrer hellen Stimme munter drauf los. Es klingt alles etwas anders, als wir hier bei uns sprechen. Maria lacht immer so lustig, wenn sie etwas sagt. Moritz dagegen bleibt ganz cool.

Ich kann nicht sagen, wer mir besser gefällt, sympathisch sind beide. Man würde nie denken, dass sie Zwillinge sind.

2 Schließt nun das Buch.

- Was habt ihr von der Beschreibung der Zwillinge behalten.
- Sammelt alle Informationen über die Kinder auf kleinen Karten an der Tafel.

3 Lest die Beschreibung nun noch einmal.
Ergänzt und sortiert eure Sammlung:

- Notiert Informationen zum **Aussehen** der Kinder.
- Schreibt auf, welche **Kleidung** sie tragen.
- Tragt zusammen, was ihr über die **Körperhaltung** erfahrt.
- Notiert, was das Besondere am **Sprechen** der Zwilling ist.

4 Schaut euch nun die Bilder der beiden Kinder auf der linken Seite genau an. Auch sie sind Geschwister. Vergleicht die beiden mit eurer Sammlung aus Aufgabe 3. Welche Unterschiede könnt ihr feststellen?

5 Lege eine Tabelle oder kleine Steckbriefe zu den Kindern an. Notiere, wie die beiden Jungen und Mädchen beschrieben oder gemalt worden sind:

	Maria:	*Moritz:*	*Mädchen auf dem Bild:*	*Junge auf dem Bild:*
Figur:	*leicht rundlich …*	…	*schlank*	…
Haare:	…	…	…	…
Gesicht:	…	…	…	…
Kleidung:	…	…	*blaue Bluse, …*	…
Besonderheiten:	*Brille …*	…	…	…
Eindruck:	*lustig …*	…		…

6 Stellt nun eines der Geschwisterkinder, das auf Seite 106 abgebildet ist, vor. Nutzt dazu den **Wortschatz** und beachtet den Infokasten.

Wortschatz: Textbausteine

Das Mädchen auf dem Bild hat eine … Figur.
Auf dem Kopf … Ihre Haare sind … und …
Sie ist bekleidet mit …
An den Füßen trägt sie …
Sie hat ihren … Rucksack …
Ich finde sie …

Der Junge auf dem Bild hat eine … Figur.
Seine Besonderheit ist, dass er eine …
Zu seiner Kleidung gehören ein … Pulli, eine … und …
An den Füßen trägt er …
Er hat seinen … Rucksack …
Ich finde ihn …

7 Lest euch eure Personenbeschreibungen gegenseitig vor. Vergleicht dabei eure Texte mit den Abbildungen der Geschwister auf der linken Seite. Ergänzt, wenn etwas vergessen wurde.

INFO

Personenbeschreibung

Eine Personenbeschreibung ist ein **sachlicher Text**, indem eine ausgedachte oder reale Person **anschaulich** beschrieben wird. Der Leser soll sich so eine genaue Vorstellung vom Aussehen der Person machen können.

Es wird also alles beschrieben, was an der Person auffällt. Sinnvoll ist es dazu eine **Struktur** festzulegen. Man beschreibt am besten die Person **von oben nach unten**. Beginnen sollte man mit dem **Kopf** und dem **Gesicht**. Anschließend beschreibt man den **Körper**, die **Kleidung** und weitere **Besonderheiten** (Schmuck, Brille, Narben). Zum Schluss kann auch die Art und Weise, wie sich die Person **bewegt** oder wie sie **spricht** beschrieben werden. Manchmal ist es auch notwendig mit der Personenbeschreibung zu informieren, wie sich eine Person verhält und wie sie auf jemanden wirkt.

Schreiben und Präsentieren

8 Auf den vorigen beiden Seiten habt ihr gesehen, wie jemand Personen beschrieben und gemalt hat. Natürlich kann man noch viel mehr an einer Person beschreiben. Hier ist eine Liste, in der vieles aufgeführt ist, was man zum Beschreiben verwenden kann. Lest sie euch durch.

Wie alt ist die Person?

ungefähr 12 Jahre alt, kindlich, jugendlich, erwachsen, jung, jünger, älter, alt …

Welche Farbe haben die Haare? Was für eine Frisur hat sie?

blond, dunkelblond, schwarz, rot, hochgekämmt, wuscheliges Haar, glatte Haare, Zöpfe, Scheitel, Knoten, Pferdeschwanz …

Welche Kleidung trägt sie, wie sieht sie aus?

- *Kleidungsstücke: T-Shirt, Pulli, Bluse, Jeans, Hemd, Kragen, Leggins, Basecap, Kopftuch, Stiefel, Turnschuhe, Sandalen …*
- *Stoffe: Baumwolle, Wolle …*
- *Muster: gepunktet, kariert, geblümt …*
- *Farben: blau, pink, türkis, olivgrün …*
- *Aussehen: ordentlich, schmuddelig, zerknittert, sauber, verwaschen, gebügelt, glatt, glänzend, schmutzig, sportlich …*

Verben für gekleidet sein:

hat an, trägt, hat sich angezogen, ist gekleidet in, ist bekleidet mit, hat sich aufgesetzt, mag gern, hat sich umgehängt, hat sich angesteckt, hat übergezogen, die Füße stecken in …, hat sich umgeschlungen …

Was für eine Figur hat sie?

groß, zierlich, schlank, sportlich, schmächtig, mager, rundlich, stark, muskulös, dünn, schlaksig, …
Arme, Hals, Beine, Schultern, Bauch, Hände …

Wie sieht das Gesicht aus?

blass, braungebrannt, rosig, rundlich, kräftig, schmal, rote Wangen, Sommersprossen, blaue/braune/grüne/graue Augen, spitze Nase, kleine Ohren, abstehende Ohren, weiße Zähne, schmale/breite Lippen …

Welche Besonderheiten fallen auf?

Brille, Armband, Ohrringe, Kettchen, Schal, Kragen, Uhr, Ring, Armreifen, Armband, Schnallen, Gürtel, Nagellack, Tattoo, Narbe…

Wie spricht sie?

leise, piepsig, deutlich, laut, mit Dialekt, mit Akzent …

Wie bewegt sie sich?

ruhig, hektisch, lässig, langsam, aufgeregt, nervös, locker, hibbelig …

Wie sie wirkt:

neugierig, schüchtern, fröhlich, stolz, freundlich, verschmitzt, lustig, cool, misstrauisch, still, traurig, angeberisch, nett, sympathisch, witzig, ernst, ruhig, angenehm …

9 Stellt ein Poster zusammen, auf dem ihr die Wörter sammelt, die in Personenbeschreibungen vorkommen können. Ergänzt eure Sammlung von Wörtern.

Entdeckungen: Helden und Idole

Kinder nach einem Foto beschreiben

1 Lest euch den Text durch. Schaut euch dabei immer wieder einmal das Foto an.

2 Dieser coole Typ ist gar nicht genau beschrieben. Es wird nur von ihm erzählt. Aber man kann trotzdem erraten, wer es ist. Entscheidet, von welchem Jungen hier erzählt wird. Begründet eure Entscheidung.

Ein cooler Typ!

„Hier", sagte ich zu meiner Mutter, „sieh dir das an!" Ich zeigte ihr ein Foto, das ich auf meinem Handy gespeichert hatte. „Der da", sagte ich und zeigte auf das Bild, „der mit kurzen Haaren, mit dem habe ich mich angefreundet." Meine Mutter fragte: „Wie ist er denn so?" Ich fing an zu erzählen: „Das ist ein lustiger Typ. Größer als ich und auch stärker. Kerim heißt er. Gut, er spricht manchmal etwas undeutlich und viel zu schnell. Na ja, er hat ja auch, dort wo er herkommt, eine ganz andere Sprache gelernt. Aber ich verstehe ihn ganz gut. In Mathe ist er ne Eins! Und sportlich ist er auch. Er lacht viel, hat immer Sachen an, die auffällige Farben haben. Wenn ich mich etwas nicht traue, dann blitzt er mich mit seinen dunklen Augen an und sagt: Das kannst du! Ein cooler Typ. Echt!"

3 Hier ist ein anderer Junge beschrieben.
Vergleicht die Beschreibung mit dem Foto.

Joshi

Joshi ist ein fröhlicher Junge. Lässig steht er da und schaut mit einem Lächeln in die Kamera. Er ist ziemlich klein und schlank. Er hat einen kleinen, runden Kopf mit etwas abstehenden Ohren. Seine dunkelblonden Haare sind kurz geschoren. Er trägt ein grünes T-Shirt mit einer lila Kapuzenjacke darüber und graublaue Jeans. Seine Füße stecken in schwarzen Turnschuhen mit weiß-blauen Streifen. Wie er da steht, mit seinen beiden Händen in den Hosentaschen, sieht er ganz locker aus. Vielleicht ist er aber auch ein bisschen schüchtern.

4 Nennt die Textstelle, an der ihr Joshi bereits erkannt habt.

5 Hier findet ihr Stichwörter für die Beschreibung von Kindern, die ihr auf dem Foto von Seite 109 seht.

- Sucht euch eines der Kinder aus und beschreibt es mithilfe der Stichwörter.
- Natürlich könnt ihr etwas hinzufügen, was euch besonders auffällt.
- Ihr könnt auch die Reihenfolge der Stichwörter verändern!

Mädchen

Mädchen vorn links
lächelt in die Kamera
hat blonde, lange Haare
fallen bis auf die Schulter
blasses Gesicht
blaue Augen
hat schlanke Figur
trägt rosa-kariertes Hemd
Ärmel sind aufgekrempelt
hat Arme verschränkt
trägt enge schwarze Hose
pinkfarbene Söckchen gucken unten heraus
Füße stecken in schmalen Ballerinas mit Schleifen
wirkt wie ein etwas schüchternes Mädchen

Junge

Junge ganz vorn
lächelt in Kamera
kräftige Figur
großer Kopf
bräunliche Haare
Haarsträhne in die Stirn
blau-kariertes Hemd
Brusttaschen
weißes Unterhemd
Ärmel hochgekrempelt
Hände lässig an den Hosentaschen
grauschwarze Jeans etwas zu lang
Füße in grauen Turnschuhen mit grünem Streifen
starker Typ

Das Mädchen aus der zweiten Reihe

etwas verdeckt hinter zwei Jungen
groß
schlanke Figur
Pulli
V-Ausschnitt
Jeans
blendend weiße Zähne
bräunliche Hautfarbe
dunkle Augen
braune Haare
lang
bis auf die Schultern
weiße Turnschuhe

6 Lest euch eure Beschreibungen gegenseitig vor.

Entdeckungen: Helden und Idole

Eine eigene Personenbeschreibung verfassen

Beschreibe das Mädchen oder den Jungen so lebendig, dass man sich beim Lesen die Person gut vorstellen kann. Wähle dir dazu eine der folgenden Aufgaben aus.

- Achte auf die Reihenfolge der Dinge und Eindrücke, die du beschreibst.
- Orientiere dich an der **CHECKLISTE** auf der nächsten Seite.

112

1 Betrachte das Bild, das du beschreiben möchtest, noch einmal ganz genau.

- Die folgenden Satzanfänge helfen dir bei deiner Beschreibung.
- Nutze auch den **WORTSCHATZ** auf Seite 112.

112

Der Junge auf dem Bild wirkt ... Er sitzt im ... und lehnt sich an ...
Seine Haare sind ... und ein bisschen ...
Seine Kleidung sieht ... aus. Er hat ein .... an. Darunter trägt er ein ...
Zu dem roten Hemd passt seine ... sehr gut. Die ... sind mit ... zugebunden.
Mit seiner linken Hand ... Mit seiner rechten Hand ...
Er wirkt ganz ... und ...
Vielleicht spielt er .... oder vielleicht übt er ...

Das Mädchen auf dem Bild wirkt ... Sie steht ... da und lacht ....
Mit ihrem linken Fuß ... Den rechten Fuß ... Es sieht fast so aus, als würde sie ...
Ihre Kleidung ist ... Auf dem Kopf hat sie eine ... Ihre Haare sind ... Die Bluse ist ...
Zur Bluse trägt sie eine ... mit großen ... Ihre Halbschuhe sind ...
In den Schuhen hat sie ... an. Das Mädchen wirkt so ... Ich würde gern mit ihr ...

Schreiben und Präsentieren

2 Suche dir eines der Bilder von Seite 111 aus und beschreibe die Person darauf.

111

- Betrachte dazu das Bild, das du beschreiben möchtest, noch einmal ganz genau.
- Beschreibe nun die Person.
  Die folgende **Checkliste** unterstützt dich dabei.
- Im **Wortschatz** findest du Wörter, die du für deine Bescrheibung nutzen kannst.

Checkliste:

- ✔ Ich schreibe, wo sich die Person befindet.
- ✔ Ich beschreibe, was die Person gerade tut und wie sie das macht.
- ✔ Ich beschreibe, wie die Person aussieht, wie sie guckt und was sie anhat.
  Ich verwende dabei Verben und Adjektive, die die Person anschaulich darstellen, wie z. B.: *sieht … aus, hat … an, ist gekleidet mit …, trägt …, blickt hoch, lächelt freundlich, schaut konzentriert …*
- ✔ Ich schreibe, wie die Person auf mich wirkt.
- ✔ Ich schreibe meinen Text im Präsens.

Wortschatz

Adjektive

bequem, blau, dick, dunkelblau, dunkelbraun, entspannt, fröhlich, gesprenkelt, groß, halblang, toll, kurz, lang, langärmlig, linke(r/s), locker, rechte(r/s), rot, rotkariert, schick, türkis, vergnügt, weiß, weiß-blau, weit

Verben

(die Saiten) anschlagen, aufstellen, ausgefranst, aussehen, fahren, gebückt, (einen Akkord) greifen, hochgekrempelt, konzentriert, lächeln, lachen, lehnen, (gut dazu) passen, sitzen, spielen, (da)stehen, stoppen, tragen, üben, wirken, zerzaust, zugebunden, zerschlissen, zugeknöpft

Nomen

Akkord, Ärmel, Baumstamm, Bluse, Fuß / Füße, Fußspitze, Gitarre, Gitarrenspiel, Haare, Halbschuhe, Hand, Hände, Hemd, Jeans, Junge, Kleidung, Kopf, Linien, Löcher, Mütze, Saiten, Schneidersitz, Schnürsenkel, Skateboard, Söckchen, Socken, T-Shirt, Turnschuhe, Vorder- und Rückseite

3 Du kannst eine kleine Geschichte erzählen, in der du einmal einem Jungen oder Mädchen in einer bestimmten Situation begegnet bist: auf einer Geburtstagsfeier, an einer Bushaltestelle, beim Reiten, beim Sport oder am Strand, beim Bummeln durch die Stadt …

- Vielleicht erinnerst du dich, wie die Person aussah.
- Du kannst sie dir aber auch selbst ausdenken und dann beschreiben.
  So könntest du beginnen:
  Am letzten Sonntag war ich …
  Dort bin ich einem Jungen / einem Mädchen begegnet.
  Er / Sie fiel mir gleich auf, denn …

Entdeckungen: Helden und Idole

Schreibkonferenz: Eine Personenbeschreibung überarbeiten

1 Um eure Texte besser zu machen, solltet ihr sie gemeinsam in einer Schreibkonferenz überarbeiten. Übt das in der Tischgruppe mit der folgenden Personenbeschreibung.
- Ein Kind liest die Beschreibung laut vor – die anderen hören aufmerksam zu.
- Ihr sagt spontan, was ihr an der Beschreibung gut findet, was euch auffällt und ob ihr alles verstanden habt.

Ein Schüler im Schulbus
Im Schulbus sitzt mir ein Schüler gegenüber, den ich nicht kenne. Er hat seine ? Beine ausgestreckt. Er wibt mit den Füßen, die in ? Stiefeln stecken. Er glotzt mit seinen Augen umher. Seine Finger trommeln ständig auf seine Schultasche. Er scheint ein bisschen nervös zu sein. Er hat eine magere Figur und ein schmales Gesicht. Seine Haare stehen nach oben von Kopf ab. Um seinen Hals hat er sich einen Schaal gebunden. Er trägt eine Jacke mit Taschen. Durch seine Jeans mit den Löschern schimmern die Knie hindurch. Plötzlich nimt er sein Smartphone heraus und labert hinein. Dann murmelt er noch etwas vor sich hin.

2 Mit Textlupen kann man in der Schreibkonferenz Texte gezielt prüfen. Teilt euch die Arbeit in der Gruppe und nutzt diese vier Textlupen.

Arbeit mit Textlupen

Textlupe Wiederholungen:
Werden manche Wörter unnötig oft wiederholt? Wirken die Satzanfänge zu gleichförmig? Macht Verbesserungsvorschläge.

Textlupe Umgangssprache:
An zwei Stellen des Textes findet ihr Wörter, die nicht ganz sachlich sind. Macht einen Ersatzvorschlag.

Textlupe Anschaulichkeit:
Lest den Text leise Satz für Satz. An manchen Stellen könnt ihr anschauliche Wörter einfügen, an zwei Beispielen ist das schon vorgemacht. Nutzt dazu den **WORTSCHATZ**.

Textlupe Rechtschreibung:
Lest den Text leise Wort für Wort. Schreibt die Fehlerwörter in korrekter Schreibweise auf. Schlagt im Zweifelsfall im Wörterbuch nach.

3 Schreibe die Personenbeschreibung nun so auf, wie du sie besser findest. Berichtige auch die fünf Rechtschreibfehler.

4 Lest eure überarbeiteten Texte in der Tischgruppe vor.

WORTSCHATZ

aufgeregt
aufgerissen
blass
blau
~~braun~~
dunkel
dünn
dürr
gerötet
grau
groß
hektisch
hell
hellblond
kariert
~~lang~~
leise
schlank
steil
still
unruhig
unverständlich
verwaschen
weit

Schreiben und Präsentieren

5 Jetzt seid ihr schon geübt und könnt eure selbst geschriebenen Personenbeschreibungen von Seite 111–112 mithilfe einer **Schreibkonferenz** überarbeiten. 111–112
Geht dabei nach der folgenden Methode vor:

Methode: Schreibkonferenz mit Textlupen

Vorbereitungen

- Bildet Vierer-Gruppen. Jeder hat seinen Text und einen leeren Zettel für Anmerkungen vor sich liegen. Schreibt auf beides eure Namen.
- Jeder von euch soll die Texte mit einer anderen Textlupe prüfen. Verteilt folgende Textlupen in der Gruppe:

Textlupe **Wiederholungen**

Textlupe **Umgangssprache**

Textlupe **Rechtschreibung**

Textlupe **Zeichensetzung**

1. Runde

Als Autor / Autorin liest jeder der Reihe nach seinen Text vor. Als Zuhörer / Zuhörerinnen sagt ihr spontan, was ihr gut findet, was euch auffällt, ob ihr alles verstanden habt …

2. Runde

Jeder in der Runde gibt seinen Text und Zettel an den Nachbarn weiter – insgesamt viermal. So kommt dein Text am Ende wieder bei dir an.

- Prüfe nun den ersten fremden Text mit deiner **Textlupe**: Schreibe Lob und Verbesserungsvorschläge auf den Zettel. Unterschreibe mit deinem Namen und gib die Blätter weiter.
- Prüfe den zweiten und dritten fremden Text ebenso. Zuletzt prüfst du noch den eigenen Text.

3. Runde

Jetzt liest du, was die anderen zu deinem Text geschrieben haben. Aber du entscheidest, was du davon übernimmst und was nicht. Überarbeite deinen Text und schreibe ihn sauber auf.

4. Runde

Jeder liest nun der Gruppe seinen überarbeiteten Text vor.

Tipp

Vor allem Texte, die für andere Leser bestimmt sind, solltet ihr in einer Schreibkonferenz prüfen lassen: Das kann zum Beispiel ein Kommentar sein, den ihr auf der Pinnwand in der Pausenhalle oder auf der Schul-Homepage präsentiert. Oder es ist ein Leserbrief, den ihr an eine Jugendzeitschrift schickt.

Entdeckungen: Helden und Idole

Überprüfe dein Wissen und Können

1 Welche der Aussagen sind richtig? Schreibe die Buchstaben auf.
a) In Personenbeschreibung wird nur das beschrieben, was äußerlich sichtbar ist.
b) In Personenbeschreibungen ist es wichtig, Charaktereigenschaften zu nennen.
c) In Personenbeschreibung wird beschrieben, wie jemand aussieht und wie er sich verhält.
d) In Personenbeschreibungen muss unbedingt der Name der Person genannt werden.

2 Welche Aussage ist richtig? Schreibe den Buchstaben auf.
a) Man darf nur Personen beschreiben, die es wirklich gibt.
b) Man darf in einer Geschichte auch Personen beschreiben, die man sich ausgedacht hat.

3 Welche Aussagen sind richtig? Schreibe die Buchstaben auf.
a) Mit Adjektiven kann man besonders anschaulich beschreiben, wie eine Person aussieht.
b) Mit Adjektiven kann man beschreiben, was eine Person tut.
c) Substantive sind besonders wichtig für die Beschreibung von Körperteilen und Kleidung.

4 Schreibe die Aussage aus Aufgabe 3, die falsch ist, richtig auf.

5 Welche der folgenden Sätze könnten aus einer Personenbeschreibung stammen?
a) Sie sieht mich mit ihren großen braunen Augen an und lacht dabei spitzbübisch.
b) Sie trägt an ihren Beinen einen grünen und einen roten Strumpf. Das sieht lustig aus.
c) Sie läuft so schnell wie möglich ins Haus hinein und versteckt sich dort.
d) Sie hat am 24. Dezember Geburtstag. Das ist eigentlich schade.

6 In diese Personenbeschreibung passen zwei Sätze nicht hinein. Notiere die Buchstaben.
a) Meine Freundin Dora sitzt auf dem Sofa und liest ein Buch.
b) Sie ist ganz entspannt und lässt sich nicht stören.
c) Ihren Kopf hat sie in die linke Hand gestützt.
d) Die schwarzen Haare fallen über ihre Stirn herab.
e) Sie hätte lieber blonde Haare, wie sie mir einmal gesagt hat.
f) Die Brille mit dem rosa Rand sitzt ihr etwas schief auf der Nase.
g) Die hat sie vorige Woche in der Stadt neu gekauft.
h) Ab und zu rückt sie die Brille mit ihrem Zeigefinger wieder gerade.
i) Mir gefällt es, wie sie so still da sitzt und liest.

7 Begründe, warum diese Sätze nicht in eine Personenbeschreibung passen.

8 Schreibe die folgenden Sätze ab. Füge dabei Adjektive ein, mit denen du die Personenbeschreibung anschaulicher machen kannst.

Der Junge hat ? Augen und ? Haare.
Er steht ? da und schaut ? in die Gegend.
Er hat ein ? T-Shirt an und ? Hosen.
Seine Füße stecken in ? Turnschuhen.
Er macht einen ? Eindruck auf mich.

Vom Verlag zum Buchhandel

Wie entsteht ein Buch? Und wie kommt es zu euch?

1 Jedes Jahr erscheinen in Deutschland rund 70 000 neue Bücher. 8 000 davon wurden speziell für Kinder und Jugendliche geschrieben. Aber wie entsteht eigentlich ein Buch? Welche Personen sind daran beteiligt und wie kommt es zu euch? Schaut euch die Doppelseite an und tauscht euch anschließend darüber aus.

1.

Hallo, mein Name ist ManuBu. Wochenlang hat meine ***Autorin*** *an mir gearbeitet. Heute endlich ist sie fertig geworden. Jetzt laufe ich schnell zur Post und dann geht's ab zum Verlag. Natürlich könnte ich auch als Mail reisen, aber ich mag es so lieber.*

2.

Pst, ihr müsst hier ganz leise sein. Im Verlag werde ich nun vom ***Programmleiter/*** *von* ***der Programmleiterin*** *gelesen. Die entscheiden dann, ob ich gedruckt werde oder nicht. Diese Aufgabe kann auch ein* ***Lektor*** *oder eine* ***Lektorin*** *übernehmen. Drückt mir die Daumen, dass ich nicht sofort wieder zurück nach Hause geschickt werde.*

3.

Geschafft!! Ich habe den Leuten im Verlag gut gefallen. Nun trifft sich der ***Lektor*** *mit meiner* ***Autorin****. Sie wollen gemeinsam an mir arbeiten, um alle Fehler auszubessern. Ich finde mich jetzt schon super.*

4.

Puh, das war echt anstrengend. So viel wurde an mir herumgestrichen und abgeändert. Aber heute geht's zum ***Hersteller****. Dort wird die Schriftart und das Papier, auf dem ich gedruckt werden soll, für mich ausgesucht. Am Computer erhalte ich dann ein richtiges Layout . Natürlich müssen auch meine Seiten noch nummeriert werden, sonst kommt man ja ganz durcheinander.*

5.

Schaut mal, wie ordentlich ich inzwischen schon aussehe. Nun geht es zur ***Illustratorin****. Dort bekomme ich für meine gelayouteten Seiten noch passende Zeichnungen.*

6.

Halt – ihr müsst wieder ganz still sein. Mein ***Korrektor*** *hat sich gerade an die Arbeit gemacht. Er muss jetzt wirklich auch den allerletzten Fehler in der Grammatik und Rechtschreibung finden. Eine verantwortungsvolle Aufgabe!*

7.

Yippie – das wäre nun auch erledigt. Als Nächstes komme ich als Druckvorlage in die ***Druckerei****. Mit all meinen farbigen Zeichnungen muss ich hier in die Vierfarbmaschine.*

8.

Der nächste Stopp auf meiner Reise ist die ***Buchbinderei****. Der* ***Buchbinder,*** *der hier arbeitet, hat echt was drauf. Aus meinen einzelnen bedruckten Bögen fertigt er nun endlich ein richtiges Buch. Dazu müssen die Bögen maschinell gefalzt, gebunden, beschnitten und mit einem Umschlag ausgestattet. Das kann bestimmt dauern.*

9.

Hoppla – ging ja doch ganz schnell. Und schick sehe ich aus, oder? Heute fahre ich in ein ***Auslieferungslager****. Dort kann ich mich erst einmal ausruhen. Hier werde ich nämlich bis zur Bestellung durch die* ***Buchhändler*** *zwischengelagert.*

10.

Es ist so weit. Eine ***Buchhändlerin*** *hat mich bestellt und mir den schönsten Platz in ihrem Geschäft gegeben. Jetzt warte ich nur auf neugierige* ***Leser*** *wie euch, die sich für mich interessieren und mich kaufen.*

LESEN Umgang mit Texten und Medien

Die Welt der Bücher: Autor und Buch

Auf Bücher aufmerksam machen: Der Lesekompass

Hier seht ihr eine bunt gemischte Clique von Büchern, die nur darauf wartet, von euch entdeckt zu werden. Alle diese Empfehlungen stammen vom **Leipziger Lesekompass**, der jährlich auf der **Leipziger Buchmesse** präsentiert wird und der euch dabei helfen will, das richtige Buch für den jeweiligen Leser und für die jeweilige Leserin zu finden. Also, schaut euch um und lasst euch zum Lesen verlocken.

1

2

3

4

5

6

1 Lest euch die folgenden kurzen Klappentexte **(A–F)** durch. Zu welchem Buchcover **(1–6)** könnten sie gehören? Ordnet zu.

A

„Du kennst mich nicht, aber ich schreibe dir trotzdem.“ So beginnt die Geschichte von Bett und Avery, deren alleinerziehende Väter die verrückte, romantische Idee haben, dass sie eine Familie werden könnten. Nicht mit Bett und Avery! Obwohl sich die beiden Mädchen auf gar keinen Fall kennenlernen wollen, beginnen sie vor lauter Neugierde, in ihren E-Mails Fragen zu stellen, mehr von ihren Leben zu erzählen und Dinge auszutauschen.

B

Jan ist ein stinknormaler Typ, der super schwimmt und gut durchs Leben kommt. Doch in seiner neuen Klasse taucht ein altes Problem auf: Er hat Schwierigkeiten mit dem Lesen. Flo wohnt im Haus nebenan, kleidet sich wie ein Hippie und hält Hühner. Ereignisse und Begegnungen, die sie bewegen, hält sie in Infografiken fest. Auch Jan kommt darin vor. Doch bis sie gute Freunde werden, muss Jan der Klasse die Sache mit dem Lesen verraten, den fiesen Linus von Flo weghalten und ganz nebenbei: schwimmen, denn sein Trainer hält ihn für ein Riesentalent.

C

Niemand glaubte, dass es so weit kommen würde. Doch als Alyssa an einem heißen Junitag den Wasserhahn aufdreht, passiert nichts. Es kommt nicht ein Tropfen. Auch nicht bei den Nachbarn. In den Nachrichten heißt es nur, die Bewohner Kaliforniens sollen sich gedulden. Aber als das Problem nicht nur mehrere Stunden, sondern Tage bestehen bleibt, geduldet sich niemand mehr. Die Supermärkte und Tankstellen sind auf der Jagd nach Wasser längst leer gekauft, selbst die letzten Eisvorräte sind aufgebraucht. Jetzt geht es ums Überleben.

D *

Seit dem 13-jährigen Karl im Traum sein toter Opa erschienen ist, hat er nur einen Plan: Er möchte YouTube-Star werden. Schade nur, dass ihm und seiner Karriere immer was dazwischenkommt. Erst sind es die Umzugspläne seiner Oma in das Mehrgenerationenhaus, dann die Trennung seiner Eltern – von Karls eigenen Annäherungsversuchen an Irina mal ganz zu schweigen. Mensch, ist das Leben kompliziert!

E

„Du warst noch nie am Meer?“ Samuel, Bina und Sharif können es nicht fassen. Ihr neuer Freund Kevin war noch nicht mal an der Nordsee. Also starten die drei die Mission „Kevin ans Meer bringen“. Natürlich ohne ihre Eltern. Die haben eh nie Zeit für sowas. Und damit beginnt für die vier Freunde eine unvergessliche Reise – inklusive Pannen, einem Meer, das gar keines ist, und jeder Menge Abenteuer.

F

Vincent ist elf Jahre alt und er weiß alles über das Überleben in der Wildnis. Sein Lieblingsbuch ist das große Survival-Handbuch, er kennt es fast auswendig. Ums Überleben geht es für ihn auch täglich in der Schule, denn er wird von den anderen schikaniert. Und nun steht die Klassenfahrt bevor. Auf der Klassenfahrt läuft die Situation dann völlig aus dem Ruder. Mitten in der Nacht findet sich Vincent allein im stockdunklen Wald wieder …

2 Unterschiedliche Bücher für unterschiedliche Leser – welches Buch würdet ihr gern lesen und warum? Tauscht euch aus.

3 Unter StiftungLesen.de findet ihr vielfältige Informationen zu den neuesten Titeln des Lesekompasses. Informiert euch über die aktuellen Bücher und präsentiert euch gegenseitig eure Ergebnisse.

* Text verändert

LESEN Umgang mit Texten und Medien

Die Welt der Bücher: Autor und Buch

Werbung und Präsentationsformen rund ums Buch untersuchen

Wie ihr bereits wisst, erscheinen jährlich mehrere tausend Bücher. Doch wie soll man da eigentlich noch den Überblick behalten? Hier werden nun drei Möglichkeiten vorgestellt, um sich im Bücherdschungel zurechtzufinden.

1 Eine besondere Aktion findet jedes Jahr am 23. April statt: **Der Welttag des Buches**.

2 Recherchiert einmal selbst zu dieser bundesweiten Veranstaltung. Informationen dazu findet ihr im Internet unter folgendem Link: https://www.welttag-des-buches.de/

Gebt Antworten auf die folgenden Fragen:

- Warum findet der Welttag des Buches am 23. April statt?
- Was erhalten Schülerinnen und Schüler der Klassenstufen vier und fünf an diesem Tag?
- Von wem bekommen sie diese Geschenke überreicht?
- Welche Einrichtung kann nach Voranmeldung auch besucht werden?
- Was verbirgt sich hinter dem Angebot der „Lese-Reise"?
- Welches Material kann zusätzlich auf dieser Seite heruntergeladen werden? Gebt drei Beispiele an.

3 Ein sehr bekanntes Großereignis zur Vorstellung und Präsentation neuer Bücher kennt ihr sicherlich schon: **Die Leipziger Buchmesse**.
Wer wirbt dort eigentlich und auf welche Art und Weise um die Aufmerksamkeit von Lesern und Leserinnen?

4 Weitere Informationen zur Leipziger Buchmesse findet ihr unter: https://www.leipziger-buchmesse.de/
Setzt euch in kleinen Gruppen zusammen und recherchiert zu folgenden Themenbereichen:

- i Öffnungszeiten und Ticketpreise für Besucher, Besucherhinweise für Familien,
- ii Programm für Kinder und Jugendliche,
- iii Angebote für Schulklassen aus dem Bereich Bildung.

Leipziger Buchmesse

Wenn ihr eure Ergebnisse erweitern wollt, könnt ihr ergänzende Informationen zum Zusatzprogramm „Leipzig liest" sammeln.

5 Stellt euch gegenseitig eure Ergebnisse vor. Überlegt euch auch eine geeignete Form, wie ihr die Ergebnisse zusammentragen wollt.

Präsentationsformen:
- ⇨ *Plakat*
- ⇨ *Flyer*
- ⇨ *Collage*
- ⇨ …

6 Die Leipziger Buchmesse findet nur einmal jährlich statt. Buchhandlungen in eurem Ort oder eurer Umgebung bieten euch auch das ganze Jahr über Aktionen rund um die Welt der Bücher an.
- Findet euch in kleinen Gruppen zusammen und bereitet gemeinsam den Besuch einer Buchhandlung in eurer Nähe vor.
- Die folgende **CHECKLISTE** kann euch bei der Planung unterstützen:

CHECKLISTE

- ✔ Findet vorab heraus, wann die Buchhandlung geöffnet hat.
- ✔ Kündigt euren Besuch eventuell telefonisch oder per Mail an.
- ✔ Fragt nach einer Person aus dem Kinder- und Jugendbuchbereich, die euch bei eurem Besuch behilflich sein kann.
- ✔ Fragt nach, ob und mit welchen Aktionen die Buchhandlung am Welttag des Buches teilnimmt.
- ✔ Findet heraus, welche Bücher für Kinder und Jugendliche momentan besonders erfolgreich sind.
- ✔ Sprecht die Buchhändler auch auf ihre persönlichen Lieblingsbücher an.
- ✔ Lasst euch für eure Altersgruppe Leseempfehlungen geben.
- ✔ Oftmals verfügen die Buchhandlungen auch über Leseproben zu aktuellen Büchern. Fragt höflich danach.

Buchhandlung Ernst Tharandt, Coswig

7 Tauscht eure Erfahrungen, Eindrücke und Leseempfehlungen aus euren Buchhandlungsbesuchen aus.

Sprechen und Zuhören

Einen Schriftsteller kennenlernen

Erich Kästner – Ein Autor stellt sich vor

Sicherlich habt ihr schon einmal von Erich Kästner gehört.
Diesem Schriftsteller verdanken wir zahlreiche Kinder- und Jugendbücher wie „Das fliegende Klassenzimmer“ oder „Das doppelte Lottchen“.
Kommt mit auf eine aufregende Reise in die Zeit von Erich Kästner.
Dann könnt ihr diesen vielseitigen Mann näher kennenlernen.
Die Spurensuche kann beginnen.

1 Vermutet einmal, was diese Bilder mit Erich Kästner zu tun haben könnten. Sammelt eure Vorschläge in der Klasse.

5

8

9

10

2 Im folgenden Text lassen wir Erich Kästner als 12-jährigen Jungen von der Zeit erzählen, in der er lebt. Lasst euch den Text zunächst vorlesen. Dann bekommt ihr einen ersten Eindruck von Erich Kästners Kindheit und Jugend.

„Hallo, kommt doch näher. Nein, ihr stört nicht. Ich sitze oft hier am Albertplatz und beobachte das Geschehen um mich herum. Von dieser Mauer aus habe ich einfach den besten Ausblick auf die Menschen, die mir in diesem Stadtteil jeden Tag begegnen. Vielleicht warst du ja auch schon einmal hier? Die Stadt, in der ich mich gerade befinde und in der ich am 23. Februar 1899 geboren wurde, heißt Dresden.

Aufgewachsen bin ich direkt hier um die Ecke, in der Königsbrücker Straße in der Dresdner Neustadt. Dort wohne ich zusammen mit meinen Eltern. Mein Vater Emil ist gelernter Sattlermeister. Er arbeitet in einer Kofferfabrik und ist sehr geschickt darin, Leder zu verarbeiten.

Sprechen und Zuhören

Vor Kurzem hat er mir sogar einen eigenen Rucksack genäht. Ihr müsst wissen, dass ich für mein Leben gern in der Natur unterwegs bin und sehr oft mit meiner Mutter wandern gehe. Leider verdient mein Vater mit seiner Arbeit nicht besonders viel Geld. Meine Mutter Ida hat sich daher vor einiger Zeit überlegt, wie auch sie selbstständig Geld verdienen kann. Deshalb hat sie sich zur Friseurin ausbilden lassen – eine clevere und moderne Frau, meine Mutter.

Trotzdem ist das Geld bei uns zu Hause immer knapp, deswegen vermieten wir auch ein Zimmer unserer Wohnung an andere Leute. Die meisten von ihnen sind Lehrer und Lehrerinnen. Deswegen ist für mich schon mal klar – ich möchte auch unbedingt Lehrer werden. Diesen Beruf kann man nämlich schon mit 14 Jahren erlernen und ist dann bereits mit 16 oder 17 Jahren ein fertig ausgebildeter Lehrer. Könnt ihr euch das vorstellen?

Naja, ich werde schon sehr bald feststellen, dass ich zwar selber gern neue Dinge erlerne, es mir aber sehr schwer fällt, anderen etwas beizubringen. Viel lieber möchte ich Bücher schreiben, wie mein Freund Erich Ohser – aus dem später der Zeichner und Erfinder der berühmten Vater-und-Sohn-Geschichten wird. Und vielleicht werde ich dann als Schriftsteller sogar so erfolgreich, dass meine Heimatstadt Dresden mir und meinen Büchern ein eigenes Denkmal baut. In Bronze gegossen und aufgestellt am Platz der Einheit – das würde mir gefallen. Wenn ihr Lust habt, dann schaut doch mal nach. Eventuell ist mein Traum ja in Erfüllung gegangen.

Aber halt, Moment – ich wollte euch doch erzählen, was ich außer dem Wandern noch gerne mache. Ich bin nämlich auch ein begeisterter Sportler und schon seit langem Mitglied in einem Turnverein.

Und dann, wenn meine Eltern auch etwas freie Zeit haben, gehen wir gemeinsam ins Theater oder in den Zirkus Sarrasani. Von dem habt ihr doch bestimmt auch schon mal gehört, oder? Normalerweise zieht ein Zirkus ja von Stadt zu Stadt, aber Sarrasani ist der erste Zirkusdirektor in Europa, der einen festen Zirkusbau errichtet hat. Und das natürlich bei uns in Dresden. Ich bin mir sicher – diesen Zirkus wird man auch in hundert Jahren noch kennen.

Oje, ich glaube, ich muss los. Da ruft jemand nach mir. Das kann nur mein Onkel Franz sein. Und wenn der nach einem ruft, dann hört man lieber direkt beim ersten Mal.

Also, bis bald – euer Erich."

3 Bestimmt habt ihr jetzt auch ein paar Fragen, die ihr dem jungen Erich Kästner gern einmal stellen würdet. Vielleicht gibt es aber auch etwas, das ihr komisch findet. Tauscht euch darüber aus.

4 Jetzt könnt ihr bestimmt auch zu jedem Bild auf Seite 122 und 123 eine passende Textstelle vorlesen. Bei welchen Bildern habt ihr schon richtig gelegen mit euren Vermutungen?

Die Welt der Bücher: Autor und Buch

„Als ich ein kleiner Junge war“: Auf Schatzsuche in Kästners Kindheit

Erich Kästner war in seiner Kindheit ein richtig glücklicher Junge. Und später, als er älter war, hat er die Erinnerungen an diese Zeit immer als **Glückspfennige**[1] bezeichnet.
Eure Spurensuche wird also zu einer Schatzsuche!
Werft nun selbst einmal einen Blick auf diese Kindheit, die mehr als 100 Jahre zurückliegt. Sucht dort nach **Glückspfennigen.** Vielleicht gibt es ja mehr Gemeinsamkeiten zwischen Kästner und euch, als ihr denkt?

1 Geht in den folgenden Textauszügen auf Spurensuche.

Als ich ein kleiner Junge war*

Erich Kästner

„Und ich freute mich schon auf den Tag, an dem ich zur Schule kommen sollte. [...] Mich erschreckte die Schule nicht. [...] Ich wusste von daheim, dass auch die Lehrer lachen konnten, Spiegeleier aßen, an die großen Ferien dachten und ihr Nachmittagsschläfchen hielten. [...] Ich trug meine Zuckertüte wie eine Fahnenstange vor mir her. Manchmal setzte ich sie ächzend aufs Pflaster. Manchmal griff meine Mutter zu. Wir schwitzten wie die Möbelträger. [...] So wanderten wir mit vereinten Kräften durch die Glacisstraße, die Bautzener Straße, über den Albertplatz und in die Königsbrücker Straße hinein. Von der Luisenstraße an ließ ich die Tüte nicht mehr aus den Händen. Es war ein Triumphzug. Die Passanten und Nachbarn staunten. [...]

[...] Ich stieg, die Zuckertüte mit der seidnen Schleife vorm Gesicht, die Ladenstufe hinauf, stolperte, da ich vor lauter Schleife und Tüte nichts sehen konnte, und dabei brach die Tütenspitze ab! Ich erstarrte zur Salzsäule[2]. Zu einer Salzsäule, die eine Zuckertüte umklammert. Es rieselte und purzelte und raschelte über meine Schnürstiefel. Ich hob die Tüte so hoch, wie ich irgend konnte. Das war nicht schwer, denn sie wurde immer leichter. Schließlich hielt ich nur noch einen bunten Kegelstumpf aus Pappe in den Händen, ließ ihn sinken und blickte zu Boden. [...] Auch über Schokolade kann man weinen.“

2 Der Tag seiner Einschulung war also für Kästner ein sehr besonderes Erlebnis.

- Gebt mit euren Worten wieder, wie Erich Kästner diesen Tag erlebt hat und was ihm passiert ist.
- Stolz, Aufregung und Tränen – wie passt das alles zusammen? Warum ist dieser Tag, der nicht wie geplant verläuft, trotzdem eine so wertvolle Erinnerung?

* Text verändert

[1] Pfennige: Geldmünzen, die mit unseren heutigen Cents vergleichbar sind
[2] zur Salzsäule erstarren: regungslos stehen bleiben

Sprechen und Zuhören

3 Hier erzählt Kästner von drei weiteren Ereignissen aus seiner Kindheit. Teilt euch in Gruppen auf und untersucht diese Glückspfennige einmal genauer.

- Lest euren Textabschnitt in Ruhe durch. Manchmal muss man etwas auch zweimal lesen, um es zu verstehen.
- Fasst dann mit euren eigenen Worten zusammen, was genau Kästner erlebt hat.
- Tauscht euch anschließend darüber aus, warum Kästner diesen Moment als besonders glückliches Ereignis empfunden hat.

I „Umso besser erinnere ich mich an das Haus mit der Nummer 48. An den Hausflur. An das Fensterbrett, wo ich saß und in die Hinterhöfe blickte. An die Treppenstufen, auf denen ich spielte. Denn die Treppe war mein Spielplatz. Hier stellte ich meine Ritterburg auf. [...] Hier fanden heiße Schlachten statt. [...] Sobald die Schlacht entschieden war, [...] schleppte ich die Spielzeugwelt und Spielzeugweltgeschichte in unsere winzige Wohnung zurück."

II „Meine Mutter vergaß die Rücktrittsbremse am Fahrrad jedes Mal und immer wieder! Kaum senkte sich ein Weg, so raste sie auch schon davon, etwa wie die Rennfahrer der Tour de France[3], wenn sie von den Pyrenäen herunterkommen. [...] und wenn wir sie am Ende des Berges endlich eingeholt hatten, stand sie neben ihrem Rad, war blass und sagte: „Wieder vergessen!" Es war lebensgefährlich. Von der Augustusburg sauste sie die steile Straße nach Erdmannsdorf hinunter, dass uns Kindern das Herz stehenblieb. Wieder war ihr nichts zugestoßen. Vielleicht war ein Schutzengel mit ihr Tandem gefahren. [...] Es ging immer glimpflich[4] ab."

III „Sonst spielten wir in den Hinterhöfen, turnten an den Teppichstangen und ließen uns aus den Küchenfenstern die Vesperbrote[5] herunterwerfen. Es war wie im Märchen, wenn sie, in Papier gewickelt, durch die Luft trudelten und auf dem Hofpflaster aufklatschten. [...] Bei Regen spielten wir im Hausflur oder, über Fleischer Kießlings Pferdestall, auf dem Futterboden [...]. Oder wir enterten den Lieferwagen, knallten mit der Peitsche [...]. Oder wir plauderten mit dem stampfenden Pferd im Stall."

4 Präsentiert euch gegenseitig eure Ergebnisse.

5 Ihr kennt sicher auch besondere Momente aus eurer Kindheit. Verfasst dazu **eure eigenen Glückspfennigtexte**. Ihr müsst dabei nicht unbedingt eure Namen auf die Texte schreiben.

- Sammelt eure Texte in einem Karton und mischt sie dann gut durch.
- Anschließend zieht ihr Texte aus dem Karton und lest sie euch gegenseitig vor.

[3] Tour de France: das bekannteste und wohl auch bedeutendste Straßenradrennen der Welt
[4] glimpflich: Eine gefährliche Situation ist gut ausgegangen.
[5] Vesperbrot: kleine Zwischenmahlzeit (meist am Nachmittag)

Die Welt der Bücher: Autor und Buch

Erich Kästner: Ein Autorenleben im 20. Jahrhundert

1 Erich Kästners Leben und viele seiner Bücher sind stark von den geschichtlichen Ereignissen der damaligen Zeit beeinflusst.

- Lest euch die folgenden drei Texte zu verschiedenen Lebensabschnitten zunächst einmal in Ruhe durch.
- Klärt gemeinsam unbekannte Begriffe.

Lebenslauf und Werke von Erich Kästner

Kindheit und Ausbildung

Erich Kästner wird am 23. Februar 1899 in Dresden geboren. Seine Mutter Ida ist Friseurin und sein Vater Sattlermeister. 1906 wird er in Dresden eingeschult und beginnt dort im Jahr 1913 auch selbst eine Ausbildung zum Lehrer. Diese bricht er jedoch nach drei Jahren ab.

1914 reist er mit seiner Mutter und seiner Cousine Dora an die Ostsee. Dort erlebt er den **Ausbruch des Ersten Weltkrieges**. Drei Jahre später – 1917 – wird er zum Militärdienst einberufen. Die Ausbildung zum Soldaten wird er niemals in seinem Leben vergessen.

1918 endet der Erste Weltkrieg und Erich Kästner kehrt nach seiner Entlassung aus dem Militärdienst 1919 nach Dresden zurück. Im gleichen Jahr macht er sein Kriegsabitur.

Anschließend studiert Kästner in Leipzig, Rostock und Berlin die Fächer Deutsch, Geschichte, Theaterwissenschaften und Philosophie.

1922 wird Kästner Journalist bei der „Neuen Leipziger Zeitung".

Ein Jahr später lernt er Erich Ohser, den Zeichner der Vater-und-Sohn-Bildergeschichten kennen. Eine lebenslange Freundschaft der beiden Männer beginnt.

1927 verlässt er Sachsen endgültig und zieht nach Berlin, wo er als Theaterkritiker für verschiedene Zeitungen arbeitet. Dort – im aufregenden Nachtleben der Hauptstadt – ist Kästner ganz nah dran an den sogenannten ***Goldenen Zwanziger Jahren***.

[1] 20. Jahrhundert: 1900–2000

Otto Dix (1891–1969): Großstadt (Triptychon), 1927–28. Öl auf Holz, 540 · 300 cm

Erste Erfolge als Autor

Bücherverbrennung am 10. Mai 1933 durch die Nationalsozialisten

1928 veröffentlicht Kästner sein erstes Buch. Es trägt den Titel *„Herz auf Taille“* und ist eine Sammlung von Gedichten.

Bereits ein Jahr später erscheint auch sein erstes Kinderbuch: *„Emil und die Detektive“*. Es folgen die Werke *„Pünktchen und Anton“* (1931) und *„Das fliegende Klassenzimmer“* (1933).

Kästner feiert als Kinderbuchautor große Erfolge. Vielen anderen geht es in dieser Zeit nicht so gut. Die **Weltwirtschaftskrise**, die 1929 beginnt, sorgt für einen weltweiten Rückgang des Handels und der Produktion. Deshalb werden viele Menschen arbeitslos.

Als Hitler 1933 an die Macht kommt, werden Kästners Werke von den **Nationalsozialisten** verboten und am 10. Mai 1933 sogar öffentlich verbrannt.

Diese ***Bücherverbrennung***, bei der auch die Werke anderer kritischer Autoren verbrannt werden, hat Kästner in Berlin aus nächster Nähe miterlebt. In den nächsten Jahren wird er mehrmals von der Geheimen Staatspolizei (Gestapo) verhaftet, aber immer wieder freigelassen.

Im Laufe des **Zweiten Weltkrieges**, der 1939 beginnt, werden in Deutschland zahlreiche Städte bombardiert. So wird beispielsweise Kästners Berliner Wohnung 1944 bei einem Luftangriff zerstört. Auch seine Heimatstadt Dresden fällt am 13. und 14. Februar 1945 einem Bombenhagel zum Opfer.

Da Kästner seit 1942 unter anderem Namen (Pseudonym) auch Drehbücher schreibt, reist er 1945 für Dreharbeiten nach Tirol. Dort erlebt er am 8.Mai 1945 das Ende des Zweiten Weltkrieges.

Rückkehr ins normale Leben

Nach Kriegsende zieht Kästner nach München und gibt dort unter anderem die Kinder- und Jugendzeitschrift *Pinguin* heraus. 1949 werden die Bücher *„Das doppelte Lottchen“* und *„Die Konferenz der Tiere“* veröffentlicht. Neben dem Schreiben von Büchern arbeitet Kästner auch am Theater. Weil er diese Arbeit mag, gründet er 1951 das Theater *Die kleine Freiheit*. Sechs Jahre später wird er für seine Leistungen als Autor mit dem bedeutendsten Buchpreis Deutschlands ausgezeichnet: dem Georg-Büchner-Preis. Auch privat ist 1957 ein sehr erfolgreiches Jahr: sein Sohn Thomas wird geboren.

Neben zahlreichen anderen Auszeichnungen, die er bis dahin erhalten hat, bekommt er 1959 auch noch das Bundesverdienstkreuz.

Bau der Berliner Mauer 1961

Gesundheitlich geht es Kästner jedoch immer schlechter. 1961 erkrankt er an Tuberkulose, einer Lungenkrankheit, von der er sich nie mehr richtig erholen wird.

Mit der **Gründung der BRD und der DDR** im Jahre 1949 ist Deutschland in zwei Teile gespalten. Der ***Bau der Mauer*** am 13. August 1961 macht aus Deutschland endgültig ein geteiltes Land.

1967 erscheint sein letztes Kinderbuch – *„Der kleine Mann und die kleine Miss“* –, das er für seinen Sohn geschrieben hat.

Sieben Jahre später stirbt er am 29. Juli im Alter von 75 Jahren in München, wo er auch beerdigt ist.

2 Setzt euch in kleinen Gruppen zusammen und erarbeitet gemeinsam einen Zeitstrahl zu Erich Kästners Leben und seinem Werk.
- Teilt die drei Texte innerhalb eurer Gruppe auf. Jeder von euch bearbeitet einen Text.
- Auf dem angefangenen Zeitstrahl hier könnt ihr sehen, wie ihr beginnen könnt.

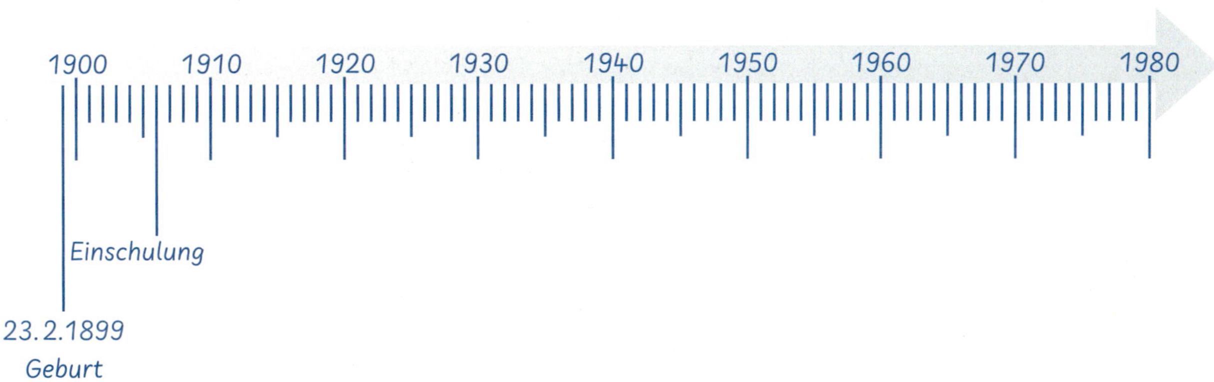

3 Ihr könnt euren Zeitstrahl nun noch mit passenden Bildern oder eigenen Zeichnungen gestalten. Sicherlich findet sich in eurem Klassenzimmer auch ein guter Platz, um euer gemeinsames Werk zu präsentieren.

Ein Kinderbuch vorstellen

Erich Kästner: „Emil und die Detektive“

Bestimmt habt ihr schon von Kästners berühmtestem Kinderbuch „Emil und die Detektive“ gehört. Obwohl der Roman bereits 1928 erschienen ist, gehören Emil und seine Freunde aus Berlin auch heute noch zu den bekanntesten und beliebtesten Figuren, die jemals in einem Kinderbuch aufgetaucht sind. Inzwischen gibt es auch mehrere Verfilmungen sowie Comic-Versionen des Buches.

Worum es in dem Buch geht:

Erzählt wird die Geschichte von einem Jungen namens Emil. Er darf zum ersten Mal allein mit dem Zug nach Berlin fahren, um dort seine Oma, seine Tante und seinen Onkel sowie seine Cousine – Pony Hütchen – zu besuchen. Allerdings verläuft die Zugfahrt nicht ohne Probleme und Emils Ankunft in der Hauptstadt wird anders als geplant. Daher ist er froh, als er in Berlin auf eine Gruppe von Kindern trifft, die ihm unbedingt helfen wollen.

Warum man das Buch lesen sollte:

In dem Buch geht es um Freundschaft – und wie man sich in schwierigen Situationen gegenseitig unterstützen kann. Kinder sind die wichtigsten Personen in einer wilden und spannenden Verfolgungsjagd quer durch ganz Berlin. Lasst euch mitnehmen auf diese abenteuerliche Reise!

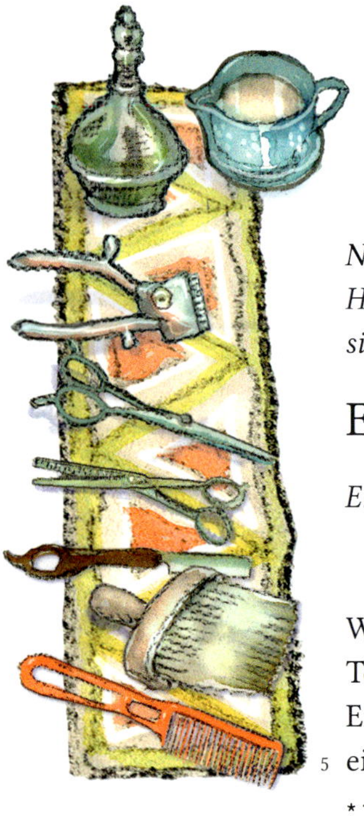

Neustadt – Bei Familie Tischbein zu Hause – Reisevorbereitungen

Nun wird es Zeit, dass ihr Emil einmal persönlich kennenlernt. Ihr trefft ihn bei sich zu Hause in Neustadt. Hier lebt er mit seiner Mutter, die als private Friseurin das Geld für sich und ihren Sohn verdient. Emil hilft ihr auch heute, wie so oft, bei der Arbeit.

Emil und die Detektive*

Erich Kästner

„So“, sagte Frau Tischbein, „nun bringe mir mal den Krug mit dem warmen Wasser nach!“ Sie selber nahm einen anderen Krug und den kleinen blauen Topf mit der flüssigen Kamillenseife und spazierte aus der Küche in die Stube. Emil packte seinen Krug an und lief hinter der Mutter her. In der Stube saß eine Frau und hielt den Kopf über das weiße Waschbecken gebückt. […]

* Text verändert

„Du hast's gut, Emil. Du fährst nach Berlin, wie ich höre", meinte der Kopf. [...]

„Erst hatte er zwar keine rechte Lust", sagte die Mutter und schrubbte Frau Wirth den Kopf. „Aber wozu soll der Junge die Ferien hier totschlagen? Er kennt Berlin überhaupt noch nicht. Und meine Schwester Martha hat uns schon immer mal einladen wollen. Ihr Mann verdient ganz anständig. [...] Ich kann freilich nicht mitfahren. Vor den Feiertagen gibt's viel zu tun. Na, er ist ja groß genug und muss eben unterwegs gut aufpassen. Außerdem holt ihn meine Mutter am Bahnhof Friedrichstraße ab. Sie treffen sich am Blumenkiosk."

„Berlin wird ihm sicher gefallen. Das ist was für Kinder. [...]"

„Na, nun mach aber, dass du fertig wirst", drängte die Mutter. „Deinen guten Anzug hab ich im Schlafzimmer zurechtgelegt. Zieh ihn an, damit wir dann sofort essen können, wenn ich Frau Wirth frisiert habe."

„Was für'n Hemd?", erkundigte sich Emil.

„Liegt alles auf dem Bett. Und zieh die Strümpfe vorsichtig an. Und wasch dich erst gründlich. Und ziehe dir neue Schnürsenkel in die Schuhe. Dalli, dalli!" [...]

„Ehe ich's vergesse: Heute Abend lässt du dir von Tante Martha einen Kleiderbügel geben und hängst den Anzug ordentlich auf. Vorher wird er mir aber ausgebürstet. Vergiss es nicht! [...] Sonst noch was? Der Koffer ist gepackt. Die Blumen für die Tante sind eingewickelt. Das Geld für Großmutter gebe ich dir nachher. Und nun wollen wir essen. Kommen Sie, junger Mann!" Frau Tischbein legte den Arm um seine Schulter und transportierte ihn in die Küche. Es gab Makkaroni mit Schinken und geriebenem Parmesankäse. [...]

„Und schreib sofort eine Karte. [...]"

„Wird gemacht", sagte Emil und schob, möglichst unauffällig, einen Makkaroni vom Knie. Die Mutter merkte glücklicherweise nichts.

„Grüße sie alle schön von mir. Und pass gut auf. In Berlin geht es anders zu als bei uns in Neustadt. Und am Sonntag gehst du mit Onkel Robert ins Kaiser-Friedrich-Museum. Und benimm dich anständig, damit es nicht heißt, wir hier wüssten nicht, was sich gehört."

„Mein großes Ehrenwort", sagte Emil.

[...]

Emil hatte keinen Vater mehr. Doch seine Mutter hatte zu tun, frisierte in ihrer Stube, wusch blonde Köpfe und braune Köpfe und arbeitete unermüdlich, damit sie zu essen hatten und die Gasrechnung, die Kohlen, die Miete, die Kleidung, die Bücher und das Schulgeld bezahlen konnte. [...]

Seht, Emil hatte seine Mutter sehr lieb. Und er hätte sich zu Tode geschämt, wenn er faul gewesen wäre, während sie arbeitete, rechnete und wieder arbeitete. [...] Er sah, wie sie sich bemühte, ihn nichts von dem entbehren zu lassen, was die andern Realschüler bekamen und besaßen. [...]

„Hoppla“, rief die Mutter, „wir müssen zum Bahnhof. Es ist schon Viertel nach Eins. Und der Zug geht kurz vor zwei Uhr.“

„Also los, Frau Tischbein!“, sagte Emil zu seiner Mutter. „Aber, dass Sie es nur wissen, den Koffer trage ich selber!“

1 Jetzt habt ihr einiges über Emils Leben in Neustadt erfahren. Fasst einmal in euren eigenen Worten zusammen, was ihr nun schon über Emil wisst.

2 Emils Mutter, Frau Tischbein, ist unglaublich aufgeregt. Welche Erklärung habt ihr dafür? Tauscht euch über die Gründe für ihre Aufregung aus.

3 Und ihr? Seid ihr auch schon einmal allein verreist? Erzählt davon.
- Welche Vorbereitungen wurden da getroffen?
- Welche Ratschläge haben euch eure Eltern mitgegeben?

Im Personenzug – Auf dem Weg nach Berlin

Gestärkt vom Mittagessen kommen Emil und seine Mutter auf dem Bahnhof an. Frau Tischbein gibt ihm insgesamt 140 Mark[1], sicher verpackt in einem Briefumschlag, mit auf die Reise. Für sie und ihren Sohn ist das unglaublich viel Geld und Emil verspricht daher, gut darauf achtzugeben. Das Geld soll er in Berlin seiner Oma geben. Da diese selbst nur wenig Geld hat, benötigt sie es, um Emil eine gute Zeit bei ihr in Berlin zu ermöglichen.
Zur Sicherheit befestigt er den Umschlag mit einer Stecknadel an der Innentasche seiner Jacke.
Im Zug begegnet er einem Mann, Herrn Grundeis, der ihm von Anfang an nicht besonders sympathisch ist.

Herr Grundeis hatte es sich in einer Ecke gemütlich gemacht und schlief. Emil war froh, dass er sich nicht zu unterhalten brauchte, und blickte durchs Fenster. Bäume, Windmühlen, Felder, Fabriken, Kuhherden, winkende Bauern zogen draußen vorbei. [...]

[1] Heute wären das ca. 70 Euro.

Herr Grundeis schlief immer weiter und schnarchte ein bisschen. Emil wäre gern auf und ab marschiert, aber dann hätte er den andern geweckt, und das wollte er ganz und gar nicht. Er lehnte sich also in die entgegengesetzte Ecke des Coupés[2] und betrachtete den Schläfer. Warum der Mann nur immer den Hut aufbehielt? Und ein längliches Gesicht hatte er, einen ganz schmalen, schwarzen Schnurrbart und hundert Falten um den Mund, und die Ohren waren sehr dünn und standen weit ab. Wupp! Emil zuckte zusammen und erschrak. Beinahe wäre er eingeschlafen! Das durfte er unter keinen Umständen. [...]

Dann passiert es doch: Obwohl Emil sich fest vorgenommen hat, während der gesamten Fahrt nach Berlin wach zu bleiben, schläft er trotz der Aufregung doch ein. Als er wieder aufwacht, macht er eine furchtbare Entdeckung.

Als er aufwachte, setzte sich die Bahn eben wieder in Bewegung. Er war, während er schlief, von der Bank gefallen, lag jetzt am Boden und war sehr erschrocken. Er wusste nur noch nicht, weswegen. Sein Herz pochte wie ein Dampfhammer. Da hockte er nun in der Eisenbahn und hatte fast vergessen, wo er war. Dann fiel es ihm, portionsweise, wieder ein. Richtig, er fuhr nach Berlin. Und war eingeschlafen. Genau wie der Herr im steifen Hut ...

Emil setzte sich mit einem Ruck bolzengerade und flüsterte: „Er ist ja fort!“ Die Knie zitterten ihm. Ganz langsam stand er auf und klopfte sich mechanisch den Anzug sauber. Jetzt war die nächste Frage: Ist das Geld noch da? Und vor dieser Frage hatte er eine unbeschreibliche Angst.

Lange Zeit stand er an die Tür gelehnt und wagte nicht, sich zu rühren. Dort drüben hatte der Mann, der Grundeis hieß, gegessen und geschlafen und geschnarcht. Und nun war er fort. Natürlich konnte alles in Ordnung sein. Denn eigentlich war es albern, gleich ans Schlimmste zu denken. Es mussten ja nun nicht gleich alle Menschen nach Berlin-Friedrichstraße fahren, nur weil er hinfuhr. Und das Geld war gewiss noch an Ort und Stelle. Erstens steckte es in der Tasche. Zweitens steckte es im Briefumschlag. Und drittens war es mit einer Nadel am Futter befestigt. Also, er griff sich langsam in die rechte innere Tasche.

Die Tasche war leer! Das Geld war fort!

[2] Coupé: Abteil in einem Zug

Emil durchwühlte die Tasche mit der linken Hand. Er befühlte und presste das Jackett von außen mit der rechten. Es blieb dabei: Die Tasche war leer und das Geld war weg.

„Au!“ Emil zog die Hand aus der Tasche. Und nicht bloß die Hand, sondern die Nadel dazu, mit der er das Geld vorhin durchbohrt hatte. Nichts als die Stecknadel war übrig geblieben. Und sie saß im linken Zeigefinger, dass er blutete. Er wickelte das Taschentuch um den Finger und weinte. Natürlich nicht wegen des lächerlichen bisschen Bluts. […]

Er weinte wegen des Geldes. Und er weinte wegen seiner Mutter. […] Emil wusste, wie seine Mutter monatelang geschuftet hatte, um die hundertvierzig Mark für die Großmutter zu sparen und um ihn nach Berlin schicken zu können. Und kaum saß der Herr Sohn im Zug, so lehnte er sich auch schon in eine Ecke, schlief ein, träumte verrücktes Zeug und ließ sich von einem Schweinehund das Geld stehlen. Und da sollte er nicht weinen? Was sollte er nun anfangen? […]

4 Weint Emil nur wegen des gestohlenen Geldes?
Oder steckt da vielleicht noch mehr dahinter?
Lest noch einmal im Text nach und tauscht euch aus.

5 Das Geld ist weg und Emil ist fassungslos!
Was geht ihm in diesem Moment, als er merkt, dass das Geld verschwunden ist, alles durch den Kopf?

- Lies noch einmal im Text nach (Zeile 95 – 102).
- Fasse nun Emils Gedanken in einem Text zusammen.
  Du kannst den folgenden **WORTSCHATZ: TEXTBAUSTEINE** nutzen.

Oh nein, wie konnte das nur passieren? Meine Mutter hat mich doch extra noch gewarnt, gut darauf aufzupassen. Die Idee, das Geld mit einer Nadel in meiner Jackentasche zu befestigen, war doch eigentlich genial. Oder war es doch kein sicheres Versteck? Was soll ich jetzt nur tun? Meine Großmutter wird richtig traurig sein, wenn …

Oh nein, wie konnte das nur passieren? Ich wollte doch unbedingt wach bleiben. Und trotzdem bin ich eingeschlafen. Dieser komische Herr Grundeis muss das Geld gestohlen haben. Nur er kommt dafür in Frage, denn …

Oh nein, wie konnte das nur passieren? …

Berlin – Straßenbahnlinie 177 – Verfolgungsjagd

In Emils Augen kann es nur Herr Grundeis gewesen sein, der ihn bestohlen hat. Er beschließt, sich sein Geld zurückzuholen. Daher steigt er frühzeitig aus dem Zug aus und nimmt die Verfolgungsjagd auf – mitten durch eine Stadt, in der er noch nie zuvor gewesen ist.

Der Dieb ging langsam über die Straße, sah noch einmal rückwärts und spazierte ziemlich beruhigt weiter. Dann kam eine Straßenbahn, mit der Nummer 177, von links angefahren und hielt. Der Mann überlegte einen Augenblick, stieg auf den Vorderwagen und setzte sich an einen Fensterplatz.

Berlin 1925: Straßenbahn Richtung Friedenau

Emil packte wieder seinen Koffer an, […], rannte auf die Straße und erreichte, von hinten her, den Anhängewagen wieder gerade, als die Bahn losfuhr. Er warf den Koffer hinauf, kletterte nach, schob ihn in eine Ecke, stellte sich davor und atmete auf. So, das war überstanden!

Doch was sollte nun werden? […]

Da hielt die Straßenbahn zum ersten Mal. Emil ließ den Triebwagen nicht aus den Augen. Doch es stieg niemand aus. Es drängten nur viele neue Fahrgäste in die Bahn. […]

Der Schaffner, der im Inneren des Wagens Fahrscheine verkaufte, zog an einer Schnur. Es klingelte. Und die Straßenbahn fuhr weiter. Emil stellte sich wieder in seine Ecke, wurde gedrückt und auf die Füße getreten und dachte erschrocken: ‚Ich habe ja kein Geld! Wenn der Schaffner herauskommt, muss ich einen Fahrschein lösen. Und wenn ich es nicht kann, schmeißt er mich raus. Und dann kann ich mich gleich begraben lassen.' […]

Der Schaffner kam der Tür immer näher. Jetzt stand er schon im Türrahmen und fragte laut: „Wer hat noch keinen Fahrschein?" […]

„Ich habe mein Geld verloren, Herr Schaffner", antwortete Emil. Den Diebstahl hätte ihm keiner geglaubt.

„Geld verloren? Das kenn ich. Und wo willst du hin?"

„Das … das weiß ich noch nicht", stotterte Emil.

„So. Na, da steige mal an der nächsten Station wieder ab und überlege dir erst, wo du hinwillst."

„Nein, das geht nicht. Ich muss hier oben bleiben, Herr Schaffner. Bitte schön."

„Wenn ich dir sage, du sollst absteigen, steigst du ab. Verstanden?"

„Geben Sie dem Jungen einen Fahrschein!", sagte da der Herr, der Zeitung gelesen hatte. Er gab dem Schaffner Geld. […]

6 Allein unterwegs sein in einer Millionenstadt, in der er sich überhaupt nicht auskennt. Was denkst du darüber? Wähle passende Adjektive aus dem **Wortschatz** aus, die Emils Verhalten beschreiben. Begründe deine Auswahl.

Wortschatz

aufgeregt	ehrgeizig	leichtsinnig	traurig
aufgeschlossen	einfühlsam	mutig	unüberlegt
aufgewühlt	freundlich	naiv	übermütig
bescheiden	höflich	tapfer	zielstrebig

7 Nun weißt du schon sehr viel über Emil. Fertige mithilfe deines bisherigen Wissens und mit den Ergebnissen aus Aufgabe 1 und aus Aufgabe 6 eine **Figurenkarte** zu Emil an.

132

Emil Tischbein

Wohnort: Neustadt
Familie:
Pläne:
Besonderheiten:
Eigenschaften:
...

8 Ein freundlicher Herr kauft Emil in der Straßenbahn einen Fahrschein – Rettung in letzter Sekunde!
Emil bedankt sich und erzählt dem Mann von seinen bisherigen Erlebnissen. Was könnte er erzählen? Wie würde der Mann darauf reagieren?

- Schreibt dieses kurze Gespräch auf.
- Lest euch anschließend eure Ergebnisse gegenseitig vor.
- Arbeitet mit einem Partner / einer Partnerin und spielt eure kurzen Dialoge vor der Klasse vor.

So könntet ihr das Gespräch beginnen:
Gespräch zwischen Emil und einem freundlichen Herrn
Emil: *Vielen Dank, dass Sie mir geholfen haben.*
Freundlicher Herr: *...*

Berlin –
Trautenaustraße –
Zwischen Kiosk und
Litfaßsäule

Nachdem der Dieb die Straßenbahn verlassen hat, macht er es sich in einem Café gemütlich. Er bemerkt nicht, dass er dabei auch weiterhin von Emil beobachtet wird.
Auf einmal ertönt ein lautes Geräusch.

Plötzlich hupte es dicht hinter Emil! Er sprang erschrocken zur Seite, fuhr herum und sah einen Jungen stehen, der ihn auslachte. „Na Mensch, fall nur nicht gleich vom Stühlchen“, sagte der Junge.

„Wer hat denn eben hinter mir gehupt?“, fragte Emil.

„Na Mensch, ich natürlich. Du bist wohl nicht aus Wilmersdorf, wie? Sonst wüsstest du längst, dass ich ’ne Hupe in der Hosentasche habe. […]“

„Ich bin aus Neustadt. Und komme gerade vom Bahnhof.“

„So, aus Neustadt? Deswegen hast du so ’nen doofen Anzug an.“ […]

„Nein“, sagte Emil, „ich beobachte einen Dieb.“

„Was? Ich verstehe fortwährend: Dieb“, meinte der andere Junge, „wen hat er denn beklaut?“

„Mich!“, sagte Emil […]. „In der Eisenbahn. […] Ich natürlich hinterher, kannst du dir denken. Dann auf die Straßenbahn. Und jetzt sitzt er drüben im Café […].“

„Na Mensch, das ist ja großartig!“, rief der Junge. „Das ist ja wie im Kino! Was willst du nun anstellen?“

„Keine Ahnung. Immer hinterher. […]“

„Verstehe, Mensch!“

„Und am Bahnhof Friedrichstraße wartet meine Großmutter.“

Der Junge mit der Hupe dachte ein Weilchen nach. Dann sagte er: „Also, ich finde die Sache mit dem Dieb knorke[3]. Ganz große Klasse, Ehrenwort. Und, Mensch, wenn du nischt dagegen hast, helfe ich dir.“

„Da wär ich dir kolossal[4] dankbar!“

„[…] Das ist doch klar, dass ich hier mitmache. Ich heiße Gustav.“

„Und ich Emil.“

Sie gaben sich die Hand und gefielen einander ausgezeichnet. […]

„Wie wäre denn das“, fragte Emil, „wenn du noch ein paar Freunde herholst?“

„Mensch, die Idee ist hervorragend!“, rief Gustav begeistert. „Das mache ich! Ich brauche bloß mal durch die Höfe zu sausen und zu hupen, gleich ist der Laden voll.“ […]

Emil fühlte sich wunderbar erleichtert. Denn Pech bleibt nun zwar auf alle Fälle Pech. Aber ein paar Kameraden zu haben, die freiwillig mit von der Partie sind, das ist kein kleiner Trost.

3 Berliner Dialekt: großartig
4 kolossal: außerordentlich

9 Gustav – was für ein außergewöhnlicher Junge!
Wie wirkt dieser junge Berliner auf euch? Begründet euren Eindruck.

10 Glück im Unglück – Emil schöpft neue Hoffnung, dass Gustav und seine Freunde ihm helfen können, sein Geld zurückzubekommen.
Stellt euch vor, **ihr seid nun Teil dieser Bande**. Welchen Plan schmiedet ihr?

- Setzt euch in kleinen Gruppen zusammen und beratet über eure Vorgehensweise. Was wollt ihr nun als nächstes machen? Was müsst ihr dabei beachten?
- Stellt eure Ideen anschließend der Klasse vor.

Schreiben und Präsentieren

11 Während Emil mit seinen neuen Freunden auf Verfolgungsjagd durch Berlin unterwegs ist, wartet seine Großmutter ungeduldig auf ihn.

- Wie wird es ihr wohl gehen, als der Zug ohne Emil in den Bahnhof einfährt?
- Was wird sie jetzt machen?

Tauscht euch darüber aus.

Zwischen Nollendorfplatz und Commerzbank – Der Dieb wird gestellt

Emils Erlebnisse in Berlin nehmen nach dem Treffen mit Gustav so richtig Fahrt auf. Die neu gegründete Detektivbande übernimmt nun die Verfolgung des Verbrechers. Schließlich schaffen sie es gemeinsam, Herrn Grundeis als Dieb zu entlarven.
Lest hier, wie ihnen dies gelingt.

„Achtung! Zuhören!“, schrie der Professor[5]. „Wir werden ihn also einkreisen. Hinter ihm Kinder, vor ihm Kinder, links Kinder, rechts Kinder! Ist das klar? Weitere Kommandos geben wir unterwegs. Marsch und raus!“ […]

Der Mann im steifen Hut trat gerade in die Hoteltür, stieg langsam die Treppe herunter und wandte sich nach rechts, der Kleiststraße zu. Der Professor, Emil und Gustav jagten ihre Eilboten zwischen den verschiedenen Kindertrupps hin und her. Und drei Minuten später war Herr Grundeis umzingelt. Er sah sich, höchst verwundert, nach allen Seiten um. […]

Ihm wurde die Geschichte immer unheimlicher. Er bekam förmlich Angst und wusste nicht mehr, wohin. […] Da hatte der Dieb einen Einfall. Er erblickte die Filiale der Commerz- und Privatbank. Er durchbrach die Kette der Kinder, eilte zur Tür und verschwand. […]

Als Gustav und der Professor die Bank betraten, stand der Mann im steifen Hut bereits an einem Schalter […].

„Sie wünschen?“, fragte der Kassierer nun Herrn Grundeis. „Wollen Sie mir, bitte schön, einen Hundertmarkschein in zwei Fünfziger umtauschen und für vierzig Mark Silber geben?“, fragte dieser, griff sich in die Tasche und legte einen Hundertmarkschein und zwei Zwanzigmarkscheine auf den Tisch. […]

„Einen Moment!“, rief da der Professor laut. „Das Geld ist gestohlen.“ […]

„Ja, kannst du das denn auch beweisen?“, fragte der Kassierer streng. […]

„Halt!“, schrie Emil plötzlich und sprang in die Luft, so leicht war ihm mit einem Male geworden. „Halt! Ich habe mir im Zug das Geld mit einer Stecknadel ins Jackett gesteckt. Und deshalb müssen Nadelstiche in den drei Scheinen zu sehen sein!“ […]

[5] Spitzname eines Jungen aus der Detektivbande

„Der Junge hat recht“, schrie der Kassierer, blass vor Erregung. „In den Scheinen sind tatsächlich Nadelstiche!“ [...]

Da drehte der Dieb sich blitzschnell um, stieß die Jungen links und rechts zur Seite, dass sie hinfielen, rannte durch den Raum, riss die Tür auf und weg war er.

„Ihm nach!“, schrie der Bankvorsteher. Alles lief nach der Tür.

Als man auf die Straße kam, war der Dieb schon von mindestens zwanzig Jungen umklammert. Sie hielten ihn an den Beinen. Sie hingen an seinen Armen. Sie zerrten an seinem Jackett. Er ruderte wie verrückt. Aber die Jungen ließen nicht locker.

12 Was für eine Verfolgungsjagd!
Nur durch ihren Zusammenhalt ist es den Kindern gelungen, den Dieb zu stellen. Seid so mutig wie die Kinderbande und probiert doch einfach mal aus, diese Szene nachzuspielen.

13 Emil ist nach diesem ersten ereignisreichen Tag in Berlin völlig erschöpft. Übernimm für ihn das Reden und erzähle seiner Oma von euren gemeinsamen Erlebnissen.

14 Du weißt nun, wie es Emil auf seiner ersten Reise, die er ohne Erwachsene unternommen hat, ergangen ist.
Was ist dir besonders in Erinnerung geblieben?
Wähle eine der folgenden Aufgaben aus:

a) Gestalte eine Szene aus Emils Reise als **Comic**.
b) Stelle gemeinsam mit einigen anderen Schülerinnen und Schülern eine Szene als **Standbild** nach.
c) Verfasse aus Sicht einer der Figuren einen **Tagebucheintrag** zu einer Szene des Buches.

LESEN Umgang mit Texten und Medien

Die Welt der Bücher: Autor und Buch

Überprüfe dein Wissen und Können

Ein Erich Kästner Quiz

Was hast du aus dem Leben von Erich Kästner und aus seinem Buch „Emil und die Detektive“ alles behalten? Teste dein Wissen! Löse alle Aufgaben schriftlich.

1 Wie heißt Emils Cousine aus Berlin?
a) Pony Hütchen b) Dora Kästner c) Charlotte Grundeis

2 In welcher Stadt ist Kästner gestorben?
a) Leipzig b) Berlin c) München

3 Wie alt wurde Erich Kästner?
a) fünfundsiebzig Jahre b) siebzig Jahre c) achtzig Jahre

4 Welche Einrichtung hat Kästner als Kind oft gemeinsam mit seinen Eltern besucht?
a) Zirkus b) Schwimmbad c) Restaurant

5 Welchen Beruf hatte Kästners Vater?
a) Bäcker b) Fleischer c) Sattler

6 In welcher Straße in Dresden ist Kästner mehrmals umgezogen?
a) Königsbrücker Straße b) Pohlandstraße c) Stauffenbergallee

7 Welchen Beruf wollte Kästner in seiner Jugend erlernen?
a) Schauspieler b) Lehrer c) Anwalt

8 Wie hieß Herr Ohser – Kästners Freund und Zeichner der Vater-und-Sohn-Geschichten – mit Vornamen?
a) Hugo b) Erich c) Richard

9 Was hat die Stadt Dresden für Erich Kästner erbauen lassen?
a) Wohnhaus b) Denkmal c) Museum

10 Womit macht Emils Freund Gustav immer geräuschvoll auf sich aufmerksam?
a) Trommel b) Pfeife c) Hupe

11 Wo beginnt Emils Reise nach Berlin?
a) Zwickau b) Neustadt c) Dresden

12 Was stiehlt Herr Grundeis von Emil?
a) Kleidung b) Geld c) Ausweis

13 Wie hieß Erich Kästners Mutter?
a) Johanna b) Charlotte c) Ida

14 Was geschah am 10. Mai 1933?
a) Kästner erhielt das Bundesverdienstkreuz
b) Bücherverbrennung in Berlin durch die Nationalsozialisten
c) Kästners Mutter starb

15 Wovon erzählt Kästner ausführlich in seinem Buch „Als ich ein kleiner Junge war"?
a) Ferien b) Schulzeit c) Kindheit

16 Wer wartet vergeblich auf Emils Ankunft am Berliner Bahnhof Friedrichstraße?
a) Oma b) Tante c) Mutter

17 Was kauft ein freundlicher Mann Emil in der Straßenbahn?
a) Getränk b) Zeitung c) Fahrschein

18 Die richtigen Buchstaben aus den ersten 17 Aufgaben ergeben der Reihenfolge nach ein bekanntes Kinderbuch von Erich Kästner:

1	1. Buchstabe	**10**	2. Buchstabe
2	2. Buchstabe	**11**	1. Buchstabe
3	3. Buchstabe	**12**	4. Buchstabe
4	4. Buchstabe	**13**	3. Buchstabe
5	3. Buchstabe	**14**	13. Buchstabe
6	10. Buchstabe	**15**	8. Buchstabe
7	3. Buchstabe	**16**	1. Buchstabe
8	1. Buchstabe	**17**	10. Buchstabe
9	3. Buchstabe		

19 Zu welchen zwei Büchern von Erich Kästner passen diese Sätze jeweils? Notiere die beiden Titel.
a) Zwei Mädchen begegnen sich im Ferienheim. Gemeinsam ergünden sie das Geheimnis, warum sie sich so ähnlich sehen.
b) In der Welt werden viel zu viele Kriege geführt und die Kinder werden dabei ganz vergessen. Das wollen die Tiere ändern.

20 In der folgenden Beschreibung von Emil fehlen fünf Wörter.
Schreibe den Text auf und füge die passenden Wörter in die Lücken ein.

Emil ist ein ? Junge. Seine Mutter ist ihm sehr wichtig und er möchte sie nicht enttäuschen. Im Alltag ist Emil sehr ? und ?. Deshalb tut er auch alles, um das Geld zurückzubekommen. Über die Unterstützung von Gustav und von seinen neuen Freunden ist Emil sehr ? und ?.

mutiger – hilfsbereit – pflichtbewusst – froh – glücklich

Abenteuerliche Geschichten lesen

Gedanken und Gefühle literarischer Figuren verstehen

Der Löwe, der Mäuschen hieß

Gina Ruck-Pauquèt

Wenn ein Dompteur einen neuen Löwen braucht, kauft er ihn normalerweise beim Tierhändler. Er schaut sich das Jungtier an, von vorne und von hinten, und tastet ihn ab, ob alle Muskeln und Knochen in Ordnung sind. Dann nimmt er ihn, oder er nimmt ihn nicht. Was Beato Rondelli widerfuhr, war ungewöhnlich. Eines Tages nämlich kam ein Mann zu ihm. Wenn man davon absieht, dass der Mann ein Löwenbaby auf dem Arm hielt, war nichts Besonderes an ihm festzustellen. Er trug einen grauen Anzug, einen grauen Hut und war, wie er sagte, Postinspektor.

„Schauen Sie sich diesen Löwen an“, sagte der Mann. „Ich will ihn Ihnen verkaufen.“

Beato Rondelli brauchte keinen Löwen. Er hatte zwei Panther und einen Tiger. Das genügte. Er wollte schon den Kopf schütteln, als sein Blick dem des Tieres begegnete.

Irgendetwas passierte in dem Moment. Später wusste Rondelli, dass es der Anfang einer Liebe gewesen war. Er kaufte den Löwen.

„Er ist noch ein bisschen ängstlich“, sagte der Mann, als er das Geld einsteckte. „Übrigens heißt er Mäuschen.“

Beato Rondelli nahm den Löwen mit in seinen Wohnwagen. Er aß mit ihm, und er spielte mit ihm. Der Löwe, der Mäuschen hieß, wurde mit jedem Tag ein bisschen größer. Doch je größer er wurde, umso ängstlicher schien er zu sein. Das war merkwürdig – weil ihm keiner etwas tat.

Es muss an diesem blödsinnigen Namen liegen, dachte Rondelli.

Immer wenn ein Auto vorbeifuhr, fing der Löwe an zu zittern, dass der Wohnwagen wackelte. Schließlich stopfte Beato Rondelli ihm Watte in die Ohren. Nachts schliefen sie eng aneinandergekuschelt. Gab es ein Gewitter, so hielt der Mann den Löwen in seinen Armen und sprach ihm Trost zu.

Als Mäuschen das entsprechende Alter hatte, fing Rondelli an, mit ihm zu proben. Der Löwe begriff schnell. Aber weil er sich vor allem und jedem fürchtete, drängte er immer nur zwischen die Füße des Artisten und versteckte den mächtigen Kopf unter dessen Pullover.

Einmal wagte Rondelli es trotzdem, ihn während einer Vorstellung in die Manege zu führen. Da fiel Mäuschen in Ohnmacht. Zwei Männer trugen ihn auf einer Bahre hinaus.

Die anderen Artisten begannen, den Dompteur auszulachen, und eine Weile schämte er sich auch. Dann aber besann er sich. „Jeder ist anders“, sagte er. „Es gibt Dicke und Dünne, Fröhliche und Traurige, Mutige und Ängstliche unter den Menschen. Warum nicht unter den Löwen auch?“

Und er ging heim in seinen Wohnwagen, in dem der riesige Löwe, der Mäuschen hieß, so viel Platz einnahm, dass Rondelli sich ganz dünn machen musste.

„Es ist mir gleichgültig, wie du bist“, sagte er. „Die Hauptsache ist, dass wir Freunde sind!“

Der Löwe schaute ihn an wie damals, als sie sich zum ersten Mal begegnet waren, und sie waren beide sehr froh.

1 Wie hat euch die Geschichte gefallen? Hattet ihr mit diesem Ende gerechnet?

2 An welchem Ort spielt die Handlung?
Wieso ist dieser Ort für die Handlung bedeutsam?

3 Wer sind die beiden Hauptfiguren in dieser Geschichte?
- Werden ihre Namen genannt?
- Wann treffen die beiden Figuren zum ersten Mal aufeinander?

4 Beschreibt, welcher besondere Augenblick dazu führt,
dass der Dompteur den Löwen kauft – obwohl er ihn gar nicht braucht.

5 Wie verhalten sich die Figuren im Verlauf der Geschichte zueinander?
Was sind die Motive für ihr Verhalten?

6 Wie erklärt ihr euch die folgende Textstelle?

> Doch je größer er wurde, umso ängstlicher schien er zu sein.
> Das war merkwürdig – weil ihm keiner etwas tat.

Bezieht auch die Überschrift des Textes in eure Überlegungen mit ein.

7 Der Dompteur ergreift ganz ungewöhnliche Maßnahmen,
um den Löwen zu behüten und zu beschützen.
Sucht verschiedene Beispiele aus dem Text heraus und lest sie vor.

8 Wie reagieren denn die anderen Artisten auf den Dompteur
und auf seinen Umgang mit dem Löwen?
- Welches Gefühl entsteht dadurch zunächst bei Beato Rondelli?
- Worauf besinnt sich der Dompteur dann aber?
  Lest noch einmal in den Zeilen 47–57 nach.
  Beschreibt mit euren Worten, wie ihr diese Textstelle versteht.

9 Es gibt einen Ort, da nimmt „Mäuschen" so viel Platz ein,
dass sich Rondelli ganz dünn machen muss.
- Finde die entsprechende Textstelle und lies sie noch einmal aufmerksam.
- Wie verstehst du diese Stelle? Schreibe dazu deine Gedanken auf
  und stelle sie anschließend in der Tischgruppe vor.

10 Geht im Text auf Spurensuche. Findet zwei Textstellen, die zeigen,
dass dem Dompteur die Freundschaft mit dem Löwen über alles geht.

11 Wenn ihr an eure eigenen Freundschaften denkt: Gibt es etwas, das ihr
von den beiden lernen könnt? Taucht eure Gedanken und Erfahrungen aus.

LESEN Umgang mit Texten und Medien

Fantasie und Wirklichkeit: Abenteuer und Gruseliges

Eine Geschichte mithilfe von Leitfragen erschließen

1 Lest den folgenden Text vor.
Wenn ihr beim Zuhören das Buch aufgeschlagen habt und mit den Augen mitlest, dann lernt ihr die Geschichte noch besser kennen.

Der Sprung

Leo N. Tolstoi

Ein Schiff kehrte von der Weltumseglung zurück. Es herrschte stilles Wetter, und alles war an Deck. Bei den Mannschaften trieb sich ein großer Affe herum, an dem alle ihren Spaß hatten. Er machte drollige Faxen und Sprünge, schnitt komische Grimassen und äffte die Menschen nach. Man sah ihm an, dass er wusste, welchen Spaß er den Menschen bereitete, und wurde deshalb noch ausgelassener.

Plötzlich sprang er auf einen zwölfjährigen Knaben zu, den Sohn des Kapitäns. Er riss ihm die Mütze herunter, setzte sie sich auf den Kopf und kletterte flink den Mast hinauf. Alle lachten, nur der Junge wusste nicht, ob er weinen oder lachen sollte. Der Affe setzte sich auf den ersten Querbalken des Mastes, nahm die Mütze ab und machte sich daran, sie mit den Pfoten und Zähnen zu zerreißen. Es war, als necke er den Knaben. Er zeigte mit den Fingern auf ihn und schnitt dabei drollige Fratzen. Der Knabe drohte ihm mit der Faust, doch der Affe zerrte noch wütender an der Mütze. Die Matrosen lachten noch lauter; der Knabe wurde rot, warf seine Jacke ab und stürzte dem Affen auf den Mast nach. In wenigen Sekunden hatte er die erste Rahe[1] erklommen. In dem Augenblick aber, als er schon glaubte, die Mütze fassen zu können, war der Affe flinker und kletterte noch höher hinauf.

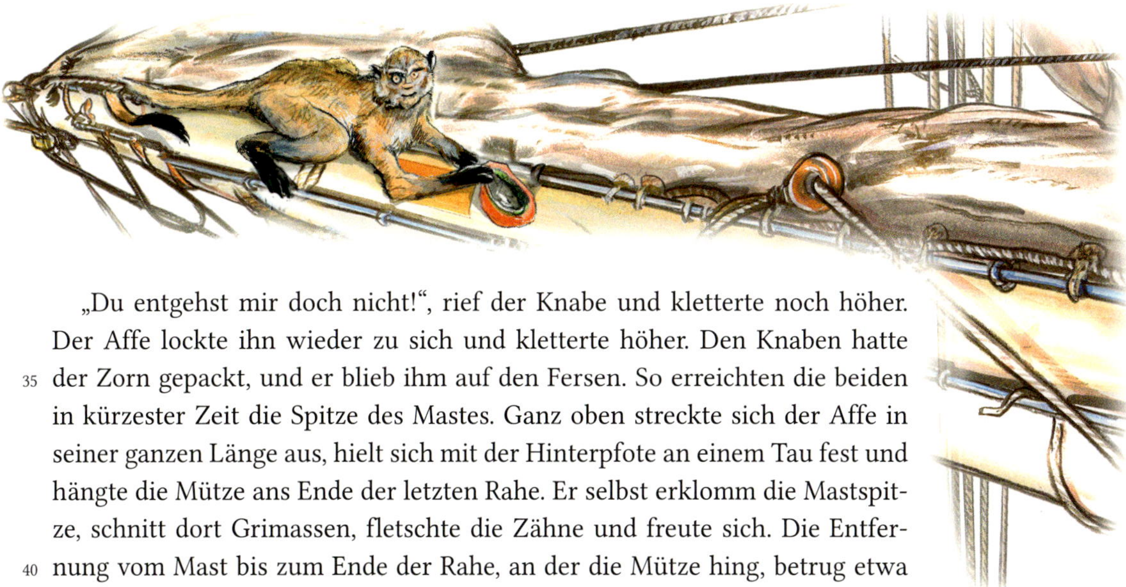

„Du entgehst mir doch nicht!“, rief der Knabe und kletterte noch höher. Der Affe lockte ihn wieder zu sich und kletterte höher. Den Knaben hatte der Zorn gepackt, und er blieb ihm auf den Fersen. So erreichten die beiden in kürzester Zeit die Spitze des Mastes. Ganz oben streckte sich der Affe in seiner ganzen Länge aus, hielt sich mit der Hinterpfote an einem Tau fest und hängte die Mütze ans Ende der letzten Rahe. Er selbst erklomm die Mastspitze, schnitt dort Grimassen, fletschte die Zähne und freute sich. Die Entfernung vom Mast bis zum Ende der Rahe, an der die Mütze hing, betrug etwa ein Dreiviertelmeter, sodass man die Mütze nicht erreichen konnte, ohne den Mast und das Tau loszulassen.

Die Menschen an Deck hatten bisher zugeschaut und über den Affen und den Sohn des Kapitäns gelacht. Als sie aber sahen, dass der Knabe auch das Tau losließ und mit ausgebreiteten Armen auf die Rahe trat, erstarrten sie vor Schreck. Er brauchte nur einen Fehltritt zu tun, um abzustürzen und an Deck zerschmettert liegen zu bleiben. Aber selbst wenn es ihm gelingen würde, bis zum Ende der Rahe zu kommen und die Mütze zu ergreifen, so würde es ihm schwerfallen, umzukehren und zum Mast zurückzugelangen.

Alle starrten stumm hinauf und warteten. Plötzlich stieß jemand einen Schreckensschrei aus. Der Knabe kam durch diesen Schrei zu sich, blickte hinunter und wankte. In diesem Augenblick trat der Kapitän aus der Kajüte. Er hatte ein Gewehr in der Hand, um Möwen zu schießen. Er sah seinen Sohn auf dem Mast, hob das Gewehr, zielte auf den Knaben und rief: „Ins Wasser! Spring sofort ins Wasser! Sonst erschieße ich dich!“

Der Knabe wankte, verstand ihn aber nicht. „Spring oder ich schieße! Eins ... zwei ...“ – Als der Vater „drei“ gerufen hatte, sprang der Knabe von der Rahe kopfüber ins Wasser. Die Wellen waren noch nicht über ihm zusammengeschlagen, als auch schon zwanzig Matrosen ins Meer gesprungen waren. Etwa vierzig Sekunden später – sie erschienen allen unendlich – kam der Knabe zum Vorschein. Er wurde an Bord gezogen. Wenige Minuten später floss ihm das Wasser aus Mund und Nase, und er begann zu atmen. Als der Kapitän das sah, schrie er plötzlich auf, als wenn ihn etwas würgte, und stürzte in seine Kajüte, damit niemand sehen sollte, dass er weinte.

[1] Rahe: Rundstange, die quer zur Fahrtrichtung am Mast eines Segelschiffes angebracht ist

2 Das ist eine wirklich spannende Geschichte!
Was hat euch besonders beeindruckt?
Vielleicht gibt es auch etwas, das ihr noch nicht ganz versteht.
Tauscht euch darüber aus.

3 Verschafft euch nun gemeinsam einen Überblick über die **Figuren** und die **Handlung**. Dazu könnt ihr die folgenden **Leitfragen** in Tischgruppen bearbeiten.

- Schaut auch noch einmal in den Text und lest in einzelnen Abschnitten nach.
- Notiert die Antworten zu den verschiedenen Fragen in Stichwörtern.

M Leitfragen zur Erschließung literarischer Texte

Fragen zum Ort:

- Welcher ist der zentrale Ort, an dem die Geschichte spielt?
- Wieso ist der Ort für die Handlung so bedeutsam?

Fragen zu den Hauptfiguren:

- Wer sind die Hauptfiguren in dieser Geschichte? Werden ihre Namen genannt?
- Befinden sich die Figuren in einem Konflikt miteinander?
- Erfahrt ihr auch etwas über die Gedanken und Gefühle der Figuren?
- Müssen die Figuren mit einem bestimmten Problem fertig werden?

Fragen zur Handlung:

- Wie verhalten sich die Figuren zueinander?
- Welche Motive für ihre Handlungen lassen sich erkennen?

Fragen zur Spannung:

Durch verschiedene sprachliche Elemente wird in der Geschichte **Spannung** aufgebaut. Geht auf Spurensuche und nennt Beispiele aus dem Text:

- **Spannende Satzanfänge:** Zeile 11: *Plötzlich …;* forscht weiter in Zeile 29, 44, 50, 52.
- **Andeutungen:** Lest in Zeile 44–49 nach.
- **Wörtliche Reden:** Lest die Beispiele in den Zeilen 33, 54–55 und 56–57 vor.
- **Wörter und Formulierungen, die Gefühle ausdrücken:**
  Zeile 34–35: *Den Knaben hatte der Zorn gepackt, und er blieb ihm auf den Fersen.*
  Zeile 39: […] *schnitt dort Grimassen, fletschte die Zähne und freute sich.*
  Zeile 43–44: Findet das Beispiel. Zeile 45–46: Findet das Beispiel.
  Zeile 51: Findet das Wort. Zeile 63: Findet das Beispiel.
  Zeile 64: […], *damit niemand sehen sollte, dass er weinte.*

4 In Zeile 43–49 spitzt sich die Situation dramatisch zu. Was genau macht der Junge jetzt? Warum ist diese Situation für ihn so gefährlich?

5 Der Junge ist sich der Gefahr, in der er schwebt, gar nicht bewusst ist. In welchem Augenblick kommt er erst zu sich? Lest diese Textstelle vor.

6 Wie erklärt ihr euch die Reaktion des Kapitäns, als er seinen Sohn oben auf der Rahe erblickt?

7 Zum Schluss wird der Junge doch noch gerettet. Der Kapitän aber schreit auf und stürzt in seine Kabine, damit niemand sein Weinen sieht. Versucht einmal, sein Verhalten zu deuten.

Fantasie und Wirklichkeit: Abenteuer und Gruseliges

Ein literarisches Gespräch führen – Eine Geschichte erschließen

Zur nächsten Geschichte bekommt ihr vorab die folgenden Informationen:

Die Ich-Erzählerin der Geschichte ist ein Mädchen. Das Mädchen ist mit Herbert eng befreundet. Normalerweise will der Junge aber mit Mädchen nichts zu tun haben. Die beiden wohnen im selben Haus. Herbert ist 12 Jahre alt und viel größer und stärker als das Mädchen. Herbert nennt die Erzählerin immer „Meechen".
Eigentlich ist das kein Name, sondern eine umgangssprachliche Form von *Mädchen*.

1 Lest euch den Text vor. Ihr könnt den Text dazu auf **vier Leser** aufteilen. Wenn ihr beim Zuhören das Buch aufgeschlagen habt und mit den Augen mitlest, dann lernt ihr die Geschichte noch besser kennen.

Der Rattenkönig

Jutta Richter

1

„Ratten sind irre", sagte Hansi Pfeiffer. Wir saßen auf der Bordsteinkante am Jägerzaunabschnitt. Es war ein Sommersamstag und Hansis Vater zerknatterte mit seinem Motormäher den Nachmittag.

„Wie meinst'n das?" fragte Herbert.

Hansi Pfeiffer guckte ihn an. Hinter den dicken Brillengläsern waren seine Augen riesengroß. Er sah immer etwas erschrocken aus.

„Ratten", sagte Hansi, „sind die klügsten Tiere der Welt."

„Woher willst'n das wissen?", fragte ich.

„Das hab ich gelesen", antwortete Hansi. „Steht in dem Buch, das ich mir zum Geburtstag gewünscht hab."

„Pfui!" Herbert spuckte aus. „Wünscht der sich 'n Buch über Ratten zum Geburtstag! Du tickst doch nicht richtig!"

Hansi Pfeiffer sah aus, als ob er gleich anfangen würde zu heulen, dann schluckte er das Heulen runter und sagte:

„Du hast ja keine Ahnung! Ratten sind sogar klüger als Menschen. Wenn eine Gift gefressen hat und krepiert, dann warnt sie die andern noch vorher, und die fressen das Gift dann nicht!"

„Ach, dann können Ratten also sprechen!", grinste Herbert. „Is' ja interessant."

„In gewisser Weise können sie das", antwortete Hansi. „Die haben eine Pfeifsprache."

Ich bekam Gänsehaut. „Könnt ihr nicht über was anderes reden?"

„Kannst ja abhauen", sagte Hansi Pfeiffer. „Und außerdem gibt es einen Rattenkönig."

LESEN Umgang mit Texten und Medien

Herbert tippte sich mit dem Finger an die Stirn. „Ist das die Märchenstunde, oder was?“

„Der Rattenkönig besteht aus Ratten, die mit den Schwänzen verknotet sind“, sagte Hansi. „Das passiert manchmal, wenn die Jungtiere spielen. Normalerweise müssten diese Ratten sterben, weil sie ja kein Futter suchen können. Aber die anderen Ratten bringen ihnen zu fressen, und deshalb können sie überleben.“

„Wahnsinn“, sagte Herbert. „Wenn das stimmt ...“

Der Motormäher hatte ausgesetzt und Hansi Pfeiffers Vater rief.

„Mist“, sagte Hansi. „Ich muss jetzt Gras zusammenharken.“ Er stand auf und ging langsam rüber zum Haus.

2

„Glaubst du dem?“, fragte ich Herbert. Er zuckte die Schultern.

„Weiß nicht“, antwortete er. „Aber ich weiß, wo's Ratten gibt.“

Mir lief ein Schauer den Rücken runter. Herbert hatte plötzlich so ein gefährliches Glitzern in den Augen. Ich hätte wetten können, dass ich wusste, was er vorhatte. Bevor er weitersprechen konnte, war ich aufgesprungen.

„Nein!“, rief ich. „Nie! Da gehe ich nie im Leben mit!“

„Feigling!“, zischte Herbert. „Du bist eben auch nicht besser als die doofen Weiber. Hätte ich mir ja denken können! Mädchen bleibt Mädchen!“

Ich trat von einem Bein aufs andere, ich biss mir auf die Unterlippe. Am liebsten hätte ich mich in Luft aufgelöst.

„Hab ich die Kellerkatze verjagt?“, fragte Herbert. „Hab ich die Monsterspinne erledigt? Vergiss nicht, wen du vor dir hast: den Spezialisten für Lebendfallen! Den schärfsten Scharfschützen der Schottersteinstraße! Und du willst kneifen! Na, dann hau doch ab! Aber glaub nicht, dass ich noch ein Wort mit dir reden werde! Und in meiner Mannschaft bist du auch nicht mehr! Kannst ja bei den doofen Weibern mitmachen!“

Ich zögerte. Wenn Ratten klüger waren als Menschen, waren sie auch klüger als Herbert. Aber wenn ich nicht mitging, würde ich meinen besten Freund verlieren. Vielleicht für immer. Und das war sicher schlimmer, als einem Rattenkönig zu begegnen.

„Na gut“, sagte ich leise. „Dann komm ich eben mit.“

3

In der Oberstadt fingen die Glocken für die Samstagvorabendmesse an zu läuten. Ein paar Mauersegler sirrten um Niermanns Garage. Aus Frau Fantinis Fenster fiel die Kleine Nachtmusik[1]. Herbert ging um die Ecke, da wo neben dem Bahndamm das Gruselhaus stand. So lange ich denken konnte, hatte nie jemand dort gewohnt. Die Fensterscheiben waren alle eingeworfen und an der Haustür hing ein gelbes Schild mit schwarzem Rand: Betreten verboten! Eltern haften für ihre Kinder. Die Eigentümer.

Es war uns Kindern strengstens verboten, das Gruselhaus zu betreten. Papa hatte gesagt: „Wenn ich dich einmal dort erwische, bekommst du Prügel.“ Und

[1] die Kleine Nachtmusik: eine der bekanntesten Kompositionen von Wolfgang Amadeus Mozart

das war die schlimmste aller Strafen, die er sich ausdenken konnte. Zehnmal schlimmer als Hausarrest.

Aber freiwillig hätte ich das Gruselhaus sowieso nicht betreten, weil Opa Niermann die Geschichte vom erstickten Kind erzählt hatte. Vor langer Zeit … in diesem Haus …

„Bleib hier stehen“, sagte Herbert und sah sich nach allen Seiten um. Die Straße war menschenleer. Einen Augenblick hoffte ich, er würde ohne mich ins Gruselhaus gehen, aber dann nickte er mir zu und rief: „Komm schnell!“

Er zog mich hinter das Haus und zeigte ein offenes Fenster. „Da rein! Los!“

Wir kletterten über die Fensterbank und standen in einem düsteren Zimmer. Überall waren Löcher: im Holzfußboden, in der Zimmerdecke, und von den Wänden hingen Tapetenfetzen mit einem verblichenen Blumenmuster. Es roch moderig und es war kühl. Mir war ganz schlecht vor Angst. Aber das durfte ich ja nicht zeigen. Herbert klatschte einmal in die Hände und machte: „Ksch, ksch!“

Irgendwo im Haus raschelte es.

„Hörst du die Ratten?“, fragte Herbert.

Ich stand mit angehaltenem Atem und lauschte. Direkt über unseren Köpfen hörte ich ein Trippeln. Kurz darauf ein leises Pfeifen.

„Komm“, flüsterte Herbert. „Wir gehen nach oben. Aber sei leise!“

Er nahm meine Hand und wir schlichen vorsichtig durch das Zimmer, bis wir in einem kleinen Flur standen. Eine Treppe ohne Geländer führte ins obere Stockwerk. Die Stufen knarrten, und immer, wenn das geschah, blieben wir stehen und warteten. Meine Hand in Herberts Hand war ganz schwitzig, und mein Herz klopfte bis in die Fingerspitzen.

Endlich, nach einer Ewigkeit, standen wir auf dem oberen Treppenabsatz. Meine Augen hatten sich an das Dämmerlicht gewöhnt. So kam es, dass ich sie zuerst sah.

Ich drückte Herberts Hand und nickte mit dem Kopf in die Richtung, wo sie saß.

Es war eine große graue Ratte mit einem dicken unbehaarten Schwanz. Sie saß völlig reglos auf einer zerschlissenen Matratze und schaute uns mit ihren glänzenden Knopfaugen aufmerksam an. Ihre Schnauze und die Schnurrbarthaare zitterten leicht, so als ob sie etwas riechen würde, das unbekannt war.

Ich hatte noch nie so nah vor einer Ratte gestanden. Ich begriff, was Hansi Pfeiffer gemeint hatte. Die Ratte sah sehr klug aus. Sie war bestimmt klüger als ich. Sie war bestimmt klüger als Herbert. Wir bewegten uns nicht. Die Ratte bewegte sich nicht.

Und dann spürte ich plötzlich, dass Herbert sich fürchtete. Er zitterte und sein Atem ging schneller. Da wusste ich: Jetzt kam es auf mich an. Hier würde kein Herbert helfen. Und während ich das begriff, wuchs in meinem Hasenherz[2] ein Riesenmut.

[2] Hasenherz: überängstlicher Mensch

Ich drückte noch einmal Herberts Hand und zog ihn dann auf die oberste Treppenstufe zurück. Ich bewegte mich ganz ruhig, ganz vorsichtig, ganz langsam. So wie ich es im Zirkus bei den Löwenbändigern gesehen hatte.

Ich führte Herbert rückwärts die Treppe hinunter. Ich wusste, wenn man sich umdreht, hat man verloren. Dann würde die wilde kluge Ratte in unseren Nacken springen und sich dort festbeißen. Es dauerte ewig, bis wir endlich unten waren und uns umdrehen durften. Wir rannten zum Fenster und kletterten hinaus.

Herbert war ganz weiß im Gesicht. Er sagte keinen Ton. Er nahm meine Hand und hielt sie fest. Wir liefen um das Gruselhaus herum, und erst als wir unter Fräulein Fantinis Fenster angekommen waren, ließ er meine Hand wieder los.

Und dann sagte er: „Mensch, Meechen! Mutig bist du ja! Eigentlich wie'n Junge ..."

Ich sah ihn an, und diesmal grinste ich.

2 Welche Gedanken, Fragen, Gefühle ... gehen euch nach der ersten Begegnung mit diesem Text durch den Kopf?

3 Nutzt die folgende **Methode** und führt ein **literarisches Gespräch** über diesen Text. Die Gesprächsleitung sollte eure Lehrerin / euer Lehrer übernehmen.

Ⓜ Ein literarisches Gespräch führen

1: Setzt euch im Kreis zusammen. Es ist wichtig ist, dass ihr euch alle anschauen könnt.
2: Sorgt für ein angenehmes Klima, indem ihr höflich miteinander umgeht.
3: Jeder kann sich an diesem Gespräch beteiligen. Ihr könnt alles ansprechen, was ihr interessant, wichtig oder auch merkwürdig findet, z. B. Stellen, ...
- die für euch besonders spannend sind,
- die ihr nicht verstanden habt,
- die ihr noch einmal nachlesen oder auch vorlesen wollt,
- in denen es um Mut oder auch um Angst geht.

4: Entscheidend ist an solch einem Gespräch, dass ihr unterschiedliche Ansichten kennenlernt. Dabei könnt ihr natürlich auch eigene Erfahrungen einbringen.

4 Arbeitet in Gruppen und erschließt euch den Text „Der Rattenkönig“ mithilfe der **Leitfragen**. Macht euch Notizen, sodass ihr eure Ergebnisse in der Klasse austauschen könnt.

Leitfragen zur Erschließung literarischer Texte

Fragen zum Ort:
- Welcher ist der zentrale **Ort**, an dem die Geschichte spielt?
- Ist der Ort für die Handlung bedeutsam? Wieso?

Fragen zu den Hauptfiguren:
- Wer sind die **Hauptfiguren** in dieser Geschichte?
- Werden ihre Namen genannt?
- Wie stehen sie zueinander?
- Erfahrt ihr auch etwas über die Gedanken und Gefühle der Figuren?
- Müssen die Figuren mit einem bestimmten Problem fertig werden?

Fragen zur Handlung:
- Von welchem Konflikt wird die **Handlung** dieser Geschichte bestimmt?
- Wie wirkt sich dieser Konflikt auf das Verhalten der Hauptfiguren aus?

Sprachliche Gestaltungsmittel, die für Spannung sorgen:
Verschiedene sprachliche Elemente tragen dazu bei, dass in der Geschichte **Spannung** aufgebaut wird. Geht auf Spurensuche, z. B.:
- **Spannende Wörter / Satzanfänge:**
  Zeile 1: *„Ratten sind irre“, sagte Hansi Pfeiffer.*
  Zeile 22: *Gänsehaut*
  Zeile 32: *„Wahnsinn“,* [...]
  Forscht weiter in Zeile 38–39, 48, 64, 88–90.
- **Gegensätze:**
  Zeile 104–107: Lest die Sätze vor und sprecht über die Gegensätze.
- **Wörtliche Reden:**
  Zeile 1, 7, 11, 32, 65. Lest die wörtlichen Reden vor.
- **Wiederholungen:**
  Zeile 7: *„Ratten“, sagte Hansi, „sind die* ***klügsten*** *Tiere der Welt.“*
  Zeile 15: *„Ratten sind sogar* ***klüger*** *als Menschen.“*
  Zeile 52–53: *Wenn Ratten* ***klüger*** *waren als Menschen, waren sie auch* ***klüger*** *als Herbert.*
  Zeile 101–102: *Die Ratte sah sehr* ***klug*** *aus. Sie war bestimmt* ***klüger*** *als ich. Sie war bestimmt* ***klüger*** *als Herbert.*
  Zeile 109–110: *Ich bewegte mich* ***ganz*** *ruhig,* ***ganz*** *vorsichtig,* ***ganz*** *langsam.*
  Zeile 115: *Herbert war* ***ganz*** *weiß im Gesicht.*
- **Andeutungen:**
  Zeile 38–40, 64–70, 78, 92–95:
  Lest die Sätze vor und sprecht über die Andeutungen.

LESEN Umgang mit Texten und Medien

Fantasie und Wirklichkeit: Abenteuer und Gruseliges

Eine Abenteuergeschichte nacherzählen

In der nächsten Geschichte erleben zwei Freunde ein höchst gefährliches Abenteuer bei ihrem Besuch in einem Zoo. Aber lest selbst …

Beim Tiger

Julius Becke

Jens wollte unbedingt der Freund von Linus sein. Denn Linus hatte einen Vater, der im Zoo Wärter war. Wenn Jens und Linus an die Zookasse kamen, dann hat die Frau hinter dem Fensterchen freundlich genickt, und sie haben hineingedurft ohne Geld.

Der Vater von Linus hat auf die Tiger und Löwen aufpassen müssen, und der Linus hat erzählt, dass der Vater genau spürt, ob es gefährlich ist, wenn er zu den Raubtieren in den Käfig geht.

Jens und Linus haben schon oft vor dem Käfig gestanden und beobachtet, wie die Tiger und Löwen mit riesigen Stimmen brüllen, sodass der heiße Atem wie Rauch aus ihrem Rachen kommt. Die Zähne sind spitz wie Dolche, und es kracht, wenn sie die Knochen zerbrechen, die im Fleisch sind, das der Vater von Linus mit einem Haken durch die eisernen Gitterstäbe des Käfigs hindurchreicht.

Linus hat erzählt, dass der Vorgänger von seinem Vater ein junger Mann gewesen ist, der unvorsichtig war. Ein Tiger, den er schon drei Jahre kannte, ist plötzlich auf ihn losgegangen und hat ihm den Arm zerrissen. Der Mann hat sich nie wieder zu den Raubtieren getraut. Das macht jetzt der Vater von Linus.

Während der letzten großen Ferien haben sich Jens und Linus oft gelangweilt, weil die Eltern nicht verreist sind. An einem Sommerabend, an dem keiner ins Bett gehen will, weil es so warm und kuschlig ist, sind die zwei noch mal zum Zoo und haben am Eingang gesagt, dass sie den Vater von Linus abholen wollen und dass sie vielleicht ein bisschen helfen können beim Saubermachen der Käfige.

Im Zoo waren überhaupt keine Besucher mehr, und die Tür vom Raubtierhaus hat offen gestanden, Eimer und Schrubber standen herum, die Käfige waren leer, weil die Tiere vor dem Haus im Freigelände waren, und der Vater von Linus war auch nicht zu sehen.

Weil nichts los war, haben die beiden Verstecken gespielt. Zuerst hat der Jens suchen müssen. Aber er hat den Linus sehr schnell hinter einer Säule gefunden. Da hat er sich gedacht, dass er ein Versteck findet, auf das der Linus nicht kommt.

Er ist nach hinten in das Haus gegangen, wo es dunkel war und wo ein kleiner Käfig gewesen ist. Der Käfig war leer, und die Gittertür hat er leicht aufschieben können.

Wie er in der hintersten Ecke des Käfigs gesessen ist, da hat er sich zusammengeduckt und gewusst, dass der Linus jetzt lange suchen muss.

Und so ist es auch gewesen. Linus hat überall gesucht, nur nicht in dem kleinen Käfig hinten im Dunkeln. Jens hat schon gedacht, dass er mal pfeift, damit Linus ihn endlich findet, weil es schon langweilig war. Aber dann hat er plötzlich was gehört, und weil seine Augen sich an das Dunkel gewöhnt hatten, konnte er sehen, dass in der Wand eine Tür war, die vielleicht nach draußen ins Freigelände führte. Und diese Tür stand offen.

Dem Jens ist das Blut stehen geblieben in seinen Adern. Plötzlich war er so schwer wie Blei, und um seine Kehle spürte er einen Griff, der ihm die Luft nahm. Er hat keinen Ton rufen können, obwohl er schreien wollte vor lauter Angst.

Durch die Tür ist ein Tiger hereingekommen, ganz leise auf seinen Tatzen, und hat einen Bogen gemacht in dem kleinen Käfig, so wie er das vielleicht schon tausendmal vorher gemacht hat auf seinem Gang von draußen nach drinnen und von drinnen nach draußen. Und es hat ausgesehen, als ob er tanzt.

Zum Glück hat der Jens in seiner Ecke dem Tiger nicht im Weg gesessen. Der Tiger hat ihn nur gestreift mit seinem Fell. Und Jens hat den Atem gerochen, der aus dessen Magen gekommen ist. Wie der Tiger wieder zur Tür hinaus war, da hat Jens' Herz wieder angefangen zu schlagen. Aber er hat sich nicht auf seine Füße stellen können, so sehr hat alles an ihm gezittert. Nur sein rechtes Bein hat er ein bisschen anwinkeln können.

Und schon ist der Tiger wieder da gewesen, hat seinen Bogen gemacht, an Jens vorbei. Diesmal hat er die Augen offen halten können, und er hat gesehen, wie der Tiger ihn für eine Sekunde ansieht und doch nicht sieht, wie er durch ihn hindurchsieht, durch und durch, so als wäre er nicht da.

Vielleicht war das so, weil der Jens nicht in dem Bogen gesessen hat, den der Tiger immer geht.

Der Jens hat sich gefühlt, als wäre er festgenagelt am Boden.

Als der Tiger mal wieder weg war, hat er gewagt, mit den Augen nach links zu sehen, dorthin, wo das Gitter war. Hinter dem Gitter hat Linus gestanden. Der hat ein Zeichen gemacht mit den Händen und ist schnell weggelaufen. Denn Linus hat von seinem Vater gewusst, was eine Gefahr ist. Aber Jens hat noch lange aushalten müssen bei seinem Tiger.

Zuerst ist der Linus zu der Frau am Eingang gerannt. Aber die Frau hatte den Eingang schon zugemacht und war sicher nach Hause gegangen.

Schließlich hat er den Wärter getroffen, der die Affen versorgt. Aber der hat auch nicht sofort gewusst, wo der Vater von Linus ist. Und der war der Einzige, der sich in die Käfige der Tiger traut.

Die Sonne ist untergegangen, und die Pfauen haben ihre Federn wie große Fächer aufgestellt und geschrien, als wäre es der letzte Tag. Und der Tiger ist seine Bögen gegangen, immer wieder an Jens vorbei.

Plötzlich ist der Vater da gewesen. Linus hat was sagen wollen, aber er hat die Wörter nicht herausgebracht, sondern hat den Vater nur hinter sich herzerren können zum Raubtierhaus hin.

Der Vater hat gleich gesehen, dass der Jens hinten in dem Käfig wie ein Häufchen liegt. Er hat abgewartet, bis der Tiger wieder zur Tür hinaus war, ist dann hineingegangen in den Käfig und hat die Tür in der Wand verschlossen.

Wie die Tür verschlossen war, da hat der Jens angefangen zu schreien, hat sich am Boden gekrümmt wie ein Wurm, und die Luft ist ihm ausgegangen, bis er nichts mehr gewusst hat.

Ein Jahr später haben die beiden sich wieder in den Zoo getraut. Sie haben vor den Eisenstangen gestanden, hinter denen der Käfig war, in dem der Tiger seine Bögen geht. Kurz vor den Eisenstangen hat der sich im Bogen abgewendet, wie ein Tänzer, und hat auf den Jens hingesehen, als wär er aus Glas.

1 Dieses Abenteuer ist ja gerade noch einmal gut gegangen …
Welche Gedanken, Fragen und Gefühle gehen euch jetzt durch den Kopf?

2 Die beiden Jungen wählen einen außergewöhnlichen Ort für ihr Versteckspiel. Lest noch einmal in den Zeilen 24–42 im Text nach und fasst das Geschehen mit euren Worten zusammen. Orientiert euch an den folgenden Fragen:
- Wieso konnten Linus und Jens unbemerkt in das Raubtierhaus gelangen?
- Weshalb hat sich Jens ein besonders schwieriges Versteck gesucht?
- Wo genau befindet sich sein Versteck?
- Warum bemerkt Jens erst sehr spät, in welcher Gefahr er sich befindet?

3 Als Jens plötzlich erkennt, in welch große Gefahr er sich gebracht hat, reagiert sein Körper auf ganz besondere Weise.
- Lest dazu die Zeilen 43–46 laut vor.
- Beschreibt mit euren Worten, was hier mit Jens passiert und wie er sich fühlt.

4 Findet in den Zeilen 54–57 und 64 weitere Beispiele für diese extreme körperliche Anspannung von Jens. Lest diese Zeilen ebenfalls vor.

5 Aus lauter Angst bringt Jens keinen Ton heraus. Doch sicherlich gehen ihm tausend Gedanken durch den Kopf ... Schreibe du einmal diese Gedanken von Jens auf.

6 Auch Jens' Freund Linus ist voller Panik.
- Lies im Text noch einmal aufmerksam die Zeilen 66–80.
- Notiere dir Stichpunkte zu den folgenden Fragen.
  a) Was unternimmt Linus, um seinem Freund zu helfen?
  b) Was könnte er den Leuten, die er trifft, wohl erzählen?
  c) Welche Ängste und Gefühle hat er bei seiner verzweifelten Suche nach dem Vater?
  d) Was mag er empfinden und denken, als er die furchteinflößenden Schreie der Pfauen hört?

7 Stellt euch eure Ergebnisse aus Aufgabe 6 im Plenum vor.

8 An welcher Stelle im Text ist für euch die Spannung in dieser Geschichte am höchsten?
- Macht Vorschläge, lest eure ausgewählten Stellen vor und begründet eure Meinung.
- Wie hoch sind eure Übereinstimmungen?
- Gibt es auch unterschiedliche Ansichten?

9 Ein Jahr später besuchen Jens und Linus den Tiger erneut im Zoo. Was meint ihr: Warum machen die beiden das wohl?

10 Erzähle diese Abenteuergeschichte mit eigenen Worten nach.
- Du kannst deine Notizen zu Aufgabe 5 und 6 verwenden.
- Auch den **Wortschatz** kannst du nutzen.

Wortschatz

angsterfüllt	Herzrasen
ängstlich	Kehle wie zugeschnürt
Atem stockt, stockender Atem	schreien
aufgeregt	verzweifelt sein
Blut gefriert in den Adern	voller Panik sein
Blut und Wasser schwitzen	weinen
eingeschüchtert sein	wie gelähmt sein
Herz rast, rasendes Herz	zittern, zitternd

Nacherzählung

INFO

Eine Nacherzählung ist eine lebendige **Wiedergabe des Originaltextes** mit **eigenen Worten**. Dabei bleibt die **Reihenfolge** des Originaltextes erhalten.

Eine Nacherzählung steht vorwiegend in der Zeitform **Präteritum**.

Die **wörtlichen Reden** der Figuren bleiben erhalten, sofern sie vorhanden sind.
Der **Umfang** einer Nacherzählung entspricht ungefähr dem **Originaltext**.
Manches kann beim Nacherzählen zusammengefasst oder auch ausgebaut werden.

Schreiben und Präsentieren

Spannende Geschichten schreiben

Elemente der Spannung in einer Geschichte entdecken

1 Ihr alle habt sicherlich schon einmal etwas Spannendes erlebt.
So auch Amak, der mutige Junge aus der folgenden Erzählung.
Lest euch die Geschichte zunächst einmal in Ruhe durch oder lasst sie euch vorlesen.

Ein Hund mit blauen Augen

Gina Ruck-Pauquèt

So lange er denken konnte, hatte sich Amak einen Hund gewünscht. Einen Hund, der nur ihm gehörte. Aber sein Vater hatte stets den Kopf geschüttelt. Besaßen sie nicht dreizehn Schlittenhunde? Das sollte auch Amak genügen.

So war wieder ein Sommer vergangen, den sie mit Jagd und Fischfang verbracht hatten, und wieder war ein Winter gekommen. Sie hatten das Zelt aus Fellen gegen den Iglu[1] vertauscht, und immer noch hatte sich Amaks Wunsch nicht erfüllt.

„Wenn ich einen Hund hätte", sagte er eines Abends leise, „wäre er bei mir in der Nacht."

Der Vater schnitzte an einer Holzfigur.

„Nimm dir einen", sagte er lächelnd. „Es liegen dreizehn Hunde vor dem Eingang."

Aber das war es ja. Amak wollte nicht irgendeinen Hund. Jung sollte er sein, dass er sich an ihn gewöhnte. Und dann, vor allem, musste er blaue Augen haben. Drüben auf der Insel, die ‚Heimat der Winde' hieß, hatten sie Hunde mit blauen Augen. Amak hatte sie selbst gesehen.

„Mein Sohn will einen besonderen Hund!" Der Vater lachte.

Die Mutter schnitt ein Stück vom gefrorenen Robbenfleisch herunter und legte es in die Pfanne. Dann warf sie den Schlittenhunden ihre Fische vor wie alle Tage. Niemand sprach mehr ein Wort an diesem Abend. Lange lag Amak wach in seinem Bett aus Fellen. Ein Hund, mit Augen so blau wie der Himmel an einem guten Tag.

Am anderen Morgen zog der Vater früh mit dem Kajak[2] los.

„Warum hat er mich nicht mitgenommen?", wollte Amak wissen.

Doch die Mutter nähte ruhig weiter an ihrer neuen Parka[3] und lächelte nur. Da lief Amak hinaus zu seinem Eisloch und fischte. Aber heute fing er nichts. Es mochte daran liegen, dass er zu unruhig war. Bald lungerte[4] er wieder um den Iglu herum.

Lang zogen sich die Stunden, bis endlich der Kajak in der Ferne auftauchte. Amak rannte dem Vater entgegen.

„Langsam", sagte er lächelnd. „Langsam, Söhnchen!"

Und dann wurde es Wirklichkeit: Unter den Fellen sprang ein Hund hervor – ein Hund für Amak. Es war ein halbwüchsiges, langhaariges, dunkles Tier von starkem Körperbau.

„Er heißt Punjon", sagte der Vater. „Und er wird einmal der größte Hund weit und breit sein."

„Oh!", stammelte Amak. „Danke!"

Er starrte Punjon an, und Punjon starrte zurück.

Der größte Hund weit und breit, dachte Amak. Aber er hat keine blauen Augen. Und seine Enttäuschung war wie ein dumpfer Schmerz, der ihn schlug.

[1] Iglu: ein Haus, das aus Schnee gebaut wird.
[2] Kajak: ein Paddelboot mit Ursprung in der Arktis. Man bezeichnet damit einen Bootstyp, der mittels Doppelpaddel angetrieben wird und dessen Insassen in Fahrtrichtung sitzen.
[3] Parka: die Wetterjacke der Bewohner und Bewohnerinnen der Arktis
[4] lungern: nicht so richtig wissen, was man gerade tun soll; nichts tun

Der Hund blieb an Amaks Seite, den Blick auf seinen neuen Herrn gerichtet. Amak aber ging umher und grübelte. Und endlich nahm der Plan in ihm Gestalt an.

Er würde Punjon zur ‚Heimat der Winde' bringen. Er würde ihn eintauschen gegen einen Hund mit blauen Augen. Punjon war schön und stark, warum sollten sie ihn nicht wollen? Amak war sicher, dass sie ihn nehmen würden.

Im Sommer hätte Amak mit einem leichten Fellboot fahren können. Aber jetzt, wo alles Wasser Eis war, musste er laufen.

„Komm!", sagte er zu dem Hund, und sie gingen los.

Die erste Zeit kamen sie gut vorwärts. Große Schritte machte Amak in seinen dicken Pelzstiefeln, und Punjon folgte ihm mühelos. Dann aber, als die ‚Heimat der Winde' schon greifbar vor ihnen zu liegen schien, brach der Schneesturm los. Längst hatte Amak gesehen, dass der Himmel schwefelgelb und dann schwarz wurde. Er kannte die Zeichen. Aber was blieb ihm übrig, als weiterzugehen?

Anfangs sprang der Wind ihn von hinten an. Da jagte er mit den Flocken der Insel entgegen.

„Komm!", schrie er. Und Punjon war da.

Dann aber schlug der Sturm um. Wie ein rasend wehender Vorhang warf der Schnee sich ihnen jetzt entgegen. Millionen eisiger Speere trafen Amaks Gesicht. Verzweifelt stemmte er sich gegen sie, kämpfte sich mühsam Schritt für Schritt tiefer in die plötzliche Dunkelheit. Waren nicht auch die Schneeflocken schwarz? Laut schrie der Wind.

„Punjon?", fragte Amak. Da war die Schnauze des Hundes an seiner Hand. Weit konnte es nicht mehr sein zur Insel. Doch dann jagte der Schnee von rechts heran, von links, von hinten, von vorne, von allen Seiten. Amak drehte sich um sich selbst. Wohin mussten sie? Nach dort? Nach da?

Er machte ein paar Schritte und blieb stehen. Und im selben Augenblick fühlte er, wie bleischwer die Müdigkeit in seine Glieder kroch. Wohin sollten sie denn?

„Punjon?", fragte Amak. Der Hund stupste ihn an.

„Ja", sagte Amak, und er taumelte weiter.

Nach einer Weile aber wurde die Müdigkeit so stark, dass er nicht mehr standhalten[5] konnte.

„Geh heim", sagte er, bevor er sich einfach fallen ließ. „Du findest vielleicht heim."

Aber während er in den Schlaf sank, spürte er die Wärme des Hundes an seiner Seite. Punjon war da.

Als es wieder hell wurde, fanden sie ihn. Er hatte die Insel fast erreicht.

[5] standhalten: einer Belastung widerstehen können; eine Belastung aushalten können

„Der Hund hat dich warm gehalten", sagten sie, als er bei ihnen im Iglu saß und heiße Fischsuppe schlürfte.

Amak nickte. Vor ihm auf dem Boden spielten drei junge Hunde. Ihre Augen waren so blau wie der Himmel an einem guten Tag.

„Warum bist du gekommen?", wollte der Schamane[6] wissen.

Amak legte den Arm um Punjon. Fest hielt er ihn an sich gedrückt. Und Punjon blickte zu ihm auf.

„Wir wollten euch besuchen", sagte Amak. „Mein Hund und ich. Nur so."

2 Amak wünscht sich sehnlichst einen Hund.
Welche genauen Vorstellungen hat der Junge von diesem Hund?

3 Amaks Mutter scheint die Aufregung ihres Sohnes gar nicht zu bemerken. Oder etwa doch?
Wie versteht ihr die Andeutung in Zeile 35–38?

4 Nach der Rückkehr des Vaters geht Amaks sehnlichster Wunsch endlich in Erfüllung.
- Erklärt, warum seine Enttäuschung dennoch so groß ist.
- Findet eine Textstelle, die den Grund für seine Enttäuschung deutlich macht.

5 Obwohl ein weiter Weg vor ihm liegt, beschließt Amak, sich gemeinsam mit dem Hund auf den Weg zur Insel „Heimat der Winde" zu machen.
Begründet, weshalb sich der Junge zu dieser Reise entschließt und was er dort vorhat.

6 Die Natur um Amak und Punjon herum wird immer mehr zur bedrohlichen Gefahr.
Lest dazu in den Zeilen 77–102 nach.
- An welchen Wörtern (Substantive, Adjektive, Verben) könnt ihr erkennen, dass diese Reise voller Gefahren steckt? Notiert diese Wörter an der Tafel / am Board.
- Lest diese Textstelle laut vor und lasst die Spannung mit eurer Stimme deutlich werden.

7 Als der Schneesturm endlich nachlässt, werden Amak und Punjon gerettet.
Beschreibt mit euren Worten, wieso Amak den Schneesturm bei dieser Eiseskälte überleben konnte. Lest dazu in den Zeilen 103–121 nach.

8 Als Amak danach gefragt wird, weshalb er überhaupt zur Insel gekommen ist, sagt er nicht die Wahrheit. Erklärt, wieso er den wahren Grund für seinen Besuch verschweigt.

9 Am Ende der Geschichte verbindet Amak und seinen Hund Punjon eine tiefe Freundschaft.
Beschreibt die Gestik und Mimik, in der sich die Freundschaft der beiden widerspiegelt.

[6] Schamane: Person, die mit magischen Fähigkeiten ausgestattet ist und die bei manchen Völkern Priester oder Medizinmann ist

Fantasie und Wirklichkeit

Überprüfe dein Wissen und Können

1 Lies dir das Gedicht „Abseits“ zunächst einmal in Ruhe durch.

Abseits

Theodor Storm

Es ist so still; die Heide liegt
Im warmen Mittagssonnenstrahle,
Ein rosenroter Schimmer fliegt
Um ihre alten Gräbermale[1],
Die Kräuter blühn; der Heideduft
Steigt in die blaue Sommerluft.

Laufkäfer hasten durchs Gesträuch
In ihren goldnen Panzerröckchen,
Die Bienen hängen Zweig um Zweig
Sich an der Edelheide Glöckchen,
Die Vögel schwirren aus dem Kraut –
Die Luft ist voller Lerchenlaut.

Ein halbverfallen, niedrig Haus
Steht einsam hier und sonnbeschienen,
Der Kätner[2] lehnt zur Tür hinaus,
Behaglich blinzelnd nach den Bienen;
Sein Junge auf dem Stein davor
Schnitzt Pfeifen sich aus Kälberrohr[3].

Kaum zittert durch die Mittagsruh
Ein Schlag der Dorfuhr, der entfernten;
Dem Alten fällt die Wimper zu,
Er träumt von seinen Honigernten.
– Kein Klang der aufgeregten Zeit
Drang noch in diese Einsamkeit.

[1] Gräbermale: Hünengräber, Steingräber
[2] Kätner: Besitzer eines kleinen Bauernhauses
[3] Pfeifen aus Kälberrohr: Flöten aus Kälberknochen

2 Geh nun noch einmal mit den Augen in diesem Gedicht spazieren:
a) Was ist das Besondere an dieser Landschaft?
b) Welche Tiere siehst du?
c) Welche Personen begegnen dir beim Lesen?
d) Welche Farben und welchen Duft kannst du wahrnehmen? Notiere jeweils ein Beispiel.
e) Welche Geräusche kannst du hören? Notiere drei Beispiele.
f) Welche Stimmung strahlt das Gedicht aus?
Notiere dir zu jeder Frage Stichwörter.

3 Erkläre die Überschrift dieses Gedichtes mit deinen Worten.

4 Stell dir vor, du könntest mit dem Jungen ins Gespräch kommen.
- Schreibe eine Frage auf, die du ihm gern stellen würdest.
- Gib diese Frage an einen Partner / eine Partnerin weiter. Dein Partner / deine Partnerin soll sich ausdenken, was der Junge darauf antworten würde.

5 Benenne die beiden Reimformen, die du in diesem Gedicht entdecken kannst.

LESEN **Umgang mit Texten und Medien**

Balladenwerkstatt

Die dramatische Handlung einer Ballade erschließen

1 Lasst euch die folgende Ballade vorlesen. Wenn ihr beim Zuhören das Buch aufgeschlagen habt und mit den Augen mitlest, dann lernt ihr die Handlung noch besser kennen.

Die Goldgräber

Emanuel Geibel

1 Sie waren gezogen über das Meer,
Nach Glück und Gold stand ihr Begehr[1],
Drei wilde Gesellen[2], vom Wetter gebräunt,
Und kannten sich wohl und waren sich freund[3].

2 Sie hatten gegraben Tag und Nacht,
Am Flusse die Grube, im Berge den Schacht,
In Sonnengluten[4] und Regengebraus,
Bei Durst und Hunger hielten sie aus.

3 Und endlich, endlich, nach Monden voll Schweiß[5],
Da sah'n aus der Tiefe sie winken den Preis,
Da glüht' es sie an durch das Dunkel so hold[6],
Mit Blicken der Schlange[7], das feurige Gold.

4 Sie brachen es los aus dem finsteren Raum,
Und als sie's fassten, sie hoben es kaum[8],
Und als sie's wogen, sie jauchzten zugleich:
„Nun sind wir geborgen, nun sind wir reich!"

5 Sie lachten und kreischten mit jubelndem Schall,
Sie tanzten im Kreis um das blanke Metall,
Und hätte der Stolz nicht bezähmt ihr Gelüst[9],
Sie hätten's mit brünstiger Lippe geküsst[10].

6 Sprach Tom, der Jäger: Nun lasst uns ruhn!
Zeit ist's, auf das Mühsal[11] uns gütlich zu tun[12].
Geh, Sam, und hol uns Speisen und Wein,
Ein lustiges Fest muss gefeiert sein."

7 Wie trunken schlenderte Sam dahin
Zum Flecken[13] hinab mit verzaubertem Sinn;
Sein Haupt umnebelnd beschlichen ihn sacht
Gedanken, wie er sie nimmer[14] gedacht.

[1] Begehr: etwas unbedingt haben wollen
[2] Gesellen: Kerle, Burschen
[3] waren sich freund: waren Freunde
[4] Sonnengluten: große Hitze
[5] nach Monden voll Schweiß: *hier:* nach monatelanger Arbeit
[6] hold: anmutig, von zarter Schönheit
[7] mit Blicken der Schlange: verführerisch
[8] sie hoben es kaum: sie konnten es kaum heben, tragen
[9] Und hätte der Stolz nicht bezähmt ihr Gelüst: Und hätte der Stolz ihr großes Verlangen nicht gezügelt, beherrscht
[10] mit brünstiger Lippe: lustvoll, stark, inniglich
[11] Mühsal: große Mühe, große Anstrengung
[12] sich gütlich zu tun: sich belohnen, es sich gut gehen lassen
[13] Flecken: *hier:* bestimmter Ort
[14] nimmer: niemals

8 Die andern saßen am Bergeshang,
Sie prüften das Erz, und es blitzt' und es klang.
Sprach Will, der Rote[15]: „Das Gold ist fein;
Nur schade, dass wir es teilen zu drei'n!"

9 „Du meinst?" – „Je nun, ich meine nur so.
Zwei würden des Schatzes besser froh[16] –"
„Doch wenn –" – „Wenn was?" – „Nun, nehmen wir an,
Sam wäre nicht da" – „Ja, freilich, dann, –"

10 Sie schwiegen lang; die Sonne glomm[17]
Und gleißt'[18] um das Gold; da murmelte Tom:
„Siehst du die Schlucht dort unten?" – „Warum?" –
„Ihr Schatten ist tief und die Felsen sind stumm." –

11 „Versteh ich dich recht?" – „Was fragst du noch viel!
Wir dachten es beide und führen's ans Ziel[19].
Ein tüchtiger Stoß und ein Grab im Gestein,
So ist es getan, und wir teilen allein."

12 Sie schwiegen aufs Neu'. Es verglühte[20] der Tag,
Wie Blut auf dem Golde das Spätrot lag;
Da kam er zurück, ihr junger Genoss[21],
Von bleicher Stirne der Schweiß ihm floss.

13 „Nun her mit dem Korb und dem bauchigen Krug!"
Und sie aßen und tranken mit tiefem Zug.
„Hei lustig, Bruder! Dein Wein ist stark;
Er rollt wie Feuer durch Bein und Mark.

14 Komm, tu uns Bescheid!"[22] – „Ich trank schon vorher;
Nun sind vom Schlafe die Augen mir schwer.
Ich streck' ins Geklüft[23] mich." – „Nun, gute Ruh'!
Und nimm den Stoß und den dazu!"

15 Sie trafen ihn mit den Messern gut;
Er schwankt' und glitt im rauchenden Blut.
Noch einmal hub[24] er sein blass Gesicht:
„Herrgott im Himmel, du hältst Gericht!

16 Wohl um das Gold erschluget ihr mich[25];
Weh' euch! Ihr seid verloren, wie ich.
Auch ich, ich wollte den Schatz allein
Und mischt' euch tödliches Gift an den Wein."

[15] der Rote: *hier:* der Rothaarige
[16] Zwei würden des Schatzes besser froh: Besser wäre es, wenn wir den Schatz nur durch zwei teilen müssten.
[17] glomm: von *glimmen:* schwach glühen, brennen
[18] gleißen: funkeln, glänzen
[19] und führen's ans Ziel: und machen es so
[20] verglühen: *hier:* vergehen
[21] Genoss: von *Genosse:* Gefährte, Kamerad
[22] tu uns Bescheid: stoß mit uns an
[23] Geklüft: zerklüftete Gegend mit Felsen, Klippen und Abgründen
[24] hub: hob
[25] um das Gold erschluget ihr mich: wegen des Goldes tötetet ihr mich

2 Was meint ihr zum Ausgang dieser Ballade?
Tauscht spontan eure Gedanken oder Fragen dazu aus.

3 Bestimmt gibt es Wörter oder Formulierungen, die ihr nach dem ersten Hören und Mitlesen noch nicht ganz verstanden habt. Sprecht darüber und nutzt zur Klärung auch die Fußnoten.

4 Gebt das Geschehen dieser Ballade jetzt mit euren eigenen Worten wieder.

5 Arbeitet in Tischgruppen und untersucht den Handlungsverlauf der Ballade nun genauer.

- Setzt euch dazu mit den folgenden Fragen auseinander.
- Notiert zu jeder Frage jeweils Beispiele oder Hinweise aus den einzelnen Strophen.

a) Was verbindet die drei Freunde im ersten Teil der Ballade?
b) Welche schwere Arbeit leisten sie gemeinsam?
c) Wann können sie endlich die Früchte ihrer schweren Arbeit ernten?
d) Und wie reagieren die drei darauf?
e) Bis zu welcher Strophe ist ihre Welt noch in Ordnung?
f) Wo bahnen sich erste Risse in ihrer Freundschaft an?
g) An welcher Person könnt ihr das festmachen?
Lest die entsprechende Strophe vor.
h) Welche Gedanken nehmen bei den beiden anderen langsam immer mehr Gestalt an?
i) Von welcher Person gehen hier die Impulse aus?
j) In welcher Strophe stehen die tragischen Entschlüsse dann endgültig fest?

6 Stellt euch nun eure Ergebnisse vor und vergleicht sie.

7 In der zwölften Strophe gibt es zwei sprachliche Hinweise auf den bevorstehenden dramatischen Ausgang der Handlung. Geht auf Spurensuche und begründet eure Überlegungen.

8 Als Sam zurückkommt, setzen Will und Tom ihren Plan recht schnell um in die Tat. Aber auch die beiden können sich dann nicht mehr an ihrem Gold erfreuen … Schildert den verhängnisvollen Ablauf mit euren Worten.

9 Was meint ihr: Was ist das zentrale **Thema** dieser Ballade?

10 Wie könnte man das Thema der Ballade in die heutige Zeit übertragen? Entwickelt dazu gemeinsam Ideen und diskutiert darüber.

Fantasie und Wirklichkeit: Abenteuer und Gruseliges

Eine Ballade erschließen und gestaltend vortragen

Die Schatzgräber

Gottfried August Bürger

Ein Winzer, der am Tode lag,
rief seine Kinder an und sprach:
„In unserm Weinberg liegt ein Schatz,
grabt nur danach!“ – „An welchem Platz?“,
schrie alles laut den Vater an.
„Grabt nur!“ ... O weh!, da starb der Mann.

Kaum war der Alte beigeschafft[1],
so grub man nach aus Leibeskraft.
Mit Hacke, Karst[2] und Spaten ward
der Weinberg um und um gescharrt.
Da war kein Kloß[3], der ruhig blieb;
man warf die Erde gar durchs Sieb
und zog die Harken kreuz und quer
nach jedem Steinchen hin und her.
Allein da ward kein Schatz verspürt,
und jeder hielt sich angeführt[4].

Doch kaum erschien das nächste Jahr,
so nahm man mit Erstaunen wahr,
dass jede Rebe dreifach trug.
Da wurden erst die Söhne klug
und gruben nun jahrein jahraus
des Schatzes immer mehr heraus.

[1] beigeschafft: beerdigt
[2] Karst = Erdhacke mit zwei Zinken
[3] Kloß = *hier:* Erdklumpen
[4] jeder hielt sich angeführt: jeder fühlte sich getäuscht

1 Dies ist ein ganz besonderer Schatz, den der Vater seinen Kindern vererbt …
- Warum fühlen sich die Kinder zunächst getäuscht? Erklärt das Missverständnis.
- Beschreibt, auf welche Weise die Söhne dann endlich zu ihrem Schatz kommen.

2 Wie verhalten sich die Söhne, nachdem sie den wahren Schatz „gefunden“ haben?

3 Lest den Infokasten. Welche Balladen-Elemente könnt ihr im „Schatzgräber“ wiederentdecken?

INFO

Ballade

Balladen gab es schon vor tausend Jahren. Und es gibt sie fast in allen Sprachen. Sie bestehen in der Regel aus **vier Elementen**:

1. Balladen bestehen aus **Versen** und **Strophen**, und sie sind meistens auch gereimt. So gesehen gehören sie zu den **Gedichten**.
2. Viele Balladen haben sogar einen **Refrain**. Das sind Verse, die am Ende von Strophen wiederholt werden. So gesehen haben viele Balladen auch etwas von **Liedern**.
3. Balladen erzählen von spannenden **Ereignissen** und glücklichen oder unglücklichen **Vorfällen** – meistens im Präteritum. So gesehen sind Balladen auch **Geschichten**.
4. Außerdem enthalten viele Balladen **Dialoge** und sind sehr **dramatisch** aufgebaut. So gesehen haben viele Balladen etwas von kleinen **Szenen** wie in einem Theater.

4 Bereitet die Ballade für einen gestaltenden Vortrag vor.
- Lernt sie auswendig und überlegt, welche Stellen ihr **wie** betonen wollt, um eure Zuhörer gut zu **unterhalten**.
- Mit entsprechender **Gestik** und **Mimik** könnt ihr euren Vortrag effektvoll zur Geltung bringen.

3 Die Ballade besteht aus insgesamt sieben Strophen.
Jede Strophe besteht aus zwei Teilen:
aus einem **längeren Erzählteil** – und aus einem **kürzeren Redeteil**.

- In welcher Reihenfolge werden die einzelnen Ereignisse erzählt?
- Ordnet die folgenden Aussagen den einzelnen Strophen zu.

a) Der Zauberlehrling freut sich darüber, dass der Besen Wasser holt. Aber er hat den Spruch für das Ende des Zaubers vergessen.
b) Der Lehrling erzählt, wie er den Zauber in Gang setzen will, und übt den Zauberspruch.
c) Der Zauberlehrling wendet sich an den Besen und spricht nun den Zauberspruch.
d) Der Zauberlehrling zerstört den Besen mit dem Beil. Doch nun stehen plötzlich zwei lebendige Besen vor ihm.
e) Der Besen bringt immer mehr Wasser. Der Lehrling ist verzweifelt.
f) Der Zauberlehrling schreit den Besen an. Er sucht ein Beil, um ihn damit zu erschlagen.
g) Der Zauberlehrling ruft voller Entsetzen nach dem Meister. Und der beendet die Zauberei mit dem richtigen Zauberspruch.

4 Mit welchen **Adjektiven** könnt ihr die Aktionen und Gefühle des Zauberlehrlings während dieses Abenteuers beschreiben?

- Die folgenden Adjektive sind alphabetisch geordnet. Lest die Wörter laut und sprecht über ihre Bedeutung.

angsterfüllt – ängstlich – anmaßend – aufgeregt – bange – befehlend – entschlossen – erfolgreich – gebieterisch – hektisch – hilflos – hilfsbedürftig – hochmütig – kopflos – mächtig – machtlos – mutig – ohnmächtig – panisch – ratlos – selbstbewusst – selbstherrlich – stark – überheblich – unternehmungslustig – verzweifelt – wagemutig – waghalsig – wütend

- Ordnet den sieben Stationen der Ballade nun passende Adjektive zu. Begründet eure Zuordnung.

5 Der Meister hat den Besen am Ende wieder gezähmt und in seine Schranken verwiesen. Sicher hat er nun auch noch einiges mit seinem Lehrling zu „klären“ …

- Welchen Vorwurf könnte der Meister dem Lehrling machen?
- Welche Ratschläge könnte er seinem Lehrling für die Zukunft geben?

6 Diese Ballade könnt ihr nun einmal in einem **Rap** inszenieren.
Wie das die Rapper machen, wisst ihr sicher.
Auf der folgenden Seite findet ihr einige Vorschläge,
wie ihr euren Rap vorbereiten und einstudieren könnt.

Die Ballade „Der Zauberlehrling“ als Rap inszenieren

1. Ihr könnt den Text ablesen. Aber dazu müsst ihr ihn vorher sehr gut kennen.

2. Ihr müsst den Text **rhythmisch sprechen**, also immer mit **vier** Betonungen in den ersten acht Versen einer Strophe – und mit **zwei** Betonungen in den sechs Versen des Refrains. Nur so klingt der Text wirklich wie ein Rap:

Hat der alte Hexenmeister
Sich doch einmal wegbegeben!
Und nun sollen seine Geister
Auch nach meinem Willen leben! ...

Walle! walle
Manche Strecke,
Dass, zum Zwecke,
Wasser fließe ...

3. Die **ersten acht Verse** von jeder Strophe könntet ihr miteinander **zu dritt** oder **zu viert** im **„Chor“** sprechen.
Die **sechs Verse danach** sollte immer jeweils **ein einzelner Sprecher** oder **eine einzelne Sprecherin** übernehmen.
Auf diese Weise kommt Abwechslung in euren Rap.
Das Sprechen im Chor müsst ihr aber gut üben und einstudieren.
Denn der Text soll ja gut verstanden werden!

4. Ihr solltet die Ballade **mal leiser**, **mal lauter** rappen.
Die Stationen sind nämlich sehr unterschiedlich in ihrer Dramatik:
1. Strophe: Der Zauberlehrling spricht vor sich hin ***(ruhig)***.
2. Strophe: Er gibt dem Besen seine Befehle ***(selbstsicher)***.
3. Strophe: Er ist voller Stolz, dass ihm alles so gut gelingt ***(stolz)***.
4. Strophe: Er bekommt es mit der Angst ***(verzweifelt)***.
5. Strophe: Er schreit den Besen an ***(sehr laut).***
6. Strophe: Er lauert dem Besen auf ***(hinterlistig)***. – Er sieht das neue Unglück ***(entsetzt)***.
7. Strophe: Er ruft nach dem Meister ***(voller Panik, dann erleichtert)***. –
Der Meister entzaubert die beiden Besen ***(ganz ruhig und überlegen)***.

5. Als Begleitmusik könntet ihr eine **Trommel** dazu spielen lassen.
Vielleicht klopfen aber auch einige Schüler rhythmisch auf die Tische:
mal lauter, mal leiser – je nachdem, wie dramatisch der Text an dieser Stelle ist.

6. Zu einem Rap gehören natürlich auch **Bewegungen**.
Geht also beim Rappen der einzelnen Strophen umher,
stampft vor Wut, schlagt die Hände vors Gesicht, reckt die Arme vor Entsetzen hoch,
schüttelt den Kopf, zeigt die Fäuste – kurz:
unterstützt alles, was in der Ballade erzählt wird, durch Körperbewegungen.

7. Nachdem die Gruppen den Rap eingeübt haben, wird er vor dem Publikum aufgeführt.
Jede Gruppe wird das sicherlich etwas anders machen.
Das Publikum könnte, wie bei einem Poetry-Slam, zum Schluss Punkte verteilen
und die Siegergruppe wählen.

Fantasie und Wirklichkeit: Abenteuer und Gruseliges

Eine Ballade nacherzählen

1 Lasst euch diese Ballade zunächst einmal vorlesen. Wenn ihr beim Zuhören leise mit den Augen mitlest, dann lernt ihr die Ballade noch besser kenen.

Barbarossa

Friedrich Rückert

Der alte Barbarossa,
der Kaiser Friederich,
im unterird'schen Schlosse
hält er verzaubert sich.

Er ist niemals gestorben,
er lebt darin noch jetzt;
er hat im Schloss verborgen
zum Schlaf sich hingesetzt.

Er hat hinabgenommen
des Reiches Herrlichkeit
und wird einst wiederkommen
mit ihr zu seiner Zeit.

Der Stuhl ist elfenbeinern[1],
darauf der Kaiser sitzt;
der Tisch ist marmelsteinern[2],
worauf sein Haupt er stützt.

Sein Bart ist nicht von Flachse[3],
er ist von Feuersglut,
ist durch den Tisch gewachsen,
worauf sein Kinn ausruht.

Er nickt als[4] wie im Traume,
sein Aug' halb offen zwinkt[5];
und je nach langem Raume
er einem Knaben winkt.

Er spricht im Schlaf zum Knaben:
geh' hin vor's Schloss, o Zwerg,
und sieh, ob noch die Raben
herfliegen um den Berg!

Und wenn die alten Raben
noch fliegen immerdar[5];
so muss ich auch noch schlafen
verzaubert hundert Jahr.

[1] elfenbeinern: aus Elfenbein gefertigt
[2] marmelsteinern: aus Mamorstein
[3] Flachse: helle, blonde Haare
[4] als *hier:* so
[5] zwinkt: zwinkert; jemandem mit dem Auge vertraulich zuzwinkern
[6] immerdar: immerzu, ohne Unterbrechung

Hintergrundinformationen zur Ballade:
In dieser Ballade geht es um Kaiser Friedrich I. Barbarossa (*sprich:* Friedrich der 1. Barbarossa). Er herrschte im Mittelalter (1155–1190) als Kaiser des Heiligen Römischen Reiches Deutscher Nation.
Im Jahr 1190 starb er bei der Durchquerung eines Flusses.
Doch um seinen Tod rankt sich die Sage, dass er auf geheimnisvolle Weise in einem unterirdischen Schloss noch immer leben soll …
Dort passt der treue Zwerg Alberich auf ihn auf, damit ihm nichts passiert.
Denn nur alle hundert Jahre erwacht der Kaiser aus seinem Schlaf …

2 Was habt ihr nach dem ersten Hören der Ballade schon alles behalten? Gebt es mit euren Worten wieder.

3 Lest die Ballade selbst auch einmal laut. Ihr könnt die Strophen dazu auf mehrere Leserinnen und Leser verteilen.

4 Tauscht euch nun über den Inhalt der Ballade aus. Beantwortet gemeinsam die folgenden Fragen und macht euch Notizen.
- An welchem besonderen Ort hält sich Kaiser Barbarossa auf?
- Beschreibt, wo genau sich der Kaiser befindet und was er dort tut. Schaut dazu in den Text und achtet auch auf das Bild:
  - ◇ Welche **Einrichtungsgegenstände** könnt ihr entdecken? Aus welchem **Material** sind sie gefertigt?
  - ◇ Welche **Haltung** nimmt der Kaiser ein?
  - ◇ Was könnt ihr über sein **Äußeres** sagen?
  - ◇ Woran könnt ihr erkennen, dass sich der Kaiser schon eine lange Zeit in dieser Position befinden muss?
- Wer passt in dieser langen Zeit auf den Kaiser auf, damit ihm nichts passiert? Wo könnt ihr ihn auf dem Bild entdecken?
- Was ereignet sich alle hundert Jahre? Welche Hoffnung ist damit für den Kaiser verbunden?
- Welche Voraussetzungen müssten erfüllt sein, damit der Kaiser endlich wieder erwachen und auf die Erde zurückkehren könnte?

5 Gebt den Inhalt der Ballade nun mit euren Worten wieder.
- Nutzt eure Notizen aus Aufgabe 4.
- Auch den **WORTSCHATZ** könnt ihr zu Hilfe nehmen.

WORTSCHATZ

unterirdisches Schloss
schlafen, schläft
Stuhl aus Elfenbein, Tisch aus Marmor
trägt die Krone auf dem Haupt
Kaiser stützt den Kopf auf seinen linken Arm
hält sein Schwert in der rechten Hand
sitzt schon sehr lange dort
Bart reicht fast bis auf den Boden
ein kleiner Zwerg (Junge) passt auf ihn auf
alle 100 Jahre wacht der Kaiser auf
wenn die Raben nicht mehr über dem Berg fliegen, darf der Kaiser auf die Erde zurückkehren

Vorhang auf – Lasst die Puppen tanzen

Einen szenischen Text kennenlernen

1 Im folgenden Text könnt ihr miterleben, wie sich die Tiere in einer afrikanischen Steppe gegen einen Bösewicht in ihrer Mitte wehren. Ausgerechnet der Kleinste unter ihnen, ein Vogel, hat die rettende Idee. Lest den Text mit verteilten Rollen. Am besten bereitet ihr euch zu Hause darauf vor, damit euer Vortrag für euer Publikum beim Zuhören ein Genuss wird. Wenn euch der Text gefällt, könnt ihr euch Handpuppen anfertigen und ein Puppenspiel aufführen.

Tipps dazu findet ihr auf den folgenden Seiten.

Norbert Nackendick (Text verändert)

nach Michael Ende

Mitwirkende

Nashorn:	Norbert Nackendick
Vogel:	Karlchen Klammerzeh – der Madenhacker
Löwe:	Richard Rachenrau
Warzenschwein:	Berthold Borstig
Elefantendame:	Aida Rüsselzart
Marabu:	Professor Eusebius Schlammbohrer
Hyäne:	Gretchen Grausig
Erdhörnchen:	Herkules Hupf
Erzähler	

Vorspiel: In der afrikanischen Steppe

Erzähler: Es gab einmal ein Nashorn, das hieß Norbert Nackendick. Es lebte in der afrikanischen Steppe. Sein ganzer Körper war mit Panzerplatten versehen und als Waffe dienten ihm zwei Hörner. Nackendick war sehr groß und stark, doch mit seinem Verstand haperte es ein wenig.

Nashorn: *(laut)* Weg da, alle weg da! Was habt ihr hier zu suchen? Ich dulde niemanden in meiner Nähe. Bei drei seid ihr alle verschwunden, sonst …
(alle Tiere laufen weg)
(zur Seite/zu sich selbst) Alles Feinde, alles Feinde! Mit dieser Philosophie erlebt man wenigsten keine Überraschung. Jedermann ist mein Feind. Basta! Man tut gut daran, immer auf das Schlimmste vorbereitet zu sein.

Erzähler: Norbert war stolz darauf, dass er sogar eine eigene Philosophie hatte, denn nicht einmal in diesem Punkt wollte er sich auf jemand anderen verlassen. Wenn er auf seinem Trampelpfad durch die Steppe dahinstampfte, ging ihm jedermann aus dem Weg. Die kleinsten Tiere hatten Angst vor ihm, und die größeren vermieden es aus Vernunft, ihm zu begegnen. Sogar die Elefanten machten lieber einen Bogen um ihn, denn Norbert war ein Wutnickel und fing wegen der kleinsten Kleinigkeit Streit an. Tag für Tag wurde es schlimmer mit ihm. Schließlich konnten die anderen Tiere nur noch unter Lebensgefahr zu dem Wassertümpel kommen, um ihren Durst zu stillen. Die Tierkinder durften dort nicht mehr spielen und baden, ja, nicht einmal die Vögel durften mehr singen, denn sofort kam Norbert Nackendick wutentbrannt dahergebraust, trampelte alles zusammen und schrie, man hätte ihn angegriffen.
So konnte es nicht weitergehen. Deshalb beriefen die Tiere eine Konferenz ein, um zu beraten, was man tun könnte.

1. Szene: Im Tal – Konferenz der Tiere

*(Die Tiere stehen im Kreis.
Der Löwe leitet die Versammlung,
er steht ein wenig erhöht.)*

Löwe: *(laut und bestimmt; r-rollend)* Rrrrrruhe! Ich eröffne die Versammlung. Kurz und ohne Umschweife. Ihr wisst alle, worum es geht. Wer hat einen Vorschlag zu machen?
Warzenschwein: Ich! Die Sache ist sehr einfach. Wir tun uns alle zusammen und gehen gleichzeitig auf das Nashorn los.
Elefantendame: (entrüstet) Entschuldigen Sie, mein Bester! Entschuldigen Sie, aber dieser Plan zeugt von sehr niederer Gesinnung! Alle gegen einen! Der Vorschlag ist vom sittlichen Standpunkt aus verwerflich und niederträchtig.
Warzenschwein: *(schreit)* Hö! Norbert Nackendick ist selbst niederträchtig. Man muss mit ihm genauso umgehen.
Elefantendame: *(würdevoll)* Sie, Herr Borstig, haben einfach kein Niveau! Außerdem wird er sich natürlich zur Wehr setzen und einige der verehrten Anwesenden plattklopfen oder auf sein Horn spießen.
Warzenschwein: Na ja, mit Opfern muss man rechnen.
Löwe: *(entschieden)* Niemand will mehr Opfer sein. Der Vorschlag von Berthold Borstig ist abgelehnt. Der Nächste bitte!

Marabu: *(langsam/eingebildet)* Sehr verehrte Anwesende, liebe Kollegen! Ähäm! Nach meiner absolut maßgeblichen Meinung ist das vorliegende Problem nur auf eine pathomelanzanische Art und Weise zu lösen. Wie ich schon in meinem weltbekannten Werk demonstriert habe, gibt es keinen anderen Weg. Ich fasse also zusammen. Es handelt sich bei Norbert Nackendick um eine sogenannte spezifische *urebolane Psymulation der kaurephatomalistischen Emphysis,* welchselbige durch semantische Kommunikation symboturmiert werden kann. *(dreht sich nach allen Seiten, wartet auf Beifall)*

Löwe: Sehr interessant, lieber Professor! Sehr interessant, aber können Sie den Laien unter uns vielleicht in einfachen Worten sagen, was wir tun sollen?

Marabu: *(verlegen)* Je, nun – ähäm! – das ist freilich schwierig. Also volkstümlich formuliert, man müsste mit dem Nashorn mal gütig reden. Dass man ihm – ähäm! – freundlich erklären müsste, wie unglücklich es sich in Wahrheit selbst fühlt, dadurch dass es so ist, wie es ist.

Hyäne: Tolle Idee! Versuchen Sie's doch mal!

Marabu: *(strafend)* Mein Leben ist der reinen Forschung geweiht. Die praktische Ausführung – ähäm! – überlasse ich selbstverständlich den anderen.
(stolziert zurück auf seinen Platz)

Erdhörnchen: Wie wär's denn, wenn wir eine Fallgrube buddeln täten? Da fällt das Nashorn dann rein und muss drin bleiben, bis es schwarz wird – oder sich bessert.

Löwe: Wo wollt ihr denn die Fallgrube graben?

Erdhörnchen: Na, da natürlich, wo der Kerl jeden Tag spazieren geht. Er ist so ein Gewohnheitstier. Er benutzt immer denselben Trampelpfad.

Löwe: Erstens dauert das viel zu lange, ehe ihr ein so großes Loch gegraben habt. Und zweitens wird Nackendick euch platttreten, ehe ihr auch nur ein Löchlein gebuddelt habt. *(Erdhörnchen zieht sich verschämt zurück.)*

Erzähler: Es folgten noch viele andere Vorschläge. Aber keiner schien Erfolg zu versprechen. Ratloses Schweigen breitete sich aus. Die Gazelle Dolores Immerscheu hatte Tränen in den Augen, als sie nur einen Ausweg sah: die Flucht aus der geliebten Heimat. Kaum hatte der Löwe wütend diesen Vorschlag abgewiesen, als ganz in der Nähe Norbert Nackendicks Wutgebrüll zu hören war.

Nashorn: *(wütend, laut, nähert sich dem Versammlungsort)*
Ihr hinterhältige Bande! Jetzt hab ich euch erwischt!
Ha, für wie dumm haltet ihr mich? Glaubt ihr, ich merke nicht,
dass ihr hinter meinem Rücken Angriffspläne gegen mich
schmiedet? Jetzt werde ich euch ein für alle Mal zeigen,
was es heißt, mich herauszufordern!
Jetzt werde ich aufräumen!
(Als er ankommt, sind alle Tiere verschwunden. Zertrampelt vor Wut einige Büsche. Er trottet langsam heimwärts und flucht.)

Nashorn: Wehe jedem, der sich hier noch einmal blicken lässt!
Meine Geduld ist zu Ende! Aus jedem, den ich erwische,
mache ich Hackfleisch, aus jedem! Merkt's euch, ihr feige Bande!

2. Szene: Im Tal

Erzähler: Viele Tiere wanderten noch in derselben Nacht mit ihren Familien in andere Gegenden aus. Zuletzt wollte auch der Löwe nicht allein zurückbleiben und machte sich eines Nachts mit seiner Gemahlin und den drei Jungen auf die Reise. Nur einer blieb. Das war Karlchen Klammerzeh, der Madenhacker. Er war ein kleiner Vogel mit einem knallroten, sehr respektlosen Schnabel. Er lebte davon, dass er auf dem Rücken der Büffel, Elefanten und Nilpferde herumspazierte, an ihren Seiten auf- und niederkletterte und alles Ungeziefer fortpickte, dass sich dort festgesetzt hatte. Er hatte keine Angst vor Norbert Nackendick, denn er war sehr flink. Das Nashorn konnte ihm nicht folgen. Er hatte einen Plan, den Bösewicht doch noch loszuwerden.
Ob das wohl gelingt?

LESEN Umgang mit Texten und Medien

Vogel: *(wetzt seinen Schnabel am Nashorn)* Na, wie fühlt man sich so als Sieger?

Nashorn: *(böse)* Weg da! Ich bitte mir Respekt aus! Verschwinde, und zwar schleunigst!

Vogel: Sachte, sachte! Du bist nun unumschränkter Alleinherrscher, Norbertchen. Du hast wirklich und wahrhaftig einen großen Sieg errungen. Aber fehlt dir nicht noch was?

Nashorn: *(knurrig)* Nicht dass ich wüsste.

Vogel: Doch, eines fehlt dir noch, was jeder Sieger und jeder Herrscher unbedingt haben muss: ein Denkmal.

Nashorn: Ein was?

Vogel: *(wichtig)* Weißt du, ein Sieger oder ein Herrscher, der kein Denkmal hat, ist gar kein richtiger Sieger oder Herrscher. Deshalb wird überall auf der Welt solchen bedeutenden Persönlichkeiten, wie du eine bist, ein Denkmal errichtet. Das solltest du auch tun.

Nashorn: *(zu sich selbst)* Dieser Vogel hat zweifellos recht. *(zu Karlchen)* Wo kriegt man denn so ein Ding her?

Vogel: *(ironisch)* Ja weißt du, in deinem Fall ist das natürlich schwierig, weil leider niemand mehr da ist, um dir eins zu errichten. Du musst es dir schon selber bauen.

Nashorn: Und wie?

Vogel: Erstens muss es dir möglichst ähnlich sein, damit man auch sieht, wessen Denkmal es überhaupt ist. Kannst du dich selbst schnitzen oder aus Stein meißeln?

Nashorn: Nein, kann ich nicht.

Vogel: Schade. Dann kannst du eben kein Denkmal haben.

Nashorn: *(trotzig)* Ich will aber eins! Denk gefälligst nach!

Vogel: *(schreitet auf und ab)* Denke! Denke! *(bleibt stehen)* Ich hab's. Eine Möglichkeit gibt es vielleicht noch. Aber ich fürchte, sie ist zu anstrengend für dich.

Nashorn: *(stolz)* Was denkst du. Für mich ist nichts zu anstrengend. Also sag schon!

Vogel: Du musst selbst dein eigenes Denkmal sein.

Nashorn: Aha! *(Schweigen);* *(gut gelaunt)* Tolle Idee! Was muss ich also tun?

Vogel: Du musst auf einen hohen Sockel steigen, sodass du weithin sichtbar bist. Und dann musst du dich ganz ruhig halten, als ob du aus Erz gegossen wärst, verstehst du?

Nashorn: *(wichtig)* Klaro! *(steigt auf einen Felsbrocken)* Wie findest du mich?
Vogel: Das linke Hinterbein noch etwas anheben, so ist es sehr gut. Jetzt den Kopf noch ein wenig höher! Du musst stolz und sieghaft in die Ferne blicken.
Nashorn: *(knurrig)* Ich bin aber kurzsichtig.
Vogel Dann blickst du eben in die Zukunft. Außerdem ist es ganz gleich, denn ein Denkmal soll ja nicht s e h e n, sondern a u s s e h e n.
(schmeichelnd) So ist es fabelhaft! Du wirkst imposant.
Halt! Jetzt nicht mehr bewegen!

Erzähler: So blieb Norbert Nackendick stolz auf seinem Sockel stehen und reckte sein Haupt in den Himmel.
In der Nacht kam Karlchen Klammerzeh, der kleine Madenhacker, zurück. Sein Plan war noch nicht vollendet.

3. Szene: Nacht in der afrikanischen Steppe

Vogel: Jetzt hast du alles, was ein Herrscher haben muss.
Sogar ein richtiges Denkmal, und was für eins.
Alle kommenden Geschlechter werden dich bewundern.
Außer natürlich, du wirst gestürzt.
Nashorn: *(murmelt)* Was heißt denn das?
Vogel: Na, ja! Es kommt vor, dass Herrscher gestürzt werden, zum Beispiel durch Revolution[1].
Dann wird natürlich auch sein Denkmal gestürzt.
Nashorn: *(erschrocken, stotternd)* W ... W i e, w a s, was meinst du?
Vogel: *(beruhigend)* Ach, mach dir keine Sorgen, Dickerchen.
Wer sollte dich schon stürzen? Oder dein Denkmal.
Außer, du stürzt dich selbst.
Nashorn: *(verstört)* Wieso? Wieso außer ich selbst?
Vogel: Wenn du zum Beispiel heruntersteigst, dann würdest du dein Denkmal selbst stürzen.
Nashorn: Verdammt! So schwierig hatte ich mir das nicht vorgestellt.
Vogel: Tja, deshalb bekommen ja auch nur die bedeutendsten Persönlichkeiten Denkmäler. Leb wohl, Dickerchen!
(fliegt davon und kichert)

Erzähler: Norbert Nackendick blieb als sein eigenes Denkmal stehen und wagte nicht, sich zu rühren.
Nach und nach bekam er unbändigen Hunger.
Doch er durfte sich ja nicht selbst stürzen.
Im Laufe der Zeit magerte er immer mehr ab.
Unter seiner Panzerhülle blieb nur ein armseliges Häuflein Elend zurück.

[1] Revolution: Aufstand

Erzähler: Eines Nachts begann ein heftiges Gewitter.
Mitten in einem lauten Donner plumpste Nackendick
aus seiner Hülle auf den Boden.

Nashorn: Nur schade, dass es so finster ist.
Ich würde gern sehen, wie ich mich da oben
ausnehme. *(Es blitzt und donnert. Nackendick
sieht seine Körperhülle zum ersten Mal.
Er erschrickt und weicht zurück.)*
Hilfe, ein Monster, mein schlimmster Feind.
*(Er flieht schreiend und wendet sich nicht
noch einmal um)*

Erzähler: Was aus ihm geworden ist? Wer weiß?
Vielleicht läuft er noch immer durch die Welt.
Die anderen Tiere kamen im Laufe der Zeit
wieder zurück. Doch das Denkmal steht noch immer –
als Warnung für alle kommenden Geschlechter.

2 Welchen Eindruck habt ihr von dem Nashorn gewonnen?
- Beschreibt sein Verhalten.
- Begründet, warum die anderen Tiere das Nashorn als „Wutnickel“ bezeichnen.
- Nennt wichtige Punkte seiner Einstellung zum Leben.

3 Sprecht darüber,
- warum die Tiere eine Versammlung abhalten und
- welche Vorschläge gemacht werden, um den Wüterich loszuwerden.

4 Die Rede des Marabus ist ja wirklich höchst wissenschaftlich.
Übt einmal, sie gestaltend vorzulesen.

5 Professor Marabu will seinen eigenen Vorschlag nicht in die Tat umsetzen.
Welche Meinung habt ihr dazu?

6 Karlchen Klammerzeh ist das kleinste der Tiere.
Und doch gelingt es ihm, den „Dickhäuter“zu besiegen.
- Wie sieht sein Plan aus?
- Wovon kann er Nackendick überzeugen?
  Arbeitet heraus, mit welchen Tricks er das schafft.

7 Tauscht euch darüber aus, weshalb die Tiere den Panzer von Norbert Nackendick als Warnung für alle kommenden Generationen stehen lassen.

Vorhang auf – Lasst die Puppen tanzen

Puppen herstellen

Bevor es ans Spielen geht, müsst ihr euch Figuren anfertigen.
Versucht es doch einmal mit *Flachpuppen.*

Flachpuppen
Flachpuppen sind Spielfiguren für das Puppentheater.
Auf festem Papier oder Pappe wird eine Figur gemalt und ausgeschnitten.
Die bunte Figur wird auf eine flache Holzleiste geklebt.

1 Besorgt euch zuerst einige Vorlagen von den Tieren, die ihr benötigt. Damit könnt ihr euch gut an deren Aussehen orientieren.
Schaut dann noch einmal auf die erste Seite und notiert alle Tiere, die mit von der Partie sind.

2 Zeichnet dann die Tiere, die ihr für das Puppenspiel braucht, auf eine Pappe. Am besten, ihr benutzt einen Bleistift, dann könnt ihr auch Korrekturen vornehmen.
Damit die Puppen auch für alle gut zu sehen sind, sollten sie schon ungefähr DIN-A4-Format haben.

3 Anschließend malt ihr die Figuren mit Wasserfarbe aus. Lasst sie gut trocknen, bevor ihr sie vorsichtig ausschneidet.
Nun könnt ihr die Figuren beliebig ausschmücken.

Material:
Federn, Fellstücke, Wollreste, Draht …
für die Körper,
Knöpfe für Nasen und Augen

4 Damit ihr die Puppen später hinter einem Vorhang oder einer Bühne führen könnt, benötigt ihr als Stab eine Holzleiste oder einen Streifen aus fester Wellpappe, ca. 60–80 cm lang.
Diese Leiste klebt ihr mit Klebeband hinter die Puppe.

5 Entscheidet euch, welche Figur ihr anfertigen wollt. Sicher macht es euch noch mehr Spaß, und ihr spart auch Zeit, wenn ihr zu zweit an einer Puppe arbeitet.

Tipp:
Wenn ihr euch mehr Zeit nehmen wollt, fertigt ihr jedes Tier doppelt an und klebt den Stab dazwischen.
Das hat den Vorteil, dass ihr die Puppen drehen könnt und sie sich in jede Richtung fortbewegen können.

Vorhang auf – Lasst die Puppen tanzen

Puppen mit Sprache und Bewegung zum Leben erwecken

1 Macht euch zunächst klar, wie ihr euch selbst in bestimmten Situationen bewegt.

- Stellt folgende Handlungen pantomimisch dar und beobachtet euch dabei genau.

  würdevoll (stolz) gehen — ***bejahen, verneinen***
  sich verschämt zurückziehen — ***langsam trotten***
  auf und ab schreiten — ***etwas zertrampeln***

- Nehmt die Puppe in die Hand und versucht, dieselben Bewegungen mit der Puppe auszuführen, z. B.: *würdevoll und stolz gehen:* Kippt dazu die Puppe ein wenig nach hinten ab, damit sie den Kopf nach oben trägt. Den Stab führt ihr dabei langsam auf und ab.

2 Die verschiedenen Gefühle und Stimmungen der Figuren müsst ihr durch eure Stimme zum Ausdruck bringen. Jede Puppe muss die Stimme bekommen, die gut zu ihrer Rolle und zu ihrem Wesen passt. Zu diesem Zweck solltet ihr einige *Stimm- und Sprechübungen* machen.

(laut und bestimmt)	Weg da, alle weg da! Was habt ihr hier zu suchen?
(entrüstet)	Entschuldigen Sie, mein Bester! Das geht gar nicht!
(stolz)	Was denkst du denn? Für mich ist nichts zu anstrengend!
(trotzig)	Ich will aber eins! Denk gefälligst nach!
(schmeichelnd)	So ist es fabelhaft! Du wirkst sehr imposant.
(ironisch)	Ja weißt du, in deinem Fall ist das natürlich schwierig.
(verstört/stotternd)	W–w–w–w–w– ... Wieso? Wieso außer ich selbst?

3 Teilt euch nun in Gruppen auf und bereitet jeweils eine der drei Szenen von Seite 195–200 für das Spiel vor. Erprobt unterschiedliche Sprechweisen und macht Verbesserungsvorschläge.

- Wenn ihr eine richtige Aufführung mit Zuschauern plant, sind mehrere Durchlaufproben notwendig.
- Denkt auch an Personal für die Bühnenarbeiten und an Techniker für Geräusche und Musik.

203

Tipps zum Führen der Puppen:

- Führt die Puppe immer **über** dem Bühnenrand.
- Je nach Situation betritt die Puppe von unten oder von der Seite die Bühne.
- Achtet darauf, dass die Puppe beim Sprechen **nicht** in der Versenkung verschwindet.
- Eure Puppe muss immer den Gesprächspartner ansehen. Worte und Bewegungen müssen zueinander passen.
- Man sollte immer sehen, welche Figur gerade spricht.
- Der Spieler bewegt sich mit der Puppe, d. h., er läuft hinter dem Bühnentuch von links nach rechts, dreht sich usw. Er muss dabei zur Puppe nach oben sehen.
- Handrücken und Unterarm müssen eine gerade Linie ergeben.

Vorhang auf – Lasst die Puppen tanzen

Geräusche erzeugen – ein Bühnenbild gestalten

1 Neben euren Puppen erwecken auch passende Geräusche die Handlung zum Leben. Untersucht in den einzelnen Szenen, welche Geräusche für das Spiel von Bedeutung sind.

- Wenn sich z. B. Norbert Nackendick nähert, dann muss man das auch an seinem **Stampfen** erkennen können.
- Wenn ein Gewitter beginnt, muss man das **Donnern** auch hören.
- Probiert aus, **wie** ihr die erforderlichen Geräusche erzeugen wollt.
- Ihr könnt auch Originalgeräusche auf einem Handy oder auf einem Diktiergerät speichern und an passenden Stellen einspielen.

Tipps zum Erzeugen von Geräuschen:

- **Regen:** kleine Steinchen auf ein Sieb rollen oder Zellophan knistern lassen
- **Wind:** ein Stück Seidenstoff über Holzplatten ziehen – je schneller, umso stärker ist der Wind
- **Donner:** auf ein Kuchenblech klopfen
- **Zirpen:** die Saiten eines Eierschneiders mit den Fingernägeln bewegen – wie auf einer Harfe
- **Stampfen:** mit den Füßen fest auftreten
- **Rasseln:** einen Schlüsselbund bewegen
- **Rascheln:** Zeitungspapier zerknüllen
- **Rauschen:** Erbsen in einer Metallschüssel hin und her bewegen

Gegenstände für Geräusche:

Blechdeckel
Kartons
Zeitungspapier
Blechdosen
Löffel
Plastikbecher
Schlüsselbund
Steinchen
Sand und Folie …

Tipps zur Verwendung von Musik zum Puppenspiel:

Musik kann euer Spiel einleiten, ausklingen lassen oder als Zwischenmusik ertönen. Wenn ihr passende Musik für bestimmte Szenen findet, dann kann sie traurig oder fröhlich stimmen und die Stimmung in der jeweiligen Szene unterstützen.

Tipps zum Gestalten der Bühne und des Bühnenbilds:

- Spannt ein Seil zwischen zwei Pfosten (z. B. Kartenständer) und legt eine Decke darüber, damit die Spieler nicht zu sehen sind. Ein Vorhang ist nicht unbedingt erforderlich.
- Überlegt, wie es in der afrikanischen Steppe aussieht: trockene Gräser, Bäume mit schirmartiger Krone …
- Nutzt die Rückseite einer alten Tapetenrolle oder ein weißes Bettlaken und malt die Landschaft auf. Denkt daran, dass man das Bühnenbild auch in den letzten Reihen noch gut erkennen soll, also: **groß** malen und zeichnen!

Schreiben und Präsentieren

Texte miteinander verknüpfen

Hypertexte und Hyperlinks verstehen

1 Verschafft euch zunächst einmal einen Überblick, was man unter Hypertexten und Hyperlinks versteht.

In einem Buch blättert man für gewöhnlich von vorn nach hinten. Den Text liest man von links nach rechts. Der Autor oder die Autorin hat also darauf geachtet, dass ihr den Inhalt verstehen könnt, wenn ihr die Seiten in der üblichen Reihenfolge lest.
Im Internet ist es nun etwas komplizierter. Texte sind dort verlinkt. Ein Link schickt euch zum Beispiel zu anderen Internetseiten oder Texten.
Mit einem Klick kommt ihr wieder zurück, ihr könnt euch aber auch schnell im world wide web verirren.

Damit der Computer bzw. der Browser die **Internetseite** richtig anzeigt, wird das Dokument in HTML erstellt. HTML ist eine einfache Programmiersprache und steht für Hypertext Markup Language.
Oft sagt man dazu auch kurz Hypertext.
Mit der HTML-Sprache gestaltet man die ganze Internetseite.

Man erkennt **Links** daran, dass sie meist blau und unterstrichen dargestellt sind. Klickt man auf einen Link, gelangt man zu einem anderen Text oder zu einer ganz anderen Internetseite.

HTML-Sprache ist die Grundlage für den Aufbau von Internetseiten. Man gestaltet damit Schriftarten, Schriftgrößen, Textformatierungen, wo und wie Bilder angezeigt werden. Und natürlich werden so auch Verlinkungen gesetzt.

Als **Hypertext** bezeichnet man also einen Text, den man auf einer Internetseite findet. Dieser ist durch Links mit anderen Texten verknüpft.

Wenn man zum Beispiel eine **Textformatierung** möchte, bei der das Wort **fett** geschrieben ist, muss man dafür besondere Befehle und Zeichen verwenden. Für den Satz: „Das ist **mein** Beispiel." würde das so aussehen:
Das ist <fette Schrift an>mein<fette Schrift aus> Beispiel.

Die traditionelle Form von Hypertexten findet ihr in Büchern oder Zeitschriften. Auch in diesem Buch. Schaut doch mal auf die Seite 309. Dort findet ihr Begriffe und ihre **„Verlinkungen"** zu den Seiten, auf denen etwas zu diesem Begriff erklärt ist.
Ein anderes Beispiel sind Fußnoten[1].
Auch das ist eine Form der Verlinkung.

[1] **Fußnoten**: Im Text werden häufig Wörter verwendet, die am Seitenende genauer erklärt werden.

2 Versucht nun einmal, mit eigenen Worten wiederzugeben, was man unter Hypertexten und Hyperlinks versteht.

Verknüpfte Geschichten

Texte mit Hyperlinks erstellen

Eine gute Möglichkeit gemeinsame Rechercheergebnisse zu präsentieren, ist das Erstellen von Hypertexten. Versucht dies doch einmal am Thema „Thor – ein Superheld“. Arbeitet dazu in kleinen Gruppen.

1 Überlegt als Erstes, was ihr bereits über Thor wisst. Jedes Gruppenmitglied sollte dazu Informationen zum Beispiel auf Klebezetteln oder kleinen Karten sammeln.
- Was macht Thor zum Helden?
- Wie sieht er aus?
- Welchen Gegnern muss er sich stellen?
- Mit welchen Kräften, Fähigkeiten oder Gegenständen verteidigt er sich?
- Was weißt du über seine Familie und seine Herkunft?

2 Thor ist nicht nur ein nordischer Gott, sondern auch eine Comicfigur und ein Film-Superheld. Recherchiert im Internet nach weiteren Informationen und nach passendem Bildmaterial. Notiert oder speichert alle Informationen und auch die Quellen.

Tipp:
Die folgenden Begriffe helfen euch bei der Recherche. Kombiniert sie miteinander.
Thor – Göttersage – Nordische Götterwelt – Odin – Loki – Comic – Marvel – Avengers – Gott des Donners – Asgard – Mjölnir

3 Besprecht nun gemeinsam eure Notizen und die Ergebnisse der Internetrecherche. Tauscht euch darüber aus, welche Unterthemen sich für eine Präsentation zu dem Thema „Thor – ein Superheld“ eignen.
- Legt eine kleine Liste an.
- Sortiert eure Notizen nun nach den Unterthemen.

4 Legt zu jedem Unterthema ein Dokument mit einem Textverarbeitungsprogramm an.
- Verfasst einen kleinen Text zu eurem Unterthema oder notiert übersichtlich Stichpunkte.
- Gestaltet die einzelnen Seiten. Einigt euch in der Gruppe auf eine einheitliche Gestaltung. Sprecht über Schriftart, Schriftgröße und Bildmaterial.

5 Nun könnt ihr die einzelnen Seiten miteinander verlinken. Wie das funktioniert, könnt ihr auf den Seiten 220 und 221 nachlesen.

Schreiben und Präsentieren

Texte mit dem Computer gestalten

Schreiben mit Tastatur und Maus

In diesem Kapitel geht es darum, wie ihr am Computer unterschiedliche Texte schreiben und gestalten könnt. Dazu braucht ihr selbstverständlich auch ein Textverarbeitungsprogramm. Solche Programme bieten euch eine riesige Auswahl an Gestaltungsmöglichkeiten beim Schreiben von Texten aller Art. Es gibt häufig verschiedene Wege, die zum Ziel führen. Deshalb wird euch hier schrittweise immer **ein** möglicher Weg erklärt, wie ihr am Computer gut schreiben könnt. Die Fortgeschrittenen unter euch können ihre Kenntnisse auffrischen und um den einen oder anderen Tipp ergänzen.

1 Mit der **Maus** und der **Tastatur** werden Befehle und Zeichen in den Computer eingegeben.
- Seht euch die Maus an und lest die Erklärungen.
- Tauscht euch aus, was euch davon vertraut ist und was ihr regelmäßig nutzt.

Mit dem **Scrollrad** rollt (scrollt) man das Dokument auf dem Monitor nach oben oder unten.

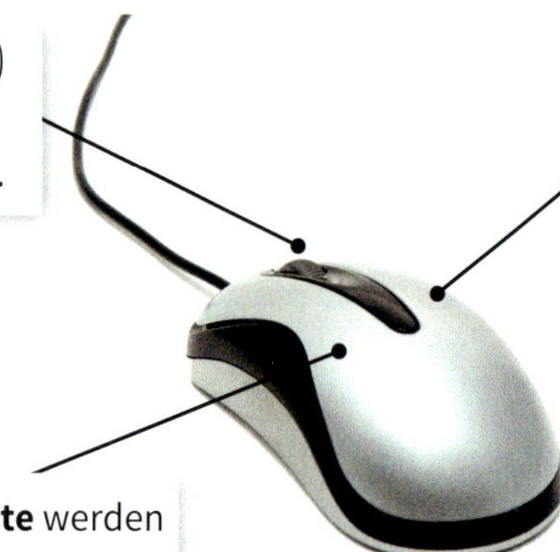

Beim Klicken mit der **rechten Maustaste** öffnen sich **Kontextmenüs** mit einer Auswahl für weitere Arbeitsschritte.

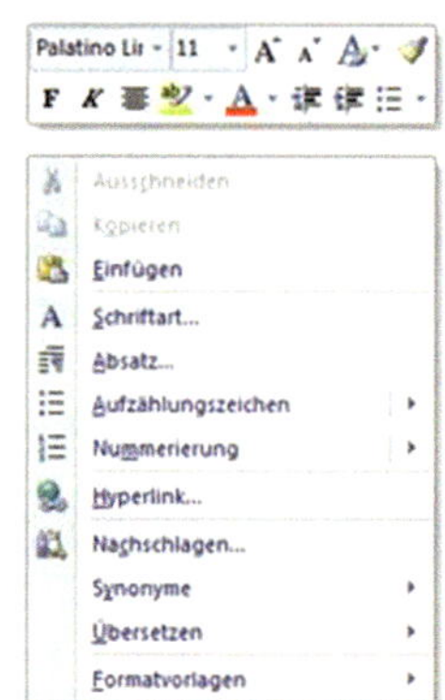

Mit der **linken Maustaste** werden in der Menü- und Symbolleiste Programmbefehle gegeben.

2 Wenn ihr ein **Textverarbeitungsprogramm** aufruft, erscheint auf dem **Desktop**, dem Computerbildschirm, ein leeres **Dokument**. Das ist ein „Blatt", auf dem ihr schreiben könnt. Erklärt euch die Abbildung und beachtet die Fachwörter.

Name des Dokuments

Symbolleiste

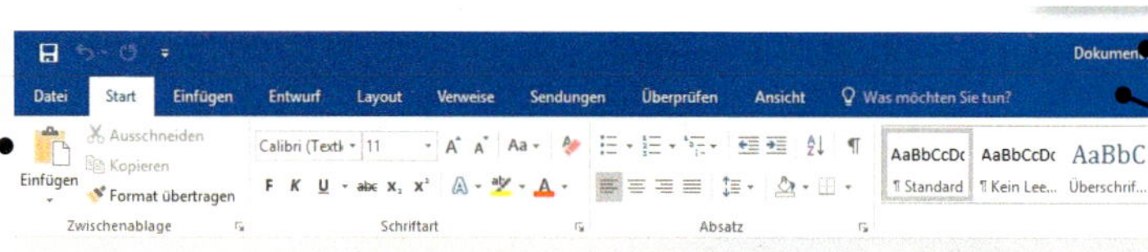

Menüleiste

Eingabemarke
ein blinkender Strich, der sich an der Stelle befindet, wo zum Beispiel Text eingetippt werden kann.

Mauszeiger
ein Symbol, das die Position der Maus auf dem Bildschirm anzeigt und mithilfe der Maus bewegt wird. Je nach Position und Aufgabe verändert sich das Aussehen des Mauszeigers.

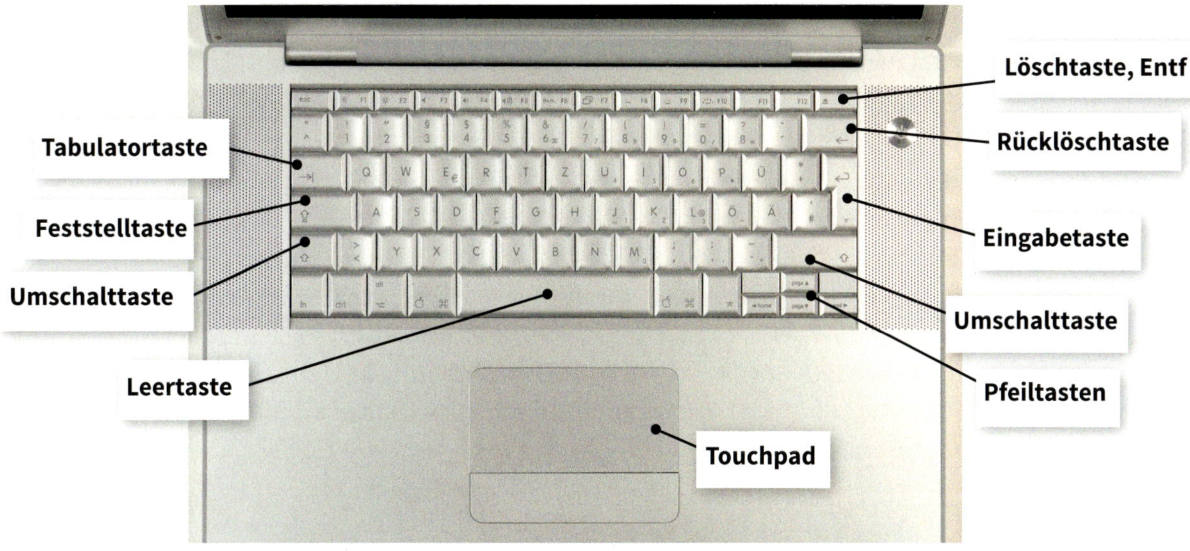

3 Die **Tastatur** ist das eigentliche Schreibgerät, denn dort findet man die Tasten für Buchstaben und Satzzeichen. Auf der hier abgebildeten Notebook-Tastatur sind weitere Tasten beschriftet, die man beim Schreiben ebenfalls häufig benutzt. Ordnet diesen Tasten die folgenden Erklärungen zu. Unterstützt euch dabei gegenseitig. Notiert: *a) Eingabetaste …*

Tipp: Probiert die Tasten am Computer aus.

a) Mit dieser Taste erzeugt man eine neue Zeile.
b) Damit gibt man eine Leerstelle ein, z. B. zwischen Wörtern.
c) Mit diesen vier Tasten kann man die Eingabemarke bewegen: nach oben oder unten, nach rechts oder links.
d) Hält man diese Taste gedrückt, kann man Großbuchstaben schreiben oder die oberen Zeichen auf den Tasten eingeben.
e) Durch einmaliges Drücken dieser Taste schaltet man dauerhaft auf Großbuchstaben bzw. auf die obere Tastenbelegung um.
f) Mit dieser Taste werden die Zeichen rechts von der Eingabemarke gelöscht.
g) Damit löscht man die Zeichen links von der Eingabemarke.
h) Hiermit kann man die Eingabemarke um einen vorgegebenen Abstand weiterrücken.
i) Dieses Tastfeld kann man bei einem Notebook anstelle einer Maus verwenden.

4 Lieber in Deutsch oder besser auf Englisch? Seht euch die folgenden Beispiele an. Begründet, welche Bezeichnungen ihr eher verwenden würdet.

Eingabetaste	enter *(to enter →* hier: *eingeben)*
Umschalttaste	shift *(to shift → umschalten)*
Löschtaste	delete *(to delete → entfernen, löschen)*
Rücklöschtaste	backspace *(back → zurück, space → Raum, Platz)*
Pfeiltaste	arrow key *(arrow → Pfeil, key →* hier: *Taste)*
Tastfeld	touchpad *(to touch → berühren, pad →* hier: *Pad)*
Leertaste	space bar *(space → Raum, Platz)*
Feststelltaste	caps lock key *(caps → Großbuchstaben, to lock → feststellen, key → Taste)*

Schreiben und Präsentieren

Verknüpfte Geschichten

Layout und Formatierung: Ein kleines Experiment

1 Hier sind zwei Texte, die auf den ersten Blick ganz unterschiedlich sind. Lest sie euch durch – jeder für sich.

APPLE-CRUMBLE (APFEL-STREUSEL) ZUTATEN 500 G APFELSTÜCKCHEN 100 G BUTTER 100 G ZUCKER 175 G MEHL 1 ESSLÖFFEL ZITRONENSAFT ETWAS ZIMTPULVER ZUBEREITUNG APFELSTÜCKCHEN MIT DEM ZITRONENSAFT BETRÄUFELN UND IN EINE GEFETTETE AUFLAUFFORM GEBEN. AUS BUTTER, ZUCKER, MEHL UND ETWAS ZIMTPULVER EINEN STREUSELTEIG BEREITEN. DIE STREUSEL AUF DEN ÄPFELN VERTEILEN. BEI 180 GRAD IM BACKOFEN CA. 30 MINUTEN BACKEN. NOCH WARM MIT VANILLEEIS SERVIEREN.

Apple-Crumble (Apfel-Streusel)

Zutaten	**Zubereitung**
500 g Apfelstückchen 100 g Butter 100 g Zucker 175g Mehl 1 Esslöffel Zitronensaft etwas Zimtpulver	Apfelstückchen mit dem Zitronensaft beträufeln und in eine gefettete Auflaufform geben. Aus Butter, Zucker, Mehl und etwas Zimtpulver einen Streuselteig bereiten. Die Streusel auf den Äpfeln verteilen. Bei 180 Grad im Backofen ca. 30 Minuten backen. Noch warm mit Vanilleeis servieren.

2 Besprecht: Was ist an beiden Texten gleich? Was ist verschieden?

3 Welchen Text würdet ihr lieber lesen, wenn ihr das Rezept zubereiten möchtet? Begründet eure Wahl. Dabei können euch die folgenden Informationen helfen.

INFO

Texte sinnvoll in Form bringen

Man schreibt Texte, damit sie gelesen und verstanden werden. Dazu trägt das **Layout**, die äußere Gestaltung eines Schriftstücks, bei. Denn das Layout kann das Lesen erheblich erleichtern. Bei modernen Textverarbeitungsprogrammen können die Schreiber unter unzähligen Möglichkeiten auswählen, wie sie ihre Texte in Form bringen, also **formatieren** wollen. Vor allem sollte das Layout zur Art des Textes passen: So braucht z. B. ein Kochrezept ein anderes Layout als ein Brief oder ein Gedicht. Ein sinnvolles Layout hilft den Lesern, den Text besser zu verstehen und zu nutzen. Daran sollte man beim Schreiben und der Textgestaltung denken.

Verknüpfte Geschichten

Einen Text am Computer schreiben und formatieren

1 Hier seht ihr an einem Beispiel, wie ihr eure Texte gut „in Form bringen“ könnt.
- Lest den Bericht über den „Zukunftstag“.
  Das ist ein Berufsorientierungstag für Jungen und Mädchen.
- Beschreibt mithilfe der Fachbegriffe, wie der Text formatiert ist.

Überschrift
- Palatino Linotype
- Schriftgröße 12
- fett und unterstrichen

Bericht vom Zukunftstag

Am Zukunftstag war ich zusammen mit elf anderen Mädchen und Jungen bei der Bundespolizei.

Leerzeile

Zuerst besichtigten wir die Leitstelle. Dann ging es zur Spurensicherung. Wir mussten die Finger auf eine Fensterscheibe drücken. Dann lernten wir, wie Polizisten Fingerabdrücke abnehmen und auf Spezialpapier sichern.

Leerzeile

Anschließend führte uns ein Hundeführer mit seinem Diensthund vor, wie eine Person verfolgt und angegriffen wird. Natürlich hatte das „Opfer“ Schutzkleidung an.

Leerzeile

Doch das Beste kam zum Schluss. Auf dem Flugplatz landete der Polizeihubschrauber. Wir durften uns in die Kanzel setzen und die Helme aufprobieren. Das war toll!

Mein neuer Traumberuf ist Hubschrauberpilotin.

Laura

Unterschrift
kursiv

Text
- Palatino Linotype
- Schriftgröße 11
- Blocksatz
- automatische Silbentrennung

2 Rufe ein Textverarbeitungsprogramm am Computer auf.
Auf dem Desktop erscheint nun ein leeres Dokument, in das du Text eingeben kannst.

3 Schreibe den „Bericht vom Zukunftstag“ am Computer ab.
Orientiere dich bei der Formatierung an dem Beispiel.

4 Schreibe einen eigenen Bericht über eine Schulveranstaltung am Computer.
Orientiere dich bei der Formatierung an dem Beispiel.

Tipp:
Weitere **Hinweise zur Formatierung** findet ihr auf Seite 212.

Schreiben und Präsentieren

Verknüpfte Geschichten

Texte eingeben und kreativ gestalten

1 Hier findet ihr einige ganz besondere Texte.
Seht sie euch an, lest sie.
Was gefällt euch gut? Warum?

F
U T
A R
P E
P P
E P
R A
T B

Buchstabe, dem eben ein
Witz erzählt worden ist

Ha Ha
Ha Ha
Ha Ha
Ha Ha
Ha Ha
Ha Ha
Ha Ha Ha Ha
Ha Ha Ha Ha
Ha Ha
Ha Ha
Ha Ha
Ha Ha
Ha Ha
Ha Ha *Hans Manz*

Amrum, am 26. Juni
Lieber Tommy,
zu deinem Geburtstag die aller♥lichsten Grüße. Für das neue Lebensjahr wünsche ich dir alles Glück der Welt.
Bei deiner Party wäre ich sooooooo gern dabei gewesen, aber ...

BILLIG! BILLIG! BILLIG! BILLIG! BILLIG!

Verkaufe

- Comic-Hefte
- Computerspiele
- Inline-Skates (Größe 38)

Bitte meldet euch bei Interesse. Akin, Kl. 6a

BILLIG! BILLIG! BILLIG! BILLIG! BILLIG!

Einladung

Was? Geburtstagsparty
Wann? Freitag, 15. März
17.00 bis 21.00 Uhr
Wo? Stauseebad Cossebaude
Wer? Alle meine Freunde
Und? Badesachen und gute Laune mitbringen

Eure Anna

2 Wähle einen Text aus und schreibe ihn am Computer in ähnlicher Weise auf. Nutze dazu auch die **CHECKLISTE** auf Seite 217 unten.

3 Lass dich zu eigenen schön gestalteten Texten anregen: Schreibe und gestalte am Computer Einladungen, Gedichte, Wortbilder, Visitenkarten, Anzeigen, Aushänge, Briefe … Nutze dazu auch die **CHECKLISTE** auf Seite 217 unten.

Verknüpfte Geschichten

Gemeinsam ein Buch gestalten und präsentieren

1 Mit der Zeit sind bei euch bestimmt viele tolle Texte zusammengekommen. Schade, wenn sie keiner mehr liest! Seid kreativ und macht etwas daraus. Hier findet ihr Ideen für solch ein gemeinsames „Klassenbuch". Lasst euch inspirieren.

2 Gestaltet die Bücher gemeinsam in der Gruppe.

- Entscheidet euch, ob euer Buch unterschiedliche Textsorten enthalten soll oder nur eine Textsorte, z. B. Gedichte, Rezepte …
- Wenn ihr eure Texte ausgewählt habt, verteilt die Arbeit:
  Wer tippt welchen Text?
  Und wer gestaltet das Cover?
- Fertigt nun eure Buchseiten an.
  Experimentiert mit Schrifttypen, -größen und -farben …
  Aber: Weniger ist mehr! Achtet also darauf, dass die Seiten nicht zu unruhig wirken.
  Das Layout soll den Leser unterstützen und nicht ablenken.
- Macht Probeausdrucke und begutachtet sie gemeinsam.
  Arbeitet sehr sorgfältig: Gebt euch gegenseitig **Tipps**.
  Helft einander, möglichst alle Fehler aufzuspüren und zu korrigieren.
- Bringt nun eure Buchseiten in die endgültige Form.
  Druckt alles aus und heftet die Seiten zusammen.

CHECKLISTE

- ✔ Ich achte auf ausreichende Seitenränder: oben, unten, rechts und links.
- ✔ Ich wähle eine zur Textsorte passende Textausrichtung.
- ✔ Ich wähle eine gut lesbare Schrift in passender Größe und Farbe.
- ✔ Überschriften formatiere ich fett und / oder unterstreiche sie.
- ✔ Längere Texte gliedere ich sinnvoll durch Leerzeilen in Absätze.
- ✔ Ich achte darauf, dass meine Seite nicht zu unruhig wirkt.
- ✔ Ich tippe den Text vollständig und richtig ab.
- ✔ Ich achte auf Rechtschreibung und Zeichensetzung.
- ✔ Von anderen lasse ich den Text gegenlesen und korrigiere Fehler gewissenhaft.

Schreiben und Präsentieren

Feste feiern – Traditionen wahren

Karneval / Fasching bei uns und anderswo

Auf der ganzen Welt feiern Menschen Karneval / Fasching. Nicht nur bei uns in Deutschland erfreut sich diese sogenannte „fünfte Jahreszeit" großer Beliebtheit. Während wir den Karneval vor allem dafür nutzen, um den Winter zu vertreiben und den Frühling zu begrüßen, wird anderswo aus ganz anderen Gründen ausgelassen gefeiert. Eines verbindet die Menschen jedoch weltweit: die Leidenschaft für Kostüme und Maskierungen.

1 Wie gut kennt ihr euch eigentlich mit dem Karneval aus?
- Setzt euch in kleinen Gruppen zusammen und versucht gemeinsam, dieses Quiz zu lösen.
- Vergleicht anschließend eure Ergebnisse mit der Klasse.

1. Offiziell beginnt die närrische Zeit am ...
   a) 11.10. um 11:11
   b) 11.11. um 11:11.
   c) 10.11. um 11:10

2. Welchen blumigen Namen trägt der Montag in der Faschingswoche?
   a) Rosenmontag
   b) Tulpenmontag
   c) Narzissenmontag

3. Ein besonders beliebtes Gebäck am Faschingsdienstag ist ...
   a) der Eierkuchen
   b) der Pfannkuchen
   c) der Bratapfel

4. Welche beliebte Faschingsdekoration wird durch Pusten erst „zum Leben erweckt"?
   a) Konfetti
   b) Luftschlange
   c) Girlande

5. Wie werden die tanzenden Mädchen beim Karnevalsumzug genannt?
   a) Funkenmariechen
   b) Cheerleader
   c) Sambatänzerin

6. Wie werden die Süßigkeiten genannt, die beim Karnevalsumzug vom Wagen geworfen werden?
   a) Kamille
   b) Karamell
   c) Kamellen

7. Ein wichtiger Bestandteil von Karnevalsfeierlichkeiten sind/ist...
   a) die Büttenreden
   b) das Wettsingen
   c) das Tauziehen

8. Welches Kleidungsstück wird Männern traditionell zur „Weiberfastnacht" abgeschnitten?
   a) Hose
   b) Hemd
   c) Krawatte

9. Traditionell endet die Faschingszeit in Deutschland am ....
   a) Gründonnerstag
   b) Aschermittwoch
   c) Karfreitag

10. Mit dem Ende der Faschingszeit beginnt ...
    a) Ostern
    b) die Fastenzeit
    c) Pfingsten

2 Seht euch die folgenden Bilder an. Welches Kostüme gefällt euch besonders?
- Was könnte der Anlass für die Verkleidung sein?
- Vermutet, für welche Länder und Orte der Welt diese Kostümierungen typisch sind.

3 Wieso verkleiden sich Menschen eigentlich weltweit, um Karneval miteinander zu feiern?
Warum macht es überhaupt so viel Spaß, sich zu verkleiden?

4 Bestimmt verkleidet ihr euch auch zu Karneval.
- Erzählt von euren Lieblingskostümen.
- Ihr könnt sie malen oder zeichnen und in der Klasse aushängen.

Tipps:
Auf den folgenden Seiten erfahrt ihr viel Wissenswertes rund um internationale Karnevals- und Kostümfeste.
- Sammelt eure Ergebnisse in einem gemeinsamen Hefter.
- Ihr könnt den Hefter auch mit Fotos von eigenen Kostümen bereichern.
- Vielleicht habt ihr sogar Lust bekommen, ein eigenes Kostümfest durchzuführen. Bei der Suche nach „The Masked Student“ sind euren Ideen und eurer Kreativität keine Grenze gesetzt.

Tipp:
Diese Kinder-Suchmaschinen können hilfreich für eure Recherche zu internationalen Karnevalsfesten sein:
www.helles-koepfchen.de
www.blinde-kuh.de
www.frag-finn.de

Schreiben und Präsentieren

Feste feiern – Traditionen wahren

Informationen recherchieren und präsentieren: Das Fest der Toten

Maya ist bei ihrer Suche nach einem außergewöhnlichem Kostümfest auf einen interessanten Animationsfilm gestoßen. Dabei geht es um den **„Dia de los Muertos“ – das mexikanische Fest der Toten**.

1 Seht euch das Filmposter zunächst einmal an. Was fällt euch auf?
- Welche Personen könnt ihr erkennen?
- Wie wirken die bunten Farben auf euch?

2 Vermutet einmal, wie dieses Fest, das an die Toten erinnern soll, ablaufen könnte.
Gibt es ähnliche Feiertage auch bei uns in Deutschland?

3 Maya wollte mehr über dieses farbenfrohe Fest erfahren und hat recherchiert. Lest euch nun in Ruhe durch, welche Eindrücke sie vom Fest der Toten gewonnen hat.

Nachdem ich den Film „Coco“ angeschaut hatte, musste ich einfach mehr über diesen coolen Feiertag der Mexikaner herausfinden. Der **„Dia de los muertos“** ist ein Fest für die Toten und dauert mehrere Tage. Schon Ende Oktober geht es los. Richtig spannend wird es dann aber vor allem in der Nacht des zweiten Novembers. Da versammeln sich die Mexikaner auf ihren Friedhöfen.

Die Menschen in Mexiko gehen ganz anders mit ihren Toten um als wir. Sie glauben nämlich, dass die Verstorben sie einmal jährlich besuchen kommen. Abgefahren, oder?! Allerdings ist dies für die Mexikaner kein Grund, eine düstere und deprimierende Trauerveranstaltung abzuhalten. Ganz im Gegenteil: Sie feiern stattdessen ein buntes und fröhliches Fest für die ganze Familie. Dazu gehören Tanz, Musik, jede Menge leckere Speisen und Getränke und vor allem bunt geschmückte Häuser. Ach, wie gern würde ich das mal live sehen!

Bereits vor Beginn der eigentlichen Feierlichkeiten bauen die Menschen in ihren Häusern einen Altar für die Verstorbenen auf. Dort werden dann jede Nacht Kerzen für die Toten angezündet. Dieser Altar wird mit bunten Blumen und einem Foto der Toten geschmückt. Das stelle ich mir schon ziemlich spooky vor. Ob die Menschen wohl alle freundlich aussehen auf diesen Bildern?

Auch verschiedene Speisen und Getränke werden bereitgestellt. Die Mexikaner glauben nämlich, dass die Seelen der Verstorbenen aus dem Totenreich zurückkehren. Und nach so einer langen Reise hat man natürlich Hunger. Die Toten werden also am Altar empfangen und mit leckeren Mahlzeiten und erfrischenden Getränken versorgt. Ich wüsste sofort, welches Gericht ich mir da wünschen würde ....

Auch die Straßen sind bunt und farbenfroh dekoriert. Überall stehen Blumen und selbst gebastelte Skelette. Die sind jedoch nicht gruselig oder furchteinflößend, sondern mit glänzenden Farben und Steinen verziert. Richtig glitzernd und funkelnd sehen die aus! Nachmittags findet auch ein Umzug mit bunt geschmückten Wagen statt. Neben den Wagen laufen Menschen als Skelette verkleidet her. Gänsehaut pur! Wenn man Glück hat, bekommt man einen der selbst gebastelten Totenköpfe aus Marzipan oder Schokolade geschenkt. Die werden die ganze Zeit an Zuschauer verschenkt. Wie die wohl schmecken?

Richtig beeindruckt hat mich aber, was am 2. November nachts auf den Friedhöfen passiert. Die Mexikaner begleiten dann nämlich ihre Verwandten wieder zurück zu ihrer Grabstelle auf den Friedhof. Und dort legen sie alle gemeinsam nochmal richtig los. Es wird getanzt, gelacht, ein Picknick veranstaltet und zusammen gesungen. Natürlich werden auch hier die Gräber wieder mit Blumen und bunten Bändern verziert, sodass es gar nicht mehr wie auf einem normalen Friedhof aussieht. Stellt euch das mal vor!

Mein Fazit: Der **„Dia de los muertos“** ist ein echt super cooles Volksfest, bei dem ich wirklich gern mal dabei wäre. Also ab nach Mexiko!

4 Stellt euch vor, ihr könntet den Tag der Toten einmal vor Ort in Mexiko miterleben. Welcher Teil würde euch besonders interessieren? Tauscht euch aus.

5 Erstellt einen Stichpunktzettel zum mexikanischen Tag der Toten.
- Nutzt dazu den angefangenen Stichpunktzettel rechts.
- Recherchiert zusätzlich im Internet nach weiteren Informationen.

Fest: „Dia de los muertos“ – Tag der Toten
Land:
Datum:
Anlass:
Ablauf:
Kostüme:
Dekorationen:
Speisen und Getränke:
Besonderheiten:
...

6 Präsentiert eure Ergebnisse. Ergänzt auch eure eigenen Stichpunktzettel, um möglichst viele Informationen zusammenzutragen.

7 Verfasse nun einen sachlichen Bericht über den Tag der Toten. Nutze dafür deine Stichpunkte aus Aufgabe 5 und 6 und den folgenden Infokasten.

INFO

Über ein Kostümfest berichten

Wenn du darüber berichten möchtest, wie ein jährlich stattfindendes Fest abläuft, musst du dich an die festgelegte Reihenfolge der Ereignisse halten.
- Beginne mit dem **Namen des Festes**. Berichte, **wann, wo** und **warum** es gefeiert wird.
- Schreibe dann über den **genauen Ablauf des Festes**.
  Erzähle, welche **Speisen** und **Getränke**, welche **Kostüme** und **Dekorationen** es gibt.
  Vergiss nicht, auch über **außergewöhnliche Besonderheiten** des Festes zu schreiben.
- Achte darauf, **anschaulich** zu schreiben, sodass sich der Leser auch ein ungewöhnliches Ereignis sehr gut vorstellen kann.
- Schreibe im **Präsens**.

8 Tauscht eure Berichte untereinander aus und überarbeitet die Texte anschließend. Anschaulich wird euer Bericht, wenn ihr zum Schluss noch aussagekräftige Bilder ergänzt.

169

Schreiben und Präsentieren

Feste feiern – Traditionen wahren

Der Notting Hill Carnival: Ein internationales Fest erkunden

1 Seht euch zunächst einmal die folgenden Fotos an. Was alles könnt ihr entdecken?

2 Verschafft euch im folgenden Text einmal einen Überblick über den Ablauf dieses mehrtägigen Straßenfestes in London.
- Wann wird der Karneval gefeiert?
- In welchem Stadtteil findet das Fest statt?
- Welcher Kulturkreis wird hier besonders in den Mittelpunkt gestellt?
- Was kann man in den drei Tagen des Karnevals alles erleben?

Notting Hill Carnival

Ausgelassene Stimmung, Lebensfreude pur und ganz viel karibisches Flair - all das kannst du am letzten Augustwochenende im sonst so beschaulichen Londoner Stadtteil „Notting Hill“ erleben. An drei Tagen steht Londons Westen auf dem Kopf und bis zu 2 Millionen Menschen schauen jährlich dabei zu.

Bereits am Samstag findet ein Musikwettbewerb der Sonderklasse statt. Dabei kommen die sogenannten steel drums, aus Stahlfässern hergestellte Trommeln, lautstark zum Einsatz.

Am Sonntag übernehmen dann die Kinder das Kommando und ziehen in farbenfrohen Kostümen durch die Straßen.

Und auch am Montag, beim 5 km langen Festumzug, dürfen Musik, Tanz und Kostüme nicht fehlen. Für das leibliche Wohl ist auch gesorgt. Überall duftet es verführerisch nach mediterranen Speisen.

Also, worauf wartest du noch? Auf geht’s nach London und mitten hinein in dieses einmalige, kunterbunte Straßenfest!

3 Rundherum Lebens- und Farbenfreude – aber auch ein ernster historischer Hintergrund. Informiert euch dazu im folgenden Text.

Von der Demo zum Karneval der Kulturen

London hat die Menschen schon immer fasziniert und magisch angezogen. Im Londoner Stadtteil Notting Hill waren es vor allem Einwanderer der karibischen Inseln, die sich hier in den 50er Jahren des vergangenen Jahrhunderts niedergelassen haben. Die Traditionen, die sie aus ihrer Heimat mitbrachten, bereicherten die englische Metropole und ließen den Stadtteil schnell zu einem multikulturellem Fleckchen werden.

Doch neben der Vielfalt der Kulturen gab es auch immer wieder Unruhen und sogar Straßenschlachten. Grund hierfür waren die hohe Arbeitslosigkeit, allgemeine Unzufriedenheit mit der eigenen Lebenssituation und rassistische Vorurteile gegenüber den exotischen Neuankömmlingen.

Daher beschloss im Januar 1959 eine kleine Gruppe von Einwanderern, mithilfe einer Party auf die rassistischen Übergriffe aufmerksam zu machen. Ziel dabei war es, auf farbenfrohe Art und Weise für Gleichberechtigung und das Recht der Menschenwürde zu demonstrieren. Die Veranstaltung war ein voller Erfolg und wurde von nun an jedes Jahr wiederholt.

Da im Laufe der Jahre immer mehr Menschen daran teilnehmen wollten, wurde die Party Mitte der 60er Jahre in die Straßen von Notting Hill verlegt und fand mitten im Sommer statt.

Niemand hätte zu Beginn vermutet, dass aus einer Protestbewegung einmal so ein spektakuläres Straßenfest mit internationalem Flair werden könnte.

Heute zählt der Notting Hill Carnival zu Londons wichtigsten Veranstaltungen und zieht jährlich bis zu 2 Millionen Besucher an.

Damit jedes Jahr auch möglichst viele Briten am Festumzug – dem Höhepunkt des Karnevals – teilnehmen können, ist dieser Montag in Großbritannien heute ein offizieller Feiertag.

4 Fasse mit deinen Worten zusammen, wie sich aus einer Demonstration im Laufe der Jahre der Notting Hill Carnival entwickelt hat.

5 Begib dich nun auch noch einmal selbst auf die Suche nach Informationen über den Notting Hill Carnival. Mögliche Themenbereiche, zu denen du recherchieren könntest, sind:

- **Steel Drum** – ein karibisches Musikinstrument
- **Jerk Chicken & Co** – kulinarische Köstlichkeiten aus der Karibik
- **Kinderparade** – der Familientag beim Notting Hill Karneval
- …

Tipp:
Diese Suchmaschinen können hilfreich für eure Recherche sein:
www.helles-koepfchen.de
www.blinde-kuh.de
www.frag-finn.de

6 Jetzt bist du Experte für den Notting Hill Carnival.

- Trage deine gewonnenen Informationen zusammen und präsentiere sie in Form eines Plakates.
- Nutze dazu auch den Infokasten.

Ein Plakat gestalten

INFO

- Benutze einen ausreichend großen Plakatbogen (A 3).
- Wähle Texte und Bilder aus und ordne sie auf dem Plakat an. Probiere zunächst verschiedene Möglichkeiten aus, wie Texte und Bilder angeordnet werden können. Klebe erst dann auf, wenn du mit der Anordnung endgültig zufrieden bist.
- Um dein Plakat besonders individuell zu gestalten, kannst du auch selbst Bilder zeichnen.

7 Sucht gemeinsam mit eurer Lehrerin / eurem Lehrer eine geeignete Stelle im Schulgebäude, um eure Plakate zu präsentieren.

Schreiben und Präsentieren

Feste feiern – Traditionen wahren

Karnevalskostüme und Karnevalsmasken beschreiben

Auch vor dem Kunstunterricht macht die närrische Zeit nicht halt. Während einer Projektwoche drehte sich bei einer sechsten Klasse alles um internationale Karnevalskostüme und Masken.

1 Seht euch die folgenden Zeichnungen an und ordnet sie der passenden Beschreibung zu.

A

1
- beliebte Figur beim venezianischen Karneval
- der Legende nach war das Kostüm die Tarnung für einen armen Mann
- Markenzeichen: bunter Anzug aus farbigen Flicken

2
- Figur der alemannischen[1] Fastnacht
- freundliches, glattes Gesicht
- trägt Kleidung aus grobem Leinenstoff
- Markenzeichen: Perücke mit eingeflochtenen Seidenbändern

[1] Region im Südwesten von Deutschland

B

3
- irischer Kobold und Naturgeist
- oft auf der Suche nach einem Goldschatz am Ende des Regenbogens
- Markenzeichen: grüne Kniebundhosen und Schnallenschuhe

C

2 Verkleidungen zur Karnevalszeit haben eine lange Tradition. Bereits vor über 1000 Jahren haben sich die Menschen verkleidet – allerdings aus völlig anderen Gründen als heute. Unter www.helles-koepfchen.de findet ihr einen Artikel mit dem Titel
Fastnacht, Fasching, Karneval: Die Wurzeln des Kostümfestes.
Setzt euch in kleinen Gruppen zusammen und sammelt Informationen zu den folgenden drei Ursprüngen des Kostümfestes:
- 1. Ursprung: die alten Germanen
- 2. Ursprung: das Mittelalter und die katholische Kirche
- 3. Ursprung: das römische Saturnalienfest

3 Präsentiert euch gegenseitig eure Ergebnisse.

4 Fasse nun in deinen eigenen Worten zusammen, was man über die Entstehung des Kostümfestes wissen sollte. Nutze dafür deine Ergebnisse aus Aufgabe 2 und 3.

5 Sicherlich habt ihr alle ein Lieblingskostüm. Doch könnt ihr dieses auch gut beschreiben? Findet es im folgenden Spiel heraus.
Variante 1: Beschreibt eurer Lieblingskostüm, ohne die konkrete Figur zu nennen. Wer errät als Erstes, welches Kostüm gemeint ist?
Variante 2: Denkt euch ein Fantasiekostüm aus und beschreibt es so genau wie möglich. Die anderen versuchen es zu zeichnen. Wem gelingt die beste Skizze?

6 Masken spielen beim Karneval eine ganz besondere Rolle. Sie verbergen das Gesicht oder geben ihm ein ganz anderes, neues Aussehen.

- Seht euch die folgende Maske in Ruhe an.
- Beschreibt die Maske nun mündlich. Nutzt dazu den **WORTSCHATZ** und wählt passende Begriffe aus.

WORTSCHATZ

glatte Grundierung in Weiß bedeckt das ganze Gesicht
Halskrause aus Glitzerstoff
hoher Zylinder in Weiß und Orange
mit Spielkarten und Tüll besetzt
Glitzerpailletten um die Augen
Glitzersteinchen verzieren Wange und Stirn
weiß gemalte Lippen
roter Stoff
oranger Tüll mit Glitzer
Halskrause aus Spielkarten und Glitzerstoff
ruhige, enstapnnte Ausstrahlung

Eine Maske beschreiben

INFO

Beginne deine Beschreibung, wenn möglich, mit dem Geschlecht und dem Alter des Maskenträgers.

- Sage etwas über die Form und die Farbe der Maske.
- Beschreibe die einzelnen Elemente der Maske so genau wie möglich. Mache Angaben zur Form, Farbe und zu besonderen Details der Maske, zum Beispiel Verzierungen, Kopfbedeckung, Auffälligkeiten …
- Achte auf eine abwechslungsreiche Sprache: anschauliche Adjektive, verschiedene Satzanfänge …
- Schreibe im Präsens.

7 Verfasse nun selbst eine Beschreibung einer Karnevalsmaske.

- Wähle deine persönliche Lieblingsmaske aus oder beschreibe die Maske rechts.
- Nutze auch den Infokasten.

8 Setzt euch jetzt zu zweit zusammen. Einer liest seine Beschreibung vor, der andere versucht, diese zu zeichnen. Je gründlicher ihr beschrieben habt, desto besser gelingt die Zeichnung.

Die Arbeit mit dem Wörterbuch

M Nachschlagen im Wörterbuch

Wenn du unsicher bist, wie ein Wort geschrieben wird, kannst du im Wörterbuch nachschlagen. Oft ist dies der schnellste Weg, um zur richtigen Schreibung zu gelangen. Deswegen wäre es gut, wenn du das Wörterbuch **immer** zur Hand hast.
Es macht dich selbstständig und gibt dir Sicherheit.
Mit einigen **Tipps für das Üben** soll dir das Nachschlagen erleichtert werden.

1. Tipp: Wörter nach dem Abc rasch finden können

Du weißt: Die Wörter im Wörterbuch sind nach dem Abc geordnet. Und von manchen Buchstaben gibt es sehr viele Seiten, zum Beispiel mit den Buchstaben **K** oder **S**.
Dann musst du wissen, dass Wörter mit **Ka** vorn unter **K** stehen und Wörter mit **Ku** ganz hinten.
Die Wörter sind also auch nach dem zweiten und dritten Buchstaben alphabetisch geordnet.

1 Nimm dir dein Heft und schreibe die folgenden Wörter in der Reihenfolge ab, in der du sie im Wörterbuch finden würdest.
Beispiel: ***knüllen, knurren, knipsen:*** *1. knipsen, 2. knüllen, 3. knurren*

Kotelett – Kuckuck – Kassette
kringeln – kriechen – kribbeln
tt ttt *Korb – Konditor – Kopie*
ttt *Knospe – Knoten – Knorpel*

2 Schau nun nach, wo du diese Wörter im Wörterbuch findest.
- Schreibe die entsprechende Seitenzahl hinter jedes Wort.
- Überprüfe anschließend, ob deine Reihenfolge aus Aufgabe 1 richtig ist.

2. Tipp: Wörter zwischen Kopfwörtern rasch finden

In jedem Wörterbuch findest du am oberen Rand sogenannte „Kopfwörter".
Das Kopfwort links oben zeigt dir das erste Wort, das auf dieser Seite steht.
Das Kopfwort rechts oben zeigt dir das letzte Wort auf der Seite.
Zwischen diesen beiden Kopfwörtern findest du alle anderen Wörter, die mit denselben Buchstaben beginnen. Zwischen den Kopfwörtern
Kopie *Kost* stehen also die Wörter:
Kopilot, Korken, Körper, Kosmetik usw.

3 Schreibe in deinem Heft die folgenden vier Kopfwörter auf. Das eine Wort ganz links, das andere ganz rechts, sodass dazwischen Platz zum Schreiben ist.

Chlor *contra*
Cello *Chirurg*

Welche der folgenden Wörter findest du wohl jeweils zwischen diesen Kopfwörtern? Schreibe sie dazwischen auf.

Clown — Chance — Chips — Container — City — Champion

4 Schlage jetzt die Wörter im Wörterbuch nach, damit du deine Ergebnisse überprüfen kannst.

5 Schreibe auf, welche Wörter zwischen den Kopfwörtern *salopp* und *sank* und welche zwischen *saufen* und *Schachtel* stehen:
Salto, Säule, Saurier, Sandale, Samstag, Schabernack

3. Tipp: Wörter mit bestimmten Problemstellen nachschlagen

Manchmal geht es schneller, ein Wort im Wörterbuch nachzuschlagen, als erst lange zu überlegen, wie es geschrieben werden könnte – jedenfalls dann, wenn du das Nachschlagen geübt hast.

6 Schlage die folgenden Wörter nach und schreibe sie richtig auf:

▸ mit h oder ohne h?
jo?len – grö?len – Trä?nen
sich schä?men – Fe?rien – quä?len

▸ mit k oder ck?
Klamau? – zwi?en – Di?tat
flin? – Ru?sa? – strei?en

▸ mit z oder tz?
Schnau?e – Mie?eka?e – blin?eln
Käu?chen – schmun?eln – grun?en

▸ mit ss, mit s oder ß?
Gie?kanne – Stra?e – mei?tens
nasewei? – ausgie?en – Rei?verschlu?

4. Tipp: Wörter an zwei Stellen nachschlagen

Wenn du nicht sicher bist, wie ein Wort am Wortanfang geschrieben wird, ob mit **c** oder **k**, dann ist es nicht ganz einfach, es zu finden. Wenn du es unter **c** nicht findest, musst du vielleicht ein zweites Mal unter **k** nachschlagen. Es kann aber auch vorkommen, dass ein Wort auf zwei verschiedene Weisen geschrieben werden kann. Dann findest du es an zwei verschiedenen Stellen.

7 Wie werden diese Wörter geschrieben? Schlage sie nach und schreibe sie richtig auf.
Chaos – Kaos, chic – schick, Couch – Kautsch, Cousine – Kusine, Cousin – Kuseng
Foto – Photo, Physik – Füsik, Fantom – Phantom, ergerlich – ärgerlich, älastisch – elastisch

5. Tipp: Im Nachschlagewettkampf üben

8 Übt gemeinsam im Wettkampf miteinander.
- Schreibt in der Gruppe die folgenden Wortpaare auf einen Zettel.
- Sucht die Wörter im Wörterbuch.
- Schreibt die Wörter richtig auf.
- Schreibt die Seitenzahl dahinter, auf der ihr die Wörter gefunden habt.

Gewonnen hat, wer als Erster die Wörter richtig aufgeschrieben und die richtigen Seitenzahlen dahinter notiert hat.

ein bißchen — ein bisschen
irgendwo — irgend wo
gar nichts — garnichts

oft — offt
Heizung — Heitzung
zusammen stoßen — zusammenstoßen

Recht-schreibung und Zeichen-setzung

6. Tipp: Nachschlagen, was ein Wort bedeutet

Manchmal liest du ein Wort und weißt nicht genau, was es bedeutet.
Dann kannst du im Wörterbuch nachschlagen – und findest eine Erklärung dafür.

9 Suche im Wörterbuch die Erklärungen für die **fett** gedruckten Wörter. Schreibe sie der Reihe nach auf.
ℓ Sätze 1–8, ℓℓ Sätze 1–16, ℓℓℓ alle Sätze.

Schwierige Wörter durchs Alphabet

1) Er spielt als **Amateur** im Fußballverein.
2) Der **Artist** führt seine Kunststücke vor.
3) Er half seinem Vater, die schwere **Bohle** zu schleppen.
4) Sie gibt den **Code** in den Computer ein.
5) Sie spielte mit ihrem **Cousin** am Strand Federball.
6) Die Fußballer spielten nur noch in der **Defensive**.
7) Er ließ seinen **Emotionen** freien Lauf.
8) Sie hatte nichts als **Flausen** im Kopf.
9) Die **Gischt** spritzte im Boot alle ganz nass.
10) Der Taucher schoss mit seiner **Harpune** einen dicken Fisch.
11) Das Flugzeug steht im **Hangar**.
12) Sie hat eine hohe **Intelligenz**.
13) Ich darf mit Freunden auf einer **Jacht** mitfahren.
14) Sie fuhren in einem **Jeep** durch die Wüste.
15) Manchmal trafen sie auf eine **Karawane**.
16) Der **Luchs** kommt in unseren Wäldern immer häufiger vor.
17) Manchmal kann man einen **Meteor** am Nachthimmel beobachten.
18) Sie liebt Gebäck mit **Nugat**.
19) Die Reisenden kamen an eine **Oase**.
20) Der **Patient** lag im Krankenhaus.
21) Sarah trägt heute einen roten **Pullover**.
22) Ihre Pudelmütze hatte eine rote **Quaste**.
23) Kauf das nicht! Das ist doch nur **Ramsch**!
24) Der Clown versuchte einen **Salto** – und fiel auf den Bauch.
25) Die Schüler malten ihre Bilder auf **Transparentpapier**.
26) Er hat das doch nur aus lauter **Ulk** gesagt.
27) Sie saßen auf der **Veranda** und spielten Karten.
28) Die Kinder gingen im **Watt** spazieren.
29) Sie spielt im Schulorchester das **Xylofon**.
30) Sie besucht seit zwei Jahren einen **Yogakurs**.
31) Gestern habe ich am Himmel einen **Zeppelin** gesehen.

10 Suche zu einigen der fett gedruckten Wörter ein verwandtes Wort:
Defensive – defensiv, Cousin – …

7. Tipp: Einen Text berichtigen

Wenn du einen Text geschrieben hast, musst du ihn immer noch einmal daraufhin durchlesen, ob du auch alle Wörter richtig geschrieben hast.
Das kannst du hier an einem Aufsatz, den ein Schüler geschrieben hat, einmal üben.

11 Lest euch den folgenden Text erst einmal vor.

Meine erste Fahrt auf dem Longboard

Als ich bei meiner Oma in Chemnitz war, hat sie mir zum Geburtstag ein Longboard geschenkt. Das hatte ich mir schon lange gewünscht. Ich habe es auch gleich ausprobiert und bin damit auf der Strasse entlanggefahren. Ich bin zwar schon öffter auf dem Longboard von meinem Bruder gefahren. Aber eigendlich musste ich noch üben. Gut, ich war wirklich ein bischen leichtsinnig. Denn ich traute mich gleich auf die Straße, die zum Fluss hinunterführte. Ich kannte die Straße ja noch nicht, als ich das erste Mal zu meiner Oma kahm. Die Straße war zimlich steil, steiler als ich gedacht hatte. Aber ich wollte es einmal ausbrobieren.

Erst ging alles gut. Ich rollte langsahm los. Aber dann wurde ich immer schneller. Deshalb konnte ich nicht mehr richtig abbremsen. Und da bin ich auf die Straße gestürtzt und so richtig auf das Pflaster geknalt. Ich habe mir die Schulter verlezt. Sie blutete. Aber es tat nicht sehr weh. Ich ergerte mich vor allem über mich selber, weil ich nicht aufgepasst hatte. Zu Hause hat meine Oma die Wunde gereinigt und dann ein Pflaster darauf geklept. Das war vorige Woche. Heute kann ich schon richtig gut auf dem Longboard fahren. Das macht mir richtig viel Spass.

12 Im ersten Absatz sind sieben Wörter rot unterkringelt.
Bei manchen Wörtern weißt du bestimmt sofort, wie sie geschrieben werden.
Bei anderen Wörtern bist du vielleicht unsicher.

- Schlage alle unterstrichenen Wörter im Wörterbuch nach und schreibe sie danach richtig auf.
- Schreibe auch die Seitenzahl hinter die Wörter, auf der sie im Wörterbuch stehen.

13 Im zweiten Teil des Textes sind die Fehlerwörter nicht unterkringelt.
Schreibe die sieben Fehlerwörter richtig auf. Schau im Wörterbuch nach.
Schreibe die Seitenzahl dahinter.

Recht-schreibung und Zeichen-setzung

Aufbau und Schreibung der Wörter

Wörter mit *h* richtig schreiben

droht, fährt, zieht, weht, zählt, flieht, wohnt, stiehlt, fehlt, geht, blüht, führt

1 Schreibe von diesen zwölf Wörtern den Infinitiv (die Grundform) auf.
Zerteile den Infinitiv jeweils in seine beiden Silben und setze einen Silbenstrich dazwischen:
dro-hen, fah-ren …

2 Du hast gemerkt, dass bei der Silbentrennung das *h* bei den einen Wörtern zur ersten, bei den anderen zur zweiten Silbe gehört. Schreibe diese Wörter jetzt noch einmal geordnet auf:
Das h gehört zur ersten Silbe: *fah-ren …* ***Das h gehört zur zweiten Silbe:*** *dro-hen …*

INFO

Zwei Arten von *h*

In der Rechtschreibung unterscheidet man **zwei Arten von h**:

- Das **Dehnungs-h:**
  Es steht **nur** vor den Konsonanten **l, m, n, r**. Das Dehnungs-h zeigt an, dass der Vokal in der ersten Silbe lang und gedehnt gesprochen wird: *za**hl**en, ne**hm**en, wo**hn**en, fa**hr**en …*
  Bei der Silbentrennung steht das Dehnungs-h bei dem **Vokal**, zu dem es gehört: *za**h**-len …*
- Das **silbentrennende h:**
  Es steht zwischen dem Vokal der ersten und dem Vokal der zweiten Silbe und trennt die beiden Vokale voneinander: *we**h**en, ho**h**e …*
  Bei der Silbentrennung gehört dieses ***h*** zur zweiten Silbe: *we-**hen**, ho-**he** …*

3 Schreibe zu diesen Substantiven jeweils die Pluralformen auf.
Setze zwischen die beiden Silben den Silbenstrich:
Wörter mit Dehnungs-h: *Oh-ren …*
Wörter mit silbentrennendem h: *Flö-he …*

Floh – Ohr – Schuh – Jahr – Zahl – Kuh – Zeh – Bahn – Reh – Kahn

4 Schreibe zu diesen Adjektiven eine verlängerte Form auf.
Setze zwischen die beiden Silben den Silbenstrich:
Wörter mit Dehnungs-h: *wah-rer …*
Wörter mit silbentrennendem h: *nä-her …*

nah – wahr – zahm – früh – wohl – froh – zäh – kahl – lahm – weh – roh – kühl

5 Hier sind einige nicht ganz so bekannte Wörter. Fünf von ihnen werden **mit *h*** geschrieben, fünf können aber nach der Regel oben **nicht** mit ***h*** geschrieben werden.
- Schreibe die Wörter richtig auf.
  Richte dich nach den Regeln im Infokasten oben.
- Überprüfe deine Schreibung auch mithilfe des Wörterbuches.

Wörter mit Dehnungs-h: *…*
Wörter, die kein Dehnungs-h enthalten können: *…*

Bo?je – Ko?le – Bü?ne – De?gen – Do?le – La?ken – Mä?ne – Ma?gen – Ra?men – Fla?den

Aufbau und Schreibung der Wörter

Aufgaben für Rechtschreibforscher

Ihr habt gelernt, dass in manchen Wörtern ein Dehnungs-h steht. Es steht aber nur:
1. wenn der Vokal in der betonten Silbe **lang** und **gedehnt** ist: *fühlen, nehmen …*
2. wenn auf einen langen Vokal ein **l, m, n** oder **r** folgt: *fühlen, nehmen, dehnen, fahren …*

Nun gibt es aber viele Wörter, in denen ein **l, m, n, r** nach dem Vokal steht – und die trotzdem kein Dehnungs-h enthalten. Ist das nicht merkwürdig?

Ein **h** steht in **Kuhle**, aber nicht in **Schule**;
ein **h** steht in **Zahn**, aber nicht in **Kran**;
ein **h** steht in **Söhne**, aber nicht in **Töne**.

1 Ihr sollt einmal näher erforschen, ob das Zufall ist – oder ob es eine Art Regel dafür gibt. Schaut euch diese Wörter genau an. Sprecht sie euch deutlich vor, damit der Langvokal hörbar wird.

1.		*2.*		*3.*	
Schal	*Tal*	*quälen*	*schälen*	*Träne*	*Späne*
Sporen	*Poren*	*Spüle*	*pulen*	*Spulen*	*Krone*
Töne	*grölen*	*schämen*	*sich grämen*	*Schwan*	*spüren*
kramen	*quer*	*Kran*	*Türen*	*Schnur*	*Qual*

2 Schreibe die Wörter aus Aufgabe 1 ab. Achte auf die Buchstaben oder Buchstabenkombinationen, die **vor** dem Langvokal stehen:
ℓ 1. Spalte, ℓℓ 1. und 2. Spalte, ℓℓℓ alle Spalten.

Ordne die Wörter so:
*Wörter mit **sch**: Schal …*
*Wörter mit **sp**: Sporen …*
*Wörter mit **gr**: …*
*Wörter mit **qu**: …*
*Wörter mit **p**: …*
*Wörter mit **t**: Tal …*
*Wörter mit **kr**: …*

ℓ **3** Sucht in einem Wörterbuch weitere Wörter, die mit **scha-, schä-, sche-, schu-, schü-** anfangen. Danach muss immer ein **l, m, n** oder **r** stehen, z. B.: *Schale …*
Überprüft, ob eins dieser Wörter mit Dehnungs-h geschrieben wird.

ℓℓ ℓℓℓ **4** Sucht in einem Wörterbuch Wörter, die mit **t, sp, p, qu, gr** anfangen. Nach ihnen muss immer ein langer Vokal stehen. Zum Beispiel: Wörter mit **t-**: *tun …* oder Wörter mit **gr -**: *grün …*
Überprüft, ob ihr ein einziges Wort findet, das ein Dehnungs-h hat.

Wörter ohne Dehnungs-h

INFO

Ein **Dehnungs-h** steht in Wörtern **nur**, wenn auf den Langvokal die Buchstaben **l, m, n, r** folgen. Es steht aber **niemals**, wenn die Buchstaben **sch, t, qu, p, gr, kr** davor stehen.

5 Vier dieser Wörter werden mit Dehnungs-h geschrieben, in den anderen sechs kann kein Dehnungs-h stehen!
Schreibe die Wörter geordnet auf:
Wörter mit Dehnungs-h: … *Wörter ohne Dehnungs-h: …*

Kra?m – Sa?ne – Krü?mel –
Bo?nen – grö?len – schwö?ren –
Fo?len – pu?len – Mo?n – Tra?n

ℓℓℓ **6** Schreibe jeweils vier Fantasiewörter mit Dehnungs-h und ohne Dehnungs-h auf. Sie sollen alle einen langen Vokal haben und danach ein **l, m, n** oder **r**:
bruhlen … *tölen …*

Recht-schreibung und Zeichen-setzung

Aufbau und Schreibung der Wörter

Wortfamilien: Wörter mit und ohne *h* richtig schreiben

INFO

Wortfamilie

Eine **Wortfamilie** besteht aus Wörtern, die einen gemeinsamen **Wortstamm** haben.
So hat die Wortfamilie ***fahren*** den Wortstamm ***-fahr-***.
Solche Wortstämme können in verschiedenen Formen und auch mit Umlauten vorkommen: ***fuhr, fähr***.
Die Wörter eines solchen Wortstammes können auch mit **Präfixen** (Vorsilben) und **Suffixen** (Nachsilben) vorkommen: ***be-fahr-bar, ge-fähr-lich …*** Nahezu alle Wörter behalten dabei das ***h*** des Wortstammes bei.

Wenn aber der Stammvokal kurz ist, so steht kein ***h***: *nimm …*

Wird ein Wortstamm **ohne *h*** geschrieben, so kommt auch in der ganzen Wortfamilie **kein *h*** vor:
schwer-: schwerer, sich beschweren, Schwerpunkt …

führen:

Verben:	*führt, führte, geführt, abführen …*
Substantive:	*Führer, Führung, Aufführung …*
Adjektive:	*verführbar …*

fahren:

Verben:	*fuhr, gefahren, wegfahren …*
Substantive:	*Fahrt …*
Adjektive:	*gefährlich …*

1 Ergänze diese Wortfamilie durch weitere Wörter, die dir einfallen. Nimm auch ein Wörterbuch zu Hilfe.

2 Übe mit den Wörtern rechts, indem du weitere Wörter aus ihren Wortfamilien suchst. Benutze auch das Wörterbuch.

mehr: … *rühren: …* *wahr: …*

3 Hier sind die Wörter aus drei Wortfamilien mit Dehnungs-h miteinander vermischt. Ordne sie richtig zu: **stehlen:** … **wohnen:** … **lohnen:** …

lohnen – wohnen – stehlen – Lohn – Wohnung – gelohnt – lohnend – gewohnt – stiehlt – stahl – gestohlen – lohnenswert – Diebstahl – Wohnungstür – Einwohner – Belohnung – verstohlen – gewöhnlich

4 Hier sind die Wörter von fünf Wortfamilien ohne Dehnungs-h miteinander vermischt. Ordne sie:

hören: das *Gehör …*
schwer: …
holen: …
klar: …
stören: …

das Gehör – die Erholung – gestört – schwerer – hörte – die Klarheit – erholt – sich beschweren – die Störung – erklären – hörbar – überholen – Schwerpunkt – unerhört – abholen – klare Luft – störungsfrei – geschworen – die Beschwerde – störend – schwerfallen – der Störenfried – erholsam – schwerfällig – geklärt – die Klarsichtfolie

5 Schreibe mit diesen Wörtern jeweils einen kurzen Satz:
mit vier Wörtern, mit sechs Wörtern,
mit allen Wörtern: *Die Schuhe sind bequem. …*

bequem – gar nicht – komisch – mehr – nämlich – nur – sehr – verkehrt – wenig – wohl

Aufbau und Schreibung der Wörter

Wörter selbstständig üben

ihm
allmählich
Fehler
gefährlich
wählen
Gefahr
fehlen
Wahl
Zahl
wahr
gewählt
ungefährlich
Zähne

ihr
berühmt
Lehrerin
während
zählen
belehren
Zahl
Ruhm
vermehren
wählen
bezahlen
Lehrer
Kahn

ihn
wahrscheinlich
Fahrrad
sehr
stehlen
fahren
wohl
Diebstahl
mehr
fehlen
gestohlen
Gefahr
Rahmen

mehr
ungefähr
Zahl
verkehrt
gähnen
zählen
Verkehr
vermehren
wählen
kahl
erzählen
mehrere
nehmen

Übe etwa 20 Minuten lang. Diese Zeit musst du aber durchhalten!
Übe an zwei, drei Tagen hintereinander.
Nimm dir zum Üben an jedem Tag drei der folgenden Übungen vor:

1 Welches sind die kürzesten Wörter in jeder Spalte?
Schreibe die Wörter mit 3–4 Buchstaben auf: *ihn, Wahl …*

2 Welches sind die längsten Wörter in jeder Spalte?
Schreibe die Wörter mit 8–12 Buchstaben auf: *allmählich …*

3 In jeder der Spalten gibt es Reimpaare. Schreibe sie auf: *Wahl – Zahl …*

4 In jeder Spalte kommen Wörter aus verschiedenen Wortfamilien vor.
Welche Wörter gehören zusammen? Schreibe sie auf: *wählen, Wahl …*

5 Schreibe die Wörter einer Spalte mit Silbenstrichen auf: *all-mäh-lich …*

6 Packe jeweils zwei Wörter einer Spalte in einen Satz. Er darf auch witzig sein:
Diese Zahl ist gefährlich. …

7 Ordne die Wörter einer Spalte nach Wortarten: *Substantive: Fehler …* *Verben: wählen …*

8 Ordne die Wörter einer Gruppe so:
a) Wörter mit ***l*** nach dem Vokal: *allmählich …*
b) Wörter mit ***m*** nach dem Vokal: *ihm …*
c) Wörter mit ***n*** nach dem Vokal: …
d) Wörter mit ***r*** nach dem Vokal: …

9 Suche dir einen Partner und diktiert euch die Wörter einer Spalte gegenseitig.

10 Schreibe die zehn Wörter auf, die du dir unbedingt merken möchtest.

Recht-schreibung und Zeichen-setzung

Aufbau und Schreibung der Wörter

Den stimmhaften und den stimmlosen s-Laut unterscheiden

1 Sprecht diese beiden Wörter deutlich aus. Achtet darauf, welchen Unterschied ihr heraushört.

reisen – reißen

2 Haltet euch einmal die Ohren zu. Sprecht jetzt die Wörter noch einmal und achtet auf die beiden s-Laute. Wie unterscheiden sie sich?

3 Sprecht auch diese beiden Wörter laut: einmal mit einem **s**, das ihr deutlich summen hören könnt, und einmal mit einem **s**, das nur leise zischt:

FLIE$EN – FLIE$EN

4 Schreibt die beiden Wörter jetzt an die Tafel. Das eine wird großgeschrieben und mit **s**, das andere klein und mit **ß**. Erklärt euch die Wörter.

INFO

Das stimmhafte (summende) *s* – das stimmlose (zischende) *s*

In unserer Sprache gibt es **zwei verschiedene s-Laute**. Du kannst sie gut unterscheiden, wenn du dir beim Sprechen beide Ohren zuhältst und langsam sprichst.

In einem Wort wie ***reisen*** kannst du das **s** in deinen Ohren laut **summen** hören. Man nennt diesen Laut ein **stimmhaftes s**.

In einem Wort wie ***reißen*** hörst du das **s** nur leise **zischen**. Man nennt ihn deswegen einen **stimmlosen s-Laut**.

5 Sprich die Sätze rechts deutlich aus.
- Achte darauf, welches **s** stimmlos und welches **s** stimmhaft ist.
- Schreibe die Sätze dann richtig auf.

a) Wir sto*en die Do*en um.
b) Wir sau*en drau*en umher.
c) Wir a*en Würstchen auf dem Ra*en.
d) Wir gie*en Blumen auf den Wie*en.

INFO

Wenn das **s** vor einem **Konsonanten** steht, wird es immer **stimmlos** ausgesprochen.
Die beiden Wörter ***reist*** und ***reißt*** hören sich dann genau gleich an.
Erst wenn du das Wort **verlängerst**, hörst du, ob das **s** stimmlos oder stimmhaft ist:
stimmhaftes s in ***reisen***, **stimmloses s** in ***reißen***.
Wenn du unsicher bist, musst du also das Wort **verlängern**.

6 Setze beim Abschreiben der Sätze **s** oder **ß** ein. Wenn du die Wörter verlängerst, kannst du hören, ob sie ein stimmhaftes oder ein stimmloses **s** haben:
*verrei*t – verreisen ...*

a) Sie zerrei*t ein Blatt Papier.
b) Er verrei*t in den Ferien eine Woche.
c) Sie rei*t sich um einen Platz in der ersten Reihe.
d) Das Pferd zerrt und rei*t an der Leine.
e) Der Wegweiser wei*t uns den Weg.
f) Der Maler hat die Wand gewei*t.

Aufbau und Schreibung der Wörter

M Strategie: Langform von Wörtern mit s-Lauten bilden

1 Sprich diese Verse deutlich aus, damit du das **stimmhafte s** in der Langform der Wörter hören kannst.

Er ra*t kommt von rasen,
und blä*t kommt von blasen.

Das Lo* kommt von Lose,
und Moo* kommt von Moose.

Aus le*en wird liest,
aus nie*en wird niest.

Denk an Prei*e bei Prei*.
Von weise kommt Nasewei*!

Aus Grä*er wird Gra*,
aus Glä*er wird Gla*.

Er dö*t kommt von dö*en,
und lö*t kommt von lö*en.

2 Schreibe die Verse aus Aufgabe 1 auf und setze die s-Laute ein:
ℓ die obere Reihe, ℓℓ ℓℓℓ beide Reihen.

3 Sprich die folgenden Verse deutlich aus, damit du das **stimmlose s** in der Langform der Wörter hören kannst.

Aus hei*t bilde heißen,
aus bei*t bilde beißen.

Aus sü* bilde Sü*e,
aus Fu* bilde Fü*e.

Aus Spa* bilde Spä*e,
aus Gefä* bilde Gefä*e.

Aus schie*t bilde schießen,
aus flie*t bilde fließen.

Aus sprie*t bilde sprie*en,
aus gie*t bilde gie*en.

Denk an flei*ig bei Flei*
und an schmei*en bei schmei*t.

4 Schreibe die Verse aus Aufgabe 3 auf und setze die s-Laute ein:
ℓ die obere Reihe, ℓℓ ℓℓℓ beide Reihen.

ℓℓℓ **5** In den **Kurzformen** von Wörtern kannst du nicht hören, ob sie mit **ß** oder mit **s** geschrieben werden. Deswegen musst du zu solchen Kurzformen die Langformen bilden:
reißt – reißen, aber: reist – reisen.
Erst in der **Langform** kannst du hören, ob der s-Laut stimmlos oder stimmhaft ist.
- Schreibe den folgenden Brief richtig auf.
- Wenn du bei den Wörtern in diesem Brief unsicher bist, bilde eine Langform.

Sehr geehrter Herr Poguntke,

erst vorige Woche kamen Sie angedü*t, um mir meinen Computer zu reparieren. Haben Sie dabei gedö*t? Jedenfalls hat er schon wieder ein Problem, das für mich unlö*bar ist. Was ist nur lo* mit dem Ding? Er schreibt einfach in manche Wörter so ein komisches Sternchen hinein. Vieles wei*t darauf hin, dass mich das Hexending blo* ärgern will. Wie lie*t sich denn das, was hier steht? In mir ra*t die Wut. Mir sitzt ein Klo* im Hals, mir krei*t es im Schädel! Es zerrei*t mich noch in der Luft! Das ist kein Spa* mehr! Kommen Sie sofort, sonst blä*t mir der Computer noch das Leben aus – und unsereiner bei*t dann ins Gra*, nur weil Sie sich vielleicht einen Spa* mit mir gemacht haben.

Seien Sie gegrü*t von mir.

Recht-schreibung und Zeichen-setzung

Aufbau und Schreibung der Wörter

Wörter mit *ß* und *ss* unterscheiden und richtig schreiben

Maße – Masse

1 Sprecht die beiden Wörter deutlich aus. Achtet darauf, welchen Unterschied ihr heraushört.

*Grü*e – Kü**e*

2 Sprecht auch diese beiden Wörter deutlich aus. Wie unterscheiden sich die beiden **ü** darin?

INFO

Wörter mit *ss* und mit *ß*

Das **ß** und das **ss** sind **stimmlose** s-Laute.
Ist der Vokal in der betonten Silbe **lang**, so schreibt man **ß**: *sto-ßen, grü-ßen …*
Andere Formen dieser Wörter werden ebenfalls mit **ß** geschrieben:
stoßen: stößt, der Stoß … – grüßen: gegrüßt, der Gruß …

Ist der Vokal in der betonten Silbe **kurz**, so schreibt man **ss**: *müs-sen, Bis-sen …*
Andere Formen dieser Wörter werden ebenfalls mit **ss** geschrieben:
***müssen:** muss, musste … – **Bissen:** sie biss zu, ein bisschen …*

stoßen	*größer*	*beißen*	*schießen*	*Gefäße*	*zerreißen*
reißen	*gießen*	*schließen*	*genießen*	*Straße*	*Schöße*
schmeißen	*heißer*	*fließen*	*Späße*	*Maße*	*sprießen*
fraßen	*süßer*	*heißen*	*saßen*	*Spieße*	*Klöße*

mit freundlichen Grüßen *mit bloßen Füßen*

3 Schreibe diese Wörter paarweise auf: in der zweisilbigen Form – und in einer kürzeren Form mit nur einer Silbe: *stoßen – stößt, größer – groß, beißen …*

4 Viele dieser Wörter reimen sich. Stelle Reimpaare zusammen: *beißen – reißen …*

INFO

In manchen Wortfamilien kommen Wörter vor, die mit **ss** geschrieben werden, und andere, die mit **ß** geschrieben werden. Dann gilt aber auch hier die Regel:
Nach **langem** Vokal und **ei, au, äu** steht **ß**: *beißen, gießen, vergaß …*
Nach **kurzem** Vokal steht **ss**: *gebissen, gegossen, vergessen …*

5 Immer zwei Wörter aus der folgenden Liste gehören zu einer Wortfamilie. Schreibe sie jeweils paarweise ins Heft: *aß – essen …*

aß, beißen, vergaß, fließen, schmeißen, essen, schmissen, flossen, gebissen, vergessen

schießen, weiß, ließ, fraß, maß, geschossen, messen, frisst, wissen, lassen

6 Schreibe noch weitere Wörter dazu, die zu diesen Wortfamilien gehören.

Aufbau und Schreibung der Wörter

Wörter mit *s*, *ß* und *ss* richtig schreiben

1 Arbeitet zu zweit. Einer liest die Fantasiewörter in der linken Spalte deutlich vor. Der andere sucht aus der rechten Spalte Wörter, die sich darauf reimen:
schnaßen – aßen, kneißen – …

schnaßen kneißen brießen strossen
bressen schnissen verblosen quassen
bequiesen schmasen brusen gezeisen

aßen geschossen beißen verpassen
fressen verlosen zerbissen fließen
vermiesen verreisen rasen schmusen

2 Schreibe die Reimpaare für die Wörter aus Aufgabe 1 auf:
1. Zeile, 1. und 2. Zeile, alle drei Zeilen.

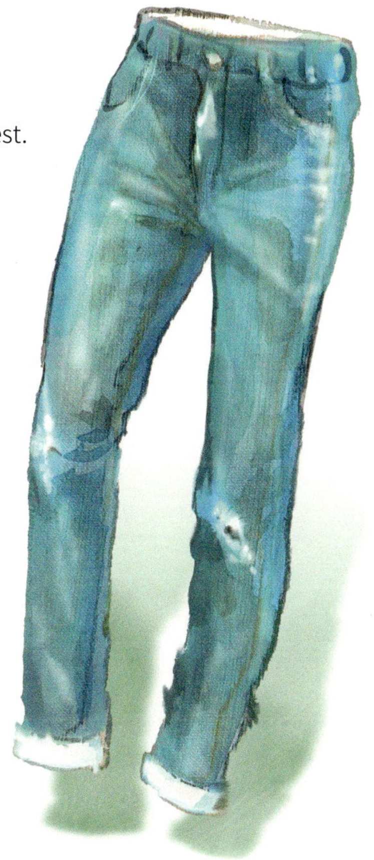

3 Schreibe den folgenden Text ab und setze **s**, **ß** oder **ss** ein.
- Bilde zu den Wörtern eine Langform, wenn du sicher sein möchtest.
- Du kannst auch im Wörterbuch nachschauen.

Die alten Jeans

Meine Mutter wie* mich darauf hin, dass der Rei*verschlu* an meiner Jeans kaputt sei. „Der mu* repariert werden", sagte sie. „Ich wei*", sagte ich. „Aber ich ziehe die Jeans fa*t nie an, weil mir die Ho*e sowie*o nicht mehr pa*t." – „Was hei*t das? Drau*en beim Spielen hast du sie doch mei*tens angehabt! – Aber wenn du meinst, dann la* ich es!"
Nun bin ich das hä*liche Ding endlich lo*. Ich habe diese alte Jeans immer geha*t. Ich mü*te mir unbedingt mal eine neue kaufen! Aber meine Mutter schmei*t nicht gern etwas weg. Ein hartes Lo*, das ich da in unserer Familie habe!

4 Die folgenden Wörter musst du dir besonders merken.
Ordne sie zunächst einmal mithilfe dieser Tabelle:
*Wörter mit **s**: … Wörter mit **ß**: … Wörter mit **ss**: …*

aus meistens daraus Gruß hinaus los draußen
Spaß außer Reis fest Mais bloß ein bisschen
besser am besten gestern etwas Bus bis deshalb
du bist außerdem Fuß Glas fasst an raus fast (beinahe)

5 Arbeitet nun zu zweit.
- Schaut euch die Wörter in eurer Tabelle noch einmal an.
- Diktiert sie euch dann gegenseitig und schreibt sie auf.

Recht-schreibung und Zeichen-setzung

Aufbau und Schreibung der Wörter

Überprüfe dein Wissen und Können

Wörter mit *h*

1 Schreibe Wörter mit Dehnungs-h auf, die du kennst.

2 Schreibe drei Wörter mit silbentrennendem **h** auf, die du kennst.

3 Ordne die Wörter den Regeln zu. Zu jeder Regel gehören drei Wörter.
a) Ein Dehnungs-h steht nur vor **l, m, n, r.**
b) Ein Dehnungs-h steht nie nach **sch, gr** und **t**.
c) Ein silbentrennendes h steht nur zwischen zwei Vokalen.

blühen, fühlen, grün
Töne, höher, dröhnen
Mähne, nähen, schälen

4 Schreibe die folgenden Wörter richtig auf. Drei von ihnen können kein Dehnungs-h enthalten:
Mä*ne – Trä*ne – Kä*ne – Zä*ne – Spä*ne – Schwä*ne.

Wörter mit s-Lauten

5 Schreibe Wörter mit **ß** auf, die du kennst.

6 Schreibe Wörter mit **ss** auf, die du kennst.

7 Schreibe die Wörter mit dem Sternchen in den folgenden beiden Sätzen richtig auf:
a) Heute wäre ich fa*t zu spät zur Schule gekommen.
b) Er fa*t den Teppich an.

8 Schreibe die folgenden Regeln auf. Ordne die Wörter rechts den passenden Regeln zu.
a) Ein stimmhaftes **s** wird immer als **s** geschrieben.
b) Nach einem kurzen Vokal wird ein stimmloses **s** als **ss** geschrieben.
c) Nach einem langen Vokal wird ein stimmloses **s** als **ß** geschrieben.

Fluss, Bluse, Gruß
auslosen, groß, Flossen
aßen, passen, Masern

9 In jedem Satz sind Fehler enthalten. Schreibe die Sätze richtig auf:
Sätze a) bis d), alle Sätze.
a) Ich habe geßtern ein neues Fahrrad bekommen.
b) Damit kann ich jetzt meißtens zur Schule radeln.
c) Ich brauche den Schulbuss nicht mehr zu nehmen.
d) Ich habe aber etwaß Angst davor, dass ich einmal eine Panne habe.
e) Am beßten ist, ich fahre früh genug loß!
f) Beim Fahren isst mir aber dann doch der Reifen geplatzt.
g) Mein Grossvater konnte den Reifen noch am selben Tag außtauschen.
h) Ich war über eine Glaßscherbe gefahren.
i) Mein schöneß neuess Fahrrad ist nun wieder repariert.

Aufbau und Schreibung der Wörter

Strategie: Wörter mit *ä* und *äu* ableiten

*äu oder eu? → Schl**che Z**ne Sch**ne Str**cher H**ser Kr**ter*

1 Suche zu diesen Wörtern verwandte Wörter mit **au**. Schreibe die Wörter richtig auf. **Achtung:** Ein Wort wird mit **eu** geschrieben!

*ä oder e? → l*nglich w*rmer l*nger *rnst *ngstlich *lter*

2 Suche nun zu diesen Wörtern verwandte Wörter mit **ä**. Schreibe die Wörter richtig auf. **Achtung:** Ein Wort wird mit **e** geschrieben!

Wörter mit *ä* und *äu*

INFO

Die meisten Wörter mit **äu** stammen von Wörtern mit **au** ab: *läuten → Laut, säuerlich → sauer.*
Viele Wörter mit **ä** stammen von Wörtern mit **a** ab: *länger → lang, ärmer → arm.*

3 Manchmal ist es nicht ganz einfach, verwandte Wörter mit **au** oder **a** zu finden. Suche zu folgenden Wörtern Wortverwandte. Schreibe sie so auf: *tatsächlich – Sache, auffällig – …*
tatsächlich auffällig selbstständig lässig enttäuscht äußerlich läuten vorläufig

4 Lest euch den folgenden Text erst einmal genau so vor, wie er da steht.

Der Apfeldieb

An dem alten **Gemauer**, wo dichte **Baume** und **Straucher** standen und wo die alten **Gartenschlauche** vor dem **Gewachshaus** zusammengerollt lagen, hielt sich schon **langere** Zeit ein **Rauber** versteckt. Er beobachtete die beiden **armlichen Hauser** und die vielen **Apfelbaume**. Über die **braunlichen Zaune** um die **Gebaude** würde er leicht klettern können, um an die **Apfel** heranzukommen, die er stehlen wollte. Plötzlich hörte der Dieb ein **verdachtiges Gerausch** aus einem der **Hauser**. Was war das? Er wurde **angstlich**. Dann hörte er eine Stimme: „Auf meinem **Gelande** scheint sich ein Dieb zu verstecken. Kommen Sie schnell!“ Kurz darauf **lautete** das Telefon. Die Stimme **krachzte**: „Ja, ich halte ihn fest. Wenn er sich wehrt, **betaube** ich ihn mit kaltem Wasser und fessele ihn mit einem der **Gartenschlauche**.“ Da wurde der **Rauber** ganz **blasslich** um die Nase und bekam **blauliche** Lippen. Nichts wie weg, dachte er. Und er rannte **tatsachlich** davon – ohne ein einziges **Apfelchen**.

5 Lest den Text jetzt noch einmal richtig vor.

6 Schreibe die **fett** gedruckten Wörter richtig auf.

7 Schreibe die **fett** gedruckten Wörter des ersten Absatzes richtig auf. Suche zu jedem Wort ein verwandtes Wort mit **ä** oder **au**: *Gemäuer – Mauer …*

8 Schreibe **alle fett** gedruckten Wörter richtig auf. Suche zu jedem Wort ein verwandtes Wort mit **ä** oder **au**.

Aufbau und Schreibung der Wörter

Wörter mit *end-* und *ent-* unterscheiden

1 Sprecht die folgenden Wörter einmal deutlich aus.
Achtet dabei darauf, an welcher Stelle ihr jedes Wort betont.
endlich – entfernt – endlos – enttäuscht – entlang – endgültig

2 Schreibt die Wörter an die Tafel. Unterstreicht dabei die Silbe, die betont wird:
endlich, entfernt …

INFO

Wörter mit *end-* und *ent-*

Der Wortstamm **-end-** hat etwas mit dem Wort **Ende** zu tun: *end**l**ich, end**l**os, end**g**ültig …*
Dieser Wortstamm ist immer **betont**: ***Endspiel, unendlich*** …

Die Vorsilbe **ent-** ist immer **unbetont**: ***entfernt, enttäuscht*** …

3 Setzt die Wörter mit **End-** zusammen: *Endrunde …*
Runde – Summe – Station – Spurt – Ergebnis – Kampf – Lauf – Stand

4 Bildet aus den folgenden Wortbausteinen die sechs Wörter, die möglich sind:
beenden …

be-		*-en*
un-	*end*	*-lich*
ver-		*-los*

5 Bildet aus diesen Wortbausteinen Wörter mit der Vorsilbe **-ent**: *enttäuschen …*
täuschen – führen – kommen – werfen – stehen – laufen – lang – gegen – setzlich

6 Schreibe die folgenden Sätze vollständig ab. Setze dazu die passenden Wörter ein:
ℓ Sätze a)–e), ℓℓ Sätze a)–h), ℓℓℓ alle Sätze.

a) Für Verzeihung sagt man oft auch …
b) Wer mit dem Bus zur letzten Station fährt, fährt bis zur …
c) Wer etwas Neues erfindet, macht eine …
d) In den Ferien konnte ich abchillen und mich richtig …
e) Wer das letzte Spiel gewinnt, hat das … gewonnen.
f) Das Wetter war … dem Wetterbericht wunderschön.
g) Wenn etwas nicht eintritt, auf das man sich freut, erlebt man eine …
h) Ich fuhr mit dem Rad am See …
i) Wir waren den ganzen Tag unterwegs; nun sind wir … angekommen.
j) Wer seine Fähigkeiten ausbildet, macht eine … durch.
k) Ich sage dir, … du gehst jetzt, oder ich werfe dich hinaus.

entspannen
Entschuldigung
Endstation
Entdeckung
Enttäuschung
Endspiel
entgegen
Entwicklung
entweder
endlich
entlang

Aufbau und Schreibung der Wörter

Überprüfe dein Wissen und Können

1 Schreibe drei Wörter mit **ä** und drei Wörter mit **äu** auf.

2 Füge in die folgenden Wörter **ä** oder **äu** ein und schreibe zu jedem Wort ein verwandtes Wort mit **a** oder **au** auf. **Aber Achtung:** Ein Wort wird mit **eu** geschrieben!
ngstlich – *ßerlich – m*chtig – pr*chtig – sch*ßlich – br*nlich – l*nglich

3 Welche Aussagen sind richtig? Schreibe die Buchstaben auf.
a) Die meisten Wörter mit **äu** stammen von Wörtern mit **au** ab.
b) Die meisten Wörter mit **ä** stammen von Wörtern mit **e** ab.
c) Viele Wörter mit **ä** stammen von Wörtern mit **a** ab.

4 Schreibe vier Wörter mit **-ig** und vier Wörter mit **-lich** auf.

5 Ergänze die Wörter durch **-ig** oder **-lich**:
ärger** – durst** – näm** – wen**
ehr** – richt** – zufäll** – wahrschein**
gemüt** – plötz** – grusel** – kitzl**

6 Schreibe je zwei Wörter auf: mit **z**, mit **k**, mit **tz**, mit **ck**.

7 Ergänze die folgenden Wörter richtig:
z/tz: kür*er – je*t – gei*ig – win*ig
k/ck: lin*s – rechte*ig – verrü*t – schau*eln

8 Hier sind fünf Wörter, die du wahrscheinlich nicht kennst.
Wie müssen sie geschrieben werden: mit **z** oder mit **tz**?
stan*en – bei*en – bru*eln – plau*en – fal*en

9 Welche Wörter gehören zu welcher Regel?
Schreibe die Wörter geordnet nach den Regeln a), b) oder c) auf.
Regel a) Nach einem kurzen Vokal steht **tz** oder **ck**.
Regel b) Nach einem Konsonanten steht **z** oder **k**.
Regel c) Nach **au** und **ei** kann nur **z** oder **k** stehen.

Schnauze, Kerze, Katze, denken, lecken, streiken, wackeln, schaukeln, krank

10 Ergänze diese Wörter richtig durch **ent-** oder **end-**.
unlich – un***schieden – ***laufen – ***gültig – ***weder … oder***

11 Welche Aussagen sind richtig? Schreibe die Buchstaben auf.
a) Wörter mit **end-** haben etwas mit Ende zu tun.
b) Die Vorsilbe **end-** wird niemals betont.
c) Die Vorsilbe **ent-** ist immer unbetont.

Recht-schreibung und Zeichen-setzung

Die Großschreibung

Die Großschrebung von Wörtern an Signalen erkennen

1 Wenn ihr ein Wort wie TROMMELN seht, könnt ihr nicht wissen, ob es groß- oder kleingeschrieben wird. Doch im Satzzusammenhang kann man es gut erkennen.
- In welchen Sätzen wird das Wort TROMMELN wohl großgeschrieben?
- In welchen Sätzen wird es kleingeschrieben?

Sprecht darüber – und begründet es.

a) Wir haben einige TROMMELN in unserem Orchester. b) Es gibt große TROMMELN und kleine TROMMELN. c) Am liebsten TROMMELN wir auf allen TROMMELN zugleich. d) Man muss aber so TROMMELN, dass kein Spektakel entsteht. e) Deswegen muss man sich beim TROMMELN konzentrieren.

2 Ihr habt schon gelernt, dass man die Großschreibung von Wörtern an Signalen erkennen kann.
- Nennt solche Signale in den Beispielsätzen aus Aufgabe 1.
- Schreibe die Sätze nun richtig auf: *a) Wir haben einige Trommeln ...*

3 Überlegt für die folgenden Sätze, wann das Fantasiewort KÖREN großgeschrieben wird.

Kören – eine Auswahl der besten Tiere

a) Das KÖREN der Hunde findet auf dem Sportplatz statt.
b) Die Schiedsrichter KÖREN hier die schönsten Hunde.
c) Beim KÖREN kommt es aber auch auf das Verhalten der Hunde an.
d) Das diesjährige KÖREN hat unserem Pudel einen zweiten Preis eingebracht.
e) Demnächst lassen wir unseren Collie KÖREN, vielleicht bekommt er auch einen Preis.
f) Diese KÖRUNG findet im nächsten Monat statt.

4 Nennt Wörter, an denen ihr gemerkt habt, dass KÖREN großgeschrieben wird. Lest dazu auch im Infokasten nach.

INFO

Signale für die Großschreibung

Die Großschreibung eines Wortes erkennt man an Signalen. Die wichtigsten von ihnen sind:

a) Artikel und Pronomen:	***die** Pfeifen, **ein** Pfeifen, **dieses** Pfeifen*
b) Adjektive:	***lautes** Pfeifen, **schrilles** Pfeifen*
c) Artikel + Adjektive:	***das laute** Pfeifen, **ein schrilles** Pfeifen*
d) Präpositionen mit versteckten Artikeln:	***beim** (bei dem) Pfeifen*

t **5** Schreibe vier Beispiele mit dem Wort SINGEN auf. Sie sollen so aussehen wie die Beispiele a)–d) im Infokasten. Unterstreiche die Signalwörter für die Großschreibung.

tt ttt **6** Schreibe vier Sätze auf, in denen das Wort LACHEN vorkommt. Orientiere dich dabei an den Beispielen a) – d) im Infokasten. Unterstreiche die Signalwörter für die Großschreibung.

Die Großschreibung

Artikel und versteckte Artikel als Signale für die Großschreibung

1 Versucht zu erklären, warum das Verb *schwimmen* in den Sätzen **a)** und **e)** kleingeschrieben wird, in den Sätzen **b)**, **c)**, **d)** aber groß. Denkt dabei an die Signale für die Großschreibung.

a) Elias geht gern *schwimmen*.
b) Er hat das *Schwimmen* in seinem Verein gelernt.
c) Jeden Montag geht er jetzt zum *Schwimmen*.
d) Das regelmäßige *Schwimmen* hat ihn richtig stark gemacht.
e) Wenn Elias zu *schwimmen* beginnt, vergisst er alles um sich herum.

2 Schreibt die folgenden Sätze richtig auf. Zweimal muss MALEN kleingeschrieben werden und dreimal groß. Vergleicht dann eure Ergebnisse.

a) Paula kann gut MALEN.
b) Bilder MALEN macht ihr Spaß.
c) Beim MALEN vergisst sie alles um sich herum.
d) Sie möchte das MALEN noch weiter verbessern.
e) Leider kam sie in der letzten Woche nicht oft zum MALEN.

3 Schreibe die Sätze aus Aufgabe 2 ab.
- Schreibe dabei das Wort MALEN groß oder klein.
- Unterstreiche die Signale für die Großschreibung, die vor MALEN stehen.

Verben können zu Substantiven werden

INFO

Steht ein **Artikel** vor dem **Infinitiv** (der Grundform) eines **Verbs**, dann wird das Verb zu einem **Substantiv** und **großgeschrieben**.
Aus ***schwimmen*** (Verb im Infinitiv) wird dann ***das Schwimmen*** (Artikel + Substantiv).
Aus ***schreiben*** (Verb im Infinitiv) wird ***das Schreiben*** (Artikel + Substantiv).

Steht eine **Präposition** mit **verstecktem Artikel** vor dem **Infinitiv** des Verbs, dann wird das Verb ebenfalls zu einem **Substantiv** und **großgeschrieben**.
Aus ***schwimmen*** (Verb im Infinitiv) wird ***zum*** (zu dem) ***Schwimmen*** (Präposition + Artikel + Substantiv).
Aus ***schreiben*** (Verb im Infinitiv) wird ***beim*** (bei dem) ***Schreiben*** (Präposition + Artikel + Substantiv).

4 Schreibe mit den Wörtern rechts Sätze auf. Aus den Verben links sollen dabei Substantive werden. Die Präpositionen mit verstecktem Artikel rechts sind die Signale dafür:
Silke hat sich beim Trainieren verletzt. …

trainieren	Silke hat sich … verletzt.	***beim***
aufräumen	Verena hat noch nicht … gedacht.	***ans***
spielen	Max hatte gestern keine Zeit …	***zum***
rechnen	Carolin ist … die Beste.	***im***
wandern	Alle haben … müde Beine.	***vom***
vorlesen	Anne hat ein großes Talent …	***fürs***

5 Schreibe die folgenden Verbote so auf, dass die kursiv gedruckten Wörter großgeschrieben werden: *a) Das Baden im Baggersee ist verboten.*

So viele Verbote

a) *baden* im Baggersee ...
b) *spielen* auf dem Gartenplatz ...
c) *überqueren* der Straße bei Rot ...
d) *berühren* der Gemälde im Museum ...
e) *drängeln* im Treppenhaus ...
f) *betreten* der Sporthalle mit Straßenschuhen ...

ist verboten.
ist nicht erlaubt.

6 Füge in die Lücken die Artikel und die Präpositionen mit verstecktem Artikel ein. Schreibe die Verben groß.

In den Ferien

a) In den Ferien ist endlich einmal Zeit ?
b) Bestimmt denke ich dann nicht ?
c) Am schönsten finde ich immer ? im See.
d) Mein Vater ist gut ? an der Felswand.
e) Meine Mutter begleitet mich ? im Kanu.

chillen *zum*
lernen *ans*
baden *das*
klettern *im*
fahren *beim*

7 Sucht euch eine der drei folgenden Aufgaben aus und löst sie.

ℓ Schreibe die fett gedruckten Wörter heraus. Schreibe die Signale für die Großschreibung davor und unterstreiche sie: *beim Fußballspielen ...*

Das Fußballspiel

Als ich gestern beim **Fußballspielen** unserer Mannschaft zusah, kam ich ins **Staunen**. Das **Stoppen** des Balles klappte sehr gut. Auch das **Zuspielen** war in Ordnung. Man merkte der Mannschaft die **Freude** am **Spielen** an. Und auch das **Kombinieren** gelang ihnen gut. Tom kam oft durch ein **Täuschen** an seinen Gegnern vorbei. Es war ein **Vergnügen**, die Spieler beim **Schießen** aus allen Lagen zu beobachten.

ℓℓ Schreibe die Wörter, die im Text großgeschrieben werden müssen, richtig mit ihren Signalen auf: *ins Schwitzen ...*

Das Fußballspiel

Wer gestern dabei war, kam erst ganz schön ins schwitzen. Zuerst sah es nicht danach aus, dass man gewinnen könnte. Paul beherrschte dann aber das stoppen sehr gut. Auch das zuspielen war okay. Man merkte allen an, dass sie sich so richtig am kämpfen erfreuten. Vor allem das kombinieren gelang ihnen gut. Tom kam oft durch ein täuschen an den anderen vorbei. Es war schön, alle beim schießen zu beobachten.

ℓℓℓ Schreibe den Text ab. Beachte: Es müssen 15 Wörter großgeschrieben werden. Viele erkennst du an den Signalen: *Wenn man das Spiel ...*

Das Fußballspiel

Wenn man das spiel gestern gesehen hat, kam man ganz schön ins staunen. Zunächst wollte keiner an einen sieg glauben. Das stoppen des balles klappte dann aber sehr gut. Auch das zuspielen war okay. Man merkte der mannschaft die freude am spielen an. Vor allem das kombinieren gelang ihnen gut. Tom kam oft durch ein dribbeln an seinen gegnern vorbei. Es war ein vergnügen, die spieler beim schießen zu beobachten.

Die Großschreibung

Artikel und Pronomen als Signale für die Großschreibung

1 Erklärt, warum das Adjektiv ***neu*** in den Sätzen **a)** und **b)** kleingeschrieben wird, in den Sätzen **c)** und **d)** aber groß. Denkt an die Signale für die Großschreibung.

a) In unsere Klasse ist ein Schüler *neu* hinzugekommen.
b) Er ist schüchtern und fühlt sich noch ziemlich *neu*.
c) Der *Neue* wird sich bestimmt bald eingewöhnen.
d) Sonst gibt es nichts *Neues* zu erzählen.

2 Schreibe die Sätze rechts ab. Zweimal musst du das Wort GELB großschreiben – und zweimal klein.

a) Fast alles, was GELB ist, gefällt mir.
b) Ich liebe T-Shirts, wenn sie GELB sind.
c) Ich liebe alles GELBE in der Natur.
d) Ich mag das GELBE vom Ei.

3 Schreibe die Sätze rechts ab.
- Schreibe BLAU groß oder klein.
- Unterstreiche die Signale für die Großschreibung, die vor BLAU stehen.

a) Fast alles, was BLAU ist, gefällt mir.
b) Ich liebe T-Shirts, wenn sie BLAU sind.
c) Ich liebe alles BLAUE in der Natur.
d) Ich mag das BLAU des Himmels.

4 Schreibe die Sätze rechts ab.
- Setze in die Lücken die Wörter *rot, Rot* oder *Rote* ein.
- Unterstreiche die Signale für die Großschreibung.

a) Alles, was ... ist, gefällt mir.
b) Ich liebe Jeans, wenn sie ... sind.
c) Ich liebe alles ... an Blumen und Pflanzen.
d) Das ... ist eben meine Lieblingsfarbe.
e) Nur das ... an der Ampel mag ich nicht.

Adjektive können zu Substantiven werden

INFO

Ein **Adjektiv** kann zu einem **Substantiv** werden, wenn es **allein** mit einem **Artikel** oder **Pronomen** steht. Dann wird es großgeschrieben:
Aus ***gut*** (Adjektiv) wird dann ***das*** *Gute* (Artikel + Substantiv) oder ***alles*** *Gute* (Pronomen + Substantiv).
Aus ***geizig*** (Adjektiv) wird ***der*** *Geizige* (Artikel + Substantiv) oder ***dieser*** Geizige (Pronomen + Substantiv).

5 Setze beim Aufschreiben der Sätze die Adjektive in die Lücken ein, die rechts stehen.
- Fünf von ihnen musst du großschreiben und vier klein.
- Achte auf die Signale, die vor den ? stehen: *Es war finster draußen. …*

Es war ? draußen.
Ich konnte im ? fast nichts erkennen.
Die anderen Kinder waren ? weg.
Das ? war, allein den Weg durch den Wald zu finden.
Ich war nämlich vom ? Weg abgekommen.
Manche ? im Wald klangen gespenstisch.
Das ? ist, ich rufe um Hilfe!
Nach ? Zeit fanden mich die anderen.
Zum Glück ist mir nichts ? passiert.

FINSTER
DUNKELN
WEIT
SCHWIERIGSTE
RICHTIGEN
LAUTE
BESTE
KURZER
SCHLIMMES

a) Wir haben GESTERN ABEND einen Film gesehen.
b) Wir gehen HEUTE NACHMITTAG ins Kino.
c) Was wollen wir MORGEN MITTAG essen?
d) Ich hatte GESTERN FRÜH schon Kopfschmerzen.
e) Wir treffen uns ÜBERMORGEN VORMITTAG.

INFO

Groß- und Kleinschreibung von Zeitangaben

Folgende Zeitangaben schreibt man immer **klein**: *heute, morgen, übermorgen, gestern, vorgestern …*

Stehen zwei Zeitangaben direkt hintereinander, wird die **zweite** Zeitangabe immer **großgeschrieben**: *morgen **A**bend, gestern **M**ittag, vorgestern **N**acht, heute **M**orgen …*

Es gibt nur eine **Ausnahme**: *morgen **früh**, heute **früh**, gestern **früh** …*

5 Setze für die Ziffern 1–7 die Zeitangaben rechts ein. An den roten Signalen kannst du erkennen, ob du die Wörter klein- oder großschreiben musst.

Die meisten Geschäfte bleiben **jeden** **1** geschlossen.
In den Städten ist der Verkehr **2** und **3** am stärksten.
Fußballspiele finden meistens **am** **4** statt.
Manche Bäckereien sind **5** **am** **6** geöffnet.
Im Supermarkt kann man **7** am besten einkaufen.

SONNTAG
MORGENS ABENDS
ABEND
SONNTAGS VORMITTAG
VORMITTAGS

6 Setze für die Ziffern 1–7 die Zeitangaben rechts ein.
Beachte die Groß- und Kleinschreibung.

Die meisten Geschäfte bleiben **1** geschlossen.
In den Städten ist der Verkehr am **2** und am **3** am stärksten.
Fußballspiele finden meistens **4** statt.
Manche Bäckereien sind **5** am **6** geöffnet.
Im Supermarkt kann man **7** am besten einkaufen.

SONNTAGS
MORGEN ABEND
ABENDS
SONNTAGS VORMITTAG
VORMITTAGS

7 Setze für die Ziffern 1–8 die Zeitangaben ein.
- Entscheide, welche der Zeitangaben rechts in die Sätze passen.
- Beachte die Groß- und Kleinschreibung.

Die meisten Geschäfte bleiben jeden **1** geschlossen.
In den Städten ist der Verkehr **2** am stärksten.
Fußballspiele finden meistens am **3** statt.
Manche Bäckereien sind **4** am **5** geöffnet.
Im Supermarkt kann man **6** am besten einkaufen.
Viele Geschäfte schließen am **7** schon **8**.

SONNTAG SONNTAGS
MORGEN MORGENS
ABEND ABENDS
SONNTAGS VORMITTAG
VORMITTAG VORMITTAGS
MITTAGS SAMSTAG

Die Großschreibung

Übungen zur Groß- und Kleinschreibung

1 In diesem Text sind alle Adjektive und Zeitangaben in Großbuchstaben geschrieben.
- Schreibe die Wörter richtig auf. Du musst alle Wörter großschreiben – bis auf **eine** Ausnahme!
- Achte auf die Signale für die Großschreibung: *der, das, etwas, nichts, am.*

Das Computerprogramm

Paul sagt: „Ich habe auf dem neuen Computer etwas TOLLES entdeckt. Das BESONDERE an dem neuen Programm ist, dass ich nächsten SONNTAG meine Hausaufgaben von meinem Rechner machen lassen kann. Etwas BESSERES kann mir gar nicht passieren!“ Natürlich hat der GUTE wieder einmal übertrieben. Das GANZE entpuppte sich nämlich am MONTAG als Fehlalarm. Leider konnte der Computer nichts RICHTIGES selber schreiben. Doch das GUTE ist, dass wenigstens das Rechtschreibprogramm die Fehler findet und einen darauf hinweist, wie man RICHTIG schreiben sollte.

2 In diesem Text sind alle Adjektive und Zeitangaben in Großbuchstaben geschrieben. Aber nur neun von ihnen werden tatsächlich großgeschrieben.
- Schreibe den Text richtig auf.
- Achte auf die Signale zur Großschreibung.

Nachrichten

GESTERN ABEND hatte es nicht viel NEUES in den Wetternachrichten gegeben. Es sollte im Laufe des Tages eigentlich nichts UNGEWÖHNLICHES passieren. Doch am ABEND hatten dann die Nachrichten wenig ERFREULICHES zu berichten. Nur leider zu SPÄT. Wer sich nämlich am MORGEN nichts WARMES angezogen hatte, musste den Tag über ganz SCHÖN frieren. Und wer sich kein Regenzeug mitgenommen hatte, wurde von GRÄSSLICHER NÄSSE überrascht. Wenn MORGEN der Wetterbericht etwas SCHLECHTES zu sagen hat, dann soll er es bitte FRÜHER bekanntgeben als heute.

3 In diesem Text sind alle 19 Substantive kleingeschrieben.
- Schreibe den Text richtig auf. Schreibe die Substantive groß.
- Beachte die Signale für die Großschreibung.

Im Zoo

Am letzten sonntag war ich nachmittags im zoo. Dort konnte ich bei den affen etwas seltsames beobachten. Die alten dösten vor sich hin. Die jungen spielten miteinander und tobten im käfig herum. Plötzlich hatte ein kleiner mit schwarzem fell etwas essbares gefunden. Er wollte es gerade in den mund stecken, da kamen die großen heran und wollten dem schwarzen das futter abnehmen. Aber der kleine kletterte schnell zu seiner mutter hin und wurde von ihr geschützt. Sein futter hat er dann auf dem rücken der mutter verspeist.

4 In diesem Text hat der Schreiber 10 Fehler gemacht. 12 Stellen sind unterstrichen. Zwei von ihnen sind also richtig! Schreibe die Fehlerstellen auf und berichtige sie.

Meine Mutter brachte vorgestern abend einen kleinen Kater mit nach Hause. Im Gegensatz zu unserem braunen Kater, den wir schon haben, ist der Kleine schwarz. Zuerst haben sich die Tiere nicht gut vertragen. Aber gestern passierte etwas überraschendes. Ich war draußen im Garten. Dort warf ich beiden ein kleines Wollknäuel zu. Der neue hatte nichts Besseres zu tun, als unserem alten Kater das Knäuel jedes Mal wegzuschnappen. Gespannt beobachtete ich das ganze treiben. Das bedeutete nichts gutes. Gerade wollte ich unseren Braunen vor dem kleinen frechen beschützen. Doch plötzlich geschah etwas erstaunliches. Beide Tiere jagten gemeinsam hinter dem Wollknäuel her und spielten miteinander. Das schönste daran ist, dass unser brauner sich seitdem mit dem Neuen echt gut versteht. Heute morgen lagen sie friedlich nebeneinander in der Sonne.

5 In diesem Text hat der Schreiber 10 Fehler gemacht. Aber 14 Stellen sind unterstrichen. Vier Stellen sind also richtig!

- Schreibe alle Fehlerstellen richtig auf.
- Wenn du bei einem Wort unsicher bist, schlage im Wörterbuch nach.

Meine Mutter brachte vorgestern abend einen kleinen Kater mit nach Hause. Im Gegensatz zu unserem braunen Kater, den wir schon haben, ist der Neue schwarz. Zuerst haben sich die Tiere nicht gut vertragen. Aber gestern passierte etwas überraschendes. Ich war draußen im Garten. Dort warf ich den beiden ein kleines Wollknäuel zu. Der neue hatte nichts Besseres zu tun, als unserem alten Kater das Knäuel jedes Mal wegzuschnappen. Gespannt beobachtete ich das ganze treiben. Das bedeutete nichts gutes. Gerade wollte ich unseren Braunen vor dem kleinen frechen beschützen. Doch plötzlich geschah etwas erstaunliches. Beide Tiere jagten gemeinsam hinter dem Wollknäuel her und spielten miteinander. Das schönste daran ist, dass unser brauner sich seitdem mit dem Neuen echt gut versteht. Heute morgen lagen sie friedlich nebeneinander in der Sonne.

6 Im folgenden Text gibt es 12 Fehler. Aber 16 Stellen sind unterstrichen. Vier Stellen sind also richtig!

- Schreibe die Fehlerstellen auf und berichtige sie.
- Wenn du bei einem Wort unsicher bist, schlage im Wörterbuch nach.

Meine Mutter brachte vorgestern abend einen kleinen Kater mit nach Hause. Im gegensatz zu unserem braunen Kater, den wir schon haben, ist der Neue schwarz. Zuerst haben sich die Tiere nicht gut vertragen. Aber gestern passierte etwas überraschendes. Ich war draußen im Garten. Dort warf ich den beiden ein kleines Wollknäuel zu. Der neue hatte nichts besseres zu tun, als unserem alten Kater das Knäuel jedes Mal wegzuschnappen. Gespannt beobachtete ich das ganze treiben. Das bedeutete nichts gutes. Gerade wollte ich unseren Braunen vor dem kleinen frechen beschützen. Doch plötzlich geschah etwas erstaunliches. Beide Tiere jagten gemeinsam hinter dem Wollknäuel her und spielten miteinander. Das schönste daran ist, dass unser brauner sich seitdem mit dem Dazugekommenen echt gut versteht. Heute morgen lagen sie friedlich nebeneinander in der Sonne.

Die Großschreibung

Überprüfe dein Wissen und Können

1 Schreibe die drei Sätze richtig auf. Das Wort LACHEN musst du großschreiben. Unterstreiche die Signale für Großschreibung.
Ich hörte ein LACHEN. Das laute LACHEN stört. Das ist zum LACHEN.

2 Schreibe die folgenden Sätze richtig auf. Das Wort LACHEN musst du dreimal groß- und einmal kleinschreiben. Unterstreiche die Signale für Großschreibung.
Ich hörte ihr LACHEN. Ich hörte sie laut LACHEN. Allzu lautes LACHEN stört. Das ist zum LACHEN.

3 In den folgenden Sätzen wird das Wort WEINEN entweder groß- oder kleingeschrieben. Schreibe die Sätze auf. Unterstreiche die Signale für Großschreibung.
Ich hörte sie WEINEN. Ihr WEINEN klang traurig. Du musst nicht WEINEN! Das ist zum WEINEN.

4 Schreibe die Sätze richtig auf. Drei der unterstrichenen Signale weisen auf Großschreibung hin.
Der Junge ist beim ARBEITEN ordentlich ins SCHWITZEN gekommen.
Das Mädchen hat beim LERNEN ordentlich zu SCHWITZEN begonnen.

5 Schreibe die beiden Sätze richtig auf. Einmal wird GRÜN groß-, einmal kleingeschrieben.
Meine Lieblingsfarbe ist ein knalliges GRÜN. Ihr Kleid leuchtet knallig GRÜN.

6 Schreibe die beiden Sätze richtig auf. Achte auf das Signal für Großschreibung.
Meine Lieblingsfarbe ist ein leuchtendes PINK. Ihr Kleid leuchtet knallig PINK.

7 Schreibe die Sätze richtig auf. Schreibe die Substantive groß.
Meine lieblingsfarbe ist ein helles blau. Ihr kleid leuchtet herrlich blau.

8 Ergänze das Adjektiv *große/großen* dort, wo es möglich ist. Schreibe die Substantive groß.
Wenn … fischer … fische … fischen, dann haben sie einen … fang gemacht.

9 Schreibe die Sätze richtig auf. Achte auf die unterstrichenen Signale für Groß- und Kleinschreibung. Zwei Zeitangaben musst du großschreiben.
Immer wenn ich NACHTS aufwache und an den nächsten MORGEN denke, dann habe ich die ganze WOCHE vor Augen.

10 Schreibe die Sätze richtig auf. Achte auf die unterstrichenen Signale für Groß- und Kleinschreibung.
Immer wenn ich ABENDS nicht einschlafen kann, besonders SONNTAGS, und an den nächsten MORGEN denke, dann habe ich die ganze WOCHE vor Augen.

11 Schreibe die Sätze richtig auf.
Immer wenn ich ABENDS nicht einschlafen kann, besonders SONNTAGS, und an den nächsten MORGEN denke, dann habe ich die ganze WOCHE vor Augen. Gestern NACHT ist es mir wieder so ergangen.

Recht-schreibung und Zeichen-setzung

Zeichensetzung

Nach einem Satz einen Punkt setzen

1 Lest den folgenden Schülertext.
- Was fällt euch dabei auf?
- Welche Schwierigkeiten habt ihr beim Lesen?

Unser Klassenzimmer

In unserem Klassenzimmer hängt vorn an der Wand die Tafel rechts daneben steht der Kartenständer davor steht der Lehrertisch wir haben sechs Tische daran sitzen die Kinder dann ist da noch ein Regal an der einen Wand aufgebaut von der Decke baumelt ein bunter Lampion wir haben riesige Fenster da scheint die Sonne rein an dem einen Fenster steht ein großer Gummibaum in unserer Klasse ist es schön hell heute ist es aber zu heiß hier.

2 Ein Text ohne Punkte lässt sich gar nicht so leicht lesen. Lest den Text vor. Macht dabei immer dort eine Pause, wo ein Satz zu Ende ist.

INFO

Der Punkt

Am **Ende** eines Satzes steht ein **Punkt**.
Ein Satz ist dort zu Ende, wo ein **neuer Gedanke** beginnt.
Das **erste** Wort eines Satzes wird **großgeschrieben**.

Man setzt nach jedem Satz einen **Punkt**, damit man einen Text **besser lesen** kann.
An der **Großschreibung** des Satzanfangs erkennt man,
dass ein Gedanke zu Ende ist und etwas **Neues** beginnt.

3 Schreibe den Text aus Aufgabe 1 ab. Setze nach jedem Satz einen Punkt. Schreibe das erste Wort des neuen Satzes groß.

4 Den folgenden Witzvers kann man eigentlich nur verstehen, wenn man die Punkte richtig setzt. Lest ihn euch vor.

5 Schreibe den Text richtig auf. Setze nach jedem Satz einen Punkt.

Stimmt das?

Acht Krallen haben Spatzen an jedem Fuß
sind es vier nach hinten
zeigt die erste Kralle die anderen drei
zeigen nach vorn so können Spatzen
auf der Straße mit ihren Krallen
gut flitzen auf dünnen Zweigen
können sie sitzen,
ohne runterzufallen

Zeichensetzung

Nach Sätzen einen Punkt, ein Frage- oder ein Ausrufezeichen setzen

Streitgespräch zwischen den Satzzeichen

a) Hinterhältig fragt das Fragezeichen den Punkt: Wie groß bist du eigentlich
b) Und das Ausrufezeichen lästert: Dich winzigen Punkt sieht man ja kaum
c) Das Fragezeichen setzt noch eins drauf: Wozu bist du eigentlich nütze
d) Und das Ausrufezeichen brüllt: Ein Nichtsnutz Ein Taugenichts
e) Der Punkt gibt den beiden erst einmal Recht: Zugegeben, ich sehe wirklich nach nichts aus
f) Das Fragezeichen fragt: Du gibst es also zu
g) Da sagt der Punkt: Kein Problem Was bleibt mir übrig
h) Höhnisch lacht das Ausrufezeichen: Nichts Du bist rein gar nichts
i) Doch der Punkt fragt listig: Wie oft kommt ihr beide wohl in Texten vor
j) Das Fragezeichen sagt zum Ausrufezeichen: Ich komme jedenfalls öfter als du vor
k) Und das Ausrufezeichen poltert: Aber ich bin wichtiger
l) Da fragt der Punkt lächelnd: Geratet ihr euch jetzt etwa in die Haare
m) Das Ausrufezeichen brüllt: Schweig Wo ich stehe, da wird gehorcht
n) Und das Fragezeichen ruft: Und wo ich stehe, da wird geantwortet
o) Der Punkt muss grinsen: Aber wo ich stehe, ist die Geschichte zu Ende

Und so machte der Punkt dem Streit ein Ende. Er hat meistens das letzte Wort. Punkt. Vorbei.

1 Lest, was die drei sagen, mit verteilten Rollen. Dabei sollte man heraushören, in welchem Satz etwas festgestellt wird, welcher Satz als Frage und welcher als Ausruf oder Aufforderung gemeint ist.

2 Haben die drei Satzschlusszeichen eigentlich Recht mit ihren Ansichten? Specht darüber.

3 Lest jetzt nur die wörtlichen Reden der drei in der rechten Spalte vor und sprecht am Ende immer „Punkt“, „Fragezeichen“, „Ausrufezeichen“ dazu.

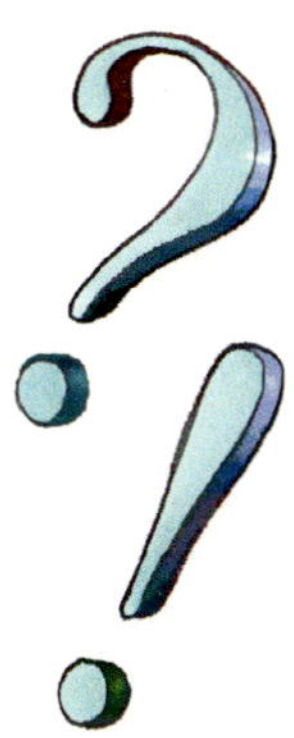

Punkt, Frage- und Ausrufezeichen

INFO

Der **Punkt** steht am Ende eines Satzes, der als **Aussage** oder **Feststellung** gemeint ist: *Und so machte der Punkt dem Streit ein Ende.* Auch wenn die Sätze unvollständig sind, kann im Textzusammenhang manchmal ein Punkt stehen: *Vorbei. Punktum.*

Das **Ausrufezeichen** steht nach Sätzen, die als **Ausruf, Bitte** oder **Aufforderung** gemeint sind: *Sei still! Du krummer Haken!*

Das **Fragezeichen** steht, wenn ein Satz als **Frage** gemeint ist: *Wie groß bist du eigentlich? Du gibst es also zu?*

4 Schreibe die wörtlichen Reden in der rechten Spalte auf und setze die Satzschlusszeichen. Beachte dabei, wie die drei Streitenden ihre Sätze sagen: *fragt, lästert, brüllt …*
l Sätze a)–e), ll Sätze a)–k), lll alle Sätze.

Recht-schreibung und Zeichen-setzung

Zeichensetzung

Die Zeichen der wörtlichen Rede setzen

1 Über die Zeichen der wörtlichen Rede habt ihr in früheren Schuljahren schon vieles gelernt. Lest euch den Merkkasten durch, um euer Wissen aufzufrischen. Achtet dabei vor allem auf die verschiedenen Satzzeichen.

INFO

Die wörtliche Rede

Die wörtliche Rede besteht aus einem **Begleitsatz** und einem **Redesatz**:
*Paul sagte zu Paula: **„**Ich glaube, du hast recht.**“***
Begleitsatz Redesatz

Es gibt drei Arten wörtlicher Reden:
1) Reden mit **vorausgestelltem** Begleitsatz: *Paul sagte**:** **„**Ich glaube, du hast recht.**“***
2) Reden mit **nachgestelltem** Begleitsatz: *„Ich glaube, du hast recht **(kein Punkt)“,** sagte Paul.*
3) Reden mit **eingeschobenem** Begleitsatz: *„Ich glaube**“,** sagte Paul**,** **„**du hast recht.**“***

Frage- und **Ausrufezeichen** stehen **innerhalb** des Redesatzes:
*„Ist das eigentlich wahr**?“,** fragte er. – „Das kann doch nicht wahr sein**!“,** rief er.*

2 Schreibe den folgenden Satz auf dreierlei Weise auf, wie die Beispielsätze im Infokasten:
Paula antwortete Wenn du das sagst, dann wird es wohl stimmen

3 Schreibe diese Sätze ab und füge dabei die Anführungszeichen an den richtigen Stellen ein. Achte auf die Informationen im Kasten.
a) Kannst du mir mal helfen? , fragte die Mutter.
b) Die Tochter antwortete: Ich habe gerade keine Zeit.
c) Wenn ich dich mal brauche , schimpfte die Mutter, hast du keine Zeit!

4 Schreibe diese Sätze ab und füge dabei Doppelpunkt, Punkt, Fragezeichen und Ausrufezeichen an den richtigen Stellen ein. Achte auf die Informationen im Kasten.
a) „Kannst du mir wohl mal helfen “, fragte die Mutter.
b) Die Tochter antwortete „Leider habe ich gerade keine Zeit “
c) „Immer, wenn ich dich brauche“, schimpfte die Mutter, „hast du keine Zeit “

5 Schreibe diese Sätze ab und füge dabei alle fehlenden Zeichen an den richtigen Stellen ein. Achte auf die Informationen im Kasten.
a) Kannst du mir wohl mal helfen fragte die Mutter
b) Die Tochter antwortete Leider habe ich gerade keine Zeit
c) Immer, wenn ich dich brauche schimpfte die Mutter hast du keine Zeit

6 Setze beim Abschreiben in den Satz d) alle fehlenden Satzzeichen ein: die Anführungszeichen, einen Punkt und zwei Kommas.
d) Und immer, wenn ich gerade keine Zeit habe sagte die Tochter brauchst du mich

Zeichensetzung

Wörtliche Reden: Aussagen, Fragen, Ausrufe

Streit am Nachmittag

Luca: He, was willst du denn in meinem Zimmer Kannst du nicht anklopfen
Maxi: Ich kann mein T-Shirt nicht finden Liegt es vielleicht bei dir
Luca: Das ist doch typisch Wenn du etwas suchst, denkst du, dass ich es habe
Maxi: Es könnte doch sein Vielleicht wolltest du es ja mal anprobieren
Luca: Dein blödes T-Shirt Das gefällt mir sowieso nicht
Maxi: Was hast du denn da gerade versteckt Das ist ja mein T-Shirt
Luca: Gut, hier hast du es

1 Spielt diese Streitszene mit verteilten Rollen.
- Ihr könnt die Fragen, die Vorwürfe, die Ausrufe und Aufforderungen übertrieben sprechen!
- An einigen Stellen könnt ihr entscheiden:
  Wollt ihr den Satz als Frage eher **leise** aussprechen:
  He, was willst du denn in meinem Zimmer?
  Oder wollt ihr ihn als Vorwurf vielleicht sogar **schreien**:
  He, was willst du denn in meinem Zimmer!

2 Schreibe die Sätze als wörtliche Reden auf. Entscheide selbst, ob du sie mit vorausgestelltem oder nachgestelltem Begleitsatz aufschreiben willst:
die ersten drei Sätze, die ersten vier Sätze, alle Sätze.
Luca ruft: „He, was willst du denn …"
„Ich kann …", sagt Maxi.

3 Schreibe die folgende Fortsetzung des Streits auf.
Ergänze die fehlenden Satzzeichen.

Fortsetzung des Streits

		Das ist echt krass von dir	schreit Maxi
Luca sagt		Sei doch froh, dass es mir auch gefällt	
Na ja	sagt Maxi	es hat ja auch eine tolle Farbe	
		Ich kaufe mir jedenfalls auch so eins	sagt Luca
Maxi protestiert		Dann kann man uns ja nicht unterscheiden	
		Das wäre doch mal ganz lustig	ruft Luca
Bloß nicht	sagt Maxi	Nimm wenigstens eine andere Farbe	
Na gut	sagt Luca	Blau mag ich sowieso nicht	
		Dann nimm doch Babyrosa	sagt Maxi
Luca fragt		Damit man sieht, dass ich jünger bin	
Ja	sagt Maxi	und noch nicht ganz so reif wie ich	

Recht-schreibung und Zeichen-setzung

Zeichensetzung

Die Kommas bei Aufzählungen setzen

1 Sprecht zunächst einmal darüber, welche Probleme ihr selbst bei der Kommasetzung habt.
- Vergesst ihr die Kommas einfach manchmal?
- Setzt ihr eher zu viele oder zu wenige Kommas?
- Kennt ihr die Regeln nicht?
- Oder denkt ihr nicht an die Leser, für die die Kommas beim Lesen wichtig sind?

2 Lest euch den Text durch. Achtet dabei auf alles, was hier aufgezählt wird. Nennt die Regeln, an die ihr euch noch erinnert. Die unterstrichenen und fettgedruckten Wörter helfen euch dabei sicher auf die Sprünge.

Im Supermarkt

1) Wir steuern mit dem Einkaufswagen voller *Obst*, *Gemüse*, *Saftflaschen* auf die Kassen zu.
2) An der ersten Kasse sind es *ein*, *zwei*, *drei*, *vier* Kunden.
3) An der zweiten Kasse sind es *ein*, *zwei*, *drei*, *vier*, *fünf* **oder** *sechs* Kunden. Wir stellen uns natürlich an der ersten Kasse an.
4) Aber es *geht* **und** *geht* nicht voran.
5) Wir *warten*, *warten*, *warten*.
6) *Ich langweile mich*, *ich werde ungeduldig* **und** *ich fange an zu schwitzen*.
7) An der zweiten Kasse geht alles *schneller*, *zügiger*, *lockerer*.
8) An unserer Kasse sind *die Wagen voll bepackt*, *die Kunden umständlich*, *die Kassiererin nervös*.

INFO

Kommasetzung bei Aufzählungen

Ein **Komma** setzt man:
a) zwischen aufgezählten **Einzelwörtern**: *Sie lachte, kicherte, schrie.*
b) zwischen aufgezählten **Wortgruppen**: *Sie lachte ihn aus, kicherte vor sich hin, schrie laut.*
c) zwischen aufgezählten **Sätzen**: *Sie lachte ihn aus, sie kicherte, sie schrie laut.*
d) Steht zwischen den aufgezählten **Wörtern** und **Wortgruppen** ein ***und*** oder ***oder***, entfällt das Komma.

3 Lies die Informationen im Kasten.
Ordne dann den Sätzen 1)–8) aus dem Text „Im Supermarkt“ jeweils die richtige Art der Aufzählung zu.
Satz 1: Regel a), Satz 2: Regel ..., Satz 3: Regel a) und d) Satz 4: ...

4 Schreibe die drei letzten Sätze aus dem Text „Im Supermarkt“ auf.
Füge dabei die Kommas ein.
9) Meine Mutter hat einfach nicht aufgepasst sie hat nicht genau hingeguckt.
10) Sie hätte mir wenigstens ein paar Bonbons ein Päckchen Kaugummi oder ein Eis kaufen können!
11) So aber stehen wir hier wir warten und warten.

Zeichensetzung

Die Aufzählung von ganzen Sätzen

Ein richtiges Schützenfest!

a) Unsere Mannschaft hatte sich für das Finale qualifiziert. Wir waren alle glücklich über diesen Erfolg.
b) Wir hatten uns auf dem Platz schon aufgestellt. In diesem Augenblick fing es an zu regnen.
c) Die Schiedsrichterin konnte das Spiel nicht anpfeifen. Der halbe Sportplatz stand unter Wasser.
d) Würde das Spiel noch stattfinden? Sollten die Zuschauer wieder nach Hause gehen?
e) Endlich hörte der Regen auf. Die Sonne schien wieder vom Himmel.
f) Die Mädchen der gegnerischen Mannschaft saßen in ihrem Vereinsbus. Sie ließen sich nicht sehen.
g) Dann kamen die Mädchen plötzlich angetrabt. Die Schiedsrichterin hatte sie holen lassen.
h) So konnte das Spiel doch noch beginnen. Es wurde ein richtiges Schützenfest für uns.

1 Dieser Bericht besteht nur aus Hauptsätzen.
Ihr könnt aber immer zwei Hauptsätze miteinander verbinden, indem ihr eine der Konjunktionen rechts einfügt.
Probiert das zunächst einmal mündlich für dem gesamten Text aus.

und **aber** **denn** **doch** **oder**

Aufzählung von Sätzen

INFO

Wenn man zwei **Hauptsätze** enger miteinander **verbindet**, dann setzt man ein **Komma** dazwischen:
Unsere Mannschaft hatte sich für das Finale qualifiziert, wir waren alle glücklich über diesen Erfolg.

Wenn man diese Hauptsätze mit einer **Konjunktion** verbindet, dann steht ebenfalls in der Regel ein **Komma**. Dieses Komma kann aber nach **und** oder **oder** entfallen:
*Unsere Mannschaft hatte sich für das Finale qualifiziert (,) **und** wir waren alle glücklich über diesen Erfolg.*

Konjunktionen, mit denen man Hauptsätze verbindet, sind:
und, oder (vor ihnen **kann** ein Komma stehen): *Er kommt (,) **und** sie geht.*
denn, doch, aber (vor ihnen **muss** ein Komma stehen): *Er kommt, **aber** sie geht.*

2 Verbinde beim Abschreiben immer zwei Sätze aus dem Text oben mit einer Konjunktion.
Beachte dazu die Regeln im Infokasten:
ℓ Sätze a)–d), ℓℓ Sätze a)–f), ℓℓℓ alle Sätze.

ℓℓ ℓℓℓ **3** Schreibe den Schluss des Textes auf. Setze Kommas zwischen die Sätze.

Die Mädchen der gegnerischen Mannschaft waren natürlich traurig denn über ihre Niederlage konnten sie ja auch wirklich nicht glücklich sein und über den Regen hatten sie sich auch geärgert doch sie hatten nun einmal schlecht gespielt oder das Wetter hatte ihnen die Laune verdorben und so fuhren sie wieder ab und wir winkten ihnen nach aber danach haben wir endlich auch miteinander gefeiert denn diesen Sieg hatten wir uns gemeinsam hart erarbeitet.

Recht-schreibung und Zeichen-setzung

Zeichensetzung

Das Komma zwischen Haupt- und Nebensatz setzen

Ein wichtiges Spiel

a) Harry wurde vom Spielfeld gerufen, obwohl er sehr gut gespielt hatte.
b) Jetzt bekam Pitt seine Chance, weil er als Ersatzspieler aufgestellt worden war.
c) Harry fing zu schimpfen an, als er mit bösem Gesicht vom Platz ging.
d) Die Mannschaft siegte mit 1:0, nachdem Pitt noch ein Tor geschossen hatte.
e) Doch Harry konnte sich nicht so recht darüber freuen, dass seine Mannschaft gewonnen hatte.

1 In jedem Satz kommt ein Komma vor. Aber an welchen Stellen stehen die Kommas? Gibt es Wörter, an denen man das erkennen kann? Sprecht darüber.

2 Schreibt die Wörter auf, vor denen die Kommas stehen: *Obwohl …*

3 Und so geht die Geschichte weiter. Lest die Sätze vor. Setzt dabei folgende Wörter ein: ***weil, damit, obwohl, als.***

f) Jana tröstete Harry … er so wütend am Spielfeldrand stand.
g) Sie erzählte ihm ein paar Witze … er wieder bessere Laune bekam.
h) Harry lachte tatsächlich darüber … er immer noch enttäuscht war.
i) Er ging dann mit Jana nach Hause … das Turnier zu Ende war.

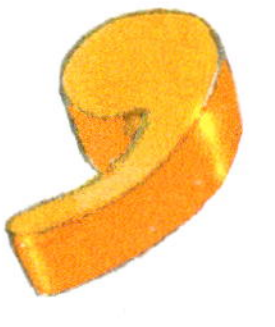

INFO

Das Komma zwischen Hauptsatz und Nebensatz

Das wichtigste **Signal** für Nebensätze sind **Konjunktionen**. Die häufigsten von ihnen sind:
als, da, damit, dass, indem, nachdem, ob, obwohl, sodass, solange, während, weil, wenn.

Vor der Konjunktion des **nachgestellten** Nebensatzes steht immer ein **Komma**:
*Harry lachte **, obwohl** er sich immer noch ärgerte.*

Hauptsatz — nachgestellter Nebensatz

Nebensätze können aber auch einem Hauptsatz **vorangestellt** sein.
Dann steht das **Komma** dort, wo **zwei Verben aneinanderstoßen**:
***Obwohl** er sich immer noch **ärgerte** → **,** ← **lachte** Harry.*

vorangestellter Nebensatz — Hauptsatz

4 Schreibe die Sätze f)–i) aus Aufgabe 3 ab, ergänze die Konjunktionen und setze die Kommas ein.

5 Schreibe die Sätze f)–i) aus Aufgabe 3 so auf, dass der Nebensatz am Anfang steht. Setze die Kommas ein.
Weil er so wütend am Spielfeldrand stand, …

6 Man kann einen Nebensatz auch in einen Hauptsatz einschieben.
Lest euch die Regel dafür durch:

Der eingeschobene Nebensatz

INFO

Ein Nebensatz kann in einen Hauptsatz **eingeschoben** sein.
Dann steht erst der Hauptsatz**anfang**, dann der Nebensatz und dann das Hauptsatz**ende**.
Der **Nebensatz** wird in diesem Fall mit **zwei Kommas** vom Hauptsatz **abgetrennt**.

Harry ging, ***als*** *das Turnier zu Ende war*, *mit Jana nach Hause.*

Hauptsatzanfang Nebensatz Hauptsatzende

7 Schreibe die folgenden Sätze a)–f) ab und füge die Kommas ein.
Unterstreiche die Konjunktionen.
Es wechseln sich immer ab:
- **nachgestellter** Nebensatz,
- **vorangestellter** Nebensatz,
- **eingeschobener** Nebensatz.

Zeitungsnachricht

a) Die Polizei teilte gestern mit dass ein zwölfjähriges Mädchen in den Parksee eingebrochen ist.
b) Als Marie L. in einem Eisloch die Enten füttern wollte kippte sie vornüber in den See.
c) Sie unternahm ohne sich befreien zu können mehrere Rettungsversuche.
d) Ein Spaziergänger hörte wie das Mädchen um Hilfe schrie.
e) Nachdem er dem Mädchen einen Stock gereicht hatte konnte es sich daran festhalten.
f) Der Retter brachte Marie da sie keinen Schaden genommen hatte zu ihren Eltern nach Hause.

8 Verbinde die folgenden Sätze beim Abschreiben mit den Konjunktionen, die verwürfelt am Rand stehen. Füge die Kommas ein: *ℓ* Sätze a)–c), *ℓℓ* Sätze a)–d), *ℓℓℓ* a)–g).
Denke daran: Manchmal musst du zwei Kommas setzen!

Zeitungsnachricht

a) Die Polizei teilte gestern mit ? ein zwölfjähriges Mädchen in den Parksee eingebrochen ist.
b) Marie L. kippte ? sie die Enten füttern wollte kopfüber in den See.
c) ? sie mehrere Rettungsversuche unternahm konnte sie sich nicht selbst befreien.
d) Ein Spaziergänger hörte ? das Mädchen im Wasser um Hilfe schrie.
e) Marie konnte sich ? der Mann ihr einen Stock gereicht hatte daran festhalten.
f) ? das Kind keinen Schaden genommen hatte fuhr der Mann es zu ihren Eltern.
g) Marie hatte sich nicht einmal erkältet ? sie fünf Minuten im kalten Wasser verbracht hatte.

als
dass
wie
obwohl
da
obwohl
nachdem

Recht- schreibung und Zeichen- setzung

Zeichensetzung

Nebensätze mit Konjunktionen bilden

1 Verbinde die beiden Sätze in jeder Zeile mit den Konjunktionen, die am Rand stehen. Vergiss die Kommas nicht!

Geburtstagsparty

Ihr könnt etwas Tolles erleben ? ich am Sonntag Geburtstag feiere.
Wir gehen in den alten Steinbruch ? alle Gäste angekommen sind.
Die einen machen eine Schnitzeljagd ? andere auf Ponys reiten.
Dann zünden wir ein Lagerfeuer an ? es nicht regnet.
Danach grillen wir Würstchen ? der Vorrat reicht.
Ich habe tolle Preise besorgt ? wir noch eine Tombola veranstalten können.
Wir fahren mit einer Kutsche nach Hause ? die Party vorbei ist.

wenn
sobald
während
falls
solange
sodass
nachdem

2 Verbinde die beiden Sätze in jeder Zeile mit den Konjunktionen, die verwürfelt am Rand stehen. Dabei musst du den zweiten Satz immer in einen nachgestellten Nebensatz umformen. Vergiss die Kommas nicht!

Geburtstagsparty

Das gibt eine tolle Party. ? Ich feiere am Sonntag Geburtstag.
Wir gehen gemeinsam in den alten Steinbruch ? Alle Gäste sind angekommen.
Die einen machen eine Schnitzeljagd . ? Andere reiten auf Ponys.
Dann zünden wir ein Lagerfeuer an. ? Ihr habt dazu Lust.
Danach grillen wir Würstchen. ? Der Vorrat reicht.
Ich habe tolle Preise besorgt. ? Wir können noch eine Tombola veranstalten.
Wir fahren mit einer Kutsche nach Hause. ? Wir haben uns ausgetobt.

während
wenn
sobald
solange
falls
nachdem
sodass

3 Verbinde die beiden Sätze in jeder Zeile mit einer der Konjunktionen, die im Infokasten auf Seite 246 stehen. Forme dazu jeweils einen der Sätze zu einem Nebensatz um, manchmal den ersten, manchmal den zweiten Satz. Füge die Kommas ein.

262

Geburtstagsparty

Ich habe was Tolles vorbereitet. Ihr könnt euch auf meine Geburtstagsfeier freuen.
Alle Gäste sind angekommen. Wir gehen gemeinsam in den alten Steinbruch.
Die einen machen eine Schnitzeljagd. Andere reiten auf Ponys.
Ihr habt Lust dazu. Wir zünden ein Lagerfeuer an.
Danach grillen wir Würstchen. Der Vorrat reicht.
Wir haben uns satt gegessen. Wir gehen zu uns nach Hause.
Ich habe tolle Preise besorgt. Wir können dann noch eine Tombola veranstalten.
Am Abend ist die Party vorbei. Jeder wird mit der Kutsche nach Hause gebracht.

Zeichensetzung

Kommas setzen, richtig schreiben: Nebensätze mit *dass*

Schade!

a) Ich höre, dass du nicht zu meinem Geburtstag kommst.
b) Ich finde es wirklich sehr schade, dass du abgesagt hast.
c) Mein Bruder hat gesagt, dass du ein super Disc-Jockey bist.
d) Wir haben uns schon darauf gefreut, dass du tolle Musik mitbringst.
e) Ich hoffe, dass du es dir noch einmal überlegst.

1 Schreibe diese Sätze ab. Unterstreiche die Konjunktion *dass*.
Unterstreiche auch das Verb, das im Hauptsatz vor der Konjunktion steht.
ℓ Sätze a)–c), ℓℓ Sätze a)–d), ℓℓℓ alle Sätze.
Ich höre, dass du nicht zu meinem Geburtstag kommst. …

2 Setze beim Abschreiben der folgenden Sätze in die Lücken diese Verben ein:
finde, erfahren, glaube, weiß, wünsche.
Füge die Kommas ein. Unterstreiche das Verb und die Konjunktion *dass*.
ℓ Sätze f)–h), ℓℓ Sätze f)–i), ℓℓℓ alle Sätze.

Antwort

f) Ich ? es schade dass ich zu deinem Geburtstag nicht kommen kann.
g) Ich habe nämlich ? dass an diesem Tag unser Tischtennisturnier stattfindet.
h) Ich ? gern dass ihr mich alle dabeihaben wollt.
i) Doch ich ? dass ihr auch ohne mich tolle Musik hören werdet.
j) Ich ? euch dass ihr eine schöne Party habt.

INFO

Die Konjunktion *dass*

Auf Hauptsätze, in denen **Verben des Sagens, Fühlens und Denkens** stehen, folgt häufig ein Nebensatz mit der Konjunktion ***dass***.
*Ich **weiß, dass** du Geburtstag hast.*
Diese Verben sind: ***denken, finden, sich freuen, fürchten, glauben, hoffen, hören, meinen, merken, sagen, sehen, wissen …***
Nebensätze mit ***dass*** werden durch **Kommas** von Hauptsätzen getrennt.

3 Verbinde die folgenden Aussagen jedes Mal mit *dass*.
Dazu musst du den zweiten Satz in einen Nebensatz umformen.
Vergiss auch die Kommas nicht!
Lotte hat genau gesehen, dass du aus meinem Reifen …

Lüg doch nicht!

Lotte hat es genau gesehen	du hast aus meinem Reifen die Luft abgelassen.
Warum behauptest du dann	du bist es nicht gewesen?
Jeder merkt doch	du lügst.
Ich finde es wirklich nicht gut	du tust so etwas.
Du sagst immer	du willst mein bester Freund sein.
In Wirklichkeit hast du bewiesen	du kannst ganz schön gemein sein.

ℓℓ ℓℓℓ **4** Denke dir selbst Sätze mit den Verben aus dem Infokasten aus, in denen die Konjunktion *dass* vorkommt. Achte auf die Kommasetzung.

Recht-schreibung und Zeichen-setzung

Zeichensetzung

Satzzeichen in Texte einsetzen

1 In dieser Personenbeschreibung wurden mehrere Satzzeichen vergessen. Es fehlen: fünf Kommas, ein Punkt, ein Fragezeichen – und einmal fehlen die Zeichen der wörtlichen Rede.
- Schreibe die Sätze ab und füge die Satzzeichen ein.

Das Mädchen sieht so freundlich aus dass man sie gern anschaut. Am liebsten würde ich sie fragen wo kommst du denn her Sie wirkt aber etwas schüchtern da sie neu an unserer Schule ist. Sie hat eine schlanke Figur dünne Arme und einen rundlichen Kopf. Das Mädchen hat weiße etwas schmutzige Turnschuhe an Auf dem Kopf trägt sie ein Kopftuch mit blauen roten Streifen.

2 In der folgenden Personenbeschreibung fehlen an einigen Stellen die Satzzeichen.
- Schreibe den Text ab. Schreibe die Satzanfänge groß.
- Setze die Satzzeichen ein. Sie stehen alle der Reihe nach am Rand.

Unsere Lehrerin hat sich vor uns auf den Lehrertisch gesetzt. Sie sagt zu uns: Beschreibt mal, wie ich aussehe! Frau Marx ist mittelschlank ihre Haare sind blond sie reichen ihr bis auf die Schultern. Die Nase von Frau Marx ist ziemlich spitz ihre Augen sind blau auf der Nase hat sie eine Brille mit blitzenden runden Gläsern. Frau Marx hat eine pinke Bluse an die ist vorn mit Rüschen verziert. Über der Bluse trägt sie eine dunkelblaue Weste mit einer Brosche aus rotem Stein. Die Hose ist auberginenfarbig glänzend und glatt. Das Komische ist dass Frau Marx zwei verschiedene Socken anhat. Der linke ist schwarzweiß kariert der rechte hat rote Streifen. Wie verrückt das aussieht Frau Marx hat dunkelblaue Sandalen an. Sie hat ihre Beine übergeschlagen sie strickt an einem lila Pulli. Wenn sie lacht sieht sie lustig aus.

„…" , , , , , , , , , , ! . ,

3 In der folgenden Personenbeschreibung fehlen an einigen Stellen die Satzzeichen.
- Schreibe den Text ab und schreibe die Satzanfänge groß.
- Setze die fehlenden Satzzeichen ein. Es fehlen: 4 Punkte, 5 Kommas, 2 Fragezeichen, 1 Doppelpunkt und die Anführungszeichen der wörtlichen Rede.

Wie der kleine Junge dort an die Wand gelehnt steht macht er einen etwas seltsamen Eindruck. Er schaut mich mit seinen traurigen Augen hinter der Brille schüchtern an dabei bleibt er ganz ruhig stehen. Er sagt nichts er tut nichts er steht einfach da ist er krank seine Haare sind so strubbelig dass sie steil in die Höhe stehen. Bekleidet ist er mit einem blauen, viel zu weiten Pullover. An den Beinen trägt er schmutzige löchrige Jeans. Am auffälligsten ist die rote Kappe er trägt sie schief auf dem Kopf. Der Kleine sieht traurig aus jetzt dreht er sich um. Er spricht vor sich hin wo ist meine Mama bestimmt hat er sich verirrt.

Zeichensetzung

Überprüfe dein Wissen und Können

1 Welche der folgenden Aussagen sind richtig? Schreibe die Buchstaben auf:
a) Nach einem Satz, der als Frage gemeint ist, steht ein Fragezeichen.
b) Nach einem Satz, der als Aufforderung gemeint ist, steht ein Ausrufezeichen.
c) Nach einem Satz, der als Ausruf gemeint ist, steht auf jeden Fall ein Fragezeichen.
d) Nach einem Satz, der als eine einfache Aussage gemeint ist, steht ein Punkt.

2 Welches Satzzeichen muss nach dem folgenden Satz stehen? *Wie alt bist du*

3 Welche Satzschlusszeichen können nach diesem Satz stehen – je nachdem, wie er gemeint ist?
Was hast du denn da wieder gemacht

4 Schreibe die folgenden drei Sätze mit allen Satz- und Redezeichen auf:
a) Sie sagte Ich konnte gestern nicht kommen
b) Warum denn nicht fragte er
c) Weil ich sagte sie zum Training musste

5 Welche der folgenden Aussagen sind richtig? Schreibe die Buchstaben auf:
a) Zwischen aufgezählten Einzelwörtern steht ein Komma.
b) Zwischen aufgezählten Wörtern steht ein Komma, wenn sie mit *und* verbunden sind.
c) Zwischen aufgezählten Wortgruppen steht ein Komma.

6 Füge beim Abschreiben in die folgenden beiden Sätze die Kommas ein:
a) Sie schrien tobten klatschten in die Hände und hielten sich den Bauch vor Lachen.
b) Der Regenbogen besteht aus den Farben Rot und Orange Gelb und Grün Blau und Violett.

7 Welche der folgenden Aussagen sind richtig? Schreibe die Buchstaben auf:
a) Nebensätze werden durch Kommas abgetrennt.
b) Nebensätze erkennt man daran, dass ein Verb am Anfang steht.
c) Nebensätze können mit Konjunktionen wie *als, weil, wenn* eingeleitet werden.
d) Nebensätze können vor oder nach Hauptsätzen stehen.

8 Verbinde die beiden Sätze so, dass ein Hauptsatz und ein Nebensatz daraus entsteht:
Ich hatte die Tiersendung gesehen – Ich schaltete den Fernseher aus.

9 Schreibe die folgenden Sätze auf und berichtige die Zeichenfehler.
In jedem Satz ist ein Fehler. Und einmal ist auch die Konjunktion *dass* falsch geschrieben.
a) „Wollen wir heute zum Schwimmen gehen?“ fragte ich Laura.
b) Sie antwortete: „Das geht leider nicht“.
c) „Warum“, fragte ich, soll das nicht gehen?“
d) Laura sagte: „Ich kann nicht mitkommen weil meine Tante zu Besuch kommt.“
e) Ich musste ihr glauben das das stimmt.

Wortarten

Was wisst ihr noch über die Wortarten?

1 Ihr habt in früheren Schuljahren schon einiges über die Wortarten gelernt. Ihr wisst eine Menge über Substantive, Verben und Adjektive. Ihr wisst, dass Substantive großgeschrieben werden, dass *schön* ein Adjektiv ist und *spielen* ein Verb. Tragt einmal zusammen, woran ihr euch erinnert – und sprecht miteinander darüber.

2 Nennt einige Substantive und schreibt sie untereinander an die Tafel.

3 Nennt Verben und Adjektive und schreibt sie an der Tafel jeweils in eine eigene Spalte.

4 In welche Spalte müsst ihr folgende Wörter schreiben?
sie LACHT *die NACHT* *ganz SACHT* *die WUT* *sie MUHT*
sehr GUT *sehr KALT* *der WALD* *es KNALLT*

5 Schaut euch die acht Wörter im folgenden Satz an.
Zu welchen der drei Wortarten gehören sie: Substantive, Verben, Adjektive?
GROßE TROMMELN WUMMERN LAUT, KLEINE TROMMELN KLINGEN LEISE.

INFO

Wortarten

Die vielen tausend **Wörter** in unserer Sprache lassen sich in **Wortarten** einteilen.
Zu den **Substantiven** gehören: *Mädchen, Katze, Katzenfutter, Messer, Glück …*
Zu den **Artikeln** gehören: *der, die, das, ein, eine …*
Zu den **Pronomen** gehören: *ich, du, er, sie, es, wir, ihr, sie …*
Zu den **Adjektiven** gehören: *klein, hungrig, scharf, lang …*
Zu den **Verben** gehören: *lachen, essen, laufen, füttern …*
Zu den **Adverbien** gehören: *hier, dort, heute, jetzt, gern …*
Zu den **Präpositionen** gehören: *an, in, mit, durch, zu …*
Zu den **Konjunktionen** gehören: *und, denn, weil, als, wenn …*
Oft brauchen wir diese **Begriffe**, wenn wir **über Sätze und Texte sprechen**.
Denn die Wortartenbegriffe **helfen** uns dabei, Wörter genauer zu benennen.

6 Zu welchen Wortarten gehören die Wörter dieses Satzes?
Ihr findet sie alle im Merkkasten.
Das kleine Mädchen füttert die hungrige Katze mit Katzenfutter.

7 Bildet Gruppen. Eine Gruppe sammelt Substantive, eine zweite Gruppe sammelt Adjektive, eine dritte Gruppe sammelt Verben. Achtet gegenseitig darauf, dass ihr es richtig macht!

8 Stellt eure Listen mit den Wortarten in der Klasse vor.

Wortarten

Substantive in Texte einsetzen

1 Der folgende Text erzählt eine kleine Geschichte. In der Geschichte kommen aber keine Substantive vor. Lest euch den Text erst einmal vor.

Beinahe ein Unglück

Eine ? ging mit ihrem ? spazieren. Sie bekam ? und wollte etwas trinken. Die beiden kamen an einem ? vorbei. Der ? wartete draußen. Dem ? wurde es aber bald zu langweilig. Er lief auf die andere ? der ?. Dabei übersah er ein ?, das angebraust kam. Der ? des ? konnte gerade noch bremsen. Als die ? das sah, kriegte sie einen riesigen ?. Zum ? ist nichts passiert!

2 Wenn wir keine Substantive hätten, könnten wir einen Text kaum verstehen. Vielleicht gelingt es euch aber, beim zweiten Vorlesen Wörter einzusetzen, die passen. Probiert es einmal aus.

3 Schreibe die Geschichte auf. Setze die folgenden Substantive ein:
Frau, Hund, Durst, Supermarkt, Seite, Straße, Auto, Fahrer, Wagens, Schreck, Glück

4 Schreibe die Geschichte auf. Suche dir aus den Substantiven einige aus, die passen.
Frau, Katze, Mann, Hund, Kater, Durst, Lust, Hunger, Supermarkt, Kiosk, Seite, Ecke, Straße, Auto, Moped, Schreck, Husten, Fahrrad, Fahrer, Wagen, Glück, Pech

5 Schreibe die Geschichte mit Substantiven auf, die du gern einsetzen möchtest.

6 Lest euch eure Texte gegenseitig vor.

Substantive

INFO

Die meisten Wörter unserer Sprache sind **Substantive**.
Es sind auch die **wichtigsten** Wörter der Sprache.
An ihnen kann man erkennen, worum es in einem Text überhaupt geht.
Damit man das Wichtigste in einem Text rasch **erkennen** kann, schreibt man Substantive groß.

Substantive bezeichnen:

- **Lebendiges** wie **Menschen, Tiere, Pflanzen**: *Frau, Mann, Katze, Arzt, Hund, Kater, Baum …*
- **Dinge** und **Sachen**: *Auto, Moped, Hammer, Messer …*
- **Erscheinungen der Natur**: *Regen, Wasser, Landschaft …*
- **Orte** und **Zeiten**: *Supermarkt, Dorf, Ferien, Sommer …*
- **Gefühle** und **Gedanken**: *Glück, Pech, Schreck, Durst …*

Wortarten

Arten von Substantiven unterscheiden

1 Lest euch den Text gegenseitig vor.

Ferien

In den **Ferien** im vorigen **Sommer** war ich mit meinen **Eltern** an der **Ostsee**. Als ich im **Wasser** herumtobte, bekam ich plötzlich einen **Schreck**. Irgendetwas hatte mein linkes **Bein** gestreift. Ich dachte schon, dass es eine **Feuerqualle** war, und mir wurde richtig schlecht. Bald stellte sich aber heraus, dass meine **Angst** umsonst gewesen war. Glücklicherweise war es nur eine alte **Plastiktüte**. An dem Tag hatte ich keine richtige **Lust** mehr zu baden.
Doch der **Ärger** ging weiter. Ich baute gerade mit meiner **Freundin** eine **Sandburg**. Plötzlich kam ein **Ball** angeflogen und landete direkt auf unserem schönen **Gebäude**. Er stammte von einigen **Jungen**, die gerade spielten. Die lachten auch noch. Da kriegte ich eine richtige **Wut** und trat den Ball weit über den **Strand**. Er wurde bis auf die **Düne** getrieben.

2 In diesem Text sind die 20 Substantive hervorgehoben.
Schreibe sie mit Artikel auf.

Substantive für Menschen, Tiere, Pflanzen: *die Eltern …*
Substantive für Dinge und Sachen: …
Substantive für Erscheinungen der Natur: …
Substantive für Orte und Zeiten: *die Ferien …*
Substantive für Gefühle und Gedanken: …

3 Wählt mündlich die passenden Substantive für Gefühle aus dem **WORTSCHATZ** aus und ordnet sie den folgenden Sätzen zu. Verwendet jedes passende Substantiv nur ein einziges Mal.

Gefühle

1) Ab und zu habe ich schlechte ? .
2) Wenn ich in den Ferien im Zeltlager bin, bekomme ich manchmal ? .
3) Ich habe in der Tombola gewonnen. Da habe ich ? gehabt.
4) Vor Blitz und Donner habe ich ? .
5) Wenn ich allein zu Haus bin, habe ich oft ? .
6) Wenn mich jemand ärgert, kriege ich die ? .
7) Manchmal habe ich keine ? , zum Training zu gehen.
8) Allein in den Wald zu gehen, dafür fehlt mir der ? .
9) Ich habe gestern meine Geldbörse verloren. ? gehabt!
10) Tiersendungen zu sehen macht mir ? .

WORTSCHATZ

Angst
Freude
Furcht
Glück
Heimweh
Langeweile
Laune
Lust
Mut
Pech
Spaß
Wut

4 Schreibe die Sätze ab und setze die passenden Substantive für Gefühle ein:
Ab und zu habe ich schlechte Laune. …

Wortarten

Pluralformen unterscheiden

1 Ihr kennt sicher den Plural (die Mehrzahl) von bekannten Wörtern wie:
das Foto das Kind die Schaufel der Berg der Garten.

Schreibt die Wörter im Plural nebeneinander an die Tafel.
Unterstreicht die Stellen, an denen man den Plural erkennt:
die Fotos, die …

2 Schreibe die fünf Wörter von der Tafel geordnet ab:
*Plural mit **-s**: die Fotos …*
*Plural mit **-er**: …*
*Plural mit **-n / -en**: …*
*Plural mit **-e**: …*
*Plural mit **Umlaut**: die Gärten …*

3 Tragt nun auch den Plural der folgenden Wörter in eure Tabelle ein:
der Nagel das Bild das Gefühl die Tür das Auto

4 Schreibe die folgenden Wörter im Plural dazu:

das Lied	*die Oma*	*die Tochter*	*die Gabel*	*der Fisch*
das Brett	*das Tier*	*das Bett*	*das Kino*	*der Hof*
der Wolf	*das Baby*	*das Kleid*	*der Tag*	*die Tasche*

Singular und Plural

INFO

Wenn etwas nur **einmal** gemeint ist, dann steht das Substantiv im **Singular**:
*In **der Schlossstraße** gibt es **eine Bäckerei** und **einen** anderen **Laden**.*
Wenn etwas **mehrere** Male gemeint ist, dann steht das Substantiv im **Plural**:
*In **anderen Straßen** gibt es **zwei Bäckereien** und **mehrere Läden**.*
Fast alle Substantive haben bestimmte **Pluralformen**.

Mund Onkel Atlas Hotel Muskel Antwort Ellenbogen Zeichenblock

5 Kennt ihr den Plural von diesen Substantiven? Sprecht ihn euch mündlich vor.
Wenn ihr unsicher seid, schlagt im Wörterbuch nach.

6 Es gibt einige Substantive, die kommen nur im Singular vor.
Und es gibt Substantive, die kommen nur im Plural vor. Ordne die Substantive ein:

der Quatsch	*die Ferien*	*die Leute*	*die Milch*	*die Langeweile*
die Eltern	*die Geschwister*	*die Masern*	*der Schmutz*	*das Glück*

Singularwörter: der Quatsch …
Pluralwörter: die Ferien …

Sprache und Sprachgebrauch

Wortarten

Substantive können vier Fälle bilden

1 In diesen Sätzen kommen die Wörter *Ball* und *Stürmer* in den vier verschiedenen Fällen vor.

- Schreibt die beiden Wörter mit ihren Artikeln heraus.
- Schreibt auch die Fälle dahinter:

1) der Ball (Nominativ), 4) …
2) dem Stürmer (Dativ), 3) …

Tor!!!

Der Ball[1] rollt dem Stürmer[2] vor die Füße.
Der Stürmer[3] schießt den Ball[4] aufs Tor.
Der Torwart hechtet dem Ball[5] entgegen.
Doch er hat die Kurve des Balles[6] falsch berechnet.
Der Schuss des Stürmers[7] ist unhaltbar.
Es freut den Stürmer[8], dass er ein Tor geschossen hat.

2 Schreibe die Sätze a)–d) ab. Ergänze die Artikel im richtigen Fall.

a) ? Torwart kann den Ball nicht halten.
b) Der Ball entgleitet ? Torwart aus den Händen.
c) Es war die Schuld ? Torwarts, dass der Ball ins Tor flutschte.
d) Das ärgert ? Torwart fürchterlich.

INFO

Die vier Fälle

Substantive können **dekliniert** (gebeugt) werden. Das heißt, man kann mit ihnen **vier Fälle** (Kasus) bilden. Die Fälle kann man an den **Artikeln** und manchmal auch an den **Endungen** der Substantive erkennen.
Erfragen kann man die Fälle mit:

Nominativ: ***Wer*** *oder* ***was*** *fliegt aufs Tor?* → *Der Ball fliegt aufs Tor.*
Akkusativ: ***Wen*** *oder* ***was*** *schießt der Spieler ins Tor?* → *Der Spieler schießt den Ball ins Tor.*
Dativ: ***Wem*** *versetzt der Spieler einen Kick?* → *Der Spieler versetzt dem Ball einen Kick.*
Genitiv: ***Wessen*** *Hülle ist geplatzt?* → *Die Hülle des Balles ist geplatzt.*

Die Fälle	Maskulinum		Femininum		Neutrum	
	Singular	**Plural**	**Singular**	**Plural**	**Singular**	**Plural**
Nominativ (Wer? Was?)	*der Ball*	*die Bälle*	*die Hand*	*die Hände*	*das Tor*	*die Tore*
Akkusativ (Wen? Was?)	***den*** *Ball*	*die Bälle*	*die Hand*	*die Hände*	*das Tor*	*die Tore*
Dativ (Wem?)	***dem*** *Ball*	***den*** *Bälle**n***	***der*** *Hand*	***den*** *Hände**n***	***dem*** *Tor*	***den*** *Tore**n***
Genitiv (Wessen?)	***des*** *Ball**es***	***der*** *Bälle*	***der*** *Hand*	***der*** *Hände*	***des*** *Tor**es***	***der*** *Tore*

3 Schaut euch den Infokasten und die Tabelle genau an. Beantwortet folgende Fragen:

- Welche beiden Fälle (Kasus) kann man meistens gut erkennen? Und woran?
- Welcher Fall sieht fast immer genauso aus wie der Nominativ?
- Worin unterscheidet sich der Akkusativ vom Nominativ, wenn das Substantiv ein Maskulinum ist?

4 Erstelle die gleiche Tabelle auf einem DIN-A4-Blatt mit den Substantiven *Hund, Katze, Pferd:*

Die Fälle	Maskulinum		Femininum		Neutrum	
	Singular	Plural	Singular	Plural	Singular	Plural
Nominativ	der Hund	die Hunde	die Katze	die Katzen	das Pferd	die Pferde
Akkusativ	den …	…	…	…	…	…
Dativ	dem …	…	…	…	…	…
Genitiv	des …	…	…	…	…	…

Auf die Endungen achten!

Sie lacht ihr** Bruder aus.
Sie verlässt ihr** Platz.

Er droht sein** Gegner.
Er gratuliert sein** Bruder.

Sie enthält sich ihr** Stimme.
Sie unterstützt ihr** Freund.

Er glaubt sein** Bruder nicht.
Er gibt sein** Partner ein** Zettel.

Er wehrt sich sein** Haut.
Sie gibt ihr** Partner sein** Stift zurück.

Er rühmt sich sein** Taten.
Sie schreibt ihr** Freund ein** Brief.

5 Lest euch zunächst **alle** Sätze vor, indem ihr die fehlenden Endungen ergänzt.
Sprecht dabei die Endungen im Akkusativ, Dativ und Genitiv deutlich aus:
Sie lacht ihren Bruder aus. …

6 Schreibe die Sätze ab und ergänze die Endungen im Akkusativ, Dativ und Genitiv.
- Markiere die Endungen in verschiedenen Farben.
- Kontrolliert euch noch einmal gegenseitig, ob ihr die richtigen Fälle eingesetzt habt.

7 Bei den folgenden Sätzen müsst ihr ganz besonders auf die Endungen achten!
Lest euch die Sätze vor und sprecht die Endungen deutlich aus.
a) Heute fahre ich mit mein** neu** Mountainbike um den Stausee herum.
b) Auf d** weit** Weg muss ich aber einmal eine Pause machen.
c) Dafür habe ich mit ein** lecker** Wurstbrot gesorgt.
d) Auf d** hoh** Berg über dem See werde ich eine Pause einlegen.
e) Von dort aus kann ich die kleinen Schiffe auf d** groß** Stausee beobachten!
f) Danach geht es wieder steil hinunter auf ein** kurvenreich** Weg bis zum See.

8 Schreibe die Sätze aus Aufgabe 7 ab und ergänze die Endungen.

INFO

Dativendungen

Steht vor einem Substantiv im Dativ ein **Adjektiv**, dann erhält es das **Dativ-m** als Endung: *Mit großem Willen könnte ich die Strecke in drei Stunden schaffen.*

Stehen aber ein **Artikel und** ein **Adjektiv** davor, dann erhält **nur** der **Artikel** das **Dativ-m**. Man kann auch sagen: Das **Dativ-m** erscheint **nur einmal**:
Ich muss auf so einem weiten Weg meine Kräfte gut einteilen.

9 Lies dir den Text erst einmal durch. Schreibe ihn dann auf und ergänze die fehlenden Endungen im richtigen Fall.

Der Löwe mit dem Esel

Der König der Tiere lief mit ein** grau** Esel durch den Wald. Der sollte d** Löwen mit sein** fürchterlich** Ii-aa-Geschrei helfen, Tiere zu jagen. In ein** dunkl** Wald rief eine Krähe von ein** hoh** Baum herunter: „Schämst du dich nicht, Löwe, mit ein** dumm** Esel zu gehen?“ Der Löwe antwortete: „Wenn ich ein** gut** Helfer gebrauchen kann, dann muss ich mich nicht über ihn schämen!“

10 Lies dir den Text erst einmal durch. Schreibe ihn dann auf und ergänze die fehlenden Endungen im richtigen Fall.

Strafzettel

Paula war mit ihr** Vater im Autohaus, weil er neue Scheibenwischer an sein** Auto anbringen lassen wollte. Er ließ sie gleich an sein** alt** Auto anbringen. Danach fuhren die beiden zum nächst** Supermarkt zum Einkaufen. Der Vater parkte auf d** leer** Parkplatz. Nach ein** halb** Stunde kamen sie von ihr** erfolgreich** Einkauf zurück. Da sahen sie, dass ein klein** Strafzettel an der Scheibe hing. Der Vater rief: „Manno, ich habe ein** Strafzettel bekommen! Ich habe ganz übersehen, dass auf dies** leer** Platz das Parken verboten ist.“ Paula sagte: „Schade, dass du neue Scheibenwischer gekauft hast! Bei d** alt** Scheibenwischern wäre der Strafzettel von dein** verrottet** Auto längst weggeflogen!“

11 Lies dir den Text erst einmal durch. Schreibe ihn dann auf und ergänze die fehlenden Endungen im richtigen Fall.

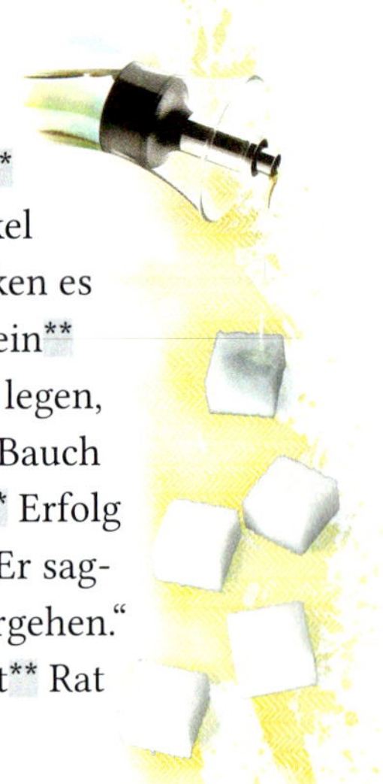

Schluckauf

Jed** Menschen passiert das irgendwann einmal: Er bekommt ein** kräftig** Schluckauf. Was kann man gegen ein** solch** Schluckauf tun? Mein** Onkel z.B. hilft das Singen. Andere greifen nach ein** voll** Glas Wasser und trinken es schnell aus. Und wieder andere versuchen es mit tief** Einatmen. Ich habe ein** erfahren** Apotheker gefragt. Der empfahl mir, mich auf mein** Rücken zu legen, die Knie an d** Bauch zu ziehen und mit den Händen kräftig gegen mein** Bauch zu drücken. Bei d** nächst** Schluckauf folgte ich sein** Rat. Ein** schnell** Erfolg hatte ich allerdings nicht. Da war der Rat mein** Opa* schon erfolgreicher. Er sagte: „Tränke ein Stück Würfelzucker mit Essig und lass es in dein** Mund zergehen.“ Ich habe es probiert, der Schluckauf war sofort weg. Wenn man an ein** gut** Rat glaubt, dann hilft er wahrscheinlich.

12 Kontrolliert eure Aufgaben gegenseitig, indem ihr euch eure Texte noch einmal vorlest.

Wortarten

Überprüfe dein Wissen und Können

1 Ordne die folgenden Wörter und schreibe sie richtig auf:
FAIR SPIELEN SCHUSS SCHIEẞEN UNHALTBAR TOR
Substantive: … *Verben: …* *Adjektive: …*

2 Schreibe zu jeder Gruppe fünf weitere Substantive auf.
- Substantive für Lebendiges: *Kind, Käfer, Gras …*
- Substantive für Dinge und Orte: *Gabel, Schule …*
- Substantive für Gefühle: *Angst …*

3 Welche Aussagen sind richtig? Schreibe die Buchstaben auf.
a) Die meisten Wörter unserer Sprache sind Substantive.
b) Alle Substantive bezeichnen Dinge.
c) Zu jedem Substantiv gibt es einen Plural.
d) Das Gegenteil von Plural ist Singular.
e) Die Veränderung der Substantive nach den vier Fällen nennt man Deklination.
f) Die vier Fälle heißen Nominativ, Genitiv, Dativ und Singular.

4 Schreibe die folgenden Substantive im Plural auf.
Achtung: Bei zwei Substantiven ist das nicht möglich.

der Nagel der Mund der Quatsch das Bett das Kleid das Obst der Zeichenblock

5 Schreibe zwei Sätze auf. In einem Satz soll ein **Substantiv im Dativ** vorkommen. Im anderen Satz soll ein **Substantiv im Akkusativ** stehen.

6 Schreibe die unterstrichenen Wörter auf. Notiere dahinter, in welchem Fall die Wörter stehen: im Nominativ, Akkusativ, Dativ oder Genitiv:
eines Tages (Genitiv), meinem Bruder (…) …

Eines Tages ging ich mit meinem Bruder auf den Sportplatz.
Auf dem Platz war viel los, denn alle wollten sehen, wie unsere Mannschaft spielte.
Bis zu dem Ende des Spiels war der Wettkampf spannend.

7 Ergänze die Artikel mit einer Endung im Akkusativ oder Dativ:

a) Ich habe im Garten ein* Vogel gefunden.
b) Er lag auf d* Gras und zitterte.
c) D* Vogel ging es nicht gut.
d) Er war wohl aus d* Nest gefallen.
e) Ich habe d* klein* Kerl aufgehoben
f) und auf ein* Tisch gelegt.
g) Da sah ich, dass er sich d* link* Flügel gebrochen hatte.
h) Ich war traurig, dass ich d* verletzt* Vogel nicht helfen konnte.

Sprache und Sprachgebrauch

Wortarten

Die Aufgaben der Artikel unterscheiden

1 Bildet zwei Gruppen. Die eine Gruppe liest den ersten Text und zählt die Zuschauer, von denen in diesem Text die Rede ist.
Die andere Gruppe zählt die Zuschauer, von denen im zweiten Text die Rede ist.
Vergleicht miteinander, wie viele Zuschauer jeweils in den Texten vorkommen.

Im Stadion (1)

Ich beobachte Zuschauer im Fußballstadion. Ein Fan springt auf. Ein rothaariges Mädchen schlägt die Hände vors Gesicht. Ein älterer Zuschauer ruft etwas aufs Spielfeld. Eine junge Frau knabbert an ihren Fingernägeln. Ein Mann davor hat ein Kind auf den Schultern. Ein Fan ruft: „ Schiedsrichter, raus!“ Ein Mädchen redet auf einen Fan ein. Ein Zuschauer diskutiert mit einer Frau. Ein Mann beruhigt ein Kind. Ein Fan schwenkt eine Fahne. Ein Mädchen applaudiert dazu. Ein Zuschauer beschwert sich aber darüber. Ein Mann dreht sich um und umarmt vor Freude eine Frau. Ein Kind freut sich darüber.

Im Stadion (2)

Ich beobachte Zuschauer im Fußballstadion. Ein Fan springt auf. Ein rothaariges Mädchen schlägt die Hände vors Gesicht. Ein älterer Zuschauer ruft etwas aufs Spielfeld. Eine junge Frau knabbert an ihren Fingernägeln. Ein Mann davor hat ein Kind auf den Schultern. Der Fan ruft: „Schiedsrichter, raus!“ Das Mädchen redet auf den Fan ein. Der Zuschauer diskutiert mit der Frau. Der Mann beruhigt das Kind. Der Fan schwenkt eine Fahne. Das Mädchen applaudiert dazu. Der Zuschauer beschwert sich aber darüber. Der Mann dreht sich um und umarmt vor Freude die Frau. Das Kind freut sich darüber.

2 Überlegt, woran es liegen kann, dass die Zahl der Zuschauer in den beiden Texten so unterschiedlich ist. Beachtet dabei, wie oft unbestimmte Artikel und wie oft bestimmte Artikel in beiden Texten vorkommen.

3 Ergänze die beiden folgenden Sätze. Verwendet dafür die Wörter *unbestimmte Artikel* und *bestimmte Artikel*.
a) Je mehr ? im Text stehen, desto mehr Zuschauer werden genannt.
b) Je mehr ? im Text stehen, desto weniger Zuschauer werden genannt.

INFO

Der bestimmte und unbestimmte Artikel

Die Artikel geben das **Geschlecht** des Substantivs an:

Maskulinum (männlich):	**bestimmter** Artikel: ***der*** *Mann*	**unbestimmter** Artikel: ***ein*** *Mann*
Femininum (weiblich):	**bestimmter** Artikel: ***die*** *Frau*	**unbestimmter** Artikel: ***eine*** *Frau*
Neutrum (sächlich):	**bestimmter** Artikel: ***das*** *Kind*	**unbestimmter** Artikel: ***ein*** *Kind*

Der **unbestimmte** Artikel vor einem Substantiv zeigt in der Regel an, dass ein Substantiv in einem Text noch **unbekannt** ist: *Im Stadion sitzt* ***ein*** *Mann, neben ihm sitzt* ***eine*** *Frau mit* ***einem*** *Kind.*

Der **bestimmte** Artikel zeigt in der Regel an, dass ein Substantiv in einem Text **bekannt** ist:
Der *Mann klatscht,* ***die*** *Frau jubelt,* ***das*** *Kind schreit.*

Wortarten

Bestimmte und unbestimmte Artikel in Texten

Fabel

Eine Ameise saß auf **einem** Baumstamm. Da kam **eine** Taube und wollte **die** Ameise fressen. **Die** Ameise flehte **die** Taube an: „Wenn du mir mein Leben lässt, dann werde ich dir einmal helfen!“ Da ließ **die** Taube **die** Ameise leben. Einige Tage später kam **ein** Vogelfänger zu **dem** Baumstamm. Er legte auf **den** Baumstamm **eine** Falle, um **die** Taube zu fangen. Und tatsächlich flog **die** Taube in **die** Falle hinein. **Der** Vogelfänger wollte sie gerade töten, als **die** Ameise kam und **den** Vogelfänger in den Fuß biss. So konnte **die** Taube entkommen.

1 Vor dem Substantiv *Ameise* steht einmal der unbestimmte Artikel, aber dreimal der bestimmte Artikel. Erklärt euch das mithilfe des Infokastens auf der linken Seite.

2 Untersucht das auch an den Substantiven *Taube, Baumstamm, Vogelfänger* und *Falle* im Text.

3 Lest euch den folgenden Text vor und setzt dabei den bestimmten oder unbestimmten Artikel ein. Begründet eure Entscheidung.

Abenteuerspielplatz

Gleich neben unserem Haus ist **1** toller Abenteuerspielplatz. Dort ist es nie langweilig, denn auf **2** Platz treffe ich mich immer mit meinen Freunden. Neulich spielten wir Verstecken, und Fabian musste als Erster suchen. Ich versteckte mich in **3** alten Hütte. Plötzlich hörte ich es in **4** Ecke **5** Hütte leise fauchen. Ich näherte mich langsam **6** Ecke, aus der die Geräusche kamen. Da saß doch **7** Katze, die mich mit funkelnden Augen ansah. Ich rief die anderen. Vorsichtig holten wir **8** Katze aus **9** Ecke heraus. Was sollten wir mit ihr machen? Fabian schlug vor, **10** Katze in **11** Tierheim zu bringen. Svenja aber wollte **12** Katze erst einmal mit zu sich nach Hause nehmen. **13** Tierheim sei viel zu weit weg, sagte sie.

4 Schreibe den folgenden Text so auf, dass vier Mädchen und vier Jungen darin vorkommen. Setze dabei in die Lücken immer den unbestimmten Artikel *ein* oder *einem* ein.

5 Schreibe den folgenden Text so auf, dass nur ein Mädchen und ein Junge darin vorkommen. Setze dabei in die Lücken den unbestimmten und den bestimmten Artikel ein.

Auf dem Schulhof

Auf dem Schulhof läuft ? Mädchen umher und sucht etwas. ? Junge rennt schnell über den Hof. ? Typ hebt etwas in seiner Hand hoch. ? Schüler läuft aufgeregt zu ? Mädchen hin. ? Junge gibt ? Mädchen eine Geldbörse. ? Mädchen lacht.

Wortarten

Pronomen unterscheiden und richtig anwenden

Personalpronomen und Possessivpronomen

1 Lest euch die folgende Geschichte vor. Sie klingt doch ziemlich merkwürdig. Woran liegt das?

Die drei Schildkröten (1)

In einer Wüste lebten einmal drei Schildkröten. Die Schildkröten hießen Anna, Amalia und Dora. Die Schildkröten waren ziemlich alt: Anna war 153, Amalia 124 und Dora genau 100 Jahre alt. Noch nie in Annas, Amalias und Doras langem Leben hatten die Schildkröten einen einzigen Schluck Wasser getrunken. Deshalb waren die drei Schildkröten sehr durstig. Anna wusste von einer fernen Quelle, und so beschlossen die Schildkröten, sich dorthin auf den Weg zu machen. Jede von den Schildkröten sollte eine Tasse mitnehmen, denn die Schildkröten hatten sich geschworen, dass die Schildkröten gleichzeitig den ersten Schluck aus den eigenen Tassen der Schildkröten trinken wollten.

2 Lest euch auch die zweite Geschichte vor. Was ist an dieser Geschichte im Vergleich zur ersten ganz anders?

Die drei Schildkröten (2)

In einer Wüste lebten einmal drei Schildkröten. **Sie** hießen Anna, Amalia und Dora. Sie waren ziemlich alt: Anna war 153, Amalia 124 und Dora genau 100 Jahre alt. Noch nie in **ihrem** langen Leben hatten **sie** einen einzigen Schluck Wasser getrunken. Deshalb war **ihr** Durst riesengroß. Anna wusste von einer fernen Quelle, und so beschlossen **sie**, sich dorthin auf den Weg zu machen. Jede von **ihnen** sollte eine Tasse mitnehmen, denn **sie** hatten sich geschworen, dass **sie** gleichzeitig den ersten Schluck aus **ihren** eigenen Tassen trinken wollten.

3 Nennt die **Pronomen**, die im zweiten Text das Substantiv *Schildkröten* bzw. die Namen *Anna, Amalia* und *Dora* ersetzen: *Sie …*

INFO

Pronomen

Pronomen stehen im Text für Substantive. Die beiden wichtigsten Arten von Pronomen sind:

- die **Personalpronomen**: *ich, du, er, sie, es; wir, ihr, sie.*
- die **Possessivpronomen**: *mein, dein, sein, (ihr, sein); unser, euer, ihr.*

Die **Personalpronomen** stehen **für** Substantive und **ersetzen** sie in einem Text.
Sie ermöglichen es, dass dieselben Substantive im Text nicht laufend wiederholt werden müssen:
Drei Schildkröten *wohnten in einer Wüste.* → ***Sie*** *waren schon sehr alt.*

Die **Possessivpronomen** stehen oft **vor** Substantiven und geben an, was zu wem **gehört**:
Die ***Schildkröten*** *wollten aus den eigenen Tassen der* ***Schildkröten*** *trinken.*
→ *Die* ***Schildkröten*** *wollten aus* ***ihren*** *eigenen Tassen trinken.*

4 Schreibe den folgenden Textabschnitt ab. Vermeide die ständige Wiederholung derselben Substantive bzw. Namen.

- Ersetze sie durch Personal- und Possessivpronomen.
- Unterstreiche die eingefügten Pronomen.

Die Schildkröten wanderten drei Jahre, sie wanderten fünf Jahre …

Die drei Schildkröten (3)

Die Schildkröten wanderten drei Jahre, die Schildkröten wanderten fünf Jahre, und am Ende des siebenten Jahres erreichten die Schildkröten tatsächlich die Quelle. Als die Schildkröten jedoch der drei Schildkröten Tassen füllten, stellte sich heraus, dass Dora Doras Tasse vergessen hatte. Tauschen kam nicht in Frage; denn da war ja der Schwur! Also entschieden die Schildkröten, dass Dora Doras Tasse holen sollte.

5 Und so geht die Geschichte von den drei Schildkröten zu Ende. Nennt alle Pronomen, die hier vorkommen.

Anna und Amalia wollten an der Quelle warten. Sie warteten fünf Jahre, sie warteten sieben Jahre, doch nach zwölf Jahren verloren sie die Nerven: Sie stürzten an die Quelle und wollten gerade ihre Tassen mit Wasser füllen, als Dora ihren Kopf aus dem Gebüsch steckte. Sie hatte sich dort versteckt und rief: „Also wenn ihr schummelt, dann gehe ich gar nicht erst los!"

Personalpronomen – Possessivpronomen

INFO

Jedem Personalpronomen entspricht ein Possessivpronomen:

Personalpronomen:	*ich*	*du*	*er*	*sie*	*es*	*wir*	*ihr*	*sie*
Possessivpronomen:	*mein*	*dein*	*sein*	*ihr*	*sein*	*unser*	*euer*	*ihr*

6 Löst die folgende Aufgabe mündlich: Setzt die passenden Possessivpronomen ein.

a) Jeder trank aus ? Becher, ich trank aus ? Becher, sie trank aus ? Becher.
b) Die Autoreise konnte beginnen. Richters fuhren mit ? Auto, wir mit ? Auto, und Herr Wolter fuhr mit ? Auto.
c) Endlich konnten wir die Geschenke auspacken. Ich packte ? Geschenke aus, mein Bruder ? Geschenke, und meine Eltern packten ? Geschenke aus.
d) Vor dem Sportunterricht holte sich Maria ? Sportbeutel, Toni ? Sportbeutel, und die Zwillinge Paul und Max holten ? gemeinsamen Sportbeutel.
e) Alle Schülerinnen und Schüler brachten ? Lieblingsbücher mit. In der ersten Stunde las Lukas aus ? Lieblingsbuch vor, Franzi aus ?, und ich las zum Schluss aus ? Lieblingsbuch vor.
f) Frau Richter sagte: „Nehmt bitte ? Deutschbücher heraus." Tim meldete sich und gab zerknirscht zu: „Ich habe ? Buch zu Hause vergessen." Und dann meldeten sich zwei weitere Schüler: „Wir haben ? Deutschbuch auch nicht mit."

7 Schreibe die Sätze a)–f) mit den passenden Possessivpronomen auf.

8 Lest euch die beiden Texte erst einmal durch. Nennt die Unterschiede.

Text 1: Das Reh und die Hunde

Ein Mann fing einmal ein junges Reh. Als er es nach Hause brachte, liefen ihm seine Hunde entgegen. Sie leckten sich bereits ihre Schnauzen. Ärgerlich jagte der Mann die Hunde davon. Später ging er mit dem Reh zu den Hunden und richtete sie so ab, dass sie mit ihm spielten. Mit der Zeit begriffen sie, dass sie dem Reh nichts antun durften.

Nach drei Jahren stand eines Tages das Hoftor offen, und das Reh rannte auf die Straße. Dort sah es viele unbekannte Hunde. Es lief auf sie zu, um mit ihnen zu spielen. Die Hunde waren zuerst erstaunt, dann aber freuten sie sich, dass ihnen ein so leckerer Bissen über den Weg lief. Sie fielen über das arme Reh her und fraßen es auf.

Text 2: Das Reh und die Hunde

Ein Mann fing einmal ein junges Reh. Als der Mann das Reh nach Hause brachte, liefen dem Mann des Mannes Hunde entgegen. Sie leckten sich bereits der Hunde Schnauzen. Ärgerlich jagte der Mann die Hunde davon. Später ging der Mann mit dem Reh zu den Hunden und richtete die Hunde so ab, dass die Hunde mit dem Reh spielten. Mit der Zeit begriffen die Hunde, dass die Hunde dem Reh nichts antun durften.

Nach drei Jahren stand eines Tages das Hoftor offen, und das Reh rannte auf die Straße. Dort sah das Reh viele unbekannte Hunde. Das Reh lief auf die Hunde zu, um mit den Hunden zu spielen. Die Hunde waren zuerst erstaunt, dann aber freuten die Hunde sich, dass ihnen ein so leckerer Bissen über den Weg lief. Sie fielen über das arme Reh her und fraßen das Reh auf.

9 Schreibe von **Text 1** den unteren Absatz ab.

- Markiere die Substantive *Reh* und *Hunde* mit unterschiedlichen Farben so, wie es im ersten Teil gezeigt ist.
- Suche dann die Personal- und Possessivpronomen, die für die Substantive *Reh* und *Hunde* stehen. Markiere sie jeweils mit derselben Farbe.

10 In **Text 2** werden drei Substantive mehrfach wiederholt. Schreibe den Text ab und setze für einige Substantive Personal- und Possessivpronomen ein. Dann ist der Text besser zu lesen.
Ein Mann fing einmal ein junges Reh. Als er es …

11 Manchmal aber muss man Substantive wiederholen, weil man nicht weiß, auf welches Substantiv sich das Pronomen bezieht. Schreibe die folgenden Sätze auf. Wiederhole jeweils das Substantiv, auf das sich das Pronomen tatsächlich bezieht.
Sätze a)–b), Sätze a)–d), alle Sätze.
Auf der Wiese lag eine Kuh. Die Wiese war …

Alles klar?

a) Auf der Wiese lag eine Kuh. **Sie** war mit Blumen übersät.
b) Die Kerze hat die Mutter jetzt angezündet. Jetzt brennt **sie**.
c) Mein Freund hat einen Dackel. **Er** ist wirklich ein netter Kerl.
d) Mit seinem Geländewagen ist mein Vater oft unterwegs. **Er** hat Allradantrieb.
e) Ich lese gern Bücher, die von Zauberern handeln. **Sie** sind immer so geheimnisvoll.
f) Jana schaute beim Joggen auf die Uhr. Leider war **sie** stehen geblieben.

Wortarten

Das Anredepronomen *Sie* großschreiben

1 Seht euch die folgenden beiden Sätze an. Wie unterscheiden sie sich?

Luca fragte die Lehrerin: „Wie haben Sie das gemeint? Ich habe Ihre Frage nicht richtig verstanden."

Luca fragte Viola: „Wie hast du das gemeint? Ich habe deine Frage nicht richtig verstanden."

2 Wen redet ihr eigentlich mit *du* an – und wen mit *Sie*? Sprecht zuerst einmal darüber.

3 Hier sind zwei kurze E-Mails. Beschreibt die Unterschiede möglichst genau.

Hallo Frau Manz,
ich weiß, dass Sie krank sind.
Aber ich kann Ihnen morgen leider nicht helfen
und kann Ihre Katze nicht füttern.
Ich bin nämlich selber krank.
Gute Besserung!
Jakob

Hey Tanja,
ich weiß, dass du krank bist.
Aber ich kann dir morgen leider nicht helfen
und kann deine Katze nicht füttern.
Ich bin nämlich selber krank.
Tschüss!
Jakob

4 Schreibe den Brief ab. Nur fünf der Pronomen sind Anredepronomen, mit denen Herr Schneider wirklich angeredet wird. Schreibe sie groß.

Die Anredepronomen

INFO

Man redet andere Personen mit den Anredepronomen **du** oder **Sie** an:
*Kannst **du** mir mal **dein** Pony zeigen? – Können **Sie** mir mal **Ihr** Pony zeigen?*
Solche Sätze kommen in **wörtlichen Reden** und in **Briefen** oder **Mails** vor.
Die Anrede mit **du / dein / euch** … wird **kleingeschrieben**.
Die Anrede mit **Sie / Ihnen / Ihr** … wird **großgeschrieben**.

Lieber Herr Schneider,
hier ganz kurz etwas zu *hrer Information. Leider waren *hre Kinder gestern schon abgereist, sodass ich nicht mehr mit *hnen sprechen konnte. Nun hoffe ich, dass wenigstens *ie, lieber Herr Schneider, *ie noch erreichen können. Ich hätte *hnen nämlich gern gesagt, dass *ie am Sonntag beim Bogenschießen den ersten Platz belegt haben. Richten *ie *hnen das bitte aus. Ich freue mich für die beiden. Bitte grüßen *ie *ie von mir!
Linus Metz

5 Im folgenden Märchenwitz sind elf Pronomen hervorgehoben. Schreibe den Text ab. Acht dieser Wörter sind Anredepronomen und werden großgeschrieben.

Der Wolf klopft bei den sieben Geißlein an die Tür: „Machen *ie bitte die Tür auf! Ich bin *hre Mutter, und möchte zu *hnen hinein." Da sagt eines der Geißlein: „Da müssen *ie sich in *hrem Dummkopf schon etwas anderes einfallen lassen, Herr Wolf, wenn *ie unsere Mutter sein wollen! Unsere Mutter können *ie nicht sein, denn *ie hat einen Schlüssel für die Tür – und außerdem sagt *ie nicht *ie zu uns, sondern *u!"

Sprache und Sprachgebrauch

Wortarten

Überprüfe dein Wissen und Können

1 Schreibe für die Zahlen die bestimmten und unbestimmten Artikel auf: **1** Ein, **2** …

1 König hatte **2** schöne Tochter. **3** Tages kam er auf **4** seltsame Idee: Wer **5** König zu Weihnachten **6** reife Feige bringt, der sollte **7** Königstochter heiraten. **8** Idee war deswegen so seltsam, weil im Winter **9** Feigen noch nicht reif sind.

2 Ergänze die folgenden Sätze:

a) *In einem Text steht der bestimmte Artikel meistens dann, wenn ein Substantiv zum … Mal auftritt.*

b) *In einem Text steht der unbestimmte Artikel meistens dann, wenn ein Substantiv zum … Mal auftritt.*

3 Schreibe die Sätze so auf, dass die Wörter *Laura* und *Kater* nicht so oft wiederholt werden.

Lauras Kater hat ein weißes Fell. Lauras Kater ist an den schwarzen Punkten gut zu erkennen. Wenn Laura Lauras Kater morgens füttert, dann wartet der Kater schon auf Laura.

4 Schreibe die Sätze so auf, dass man genau weiß, wer hier etwas tut.

Tobi hat auch einen Kater. Mit ihm ist er oft unterwegs. Manchmal klettert er auf einen Baum, und von unten schaut er dann zu ihm hinauf.

5 Eine der folgenden Aussagen ist richtig. Schreibe den Buchstaben auf.

a) Pronomen stehen immer vor Substantiven.

b) Pronomen sind Wörter wie *hier*, *jetzt* und *immer*.

c) Pronomen setzen wir immer dann in einen Text ein, wenn wir die Substantive nicht ständig wiederholen wollen.

d) Pronomen setzen wir immer dann ein, wenn wir etwas Genaueres über ein Substantiv sagen wollen.

6 Schreibe drei Personalpronomen und drei Possessivpronomen auf.

7 Schreibe die Pronomen aus diesem Text auf. Sieben von ihnen sind Anredepronomen und müssen großgeschrieben werden.

Liebe Frau Wernicke,
nun bin ich schon einen Monat in meiner neuen Schule. Wie 1ie sich vielleicht denken können, habe ich mich noch nicht so richtig daran gewöhnt. Deswegen habe ich 2hnen auch bisher noch nicht geschrieben. Aber jetzt kann ich 3ie beruhigen. Mittlerweile gefällt es mir hier schon viel besser. Ich denke trotzdem noch oft an 4ie und 5hren tollen Unterricht zurück. Grüßen 6ie bitte alle meine Mitschüler und sagen 7ie 8hnen, dass ich noch immer an 9ie denke.

Wortarten

Verben erkennen und richtig gebrauchen

1 Lest euch den Text vor. Könnt ihr ihn verstehen? Was fällt euch auf?

Kunstunterricht (1)

Die Kinder der 6b vor ihren Zeichenblöcken.
Auf den Tischen Farbkästen.
Maria ein Bild von einem alten Baum.
Unter dem Baum einige Kinder.
Wind durch die Zweige.
Wolken am Himmel.
Marias Bild von allen das beste.

2 Ergänzt den Text beim Vorlesen so, dass vollständige Sätze entstehen.

3 Schreibe den Text auf. Setze dabei passende Verben ein. Unterstreiche die Verben.
Die Kinder der 6b sitzen vor ihren Zeichenblöcken. …

Verben

INFO

Zu jedem **vollständigen** Satz gehört ein **Verb**.
Mit Verben kann man sagen, was jemand **tut** oder was **passiert**:
*Unter dem Baum **spielen** einige Kinder. Der Wind **weht** durch die Zweige.*

4 Lest euch diesen Text vor – aber ohne die Zahlen!

Kunstunterricht (2)

Das Bild von Alex **1** singt eine Szene aus einem Fußballspiel.
Auf dem Fußballfeld **2** freuen sich viele Pfützen.
Ein Spieler **3** rodelt über den nassen Rasen.
Er **4** schlackert in eine Pfütze.
Der Torwart versucht, den Ball zu **5** retten.
Aber man weiß noch nicht, ob der Ball nicht doch ins Tor **6** spaziert.
Die Zuschauer **7** schmettern schon ihre Arme nach oben.
Den Kindern **8** erzählt das Bild von Alex besonders gut.

befinden
zeigt
fällt
rutscht
reißen
gefällt
fliegt
fangen

5 Schreibe der Reihe nach die Verben auf, die in die Sätze passen:
1 zeigt, 2 …, 3 …

6 Schreibe den Text ab. Setze in jeden Satz ein passendes Verb ein.

7 Schreibe den Text ab. Denke dir manchmal selbst ein Verb aus, das passt.

8 Diese Geburtstagsparty-Geschichte kann man auch ohne Verben gut verstehen. Lest sie euch vor.

Geburtstagsparty ohne Verben

Zu meinem Geburtstag ... viele Gäste. Tante Sophie ... eine riesige Torte. Vier Kinder aus meiner Klasse ... einen Breakdance. Von meiner Mutter ... ich ein neues Fahrrad. Am Nachmittag ... wir im Garten viele Spiele. Danach ... Kuchen und Torte besonders gut. Auch ... es eine Tombola mit vielen Preisen. Dann ... wir mit den Rädern zum Grillplatz. Bei einem Lagerfeuer ... wir Würstchen mit Kartoffelsalat. Zum Schluss ... alle wieder nach Hause.

9 Setzt beim zweiten Lesen passende Verben in die Geschichte ein, sodass vollständige Sätze entstehen.

10 Schreibe den Text mit passenden Verben auf. Unterstreiche die Verben.

11 In der Löwengeschichte stehen euch in jedem Satz zwei Verben zur Verfügung. Wählt beim Vorlesen ein Verb aus, das ihr passend findet. Manchmal passt eines der Verben überhaupt nicht!

Der Löwe

Der Löwe *(verhält, fühlt)* sich meistens wie ein richtiger Faulpelz. Am liebsten *(döst, träumt)* er die meiste Zeit des Tages an einem schattigen Platz. Aber wenn ihn der Hunger *(packt, antreibt)*, dann *(rennt, schleicht)* er auf Beutezug. Er *(mag, jagt)* am liebsten Zebras und Antilopen. Dabei *(schleicht, schlängelt)* er sich möglichst dicht an seine Beute heran. Doch viele der Tiere können ihm *(entkommen, entlaufen)*. Wenn er aber eines von ihnen *(erlegt, erledigt)* hat, dann *(kommt, läuft)* die ganze Familie und beginnt zu *(fressen, essen)*. Dabei *(kriegen, bekommen)* die Kleinsten zuletzt nur kleine Bissen ab.

12 Schreibe den Text auf.

13 In der Löwengeschichte stehen euch in jedem Satz drei Verben zur Verfügung. Wählt beim Vorlesen ein Verb aus, das ihr passend findet. Manchmal passt eines der Verben überhaupt nicht!

Der Löwe

Der Löwe *(verhält, fühlt, gebärdet)* sich meistens wie ein richtiger Faulpelz. Am liebsten *(döst, träumt, schläft)* er die meiste Zeit des Tages an einem schattigen Platz. Aber wenn der Hunger ihn *(packt, antreibt, aufrüttelt)*, dann *(rennt, geht, schleicht)* er auf Beutezug. Er *(tötet, mag, jagt)* am liebsten Zebras und Antilopen. Dabei *(schleicht, schlängelt, pirscht)* er sich möglichst dicht an seine Beute heran. Doch viele der Tiere können ihm *(entwischen, entkommen, entfliehen)*. Wenn er aber eines von ihnen *(erlegt, erledigt, umgebracht)* hat, dann *(kommt, versammelt sich, läuft)* die ganze Familie und beginnt zu *(fressen, schmausen, essen)*. Dabei *(kriegen, bekommen, legen)* die Kleinsten zuletzt nur kleine Bissen ab.

14 Schreibe den Text auf.

Wortarten

Den Imperativ richtig verwenden

Lese mir das mal vor! *Das heißt **lies**!*

Spreche, wie du willst! *Das heißt **sprich**!*

1 Manche Menschen beachten in der Umgangssprache nicht immer die Regeln.
Wer hat denn nun recht? Sprecht miteinander darüber.

2 Lest euch durch, was im Infokasten steht.
Begründet dann, wie es heißt: *lese* oder *lies*, *spreche* oder *sprich*.

Der Imperativ

INFO

Verben lassen sich **konjugieren**.
Man kann z. B. auch den **Imperativ** (die Aufforderungsform) mit ihnen bilden.
Der Imperativ an eine **einzelne** Person wird meistens von der **Du-Form** abgeleitet:
*gehen – du **geh**st – **geh**!, warten – du **warte**st – **warte**!,*
*geben – du **gib**st – **gib**!, essen – du **iss**t – **iss**!*
Die meisten Imperative können **mit oder ohne -e** gebildet werden:
bring(e) mir das her! – schick(e) mich nicht weg!

Mit dem Imperativ **fordern** wir zu etwas **auf** oder **bitten** um etwas.

3 Schreibe zu diesen Sätzen Imperative auf: *... auf deinen Bruder!*

Du sollst auf deinen Bruder achten.
Du sollst nicht betteln.
Du sollst richtig durchatmen.
Du sollst mich nicht quälen.
Du sollst das aufessen.

4 Lest die Sätze vor. Setzt dabei einen der Imperative aus dem **Wortschatz** ein.

Aufforderungen

Bitte ... mir ein Stück Schokolade ab! Hier ist ein Stück, ... es!
Hier bin ich, ... mir den Ball zu! Pass doch auf und ... das nächste Mal besser!
Manno, ... mich doch nicht so! Entschuldigung, bitte ... es!
Bitte ... etwas lauter! Und ... auch etwas deutlicher!
Pass auf und ... dir nicht die Beine! Und ... dir keinen Stachel in den Fuß!
Hier, Kätzchen, ... her! Ich habe was für dich, ... es schön auf!

Wortschatz

brich
erschrick
friss
gib
iss
lies
nimm
sieh
sprich
stich
triff
vergiss
wirf

5 Schreibe die Sätze aus Aufgabe 4 auf. Setze die passenden Imperative ein.

Sprache und Sprachgebrauch

Wortarten

Verben können das Aktiv und das Passiv bilden

Der Schiedsrichter pfiff das Spiel ab. – Das Spiel wurde abgepfiffen.
Die Grünweißen gewannen das Spiel. – Das Spiel wurde gewonnen.
Das Publikum bejubelt die Champions. – Die Champions werden bejubelt.

1 Versucht einmal zu formulieren, worin sich die Sätze links und rechts unterscheiden.

2 Formt auch diesen Satz in einen zweiten um, so wie in den drei Beispielen oben.
Die Zuschauer feiern den Sieger. – ...

INFO

Aktiv und Passiv

Ein Satz im **Aktiv** gibt in der Regel **drei Informationen**:

1. Wer etwas tut: *Die Fans*
2. Was er tut: *feiern*
3. Wen die Tätigkeit betrifft: *den Gewinner.*

Das **Aktiv** muss den, der etwas tut, **benennen**:
Die Fans *feiern den Gewinner.*

Ein Satz im **Passiv** gibt in der Regel nur **zwei Informationen**:

1. Wen die Tätigkeit betrifft: *Der Gewinner*
2. Was getan wird: *wird gefeiert.*

Das **Passiv** kann auf den, der etwas tut, **verzichten**:
Der Gewinner wird ***(von den Fans)*** *gefeiert.*

Das Passiv wird mit ***werden (wird / wurde)*** und dem ***Partizip*** gebildet: *Der Gewinner* ***wird gefeiert***.

Verkehrskontrolle

Die Polizei führte gestern auf der B 3 eine Verkehrskontrolle durch.
Vor allem die Radfahrer überprüfte die Polizei.
Dabei kontrollierte die Polizei, ob die Räder in Ordnung sind.
Viele Radfahrer ermahnte die Polizei.
Einige Fahrräder zog die Polizei sogar aus dem Verkehr.

3 In diesen Sätzen wird *die Polizei* ständig wiederholt. Dabei ist es doch klar, dass das alles von der Polizei durchgeführt wird. Formuliert die Sätze ins Passiv um, sodass *die Polizei* nicht dauernd vorkommt. Das geht am besten, wenn ihr die Sätze mit den Wörtern *wurde, wurden* bildet:
Gestern wurde auf der B 3 eine Verkehrskontrolle durchgeführt. Vor allem die Radfahrer ...

4 In diesen Sätzen stehen immer die *Großen* und *Starken* im Subjekt. Forme die Sätze ins Passiv um, dann stehen die *Kleinen* und *Schwachen* am Anfang.
Und dann reimt sich das Ganze sogar:
Kleine werden von Großen gejagt.
Arme werden ...
Schwache werden ...

Immer auf die Kleinen

Große jagen Kleine.
Reiche verklagen Arme.
Starke verpetzen Schwache.
Füchse hetzen Hasen.
Hähnchen killen Raupen.
Menschen grillen Hähnchen.

Klassenaufsatz

Am Mittwoch schreiben *die Schüler* einen Klassenaufsatz.
Den Aufsatz schreiben *die Schüler* in den ersten beiden Stunden.
Nach zwei Stunden sammelt *die Lehrerin* die Aufsätze ein.
Meistens gibt *die Lehrerin* die Arbeiten am darauffolgenden Montag zurück.
Dann lobt *die Lehrerin* gewöhnlich eine besonders gelungene Arbeit.
Manchmal liest *die Lehrerin* auch etwas daraus vor.
Die Ergebnisse erwarten *die Schüler* immer mit großer Spannung.

5 In diesen Sätzen werden *die Schüler / die Lehrerin* ständig wiederholt.
In Passivsätzen ist es möglich, diese Wiederholungen zu vermeiden.
Forme die Sätze ins Passiv um. Lass dabei *die Schüler* und *die Lehrerin* weg.
Am Mittwoch wird ein Klassenaufsatz geschrieben. Der Aufsatz wird …

6 Forme im folgenden Text alle Sätze ins Passiv um. Lass dabei die unterstrichenen Satzglieder weg:
Gestern Abend wurden in der Goethestraße zwei Automaten aufgebrochen. Die Polizei wurde …

7 Forme im folgenden Text alle Sätze ins Passiv um. Lass dabei jeweils denjenigen weg, der etwas tut:
Gestern Abend wurden in der Goethestraße zwei Automaten aufgebrochen. …

8 Forme im folgenden Text alle Sätze ins Passiv um. Entscheide bei jedem Satz, ob du denjenigen weglassen willst, der etwas tut:
Seit einigen Wochen wird die Stadt Göttingen (von Einbrechern) in Unruhe versetzt. …

Einbrecher am Werk 1

Göttingen. Gestern Abend brachen in der Goethestraße <u>Unbekannte</u> zwei Automaten auf. Davon benachrichtigte <u>ein Zeuge</u> gegen 01:00 Uhr die Polizei. Zwei Stunden später meldete <u>man</u> einen weiteren Einbruch. Diesmal schlugen <u>die Täter</u> die Scheibe eines Geschäftes ein. Auch diesmal beobachteten <u>Zeugen</u> die Einbrecher. Noch in derselben Nacht nahm <u>die Polizei</u> die Täter fest.

Einbrecher am Werk 2

Göttingen. Gestern Abend brachen Unbekannte zwei Automaten in der Goethestraße auf. Ein Zeuge benachrichtigte gegen 01:00 Uhr die Polizei davon. Einen weiteren Einbruch meldete man zwei Stunden später. Die Täter schlugen diesmal die Scheibe eines Geschäftes ein. Auch diesmal beobachteten Zeugen die Einbrecher. Die Polizei nahm die Täter noch in derselben Nacht fest.

Einbrecher am Werk 3

Göttingen. Seit einigen Wochen versetzen Einbrecher die Stadt Göttingen in Unruhe. Am gestrigen Abend brachen Unbekannte mehrere Autos auf. Gegen 01:00 Uhr benachrichtigte ein Zeuge die Polizei davon. Zwei Stunden später meldete ein Unbekannter einen weiteren Einbruch. Die Täter schlugen diesmal die Scheibe eines Geschäftes ein. Wieder beobachteten Zeugen die Einbrecher dabei. Die Polizei konnte die Täter noch in derselben Nacht festnehmen.

Zeitformen

Wann verwenden wir welche Zeitform?

1 Lest euch die drei Texte **A, B** und **C** zuerst einmal durch.

A

Auf das Haus des Nachbarn achten

Du, Paul, dort drüben steht ein Mann auf Müllers Terrasse. Der schleppt so einen Handwerkskasten mit sich rum. Komisch! Müllers sind doch verreist! Jetzt bleibt der Typ an der Terrassentür stehen. Er guckt sich um. Er fummelt mit einem Schlüsselbund herum. Jetzt will er die Tür aufschließen. Das kriegt er aber wohl nicht hin. Jetzt nimmt er einen anderen Schlüssel. Tatsächlich! Der passt! Er schließt die Tür auf. Jetzt verschwindet er im Haus. (---)

B

Auf das Haus des Nachbarn achten

Du, Mama, drüben bei Müllers haben wir gerade einen Mann auf der Terrasse beobachtet. Aber Müllers sind doch verreist! Paul hat mich hochgehoben, und ich habe über die Mauer geguckt. Und da habe ich einen Mann gesehen, der ist auf die Terrasse zugegangen. Er hat einen Handwerkskasten mit sich herumgeschleppt. Er hat sich umgeguckt. Dann hat er versucht, mit einem Schlüssel die Tür aufzuschließen. Das hat aber erst beim zweiten Mal funktioniert. Dann hat er die Tür aufgeschlossen. Und dann ist er im Haus verschwunden. (---)

C Auf das Haus des Nachbarn achten

Heute Vormittag sah ich bei Müllers auf der Terrasse einen Mann. Ich wusste, dass Müllers nicht da waren. Wir sollten auf das Haus aufpassen. Ich stand auf Pauls Schultern und konnte über die Mauer alles genau beobachten. Der Mann kam mir sehr merkwürdig vor. Er schleppte einen Handwerkskasten mit sich herum. Er guckte sich um. Dann probierte er an der Terrassentür zwei Schlüssel aus. Er schloss die Tür auf. Und dann verschwand er im Haus. (---)

2 Was könnte das wohl für ein Mann gewesen sein? Was spricht für einen Einbrecher? Was spricht dagegen? Unterhaltet euch darüber.

3 Welcher Text gehört zum Bild auf Seite 288? Begründet es.

4 In den drei Texten fehlt jeweils ein Satz.
Welcher der folgenden Sätze passt jeweils an den Schluss der Texte **A, B** und **C**?
Schreibe auf: *Satz a) passt in den Text …, Satz b) …, Satz c) …*
Sprecht über eure Lösungen und begründet sie.

a) Der ist mir wie ein Einbrecher vorgekommen.
b) Der kam mir wie ein Einbrecher vor.
c) Der kommt mir wie ein Einbrecher vor.

5 Ihr kennt schon die drei Zeitformen **Präsens, Perfekt, Präteritum**.
In welchen Zeitformen stehen die Sätze der Texte **A, B** und **C**? Schreibt auf:
Text A steht im … Text B steht im … Text C steht im …

INFO

Präsens, Perfekt, Präteritum

Das **Präsens** verwendet man meistens, wenn man etwas **sagt** oder **schreibt**, was in der **Gegenwart** geschieht: *Er **schreibt** gerade eine Mail.*

Das **Perfekt** gebraucht man meistens, wenn man **mündlich** etwas mitteilt, was in der **Vergangenheit** geschehen ist:
*Gestern **bin** ich den ganzen Nachmittag durch die Stadt **gerannt**.*

Das **Präteritum** wählt man meistens, wenn man etwas **schreibt**, was in der **Vergangenheit** geschah:
*Gestern **lief** ich den ganzen Nachmittag durch die Stadt.*

6 Seht euch den vorletzten Satz der drei Texte **A, B** und **C** noch einmal genau an.
In allen drei Texten kommt das Verb *verschwinden* vor.
Schreibt heraus, in welchen Zeitformen es steht:
Text A: verschwindet (Präsens); Text B: …; Text C: …

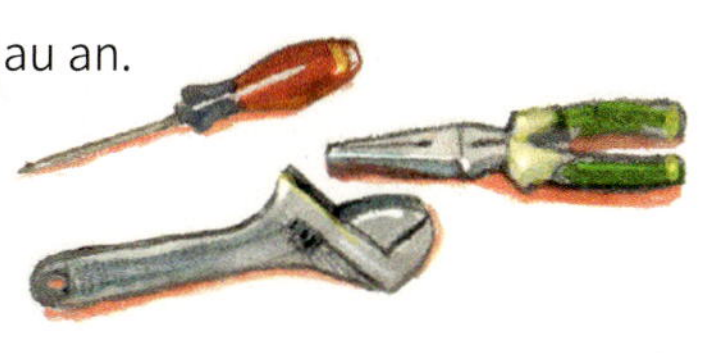

Sprache und Sprachgebrauch

Zeitformen

Texte in eine andere Zeitform umformen

1 Wenn du den folgenden Text ins Präteritum umformst, wird ein Gedicht daraus:
Es sang ein Vogel in der Hecke …

Der enttäuschte Kater

Es hat ein Vogel in der Hecke gesungen.
Da ist ein Kater um die Ecke geschlichen.
Der Vogel ist hinauf aufs Haus geflogen
und hat unseren Kater ausgelacht.
Der Vogel hat hoch auf der Mauer gesessen.
Der Kater, der ist ziemlich sauer gewesen.

2 Wenn du diesen Text ins Präteritum umformst, wird ein Gedicht daraus:
Es ging ein Mann zu Eckermann …

Der Kaufhausdieb

Es ist ein Mann zu Eckermann gegangen,
hat eine Jacke anprobiert.
Er hat sie aber nicht mehr ausgezogen.
Er ist damit zur Tür hinausgelaufen.
Da ist der Detektiv vom Haus gekommen
und hat ihm seine Jacke ausgezogen.
So hat das Abenteuer geendet.
Die Jacke ist dem Mann sehr teuer
gekommen.

3 Bildet drei Gruppen. Lest euch einen der folgenden Texte in der Gruppe vor.

4 Schreibe einen der folgenden Texte in der Er- oder Sie-Form auf. Gib der Person einen Namen. Forme die Verben ins Präteritum um:
Gestern fuhr Mary (oder) Tom in die Stadt. …
Beachte aber: Ein oder zwei der Sätze hören sich im Perfekt besser an!

Vergeblich

Gestern bin ich in die Stadt gefahren. Ich habe nach neuen Turnschuhen gesucht. Aber die einen haben mir nicht gefallen und die anderen haben zu viel Geld gekostet. Da bin ich wieder nach Hause gefahren. So habe ich wenigstens Geld gespart!

Vergeblich

Gestern bin ich in die Stadt zum Shoppen gefahren. Ich habe nach neuen Turnschuhen gesucht. Ich bin von Kaufhaus zu Kaufhaus gelaufen. Aber die einen haben mir nicht gefallen, und bei den anderen hat die Größe nicht gepasst. Da bin ich wieder nach Hause gefahren. So habe ich wenigstens Geld gespart!

Vergeblich

Gestern bin ich in die Stadt zum Shoppen gefahren. Ich habe nach neuen Turnschuhen gesucht. Ich bin von Kaufhaus zu Kaufhaus gelaufen. Aber die einen haben mir nicht gefallen, bei den anderen hat die Größe nicht gepasst, und die dritten haben zu viel Geld gekostet. Da bin ich wieder nach Hause gefahren. Ich habe mir gesagt: So habe ich wenigstens Geld gespart!

5 Lest die wörtlichen Reden in dem Affen-Text mit verteilten Rollen vor.

Affen im Fernsehen

Der Vater fragte seinen Sohn:
„Was machtest du denn heute Nachmittag?"
Der Sohn antwortete:
„Ich sah im Fernsehen eine Tiersendung."
Da fragte der Vater weiter:
„Gefiel sie dir denn?"
Und der Sohn erwiderte:
„Manchmal lachte ich richtig."
Der Vater wollte wissen:
„Was machten denn die Tiere?"
Der Sohn sagte:
„Der eine fraß etwas aus."
Der Vater lachte:
„So, was fraß er denn?"
Da lachte auch der Sohn:
„Nein, er *fraß* nichts, er stahl einem Besucher die Mütze."

6 Was fällt euch an diesem Dialog auf? Würdet ihr auch so reden?
Sprecht einmal die wörtlichen Reden so, wie ihr sie sagen würdet.

7 Lest einmal alles so vor, wie ihr es besser findet:
Der Vater fragte seinen Sohn:
„Was hast du denn heute Nachmittag gemacht?" …

8 Wann passt eigentlich in diesem Text das Präteritum besser?
Und wann das Perfekt?
Schreibe es auf, indem du die Begriffe „wörtliche Rede" und „Begleitsatz" einfügst:
Das Präteritum passt besser … *Das Perfekt passt besser …*

9 Schreibe den Text „Affen im Fernsehen" richtig auf.
Beachte die Regel im Infokasten auf Seite 289: 289
Der Vater fragte seinen Sohn:
„Was hast du denn heute Nachmittag gemacht?" …

10 Schreibe den folgenden Witz neu auf.
Beachte die Regel im Infokasten auf Seite 289: 289

Ein Regenwurm fragte den anderen:
„Was passierte denn eigentlich unserem Freund Langbauch?
Ich sah ihn so lange nicht!"
Da sagte der andere:
„Er warf sich letzte Woche aus Liebeskummer vor ein Huhn."

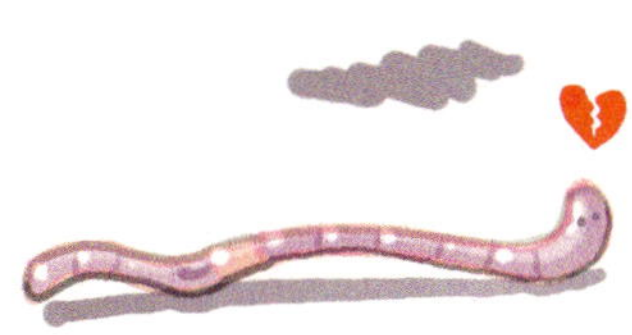

Sprache und Sprachgebrauch

Zeitformen

Das Partizip II

Ein mutiger Hund

Seit Kurzem *besitzen* wir einen Hund, einen Labradorwelpen. Er *heißt* Nanuk. Nachdem wir ihn zu uns *geholt hatten*, *haben* wir ihm erst einmal *beigebracht*, dass er keine Bücher *zerkaut* und nicht an Gästen *hochspringt*. Gestern ist wieder etwas Lustiges passiert. Ich bin mit Nanuk spazieren gegangen. Vor dem Postamt saß eine dicke Katze auf dem Gehsteig. Die hat sich gesonnt. Erst war Nanuk ganz aufgeregt und wollte zu dem seltsamen getigerten Tier mit den spitzen Ohren hinlaufen – er hatte noch nie zuvor eine Katze gesehen! Als er aber zu nah gekommen war, stand die Katze plötzlich auf, machte einen gewaltigen Buckel und fauchte böse. Da hat Nanuk sofort Reißaus genommen und sich hinter meinen Beinen versteckt. Ich musste laut lachen. Was für ein mutiger Hund!

1 Schreibe alle Verbformen heraus. Ordne sie danach, ob sie aus einem Wort oder aus zwei Wörtern bestehen. Im ersten Abschnitt sind die Verbformen bereits *kursiv* markiert. Im zweiten Teil musst du sie selbst finden.
Verbform mit einem Wort: *besitzen …*
Verbformen mit zwei Wörtern: *geholt hatten …*

2 Vergleicht eure Ergebnisse. Überprüft, ob eure gefundenen Verbformen vollständig sind.

INFO

Einteilige und zweiteilige Verbformen

Konjugierte Verben im Präsens und Präteritum sind **einteilige** Verbformen. Sie bestehen aus **einem** Wort:
Er ***bleibt****, er* ***blieb****; sie* ***wartet****, sie* ***wartete****.*
Konjugierte Verben im Perfekt und im Plusquamperfekt sind **zweiteilige** Verbformen. Sie bestehen aus **zwei** Wörtern:
Er ***ist geblieben****, er* ***war geblieben****;*
sie ***hat gelacht****, sie* ***hatte gelacht****.*
Bei diesen zweiteiligen Verbformen ist das zweite Wort immer ein **Partizip II**:

Er ist ***geblieben****.*
Partizip II

Dieses Partizip II wird gebildet, indem vorn ein ***ge-*** und hinten ein ***-en*** angefügt werden:
ge*schlaf****en****,* ***ge****gess****en****,* ***ge****komm****en****.*

Sie hat ***gelacht****.*
Partizip II

Dieses Partizip wird gebildet, indem vorn ein ***ge-*** und hinten ein ***-t*** angefügt werden:
ge*sag****t****,* ***ge****wink****t****,* ***ge****such****t****.*

3 Ergänze die Partizipien II. Die Zeilen reimen sich.

Aus *gießen* wird *gegossen*,
aus *sprießen* wird ...,
aus *fließen* wird ...

Aus *schneiden* wird *geschnitten*,
aus *streiten* wird ...,
aus *reiten* wird ...

Aus *kneifen* wird *gekniffen*,
aus *pfeifen* wird ...,
aus *schleifen* wird ...

Aus *sagen* wird *gesagt*,
aus *wagen* wird ...,
aus *klagen* wird ...

4 In einer der folgenden Reihen ist immer etwas falsch.
Bilde die richtigen Formen. Wenn du unsicher bist, schlage im Wörterbuch nach.

Infinitiv	Präteritum	Partizip II	Infinitiv	Präteritum	Partizip II
beißen	biss	gebissen	fliegen	flog	geflogen
reißen	riss	gerissen	biegen	bog	gebogen
heißen	hiss	gehissen	siegen	sog	gesogen
schwingen	schwang	geschwungen	leiden	litt	gelitten
bringen	brang	gebrungen	weiden	witt	gewitten
zwingen	zwang	gezwungen	schneiden	schnitt	geschnitten

5 Es gibt auch Verben, bei denen das Partizip II mit Umlaut, aber ohne *ge-* gebildet wird. Schreibe zu den folgenden Infinitiven das Partizip II auf. Wenn du unsicher bist, schlage wieder in einem Wörterbuch nach.
***befehlen:** hat befohlen …*

befehlen ***empfehlen*** ***empfinden*** ***entwerfen*** ***entschließen*** ***entleihen***
ergreifen ***erkennen*** ***erscheinen*** ***misslingen*** ***unterbrechen*** ***verbergen***
verlieren ***zerstechen***

6 Schreibe das passende Partizip II nach den Ziffern geordnet auf.

Ein Abenteuer mit Mauerseglern

Als wir am Freitag am Schwarzen See waren, ist plötzlich ein großer Schwarm von schwarzen Vögeln über uns **1**. Ihre Schreie waren furchtbar laut. Ein Mauersegler wäre um ein Haar gegen die Frontscheibe unseres Autos **2**. Da haben wir **3** und sind ganz vorsichtig **4**. Wir haben Hunderte von Mauerseglern **5**. Da hat es uns ganz schön **6**.
Deshalb haben wir uns kaum **7**. Ich habe bei mir **8**, dass wir lieber im Auto **9** wären. Nach einer Viertelstunde ist der Schwarm **10**. Als wir wieder im Auto saßen, haben meine Eltern und ich während der Fahrt kaum ein Wort **11**. Noch Tage später ist mir diese unheimliche Szene nicht aus dem Kopf **12**.

anhalten
gruseln
fliegen
hinwegfliegen
sehen
aussteigen

abziehen
bleiben
denken
gehen
sprechen
bewegen

7 In jedem der folgenden Sätze ist das Partizip II falsch gebildet worden.
Schreibe die Partizipien II richtig auf.

a) Das Auto ist in schnellem Tempo um die Ecke gebiegt.
b) Der Spieler hat seine Fußballschuhe endgültig an den Nagel gehangen.
c) Gestern hat nicht eine Minute die Sonne gescheint.
d) Die Zuschauer haben den Marathonläufern zugewunken.
e) Uns ist es nicht gelingt, das Spiel zu gewinnen.

Sprache und Sprachgebrauch

Zeitformen

Das Partizip I kennenlernen

1 In diesem Kapitel lernt ihr ein weiteres Partizip kennen: das *Partizip I*.
- Seht euch die kursiv gedruckten Beispiele der ersten Zeile an. Was ist bei allen gleich?
- Bildet von den drei Verben der zweiten Zeile jeweils das Partizip I.

spielen – spielend	*pfeifen – pfeifend*	*fliegen – fliegend*
lachen – ?	*mitfühlen – ?*	*klappern – ?*

2 Im nebenstehenden Text sind acht Partizipien I enthalten.
- Schreibe sie zusammen mit dem Infinitiv auf: *leben – lebend, …*
- Unterstreiche in allen Beispielen das Erkennungszeichen des Partizips I, das *d*.

3 Fünf Partizipien I bestimmen ein Substantiv näher, drei bestimmen ein Verb näher. Nennt die Beispiele dafür.

Das schönste Geburtstagsgeschenk

Von meinen Eltern bekam ich an meinem Geburtstag ein lebendes und bellendes Knäuel geschenkt. Ihr hättet mein strahlendes Lächeln sehen sollen. Endlich war mein Wunsch, einen Hund zu bekommen, in Erfüllung gegangen! Ich nahm ihn vorsichtig auf meinen Schoß, und er sah mich mit seinen glänzenden Augen an. Als ich ihn auf den Boden setzte, begann er hin- und herschwankend zu laufen. Nach wenigen Minuten legte er sich keuchend auf den Boden. Kurze Zeit später war er nach seinem „anstrengenden“ Spaziergang eingeschlafen! Jetzt freue ich mich jeden Tag aufs Neue auf Bobby. So habe ich ihn genannt. Wenn Bobby morgens schmatzend an der Milchflasche nuckelt, habe ich gleich gute Laune.

4 Schreibe die folgenden Sätze auf. Setze dabei die Verben rechts als Partizip I in die Lücken ein.

zittern
reißen
lächeln
lesen

a) Nora kam ? ins Klassenzimmer.
b) Mit ? Stimme berichtete Max über den Unfall.
c) Charlotte saß ? in der Schulbibliothek.
d) Unser Kuchen fand auf dem Basar ? Absatz.

INFO

Partizip I

Das Kennzeichen des **Partizips I** ist das **-d** am Wortende.

Wie das Partizip II kann auch das Partizip I nicht nach Person und Zahl verändert werden:
Er lief ***wackelnd*** *im Zimmer herum.* *Sie liefen* ***wackelnd*** *im Zimmer herum.*

Das Partizip I kann im Satz
- ein **Substantiv** näher bestimmen: *Mit einem* ***strahlenden*** *Lächeln begrüßte sie uns.*
- ein **Verb** näher bestimmen: *Sie begrüßte uns* ***strahlend*** *vor Freude.*

Zeitformen

Partizipien I und Partizipien II ergänzen und ordnen

1 Ergänze die Partizipien I. Die Zeilen reimen sich.

Aus gießen wird ..., aus fließen wird ...

Aus streiten wird ..., aus reiten wird ...

Aus nagen wird ..., aus klagen wird ...

Aus kraulen wird ..., aus jaulen wird ...

2 Schreibe die folgenden Wortgruppen geordnet auf.

Partizip I:

Partizip II:

das fliegende Pferd – die vergessene Welt – der zerplatzte Traum – der lächelnde Mann – das schlafende Kind – das verlorene Glück – die gelöste Aufgabe – vor Glück lächelnd – mit warnender Stimme – er tut nur so beleidigt

3 Schreibe zu den Infinitiven beide Partizipien auf.

ziehen – bringen – helfen – stehen – sitzen – backen – reisen – sinken

4 Schreibe die folgenden Sätze auf. Setze dabei die passenden Verbformen **Partizip I** oder **Partizip II** ein. Markiere das **Partizip I** und das **Partizip II** mit verschiedenen Farben.

verletzen, kochen, abfahren, singen

a) Ein Stürmer der Gästemannschaft hat sich während des Spiels schwer ? .
b) Leider riefen die Zuschauer dem Spieler ? Worte zu.
c) Für den Kartoffelsalat benötigt man ? Kartoffeln.
d) Durch das ? Wasser wurde die ganze Küche vernebelt.
e) Wir haben während des Ausfluges viele Lieder gesungen.
f) Am Ende sind wir sogar ? in den Bus eingestiegen.
g) Der Mann versuchte, noch auf den ? Zug aufzuspringen.
h) Der vor einer Minute ? Zug war schon nicht mehr zu sehen.

5 Lest den folgenden Text laut vor.

Hier stimmt etwas nicht!

a) Wie vom Blitz treffend sprang Mary aus dem Bett.
b) Der lesende Brief lag noch immer auf dem Tisch.
c) Unsere Sprinter haben eine enttäuschte Leistung geboten.
d) Wir sollen aus der Geschichte von Max getroffene Adjektive heraussuchen.
e) Beim Geländespiel hielt Klara den weggelaufenen Karim fest.
f) Mein Freund ist mit seiner Familie verreisend.
h) Das Oldtimer-Auto fährt geknattert vom Hof.

6 Die **Partizipien I** und die **Partizipien II** sind in den Sätzen aus Aufgabe 9 durcheinandergeraten. Schreibe die Sätze richtig auf.

Sprache und Sprachgebrauch

Zeitformen

Perfekt oder Präteritum?

1 Lest euch den Text erst einmal gegenseitig vor.

2 In welcher Zeitform stehen hier die Verben? Und warum mag das wohl so sein?

3 Wenn wir mündlich von der Vergangenheit erzählen, bevorzugen wir meistens das Perfekt. In geschriebener Sprache sollte ein Text aber im Basistempus des Präteritums stehen. Forme ihn folgendermaßen um:

- Übertrage die Verben ins Präteritum.
- Ersetze die umgangssprachlichen Ausdrücke durch andere – oder lass sie einfach weg.

Max schreibt auf: *Nicola fuhr gestern in die Stadt. …*

Nicola erzählt ihrem Freund Max:

Gestern bin ich mal wieder in die Stadt gefahren.
Ich bin wie irre von einem Kaufhaus ins andere gerannt.
Ich habe nämlich ein T-Shirt gesucht.
Aber ich hab' keins mit dem Aufdruck PEACE gefunden.
Da bin ich wieder nach Hause gefahren.
Dort hab' ich mir ein gebrauchtes T-Shirt gesucht.
Und darauf habe ich dann mit Textilfarbe PEACE geschrieben.

4 Lest euch eure Texte vor. Erklärt, was jetzt durch die Zeitform anders geworden ist.

INFO

Präteritum und Perfekt

Beide Zeitformen können etwas über die **Vergangenheit** aussagen.

Das **Präteritum** ist das Basistempus in **schriftlichen** Erzähltexten und Berichten.
Wir verwenden es meistens dann, wenn wir **über Vergangenes schreiben**:
*Gestern **traf** ich nach langer Zeit wieder einmal meine alte Freundin Lara. Sie **sagte** zu mir: …*

Das **Perfekt** dagegen ist das Basistempus in der **mündlichen** Rede. Wir gebrauchen es meistens, wenn wir **über Vergangenes reden** oder wenn etwas in **wörtlicher Rede** steht.
Gebildet wird das Perfekt mit den **Hilfsverben** ***haben*** und ***sein*** im Präsens – und dem **Partizip**:
*„Ich **habe** dich ja lange nicht **gesehen**! Wo **bist** du denn nur **geblieben**?"*

5 In diesem Text stehen alle Verben im Perfekt. Versucht einmal, ihn mündlich ins Präteritum umzuformen. Dann wird ein Gedicht daraus.
Ein Fischer saß am Meeresstrand und …

6 Schreibe das Gedicht im Präteritum auf.

Der Fischer

Ein Fischer hat am Meeresstrand gesessen
und hat 'ne Angel in der Hand gehalten.
Die Wolken sind übers Meer geflogen.
Da ist ein Regenwetter hergekommen.
Der Mann ist aber draußen stehn geblieben.
Da hat die Sonne wieder schön geschienen.
Jetzt hat er im Sonnenlicht geangelt.
Doch einen Fisch, den hat er nicht gefangen.

Zeitformen

Das Plusquamperfekt

1 Lest euch diese Sätze gegenseitig vor. Was geht hier eigentlich nicht? Sprecht darüber.

2 Was passiert in den einzelnen Sätzen eigentlich immer zuerst? Beschreibt es:
Erst machte sie ihre Schularbeiten, dann …

Geht das denn?

Als Paula ihre Schularbeiten machte, ging sie zum Schwimmen.
Als sie auf das Sprungbrett kletterte, sprang sie ins Becken.
Als sie ihre Runden drehte, kaufte sie sich eine Flasche O-Saft.
Als sie den Saft austrank, kletterte sie auf den Dreimeterturm.
Als sie eine Minute ängstlich dort stand, wagte sie den Sprung.
Als sie noch eine Zeit lang schwamm, legte sie sich in die Sonne.
Als sie sich ausruhte, ging sie in die Umkleidekabine.
Als sie sich umzog, ging sie nach Hause.

3 Schreibe die Sätze richtig auf. Dabei musst du den *als*-Satz umformulieren:
*Als Paula ihre Schularbeiten **gemacht hatte**, ging sie ….*
Statt *als* kannst du auch das Wort *nachdem* nehmen:
*Nachdem Paula ihre Schularbeiten **gemacht hatte**, …*

4 Die beiden Teile der Sätze lassen sich aber auch umdrehen. Schreibe auf:
Paula ging zum Schwimmen, nachdem sie …

Das Plusquamperfekt

INFO

Das **Plusquamperfekt** wird mit den **Hilfsverben** ***haben*** und ***sein*** im Präteritum und dem **Partizip** gebildet:
*Paula **hatte** ihre Schularbeiten **gemacht**. – Sie **war** zum Schwimmen **gegangen**.*
Das Plusquamperfekt wird vor allem dann verwendet, wenn ein Ereignis in der Vergangenheit **schon abgeschlossen** ist:
*Als (Nachdem) Paula ihre Schularbeiten **gemacht hatte**, ging sie zum Schwimmen.*

5 Forme die Verben ins Plusquamperfekt um und schreibe den Text auf.

Nachdem Elias am Morgen sein Rad aus dem Schuppen (holen), bemerkte er einen Platten. Am Nachmittag fand er das Buch nicht, das er aus der Bücherei (ausleihen). Nachdem er es (finden), wollte er darin lesen. Da merkte er, dass er seine Brille (verlegen). Nachdem er das Licht (ausmachen), schlief er ein. Als er (einschlafen), träumte er auch noch einen bösen Traum.

6 Forme die Verben ins Präteritum und Plusquamperfekt um und schreibe den Text auf.

Nachdem Elias am Morgen sein Rad aus dem Schuppen (holen), (bemerken) er einen Platten. Am Nachmittag (finden) er das Buch nicht, das er aus der Bücherei (ausleihen). Nachdem er es (finden), (wollen) er darin lesen. Da (merken) er, dass er seine Brille (verlegen). Nachdem er das Licht (ausmachen), (einschlafen) er. Als er (einschlafen), (träumen) er auch noch einen bösen Traum.

Sprache und Sprachgebrauch

Zeitformen

Die Zeitformen in Texten erkennen und anwenden

1 In dieser Tabelle bekommt ihr noch einmal einen Überblick über die Zeitformen, die ihr gelernt habt. Ergänzt die Verben in den fehlenden Zeitformen.

Überblick über die Zeitformen

Präsens	Perfekt	Präteritum	Plusquamperfekt	Futur I
ich schlafe	*ich habe geschlafen*	*ich schlief*	*ich hatte geschlafen*	*ich werde schlafen*
ich träume	*ich habe …*	*ich …*	*ich hatte …*	*ich werde …*
ich wache auf	*ich bin aufgewacht*	*ich wachte auf*	*ich war aufgewacht*	*ich werde aufwachen*
ich renne	*ich bin …*	*ich …*	*ich war …*	*ich werde …*
ich komme	…	…	…	…
ich bin müde	*ich bin müde gewesen*	*ich war müde*	*ich war müde gewesen*	*ich werde müde sein*
ich habe Durst	*ich habe Durst gehabt*	*ich hatte Durst*	*ich hatte Durst gehabt*	*ich werde Durst haben*

2 Schreibe die Sätze *ich lache, ich habe gelacht … – ich laufe, ich bin gelaufen …* in allen Zeitformen auf, die oben in der Tabelle stehen.

3 Schreibe die beiden Sätze *ich bin traurig – ich habe Wut* in allen Zeitformen auf, die oben in der Tabelle stehen.

4 Im folgenden Text kommen fünf verschiedene Zeitformen vor. Schreibe auf:
Satz 1: Perfekt, Satz 2: …, Satz 3: …

Eine glitschige Überraschung

1) Vorige Woche hat ein Frosch eine Hausfrau in Schrecken versetzt.
2) Die Frau hatte im Supermarkt eine Packung frischen Salat gekauft.
3) Als sie zu Hause die Packung öffnete,
4) starrten sie zwei große Froschaugen an.
5) „Was machst du denn in meinem Salat?“,
6) rief die Frau voller Schreck.
7) Aber dann hat sie sich wieder beruhigt.
8) Sie sagte zu dem Tierchen:
9) „Ach, was bist du denn für ein süßer Kerl!
10) Keine Angst! Gleich werde ich dich in unseren Gartenteich setzen!“
11) Ihre Mahlzeit nahm die Frau dann allerdings ohne Salat ein.

5 Schreibe die Sätze ab. Unterstreiche die Verben in ihren Zeitformen:
l Sätze 1–4, *ll* Sätze 1–7, *lll* die ganze Geschichte.

lll **6** Schreibe den 12. Satz der Geschichte einmal im Präteritum und einmal im Präsens auf:
12) Der Frosch aber *(schwimmen)* seitdem fröhlich im Teich umher.

Unterstreiche den Satz, der dir passender erscheint. Versuche, deine Entscheidung zu begründen:
Der Frosch aber …
Ich habe mich für das … entschieden, weil …

Zeitformen

Überprüfe dein Wissen und Können

1 Die drei wichtigsten Zeitformen sind das **Präsens**, das **Perfekt** und das **Präteritum**.
Welche Aussagen zu ihnen sind richtig? Schreibe die Buchstaben auf:
a) Das Präsens sagt etwas aus über die Gegenwart.
b) Das Präteritum sagt etwas aus über die Zukunft.
c) Das Perfekt sagt etwas aus über die Vergangenheit.
d) Das Präteritum sagt etwas aus über die Vergangenheit.

2 In welchen Zeitformen stehen die folgenden Sätze. Schreibe zu jedem Satz die passende Zeitform auf:
a) = Perfekt, b) = …

a) Ich habe meine Hausaufgaben erledigt.
b) Danach bin ich zu meiner Freundin gegangen.
c) Sie lernte gerade ein Gedicht auswendig.
d) Dabei höre ich ihr immer gern zu.
e) Sie kann nämlich sehr gut Gedichte vortragen.
f) Ich beneide sie darum.
g) Denn ich habe das nie so gut gekonnt wie sie.
h) Aber ich werde es bestimmt auch noch lernen!

3 Schreibe die beiden folgenden Sätze neu auf. Vertausche die Zeitformen:
Ich habe meinen Freund gefragt: „Gewannt ihr gestern eigentlich das Turnier?"

4 Schreibe die folgenden Sätze in den Zeitformen auf, die rechts daneben stehen:

a) Heute Vormittag *(spielen)* wir gegen die 6b Volleyball.	**Präteritum**
b) Wir *(anstrengen)* uns sehr.	**Perfekt**
c) Trotzdem *(laufen)* es erst nicht gut für uns.	**Präteritum**
d) Doch man *(dürfen)* sich nie aufgeben!	**Präsens**
e) Am Ende *(schlagen)* wir sie doch noch.	**Perfekt**

5 Welche der folgenden Aussagen sind richtig? Schreibe die Buchstaben auf:
a) Das Perfekt wird mit den Hilfsverben *sein* oder *haben* und dem Partizip gebildet.
b) Das Plusquamperfekt wird mit *war* oder *hatte* und dem Infinitiv gebildet.
c) Das Plusquamperfekt setzt sich aus den Hilfsverben *sein* oder *haben* im Präteritum und aus dem Partizip Perfekt zusammen.
d) Das Futur wird mit *werden* und dem Infinitiv gebildet.

6 Schreibe den folgenden Text auf. Wähle die Zeitformen so aus, wie du sie am besten findest:

a) Gestern *(finden)* unser Schwimmfest statt.
b) Ich *(vorbereiten)* mich gut darauf.
c) Die Trainerin *(sagen)* zu mir:
d) „Mit dir *(holen)* wir sicher den Sieg.
e) Du *(enttäuschen)* mich noch nie."
f) Und tatsächlich: Wir *(gewinnen)* den Wettkampf.

Wortarten

Mit Adjektiven beschreiben und unterscheiden

1 Lest euch den Text vor und lasst dabei die **fett** gedruckten **Adjektive** weg.

Gegensätzliche Zwillinge

Paula und Emma sind Zwillinge. An ihrem **gegensätzlichen** Aussehen kann man das aber nicht erkennen. Paula liebt **bunte** Kleidung. Sie trägt gern ein **pinkes** T-Shirt, **hellblaue** Jeans und **rote** Turnschuhe. Emma mag lieber **grüne** Klamotten. Sie hat einen **knallgrünen** Pulli und **dunkelgrüne** Hosen an, und ihre Stiefel haben eine **olivgrüne** Farbe. Die beiden haben auch **verschiedene** Frisuren. Paula hat ihre **braunen** Haare zu einem **langen** Pferdeschwanz zusammengebunden. Emma hat in ihren **kurzen**, **blonden** Pferdeschwanz eine **grüne** Strähne eingefärbt. Und ihre Figuren? Niemals würde man denken, dass sie Zwillinge sind! Paula hat eine **schlanke**, **staksige** Figur, die **kleinere** Emma hat einen **sportlichen** Körperbau. Und erst, wie sie sprechen! Paula hat eine **piepsige** Stimme und spricht meistens **leise**. Emma dagegen ist an ihrer **lauten**, **klaren** Stimme gut zu erkennen. Woran erkennt man dann überhaupt, dass die beiden **hübschen** Mädchen Zwillinge sind? An ihrem **wunderbaren** Lachen. Darin gleichen sie sich wie ein Ei dem anderen.

2 Wenn ihr etwas genau beschreiben wollt, zum Beispiel Personen, Tiere oder Gegenstände, dann braucht ihr Adjektive dazu. Lest euch die Personenbeschreibung jetzt **mit den Adjektiven** vor.

108–117

3 Schreibt einige Adjektive mit Substantiven auf, mit denen die beiden Mädchen so beschrieben sind, dass man sie gut voneinander unterscheiden kann:

Paula: bunte Kleidung …

Emma: grüne Klamotten …

INFO

Adjektive

Adjektive brauchen wir, um in der Sprache verschiedene Lebewesen oder Dinge genauer beschreiben und unterscheiden zu können:

kurze *Haare –* ***lange*** *Haare,* ***laute*** *Stimme –* ***leise*** *Stimme …*

4 Schreibe auf, wie zwei Zwillingsbrüder aussehen. Dabei kannst du manches aus dem Text oben übernehmen. Du musst die Kinder aber mit anderen Adjektiven unterscheiden.

Wortarten

Mit Adjektiven vergleichen

1 Vergleicht die Kinder auf der Abbildung miteinander. Setzt dazu passende Adjektive ein.
groß, größer, am größten – klein, kleiner, am kleinsten – alt, älter, am ältesten

Max ist ? als Johanna.
Wahrscheinlich ist er auch ? als sie.
Sofie ist etwas ? als Johanna.
Vielleicht aber ist sie genauso ? wie sie.
Paul ist etwas ? als Mia.
Und Julian ist ? als Mia.
Ob er auch ? als sie ist, kann man nicht sehen.
Auf jeden Fall ist Johanna am ? von allen
– und Max am ?.

Die Vergleichsformen (Steigerung) der Adjektive

INFO

Zu Adjektiven gibt es drei **Vergleichsformen**:

die **Grundstufe** (den **Positiv**) mit dem Vergleichswort <u>wie</u>:	*so **groß** <u>wie</u> …*
die **Steigerungsstufe** (den **Komparativ**) mit dem Vergleichswort <u>als</u>:	***größer** <u>als</u> …*
die **Höchststufe** (den **Superlativ**):	*am **größten***

2 Setze in die Sätze die passenden Adjektive und Vergleichswörter ein:
so groß wie, größer als, am größten ***so hoch wie, höher als, am höchsten***
so nah wie, näher als, am nächsten ***so gut wie, besser als, am besten***

Eine Eiche wächst ? ? ein Kirschbaum.
Der Mond ist der Erde ? ? die Sonne.
Ein Eimer ist ? ? ein Kochtopf.
Das Bild von Paul gefällt mir ? ? das von Paula.
Eine Fünf-Cent-Münze ist fast so ? ? eine Zwanzig-Cent-Münze.
Die Zwei-Euro-Münze ist von allen Münzen ? ?.

3 Kann man eigentlich alle Adjektive steigern? Macht die Steigerungsprobe:
Kann etwas noch schöner sein? – Ja!
Aber kann etwas noch rechteckiger sein? – Nein!

- Sucht gemeinsam aus der folgenden Liste Adjektive heraus, die man **nicht** steigern kann, und schreibt sie auf.

schön	***rechteckig***	***tot***	***weit***	***schriftlich***	***unmöglich***
falsch	***leer***	***hoch***	***scharf***	***lila***	***lauwarm***

- Begründet, warum man manche Adjektive nicht steigern kann.

Sprache und Sprachgebrauch

Wortarten

Wortfelder mit Adjektiven

INFO

Wortfeld

Alle Wörter eines Wortfeldes haben eine **ähnliche Bedeutung** und gehören zu **derselben Wortart**. So gehören die Adjektive **schlau, klug, gescheit, intelligent …** zu einem **Wortfeld**. Je mehr Wörter eines Wortfeldes man **kennt**, umso **genauer** kann man etwas **beschreiben**.

1 Lest euch den Text über Oskar (ohne die Zahlen) vor.

Oskar

Oskar, der Neue, ist ein **1** Junge. Er ist ein **2** Schwimmer. Er kann **3** Gitarre spielen. Eine **4** Figur hat er auch. Und er hat immer **5** Klamotten an. Meistens schreibt er **6** Klassenarbeiten. In Diskussionen hat er **7** Einfälle. Und wenn etwas nicht **8** war, was er sagte, dann hat er eine **9** Ausrede. Er sagt dann: Ich bin heute nicht so **10** drauf. Oskar passt **11** in unsere Klasse. Er wird sicher einmal ein **12** Klassensprecher.

WORTSCHATZ

Wortfeld *gut*

aufgeweckt
ausgezeichnet
clever
cool
geistreich
gescheit
herrlich
hervorragend
intelligent
klasse
klug
pfiffig
schlau
sehr gut
super
toll
vorzüglich
wunderbar

2 Oskar ist in diesem Text nicht gerade sehr genau beschrieben. Wenn du aber Adjektive aus dem Wortfeld *gut* einfügst, dann bekommt man ein besseres Bild von Oskar. Versucht beim Vorlesen verschiedene Wörter aus dem Wortfeld ***gut*** einzusetzen.

3 Schreibe den Text auf. Wähle für jeden Satz ein anderes treffendes Adjektiv aus dem Wortfeld.

158–171

4 Ein Text kann noch spannender werden, wenn man anschauliche Adjektive verwendet, Wählt beim Vorlesen des Textes aus den drei Adjektiven immer ein passendes aus.

Ein Erlebnis

Gestern Abend hatte ich ein *komisches/aufregendes/merkwürdiges* Erlebnis. Als ich mit unserem Hund Gassi ging, tauchte auf einmal ein *seltsames/komisches/fremdartiges* Tier aus dem Graben auf. Der Hund bellte *schrecklich/aufgeregt/komisch* und zerrte an der Leine. Das Tier war nicht sehr groß, aber es kam uns beiden *komisch/unheimlich/ungewöhnlich* vor. Es stellte sich im Graben auf und fauchte unseren kleinen Hund *schrecklich/plötzlich/überraschend* an. Der Hund bekam einen *richtigen/panischen/fürchterlichen* Schreck und zog den Schwanz ein. Doch gleich danach war die *seltsame/unheimliche/komische* Erscheinung des Tieres wieder verschwunden. Ein Freund hat gesagt, dass es wahrscheinlich ein Feldhamster war.

5 Schreibe den Text auf. Suche dir immer ein Adjektiv aus, das in den Satz passt. Achte aber darauf, dass du nicht mehrere Male dasselbe Adjektiv wählst.

Wortarten

Adverbien kennenlernen und in Texten verwenden

Halloween-Party

Hallo Leute, **gestern** war unsere Halloween-Party. Die war wirklich spitze. **Zuerst** waren wir **draußen** und hatten **dort** beim Klingeln an den Wohnungstüren viel Spaß. Ich hätte ja noch **gern** bei uns zu Hause geklingelt, aber den meisten ist es **dann** zu kalt geworden. **Darum** sind wir reingegangen. **Auf einmal** kam ein Gespenst mit einem grässlichen Hui, Hui! durchs Zimmer. Das flatterte **manchmal** nach **links** oder nach **rechts**, **danach** nach **unten** und **oben**. **Deswegen** bekam ich eine Gänsehaut. **Sicherlich** wäre es euch auch **so** ergangen.

1 In diesem Text sind einige Wörter fett hervorgehoben. Wozu brauchen wir eigentlich solche Wörter in unserer Sprache? Sprecht miteinander darüber.

2 Ordnet die Wörter danach,

- **wo** etwas passiert: *draußen …*
- **wann** etwas passiert: *gestern …*
- **wie** jemand etwas erlebt: *gern …*
- **warum** etwas geschieht: *darum …*

Adverbien

INFO

Adverbien geben im Satz Auskunft über:

- den **Ort: *wo, wohin, woher*** sich etwas ereignet: *oben, links, hinauf, weg, dort, hier …*
- die **Zeit: *wann, wie lange, seit wann*** etwas geschieht: *heute, immer, bald, dann, oft …*
- die **Art und Weise: *wie*** etwas passiert: *gern, so, nicht, vielleicht, leider …*
- den **Grund: *warum, wieso, weshalb*** etwas passiert: *darum, trotzdem, meinetwegen …*

Fortsetzung der Party

Unsere Party hatte **1** ihren Höhepunkt erreicht. Es war spät geworden, und wir mussten unseren tollen Spuk **2** beenden. **3** hatten Pia und Mary eine prima Idee. „**4** nehmen wir den dicksten Kürbis mit in die Schule. **5** können wir die Lehrer bestimmt erschrecken.“ **6** packten die beiden den Kürbis vorsichtig ein und nahmen ihn mit nach Hause. **7** steht der Kürbis vor der Schultür und grinst uns alle an. Einige werden sich **8** dabei gruseln.

3 In diesem Textabschnitt fehlen die Adverbien. Du willst nun aber wissen, *wo, wann, warum* und *wie* etwas passiert ist. Probiere aus, welches Adverb für welche Ziffer steht. Die Adverbien im **WORTSCHATZ** helfen dir dabei.

WORTSCHATZ

Adverbien

abends	gern	morgens
bald	gestern	nämlich
da	heute	nie, niemals
dabei	hinten	oben
dann	immer	oft, öfter
darum	immerhin	so
deshalb	jetzt	trotzdem
doch	leider	unten
dort	manchmal	vielleicht
draußen	meinetwegen	weg
drinnen	meistens	zuerst
fast	morgen	zuletzt

Sprache und Sprachgebrauch

Wortarten

Überprüfe dein Wissen und Können

1 Schreibe zwölf Adjektive auf.

2 Schreibe den folgenden Satz auf. Setze die Adjektive *groß / klein* in ihren Vergleichsformen ein:
Ein Fußball ist … als ein Tennisball, aber … als ein Medizinball.

3 Schreibe die Sätze auf. Setze die Adjektive *groß / klein* und die Vergleichswörter ein:
Eine Ein-Euro-Münze ist … eine Zwei-Cent-Münze, aber … eine Zwei-Euro-Münze.

4 Ergänze die Sätze. Füge die Adjektive und Vergleichswörter ein, die passen:
Ein Fernsehturm ist … ein Haus, aber nicht so … ein Wolkenkratzer.

5 In dieses Wortfeld passen drei Adjektive nicht hinein. Suche sie und schreibe sie heraus:
klug, schlau, pfiffig, fair, intelligent, blond, clever, gescheit, lieb, geistreich

6 Vier Wörter sind Adjektive und vier sind Adverbien. Ordne sie mithilfe der *Plingplong-Probe:*
lieb, gern, manchmal, selten, leicht, schwer, jetzt, immer
Adjektive: … *Adverbien: …*

7 Verbessere die Sätze. Setze für *super* andere Wörter ein – aber nicht *toll* und *klasse*!
Mary ist eine super Schülerin. Sie kann super Gitarre spielen. In Diskussionen hat sie super Ideen. Ihre Kleidung ist super. Sie ist auch eine super Klassensprecherin.

8 Schreibe einige Adverbien auf:
des Ortes: …, der Zeit: …, der Art und Weise: …, des Grundes: …

9 Schreibe Gegensatzwörter zu den folgenden Adverbien auf:
immer, zuerst, morgens, dort, drinnen, heute, oben

10 Suche die Adverbien aus den Sätzen a)–d) heraus und schreibe sie auf.

a) Du kannst meinetwegen reden, was du willst.
b) Du musst aber manchmal aufpassen, dass du deutlich sprichst.
c) Du kannst auch gern etwas lauter sprechen.
d) Von meinem Platz aus kann ich dich hier schlecht verstehen.

11 Schreibe die Sätze a)–d) so auf, dass die Adverbien am Satzanfang stehen:
a) … kannst du reden, was …

12 Schreibe die Sätze a)–d) so auf, dass die Adverbien am Satzanfang stehen. Schreibe in Klammern dahinter, um welches Adverb es sich jeweils handelt: **Ort, Zeit, Art und Weise, Grund**.
a) … (…) kannst du reden, was …

Wortarten

Präpositionen und Fälle richtig anwenden

Wortschatz

an	in	um
auf	mit	unter
aus	nach	von
bei	neben	vor
bis	ohne	wegen
durch	seit	während
für	trotz	zu
gegen	über	zwischen
hinter		

Der kleine Herr Jakob

①

②

1 Schaut euch diese beiden Bilder an und erzählt dann die Geschichte vom kleinen Herrn Jakob mit euren Worten.

2 Lest euch nun die folgenden Sätze vor und ergänzt dabei mündlich passende Präpositionen aus dem **Wortschatz** oben.

a) Der kleine Herr Jakob wollte so gern ? Weihnachten ein Geschenk bekommen.
b) Da packte er sich einige Wochen ? Weihnachten ? verbundenen Augen ein Geschenk ein.
c) Er wollte nämlich nicht wissen, was er ? das Päckchen gepackt hatte.
d) Dann brachte er das Paket ? das kleine Postamt.
e) Als Weihnachten nahte, stand der kleine Jakob ? seinem Haus.
f) Da kam ? den tiefen Schnee der Postbote angestapft.
g) Der Weihnachtsbaum stand schon ? Herrn Jakobs Zimmer.
h) Der kleine Herr Jakob freute sich ? das schöne Paket.
i) „Was ? eine Überraschung!“, sagte er ? dem Postboten.

3 Schreibe die Sätze ab. Ergänze die Präpositionen.

Präpositionen

INFO

Präpositionen wie *auf, gegen, unter, während, seit* ... machen **Beziehungen** zwischen Personen oder Dingen deutlich. Sie sagen vor allem etwas aus über **Ort** und **Zeit**:
Herr Jakob packte etwas ***in*** *das Paket.* *Er freute sich* ***auf*** *Weihnachten.*

Sprache und Sprachgebrauch

4 In diesen beiden Sätzen kommt die Präposition *in* vor. Doch die Artikel danach stehen in zwei verschiedenen Fällen. Ergänzt die Artikel *das, dem*.

Was hatte der kleine Herr Jakob wohl in ? Paket hineingepackt?
Ob er noch wusste, was in ? Paket drin war?
Er ging zurück in ? Zimmer.
Dann packte er in ? Zimmer sein Paket aus.

INFO

Dieselbe Präposition – zwei Fälle

Nach **Präpositionen** stehen die **Artikel** und **Substantive** im **Dativ** oder **Akkusativ** – niemals im **Nominativ**: *zu* ***dem Weihnachtsbaum****, durch* ***den Flur***.
Nach manchen Präpositionen kann sowohl der **Akkusativ** als auch der **Dativ** stehen.

Der **Akkusativ** zeigt an, dass sich der Ort einer Person oder einer Sache **verändert** (Frage: ***wohin?***): *Er stapft* (wohin?) ***in den Schnee*** *hinaus.*

Der **Dativ** zeigt an, dass eine Person oder eine Sache an einem bestimmten Ort **verbleibt** (Frage ***wo?***): *Er bleibt* (wo?) ***in dem Schnee*** *stehen.*

5 Welcher Fall steht nach den Präpositionen in den beiden Spalten: der *Akkusativ* oder der *Dativ*? Lest euch die Wortgruppen deutlich vor.

A	B
bei meine * Freund sein	**für** de * Erfolg kämpfen
gegenüber de * Fahrradstand	sich **neben** de * Freund setzen
mit de * Bleistift schreiben	**gegen** de * Baum fahren
nach de * Klingeln in die Klassse kommen	**durch** de * Park spazieren
auf de * Teppich liegen	sich **vor** de * Eingang stellen

6 Schreibe die folgenden Sätze auf. Ergänze die Artikel *der, die, den, dem* im Akkusativ und im Dativ.

Katja geht vor ? Tür.	Katja steht vor ? Tür.
Max klettert auf ? Baum.	Max sitzt auf ? Baum.
Wir fahren morgen an ? Ostsee.	Jetzt sind wir an ? Ostsee.
Ich stelle die Gläser auf ? Tisch.	Die Gläser stehen auf ? Tisch.

7 Schreibe die Sätze ab. Setze die Präpositionen *vor, auf, an, in* und die Artikel im richtigen Fall ein.

Paula geht ? Haus.	Paula steht nun ? Haus.
Oskar steigt ? Fahrrad.	Jetzt sitzt er ? Fahrrad.
Wir fahren morgen ? Waldsee.	Jetzt liegen wir ? Waldsee.
Wir springen ? Wasser.	Wir paddeln ? Wasser.

8 Ergänze die Sätze durch die Präpositionen *an, auf, mit, neben, von, vor, zu* und die Wörter *den, dem, ihrem, seine, seinem, seiner.*

Lotte setzt sich ? Dackel ? Fußboden. → Nun sitzt sie also ? Hund.
Der Dackel leckt ? Zunge ? nackten Fuß. → Tobias hockt sich ? Schwester.
Er streckt seinen Fuß ? Dackel hin. → Doch der will ? Fuß nichts wissen.
Da steht Tobias wieder ? Teppich auf. → Der Dackel hat wohl Angst ? Fuß.

Präpositionen mit versteckten Artikeln

INFO

Manche Präpositionen wachsen mit Artikeln zusammen.
Die Artikel „verstecken" sich dann hinter den Präpositionen:
am *(an dem),* **ans** *(an das),* **aufs** *(auf das),* **beim** *(bei dem),* **im** *(in dem),* **ins** *(in das),* **übers** *(über das),* **vom** *(von dem),* **zum** *(zu dem),* **zur** *(zu der).*

9 Schreibe die folgenden Angaben so auf, wie es im Infokasten steht.

Der Weg *in das* Gebirge
Die Straße *zu dem* Sportplatz
Die Brücke *über das* Flüsschen
Der Ausflug *auf das* Land
Der Platz *an dem* Bahnhof
Der Fahrradstand *bei dem* Bäcker
Der Bus von dem Dorf *zu der* Stadt
Denke *an das* Abendessen!

10 Wie sagt ihr eigentlich: *wegen dem Regen* oder: *wegen des Regens*?
Sprecht in der Klasse darüber.

11 In den Verkehrsmeldungen hört man oft Ausdrücke wie: *wegen Unwetter, trotz Hagel …*
Wenn du die folgenden Ausdrücke mit einem Artikel gebrauchst, wie sagst du dann?
Schreibe sie so auf, wie sie dir geläufig sind.
wegen ? Unwetter-, trotz ? Gewitter-, während ? Donner-

Präpositionen mit dem Genitiv

INFO

Nach manchen Präpositionen stehen die Artikel und Substantive im **Genitiv**:
abseits, jenseits, links, oberhalb, trotz, unterhalb, während, wegen …
jenseits des Berges, oberhalb des Dorfes, während des Regens, wegen des Starkregens, trotz des Gewitters
In der **Kurzform ohne Artikel** sagt man oft: *wegen Starkregen, trotz Gewitter …*
In der **Umgangssprache** sagt man oft: *wegen dem Starkregen, trotz dem Gewitter …*
In der **Standardsprache** werden diese Präpositionen aber mit dem **Genitiv** verwendet.

12 Setze die folgenden Ausdrücke in der Standardsprache zusammen:
jenseits des Gebirges …

jenseits	*wegen*	*Gebirge*	*Dorf*
oberhalb	*links*	*Hügel*	*Brücke*
während	*unterhalb*	*Unwetter*	*Fluss*
trotz	*abseits*	*Hagel*	*Krankheit*

Wortarten

Präpositionen im richtigen Fall selbstständig verwenden

1 Lest Satz für Satz zuerst leise durch. Sprecht ihn dann deutlich aus. Achtet dabei besonders auf die unterstrichenen Stellen.

Ich klettere gern auf meinen Kletterbaum hinauf.
Auf meinem Kletterbaum dort oben bin ich sehr gern.
Von meinem Baum schaue ich in unseren Garten hinunter.
Dort sehe ich unseren Kater liegen.
Er liegt auf einem sonnigen Platz.
Er putzt sich mit seiner Zunge seinen buschigen Schwanz.

2 Hier sind diese Sätze noch einmal – aber etwas anders. Schreibe sie richtig auf.

Ich sitze gern oben auf mein** Kletterbaum.
Ich klettere auf mein** Baum hinauf.
Dann schaue ich in unser** Garten hinunter.
Da sehe ich unten unser** Kater liegen.
Er hat sich auf ein** sonnig** Platz gelegt.
Dort putzt er sich sein** buschig** Schwanz.

3 Lest euch dieses Gedicht vor und ergänzt die fehlenden Endungen.

Auf ein** hoh** Gartenzaun,
da saß ein Vogel glänzend braun,
der hat in sein** spitz** Schnabel
so ein** fett** dick** Wurm,
dem geht es miserabel.
Der Vogel fliegt auf ein** Turm.
Dort schluckt er dies** fett** Brocken
in ein** Stück hinunter.
Da läuten laut und munter
von dies** Turm die Glocken.

4 Schreibe das Gedicht aus Aufgabe 3 richtig auf.

5 Im folgenden Text sind sechs Fehler enthalten. Schreibe ihn richtig auf.

Einmal habe ich ein Kater beobachtet, wie der durch unser Garten stolziert ist. Auf einmal stürzten sich in ein wilden Angriff zwei Amseln auf den Kater. Sie wollten ihn auf sein Rücken hacken. Da hat der Kater ein riesigen Schreck bekommen und hat sich unter ein Busch versteckt.

Wortarten

Konjunktionen in Sätze einfügen

1 Man kann zwei Sätze nebeneinander stellen: *Ich spiele draußen. Es regnet.* Man kann sie aber auch mit Wörtern verbinden:
Ich spiele draußen, obwohl es regnet. Ich spiele draußen, weil es regnet.
Worin besteht der Unterschied? Sprecht darüber.

315–316

2 Verbindet die beiden Sätze mit Konjunktionen: *Ich komme, aber du gehst. …*

Ich komme, *und aber oder denn wenn obwohl weil damit während doch* **du gehst.**

3 *Ich sehe fern, … du schläfst.* Verbinde die beiden Aussagen mit Konjunktionen. Schreibe mehrere Sätze auf: *Ich sehe fern, aber du schläfst. …*

Konjunktionen (Verbindungswörter)

INFO

Konjunktionen dienen dazu, Wörter, Wortgruppen und Sätze miteinander zu **verbinden**. Mit Konjunktionen können wir **genauer** sagen, wie wir etwas meinen.

Ich komme. Du gehst.
→ *Ich komme,* ***wenn*** *du gehst.*
→ *Ich komme,* ***obwohl*** *du gehst.*
→ *Ich komme,* ***damit*** *du gehst.*

Die **wichtigsten Konjunktionen** in unserer Sprache sind:
aber, als, damit, dass, denn, doch, obwohl, oder, sobald, während, weil, wenn, und

4 Welche Konjunktionen aus dem Infokasten passen in diese Sätze? Füge sie beim Abschreiben in die Sätze ein.

a) Ich konnte gestern nicht mitspielen, ? ich krank war.
b) Ich lag leider im Bett, ? ihr auf dem Fußballplatz wart.
c) Ich hoffe, ? ihr das Spiel trotzdem gewonnen habt.
d) Ich habe viel an euch gedacht, ? es mir richtig schlecht ging.
e) Das nächste Mal spiele ich wieder mit, ? ich gesund bin.
f) Das muss aber schnell gehen, ? ich euch wieder unterstützen kann.

5 Die folgenden Sätzen enthalten falsche Konjunktionen. Schreibe die Sätze richtig auf. Wähle von den Konjunktionen *aber, als, bevor, damit, doch, ehe, obwohl, sodass, und* die passenden aus.

Wir paddelten auf unseren Luftmatratzen oder ruderten immer weiter hinaus auf den See. Die Sonne schien, denn in der Ferne zogen schon Wolken auf. Wir achteten nicht darauf, wenn plötzlich heftiger Wind aufkam. Wir ruderten wie die Wilden zurück, wenn wir noch vor dem Sturm das Ufer erreichten. Zum Glück kamen wir heil an, sodass das Donnerwetter losging.

Sprache und Sprachgebrauch

Wortarten

Überprüfe dein Wissen und Können

1 Schreibe die Sätze auf und setze passende Präpositionen ein:

ℓ

a) Ich gehe ? das Tor.
b) Ich setze mich ? den Stuhl.
c) Ich warte ? der Tür.

ℓℓ ℓℓℓ

d) Ich warte ? des Regens ? einem Dach.
e) Ich warte dort schon ? einer Stunde.
f) Dann gehe ich ? des Regens weiter.

2 Schreibe die Sätze auf und setze die Artikel im richtigen Fall ein:

ℓ

a) Ich fahre um ? Teich herum.
b) Ich klettere auf ? Baum.
c) Dann ruhe ich mich unter ? Baum aus.

ℓℓ ℓℓℓ

d) Ich fahre auf mein ** Fahrrad in ein ** Wald.
e) Dort klettere ich auf ein ** Baum.
f) Ich sitze auf ein ** Ast und schau in d ** Himmel.

ℓ **3** Bilde drei Sätze, in denen die Präpositionen *zu, an, bei* vorkommen.

ℓℓ **4** Bilde drei Sätze, in denen die Präpositionen *ohne, zwischen, oberhalb* vorkommen.

ℓℓℓ **5** Bilde drei Sätze, in denen die Präpositionen *während, wegen, jenseits* vorkommen.

6 Welche Antwort ist richtig? Schreibe den Buchstaben auf.
a) Wörter wie *bei, gestern, dick* nennt man Präpositionen.
b) In Wörtern wie *beim, fürs, am* sind Präposition und Artikel zusammengewachsen.
c) Nach Präpositionen steht immer der Nominativ.

7 Schreibe die folgenden Sätze richtig auf:

ℓ

a) Gestern fuhr ich mit den Bus in die Stadt.
b) Ich setzte mich auf ein freien Platz.
c) Gegenüber saß ein Mann mit ein Hundekorb.
d) Und aus den Korb schaute ein Hund heraus.

ℓℓ ℓℓℓ

e) Gestern fuhr ich mit den gelbem Bus.
f) Ich sah von mein Platz aus ein Mann.
g) Der hatte ein Hundekorb zwischen die Beine.
h) In den Korb wackelte ein Hund mit sein Ohren.

ℓℓℓ **8** Schreibe auf, in welchen Fällen die folgenden Ausdrücke stehen: *a) Akkusativ, b) …*

a) durch den Park
b) auf den Schulhof
c) wegen des Regens
d) bei diesem Unwetter
e) ohne einen Regenschirm
f) während des Hagelschauers

9 Setze in die folgenden Sätze jeweils die passende Konjunktion ein – verwende aber jede Konjunktion nur einmal: *aber, als, dass, oder, weil, wenn.*

Du hast mich gestern nicht angetroffen, ? ich nicht zu Hause war. Ich konnte ja nicht wissen, ? du mich besuchen wolltest. Und ? ich davon erfuhr, war ich im Schwimmbad. Du musst mich das nächste Mal vorher anrufen, ? du kommen willst. Dann bin ich bestimmt zu Hause ? im Garten. Ich warte auf dich, ? melde dich vorher!

Wörter und Sätze

Wörter – Satzreihen – Satzgefüge

Sätze bestehen aus Wörtern – aber nicht so: ***GERN NUDELN ESSEN KETCHUP MIT KINDER***

1 Bildet aus diesen Wörtern mehrere Sätze.
Es können auch Witzsätze oder Unsinnsätze dabei sein – aber keine Fragesätze!
Kinder essen …, Gern essen …, …

2 Lest euch die Sätze vor, die ihr gebildet habt.

3 Wie wird eigentlich aus Wörtern ein Satz? Sprecht miteinander darüber.

INFO

Was ist ein Satz?

Ein **Satz** hat eine **Bedeutung**: *Die Kinder lachen aus vollem Hals über Moritz.*
Ein **Satz** hat außerdem einen **Aufbau**. Das heißt:
Die Wörter stehen in einem **Zusammenhang** und in einer sinnvollen **Reihenfolge**:
So:
a) ***Die Kinder*** / ***lachen*** / *aus vollem Hals* / *über Moritz.*
Oder so:
b) ***Die Kinder*** / ***lachen*** / *über Moritz* / *aus vollem Hals.*
Oder so:
c) *Aus vollem Hals* / ***lachen*** / ***die Kinder*** / *über Moritz.*
Oder so:
d) *Über Moritz* / ***lachen*** / ***die Kinder*** / *aus vollem Hals.*
Nicht aber so:
e) *Hals die aus Kinder lachen vollem Moritz über.*
So etwas ist überhaupt kein Satz!

4 Warum können wir wohl die Wortreihe e) keinen Satz nennen?
Was ist an dieser Wortreihe so ganz anders als in den Sätzen a), b), c) und d)?
Sprecht darüber.

5 Die Reihenfolge der Wörter im Infokasten ist zwar verschieden.
Aber es gibt in den Sätzen a), b), c) und d) eine auffällige Ähnlichkeit.
Benennt, was in den vier Sätzen gleich ist:

- Achtet dabei auf Wörter, die immer zusammenbleiben,
- Achtet auch auf das Verb und was davor und dahinter steht.

6 Bildet Sätze mit der folgenden Wortreihe:
er Witze erzählt Spaß mit immer nämlich großem

7 Lest euch eure Sätze vor und achtet darauf, an welcher Stelle das Verb steht.

INFO

Hauptsatz – Satzreihe

In einem **Hauptsatz** steht das Verb an **zweiter Stelle**.
Mehrere Hauptsätze bilden eine **Satzreihe**.
*Die Kinder / **lachen** / aus vollem Hals / über Moritz,*
*er / **erzählt** / nämlich / immer / mit großem Spaß / Witze.*

Zwischen zwei Hauptsätze setzt man ein **Komma**, am Ende einen **Punkt**.

8 Bildet aus folgenden Wortreihen eine Satzreihe aus zwei Sätzen.
Setzt ein Komma zwischen die beiden Sätze.
macht es großen den Kindern Spaß immer
Moritz gute verbreitet Laune.

9 Lest euch eure Sätze gegenseitig vor.

10 Schreibt die beiden Sätze noch einmal auf.
Verbindet diese Sätze jetzt aber mit dem Wörtchen *wenn*.

11 Beschreibt einmal, was jetzt anders geworden ist.
Achtet dabei besonders darauf, **wo** das Verb jetzt steht.

INFO

Satzgefüge: Hauptsatz mit Nebensatz

Ein Hauptsatz mit einem Nebensatz nennt man ein **Satzgefüge**.
In einem **Nebensatz** steht das Verb an **letzter Stelle**:
*Die Kinder / **lachen** / über Moritz / aus vollem Hals,*
***wenn** / er / mit großem Spaß / Witze / **erzählt**.*

Ein Nebensatz wird durch eine **Konjunktion** (Verbindungswort) eingeleitet.

12 Forme die folgenden Satzreihen zu Satzgefügen um.
Füge zwischen die Sätze jeweils eine der Konjunktionen ein, die rechts im **WORTSCHATZ** stehen. Jede Konjunktion soll einmal vorkommen.

Moritz ist ein beliebter Junge, er erfreut alle Schüler.
Man wählte ihn zum Klassensprecher, jetzt übernimmt er auch Verantwortung.
Er hilft anderen Schülern, er ist nicht gerade der Beste.
Trotzdem unterstützt er alle anderen Schüler, sie bitten ihn darum.
In dieser Woche vermissten ihn alle, er lag mit einer Grippe im Bett.
Alle freuen sich schon, er ist wieder da.

WORTSCHATZ

als
obwohl
sodass
sooft
weil
wenn

13 Unterstreiche in den Hauptsätzen und Nebensätzen die Verben.
Moritz ist ein beliebter Junge, weil er alle Schüler erfreut.

Satzglieder

Mit Umstellproben Satzglieder ermitteln

1 Fertigt euch Blätter an, auf denen jeweils eines der Wörter steht.

2 Stellt euch vor der Klasse so auf, dass ein sinnvoller Satz entsteht:
OSKAR …

3 Probiert dann aus, welche anderen Wörter am Anfang des Satzes stehen könnten:
AM VORIGEN FREITAG …

4 Bildet auch einmal einen Fragesatz: *GEWANN …?*

Satzglieder – Umstellprobe

INFO

Jeder **Satz** besteht aus **Satzgliedern**.
Durch **Umstellproben** bekommt man heraus, aus wie vielen Satzgliedern ein Satz besteht.
Jeder Teil des Satzes, den man an den **Anfang** umstellen kann, ist ein **Satzglied**.
Ein **Satzglied** besteht aus **einem Wort** oder aus **mehreren Wörtern**.

Die Kinder */ schrieben / gestern / eine Mathearbeit.*
Gestern */ schrieben / die Kinder / eine Mathearbeit.*
Eine Mathe-Arbeit */ schrieben / gestern / die Kinder.*
Schrieben */ die Kinder / gestern / eine Mathearbeit?*

Dieser Beispielsatz besteht also aus **vier Satzgliedern**.

5 Aus wie vielen Satzgliedern besteht der Satz, den die Kinder oben gebildet haben?

6 Macht auch mit dem folgenden Satz Umstellproben. Aus wie vielen Satzgliedern besteht er?
Oskars Schwester siegte am selben Tag im Turmspringen.

Sprache und Sprachgebrauch

7 Lest die folgende Frage zweimal vor: einmal mit der Antwort a) – und einmal mit der Antwort b).
Was passt wohl besser zusammen?
Stimmt darüber ab, wer sich für a) und wer sich für b) entschieden hat.

Auf welchem Platz ist denn Oskar im Brustschwimmen gelandet?

→ a) Oskar wurde Erster überraschend im Brustschwimmen am letzten Freitag.

→ b) Oskar wurde im Brustschwimmen am letzten Freitag überraschend Erster.

8 Und welche Antwort würdet ihr geben, wenn jemand die folgende Frage stellt: a) oder b)?
Stimmt auch hier darüber ab.

Und wie ist es Oskars Schwester ergangen?

→ a) Am selben Tag siegte Oskars Schwester im Turmspringen.

→ b) Im Turmspringen siegte Oskars Schwester am selben Tag.

9 Die Antworten in der rechten Spalte bestehen aus den gleichen Wörtern und bedeuten genau dasselbe.
Versucht zu begründen, warum ihr euch trotzdem jeweils für **eine bestimmte Antwort** entschieden habt.

INFO

Die Stellung der Satzglieder

Ob ein bestimmtes Satzglied am **Anfang** oder am **Ende** eines Satzes steht, hängt meistens davon ab, welcher Satz **vorher** gesagt oder geschrieben wurde.

Satzglieder, die am **Anfang** und am **Ende** des Satzes stehen, werden **besonders betont**:
Überraschend *wurde Oskar am letzten Freitag im Brustschwimmen* ***Erster****.*

10 Schreibe einen Satz auf, der auf folgende Frage die Antwort gibt.
In welchem Wettkampf siegte denn Oskar am letzten Freitag? → …

Der Antwortsatz soll aus diesen Satzgliedern bestehen:

Oskar / siegte / im Brustschwimmen / überraschend / am letzten Freitag.

11 Vergleicht eure Sätze miteinander:
- Welches Satzglied steht bei den meisten von euch am Anfang?
- Welches Satzglied steht bei den meisten von euch am Ende?

Satzglieder

Mit Umstellproben einen Text verbessern

Das Missverständnis

a) Herr Weber ging eines Tages spazieren.
b) Er wanderte also gut gelaunt los.
c) Er sah plötzlich eine Reißzwecke mitten auf der Straße liegen.
d) Er bückte sich also und wollte sie aufheben.
e) Ein Radfahrer kam in diesem Moment angerauscht.
f) Herr Weber trat erschrocken einen Schritt beiseite.
g) Der Radfahrer fuhr im nächsten Augenblick auf die Reißzwecke.
h) Sein Reifen war natürlich platt.
i) Er kriegte da einen Wutanfall:
j) Die Reißzwecke hat mir dieser Typ bestimmt vor das Rad gelegt!
k) Er stürmte wütend auf Herrn Weber los.
l) Herr Weber wich aber schnell zurück.
m) Der Radfahrer schob danach mit seinem Fahrrad davon.
n) Herr Weber dachte traurig:
o) Ich habe das nächste Mal bestimmt nicht mehr so ein Pech!

1 Dieser Text zu der Bildergeschichte ist schon recht gut gelungen. Aber er kann noch etwas verbessert werden. Verschiebe in den Sätzen a)–k) eines der unterstrichenen Satzglieder an den Anfang. So werden die Sätze besser miteinander verbunden – und es steht auch nicht so oft *Er* am Satzanfang: *Eines Tages ging Herr Weber spazieren. …*

2 Schreibe auch die letzten drei Sätze auf. Suche dir ein Satzglied aus, das du an den Anfang verschieben möchtest.

Umstellen von Satzgliedern – Texte verbessern

INFO

Texte kann man dadurch verbessern, dass man bestimmte Satzglieder an den **Anfang** der Sätze stellt. Dadurch bekommen die Sätze einen **besseren Zusammenhang** und es steht **nicht ständig dasselbe Satzglied** am Anfang.

Herr Weber wollte eines Tages an die frische Luft. Er wanderte also gut gelaunt los.

Besser: *Eines Tages wollte Herr Weber an die frische Luft. Also wanderte er gut gelaunt los.*

Sprache und Sprachgebrauch

Satzglieder

Subjekt und Prädikat erkennen

1 Lest diese Sätze vor und nennt die Subjekte und Prädikate.
Manche Subjekte und Prädikate bestehen aus mehreren Wörtern:
a) Lara (Subjekt) spielte (Prädikat). *b) Sie (Subjekt) ist gerannt (Prädikat). ...*

Mädchenfußball

a) Lara spielte.	*ganz toll / diesmal*
b) Sie ist gerannt.	*über das halbe Spielfeld / immer wieder*
c) Sie hat geflankt.	*den Ball / auf ihre Mitspielerin*
d) Der Ball kam zurück.	*gleich wieder*
e) Sie schoss.	*da*
f) Die gegnerische Torfrau streckte sich.	*nach links*
g) Der Ball kullerte hinein.	*ins Tor / langsam*
h) Die Zuschauer jubelten.	*laut*

INFO

Subjekt – Prädikat

Das **Subjekt** im Satz sagt meistens, **wer** etwas tut: ***Die Torfrau ..., Sie ...***
Es besteht in der Regel aus einem **Substantiv** (und was sonst noch zum Substantiv gehört) oder einem **Pronomen**: ***Die gegnerische Torfrau*** *streckte sich.* ***Sie*** *hielt!*
Das **Prädikat** sagt, was **getan wird** oder was **passiert**: ***... spielte, ... kullerte.***
Es besteht immer aus einem **Verb**. Manchmal besteht es auch noch aus weiteren Wörtern, die zum Verb gehören: *Die gegnerische Torfrau* ***streckte sich.***

2 Die meisten Sätze bestehen aber nicht nur aus Subjekt und Prädikat, sondern aus mehreren Satzgliedern. Schreibe die Sätze aus Aufgabe 1 ab. Füge dabei die Satzglieder ein, die rechts daneben stehen. Unterstreiche dann die Subjekte blau und die Prädikate rot:
l Sätze a)–d), *ll* Sätze a)–f), *lll* Sätze a)–h). *Lara spielte diesmal ganz toll. ...*

INFO

Das Prädikat

Das **Prädikat** steht in der Regel an der **2. Stelle** im Satz: *Lara /* ***spielte*** */ diesmal / ganz toll.*
Wenn es aber aus **zwei Teilen** besteht, steht der andere Teil am **Schluss**.
Es bildet dann eine **Satzklammer**: *Sie /* ***hat*** */ den Ball / auf ihre Mitspielerin /* ***geflankt****.*

3 In den meisten Sätzen, die du geschrieben hast, steht ein Teil des Prädikats an zweiter Stelle des Satzes – und ein anderer Teil ganz am Schluss.
Unterstreiche die Prädikate:
Sie ist immer wieder über das halbe Spielfeld gerannt.

Satzglieder

Die Adverbiale unterscheiden

1 In den Sätzen, die du auf Seite 320 geschrieben hast, befinden sich auch Adverbiale.
Hier sind diese Sätze noch einmal.
- Bestimme die Adverbiale.
- Orientiere dich an den Informationen im Kasten: *a) Zeit – Art und Weise, b) Ort, c) …*

a) Lara spielte diesmal ganz toll.
b) Sie ist über das halbe Spielfeld gerannt.
c) Sie hat den Ball auf ihre Mitspielerin geflankt.
d) Der Ball kam gleich wieder zurück.
e) Da schoss sie.
f) Die Torfrau streckte sich nach links.
g) Der Ball kullerte ins Tor.
h) Die Zuschauer jubelten laut.

Adverbiale

INFO

Adverbiale (Angaben oder Umstandsbestimmungen) sind Satzglieder, die Auskunft geben
- über die **Zeit** (**wann** oder **wie lange** etwas geschieht): *Lara ist* ***immer wieder*** *gerannt.*
- über den **Ort** (**wo** es passiert oder **wohin** sich etwas bewegt): *Der Ball kullerte* ***ins Tor****.*
- über die **Art und Weise** (**wie** es geschieht): *Lara spielte diesmal* ***ganz toll****.*

2 Unterstreiche oder markiere alle Adverbiale in den Sätzen aus Aufgabe 1 grün.
In jedem Satz kommt ein Adverbial vor: t Sätze a)–d), tt ttt alle Sätze.
Lara spielte diesmal ganz toll. …

3 In den Sätzen „Pech beim Sport" stehen auf der linken Seite Subjekte und Prädikate, rechts stehen verschiedene Adverbiale. Welche Adverbiale passen zu welchen Sätzen? Schreibe die Sätze vollständig auf. Unterstreiche die Adverbiale **grün**.
Die Zuschauer / lachten sich / danach / halbtot.

Pech beim Sport

Der Schwimmer platschte	mit einem Bauchklatscher – ins Becken
Die Zuschauer lachten sich	danach – halbtot
Der Läufer fiel	in letzter Sekunde – wieder – auf die Füße
Er kam	zu Boden – erschöpft

tt ttt

Die Spielerin köpfte	in letzter Minute – mit 2:3
Die Trainerin riss die Hände	ins Tor – kurz vor dem Spielende
Die 6b verlor	ins eigene Tor – aus Leichtsinn
Die Gegner schossen den Ball	in die Höhe – vor lauter Verzweiflung

4 Ordne alle Adverbiale aus „Pech beim Sport": **Zeit** *(wann, wie lange?): danach …;* **Ort** *(wo, wohin?): ins Becken …;* **Art und Weise** *(wie?): mit einem Bauchklatscher …*

Sprache und Sprachgebrauch

Satzglieder

Subjekt und Objekte unterscheiden und richtig anwenden

1 Der folgende Text ist eine kleine „grammatische Geschichte" zum Mitdenken.
Lest ihn euch erst einmal vor.

So ist das an jedem Schultag!

a) Das Subjekt steht jeden Morgen gegen sieben Uhr auf.
b) Das Subjekt isst ein Objekt.
c) Dann packt das Subjekt das Objekt.
d) Das Subjekt bringt das Objekt mit dem Auto zur Bushaltestelle.
e) Das Subjekt bringt die Objekte zur Schule.

2 Lest jetzt den Text noch einmal vor. Setzt dabei für *Subjekt* und *Objekt* passende Wörter ein.
Aber Achtung: Als Subjekte und Objekte können ganz verschiedene Personen und Dinge auftreten!
So könnte die Geschichte beginnen:
a) Paula steht jeden Morgen gegen sieben Uhr auf. b) Sie isst … c) …

3 Schreibe die Sätze f)–j) genauso auf wie die Sätze aus Aufgabe 2.
Setze für die unterstrichenen Satzglieder die Begriffe *das Subjekt / die Subjekte* bzw. *das Objekt / die Objekte* ein.
ℓ Satz f), *ℓℓ* Sätze g) und h), *ℓℓℓ* Sätze i) und j).

f) Die Schüler packen die Schulsachen aus.
g) Die Lehrerin lässt die Geschichte vorlesen.
h) Die Geschichte haben die Kinder zu Hause geübt.
i) Den Kindern gefällt die Geschichte gut.
j) Sie applaudieren dem Vorleser.

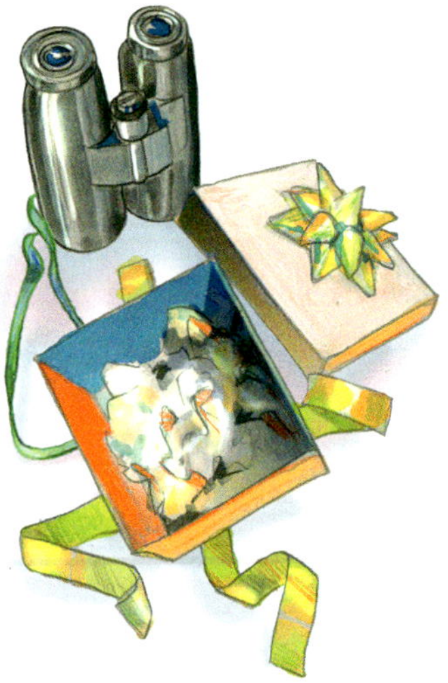

INFO

Subjekt – Objekte

Das **Subjekt** kann man mit der Frage ***wer?*** oder ***was?*** ermitteln:
(Wer?) ***Die Lehrerin*** *liest dem Schüler einen Text vor.*

Das **Akkusativ-Objekt** erfragt man mit der Frage ***wen?*** oder ***was?***:
Die Lehrerin liest dem Schüler **(wen? oder was?)** ***einen Text*** *vor.*
Das **Dativ-Objekt** erfragt man mit der Frage ***wem?***:
Die Lehrerin liest **(wem?)** ***dem Schüler*** *einen Text vor.*

4 Schreibe diese Sätze ab.
- Unterstreiche die Objekte grün.
- Schreibe *Akkusativ* oder *Dativ* hinter die Objekte.

Die Mutter schenkt ihrer Tochter (Dativ) ein neues Fahrrad (Akkusativ).

Weihnachtsgeschenke

Die Mutter schenkt ihrer Tochter ein neues Fahrrad.
Die Oma überreicht ihrer Enkeltochter einen Stempelkasten.
ℓℓ ℓℓℓ Dem Vater schenkt die Mutter ein neues Fernglas.
ℓℓ ℓℓℓ Die Kinder singen dem Vater ein Lied vor.
ℓℓℓ Einen Werkzeugkasten schenkt der Opa seinem Enkel.
ℓℓℓ Allen gefallen die Geschenke gut.

Satzglieder

Sätze mit zwei Objekten bilden

	Subjekte: Wer?	Dativ-Objekte: Wem?	Akkusativ-Objekte: Wen? oder Was?
1) Wer schenkt wem wen oder was?	der Vater	dem Jungen	einen Werkzeugkasten
2) Wer zeigt wem wen oder was?	die Lehrerin	dem Schüler	den Fehler
3) Wer erzählt wem wen oder was?	der Onkel	seinem Patenkind	eine Geschichte
4) Wer gibt wem wen oder was mit?	die Schwester	dem kleinen Bruder	den Haustürschlüssel
5) Wer liest wem wen oder was vor?	die Lehrerin	?	?
6) Wer spielt wem wen oder was zu?	der Torwart	?	?

1 Schreibe die Sätze auf: 1) und 2), 3) und 4), 5) und 6).
Für die Sätze 5 und 6 musst du selbst Objekte finden.
Der Vater schenkt dem Jungen …

2 Aus diesen Satzgliedern sollst du drei Sätze zusammenpuzzlen. Wenn du auf die Endungen der Wörter achtest, kannst du erkennen, was die Subjekte und was die Objekte sind: *Der Schüler leiht …*

Prädikate:	**Subjekte und Objekte:**			
leihen	*der Schüler*	*den Ball*	*seinen Füller*	*dem Publikum*
zuspielen	*der Vorleser*	*einen spannenden Text*		
vorlesen	*der Spieler*	*seinem Freund*	*seinem Mitspieler*	

3 Lest euch den folgenden Text vor. Beim Sprechen und Schreiben müsst ihr besonders auf die Artikel im Dativ und Akkusativ achten: *den, dem, einen, einem.* Sprecht sie deutlich aus. Im zweiten Absatz müsst ihr die Endungen selbst ergänzen.

Der Fuchs und der Schäferhund

Der Fuchs begegnete ein**em** Schaf. Gerade säugte das Schaf ein**en** kleinen Schafbock. Der Fuchs näherte sich **dem** Schaf und tat so, als ob auch er **den** Kleinen lieb hat. Gerade wollte er **den** kleinen Bock packen, da wurde ein**em** Schäferhund klar, dass da etwas nicht stimmt. Der Hund misstraute **dem** Fuchs. Er kam heran und fragte: „Warum streichelst du eigentlich **den** Kleinen so liebevoll?“ Der Fuchs antwortete: „Ich versorge **den** jungen Kerl. Er braucht ein**en** Freund.“

Da sagte der Hund: „Gib **d** * Kleinen sofort frei! Sonst hole ich **mein** * Herrn, **d** * Schäfer, herbei. Der zeigt dir **ein** * Knüppel. Dann kannst du sehen, wie es **ein** * Spitzbuben ergeht, der sich als Freund ausgibt.“ Daraus kann man lernen: Traue niemals **ein** * Spitzbuben, der **ein** * falschen Freund vorspielt.

4 Schreibe den zweiten Teil der Fabel ab.
Ergänze der Reihe nach ***den, meinen, den, einen, einem, einem, einen.***

5 Schreibe den zweiten Teil der Fabel ab.
Ergänze die fehlenden Endungen.

Sprache und Sprachgebrauch

Satzglieder

Attribute: Teile von Satzgliedern

Wenn du einen Satz sagst wie ***Schüler sind vergesslich.*** – dann stimmt das nicht.
Wenn du aber hinzufügst: *Manche Schüler sind vergesslich,* dann entspricht es der Wirklichkeit.
Oft muss man einem Substantiv ein Wort oder mehrere Wörter hinzufügen,
damit eine Aussage stimmt – oder überhaupt erst sinnvoll wird.

1 Untersuchungen haben ergeben:
Tiger sind vom Aussterben bedroht.
Füge in den folgenden Satz zwei Wörter ein, damit der Satz stimmt.
Aber Achtung: Nicht alle diese Wörter passen!
Nur noch ? Tiger sind in der ? Wildbahn anzutreffen.

manche
wenige
letzten
freien
alle

2 Die folgende Aussage ist sinnlos: ***Die Kinder sind glücklicher als die Kinder.***
Fügt man ihr aber etwas hinzu, so bekommt der Satz einen Sinn.
Eine Untersuchung hat ergeben:
Die Kinder auf dem Land sind glücklicher als die Kinder in der Großstadt.

Füge auch den folgenden Aussagen etwas hinzu, damit sie stimmen:
Alle Tiere können schwimmen, alle Tiere können fliegen.
Die Amseln können nicht singen, nur die Amseln können singen.

in der Luft
weiblichen
im Meer
männlichen

INFO

Attribute

Eine Aussage wird oft erst sinnvoll oder vollständig, wenn man einem Substantiv im Satz weitere Wörter beifügt. Eine solche **Beifügung** nennt man **Attribut**.
Ein Attribut kann **vor** oder **hinter** dem **Substantiv** stehen, zu dem es gehört:
Ein Satz wie *Hunde bellen meistens lauter als Hunde* ist sinnlos. Er erhält erst seinen Sinn durch **Attribute**.
Attribute können dem **Substantiv vorangestellt** oder **nachgestellt** sein:

Attribut **vor** dem **Substantiv**:	***Große Hunde*** *bellen meistens lauter als* ***kleine Hunde***.
Attribut **nach** dem **Substantiv**:	*Der* ***Hund unseres Nachbarn*** *bellt nie.*

3 In welchen der folgenden Sätze steht das Attribut **vor**, in welchen **nach** dem Substantiv?
Schreibe auf: *Attribut **nach** dem Substantiv: a) in meinem Buch …*
*Attribut **vor** dem Substantiv: …*

a) Die **Bilder** in meinem Buch gefallen mir gut.
b) Die witzigen **Bilder** finde ich am schönsten.
c) Ich kann mir die meisten **Telefonnummern** nicht merken.
d) Die **Telefonnummern** meiner Freunde sind auf meinem Handy gespeichert.
e) Wir gehen unter den **Bäumen** im Park spazieren.
f) Die Bäume zeigen ihr erstes **Grün**.
g) Am **Sonntag** letzter Woche haben wir eine Radtour gemacht.
h) Dabei sind wir in ein fürchterliches **Gewitter** geraten.

4 Ohne Attribute sähe ein Textanfang über ein Tier etwa so aus:
- Woran denkt ihr, wenn ihr das lest?
- Was habt ihr verstanden?
- Was habt ihr überhaupt nicht verstanden?

Im Jahrhundert wurden Paare in Deutschland in die Freiheit entlassen. Sie stammten aus ihrer Heimat. Innerhalb von Zeit breiteten sie sich in Europa aus. Heute leben davon alleine in Wäldern eine Million.

5 Und so sieht der Textanfang **mit Attributen** aus. Daran könnt ihr sehen, wie wichtig **Attribute** zu **Substantiven** für das Verständnis eines Textes sind.

Im vorigen **Jahrhundert** wurden zwei **Paare** von Waschbären in Deutschland in die Freiheit entlassen. Sie stammten aus ihrer **Heimat** Nordamerika. Innerhalb von kürzester **Zeit** breiteten sie sich in ganz **Europa** aus. Heute leben alleine in Deutschlands **Wäldern** eine halbe **Million** von Waschbären.

6 Hier ist die Fortsetzung des Textes. Aber es fehlen alle Attribute. Fügt die Attribute beim Abschreiben an den passenden Stellen ein. Dann wird der Text genauer.

Waschbären sind *1* Allesfresser, die sich überwiegend von *2* Wirbeltieren ernähren. Leider fressen sie aber auch die Eier unserer *3* Singvögel und richten unter ihnen *4* Schaden an. Gerne halten sie sich in der Nähe von *5* Siedlungen auf und gehen in Mülltonnen auf Nahrungssuche. Ein Teil *6* sind Fische, Frösche und Krebse. Die versuchen sie mit ihren Pfoten im *7* Wasser zu ertasten. Dadurch entsteht der Eindruck, als würden sie diese waschen. *8* Waschbären leben in Gruppen zusammen. *9* Waschbären leben dagegen in *10* Gebieten. Außer dem Uhu haben Waschbären keine *11* Feinde. Die *12* Gefahr geht für sie vom Straßenverkehr aus.

räuberische – kleinen – menschlichen – großen – weibliche – heimischen – ihrer – Beutetiere – größte – männliche – trüben – eigentliche – natürlichen

Satzglieder mit Attributen

INFO

Attribute sind selbst **keine Satzglieder**, sondern **Teile von Satzgliedern**.
Mithilfe von Attributen können wir genau sagen, was wir wollen.
Ein **Subjekt** mit einem vorausgestellten Attribut sieht so aus: *Bellende* ***Hunde*** */ beißen nicht.*
Ein **Objekt** mit einem nachgestellten Attribut sieht so aus: *Kauf nie /* ***eine Katze*** *im Sack.*

7 Diese Nachricht klingt ungenau, weil in den Satzgliedern noch die Attribute fehlen. Schreibt den Text ab und ergänzt die passenden Attribute.

Spendenlauf für Bedürftige

Am Sonntag / veranstalteten / die Kinder *1* / einen Staffellauf. Der Staffellauf / führte / durch die Straßen *2*. An den Stellen *3* / standen / Spendenbüchsen. In diese Büchsen / sollten / die Zuschauer / Spenden *4* / einwerfen. Die Veranstaltung / nahm / einen *5* Ausgang. Es / kam / eine Summe *6* / zusammen.

des Stadtteils Bergen – der Stabübergabe – erfreulichen – von rund 800 Euro – für Bedürftige – der Kästner-Schule

Sprache und Sprachgebrauch

Satzglieder

Die Satzglieder im Überblick

Subjekt	**Prädikat** 1. Teil	**Adverbiale**	**Objekte**	**Prädikat** 2. Teil
a) Ich	habe	heute Morgen		verschlafen.
b) Ich	zog	schnell	meine Sachen	an.
c) Ich	aß	in der Küche	ein Brötchen.	
d) Ich	packte	dann / rasch	mein Frühstücksbrot	ein.
e) Ich	rannte	eilig / zum Schulbus.		
f) Ich	habe	vor Aufregung	mein Sportzeug	vergessen.
g) Ich	sagte		das / meinem Lehrer.	
h) Er	fand	nicht so schlimm	das.	

1 Das sind die acht Sätze eines Textes.
Sie sind in der Reihenfolge angeordnet, wie die Satzglieder in einem Satz normalerweise stehen: Subjekt, Prädikat, Adverbiale, Objekte.
Doch ein richtig guter Text ist das nicht!
Schreibe den Text so auf, dass sich die einzelnen Sätze besser aneinander anschließen:
t Sätze a)–c), *tt* Sätze a)–e), *ttt* Sätze a)–h).
Heute Morgen habe ich verschlafen. Schnell zog ich …

tt ttt **2** Ordne die verschiedenen Adverbiale und Objekte genauer den folgenden Bezeichnungen zu:

Adverbiale der Zeit: *a) heute Morgen …*
Adverbiale des Ortes: *…*
Adverbiale der Art und Weise: *b) schnell …*
Dativ-Objekt: *…*
Akkusativ-Objekt: *b) meine Sachen …*

3 Hier ist die Fortsetzung der kleinen Geschichte.
Jetzt sind die Satzglieder so angeordnet, dass die Sätze einen guten Text ergeben.

i) Den Sportunterricht konnte ich trotzdem mitmachen.
j) Die Turnhose habe ich mir geliehen.
k) Ich habe sogar vier Sitzfußballtore geschossen.

- Arbeitet in Tischgruppen und bestimmt die Satzglieder.
- Legt euch dann eine Tabelle an und ordnet die Satzglieder richtig in die Spalten ein.

Subjekt	*Prädikat 1. Teil*	*Adverbiale*	*Objekte*	*Prädikat 2. Teil*
Ich	*konnte*			

4 Vergleicht anschließend eure Ergebnisse.

Satzglieder

Einen Text berichtigen und überarbeiten

1 Lest euch den Text erst einmal vor.

Ein Streich

Textlupe ein

Gestern haben wir ein Streich gespielt.
Wir legten ein Gummivogel auf den Fußweg.
Daran hatten wir ein Faden gebunden.
Dann haben wir uns hinter ein Baum versteckt.
Nun warteten wir, ob wir jemandem ein Streich spielen könnten.
Da kam plötzlich eine Frau mit ein Hund.
Da hat der Hund an dem Vogel geschnuppert.

Textlupe Da

Da wollte die Frau den Vogel gleich aufheben.
Da haben wir in dem Moment an dem Faden gezogen.
Da hetzte der Hund hinter dem Gummivogel her.
Da bemerkte uns auf einmal die Frau.
Sie drohte uns erst mit dem Zeigefinger.
Dann hat sie aber gelacht.

2 Bildet Gruppen.
- Die eine Gruppe betrachtet mit der **TEXTLUPE** im ersten Absatz die Artikel *ein*. Sind sie richtig gebildet? Wo müsste es *eine**n**, eine**m*** heißen?
- Die andere Gruppe beleuchtet im zweiten Absatz die Satzanfänge: Welche Wörter stehen dort? Wie kann man die ständigen Wiederholungen vermeiden?
- Sprecht in den Gruppen darüber, was man verbessern müsste.

3 Schreibe den ersten Absatz des Textes ab. Berichtige die Fehler bei *ein*.

4 Schreibe den ersten Absatz des Textes ab.
- Berichtige die Fehler bei *ein*.
- Stelle bei den Sätzen mit *Da* … ein anderes Satzglied an den Anfang und lass das *Da* weg.

5 Schreibe den ganzen Text ab.
- Berichtige dabei die falschen Endungen bei *ein*.
- Stelle bei den Sätzen, die mit *Da* anfangen, andere Satzglieder an den Anfang – und lass das *Da* weg.

Sprache und Sprachgebrauch

Satzglieder

Satzglieder bestimmen – Sätze bilden

1 Lest euch den Text zunächst einmal gegenseitig vor.

Der Bumerang

a) Herr Wummerich wollte sich im Sportgeschäft einen Bumerang kaufen.
b) „Können wir diesen Bumerang gleich ausprobieren?“, fragte er.
c) Der Verkäufer gab dem Herrn Wummerich den Bumerang.
d) „Soll ich Ihnen den richtigen Gebrauch jetzt vorführen?“, fragte er.

e) Herr Wummerich wollte aber mutig selbst einen Wurf ausprobieren.
f) Er schleuderte das krumme Ding hoch in den Himmel.
g) Das drehte in der Luft einen großen Kreis.
h) Herr Wummerich blickte dem tollen Sportgerät begeistert hinterher.

i) Doch das Ding schoss dem Werfer schon wieder entgegen!
j) Er zog verängstigt seinen Kopf ein.
k) Er konnte in dem Moment den ankommenden Bumerang nicht auffangen.
l) Der Bumerang krachte mit lautem Klirren in die Schaufensterscheibe.

2 Schreibe die unterstrichenen Satzglieder im ersten Absatz a)–d) ab. Schreibe dazu, wie sie heißen:
a) im Sportgeschäft (Adverbial des Ortes), einen Bumerang (Objekt), b) …

3 Schreibe aus dem zweiten Absatz e)–h) die Adverbiale und Objekte heraus. Schreibe dazu, wie sie heißen. In jedem Satz sind es zwei Satzglieder, die du bestimmen musst:
e) mutig (Adverbial der Art und Weise), einen Wurf (Objekt), f) …

4 Schreibe aus dem dritten Absatz i)–l) die Adverbiale und Objekte heraus. In jedem Satz sind es zwei. Schreibe dazu, wie sie heißen:
i) dem Werfer (Dativ-Objekt), schon wieder (…), j) …

5 Schreibe die Sätze i)–l) so auf, dass ein anderes Satzglied am Anfang steht.

6 Schreibe nun die Geschichte „Der Bumerang“ zu Ende. Bilde dazu Sätze aus den folgenden Satzgliedern:

blieb / unheimlich / Herrn Wummerich / zeitlebens / ein Bumerang
nahm / in die Hände / er / so ein schreckliches Ding / nie wieder
kaufte sich / stattdessen / er / einen wunderbaren Lenkdrachen
ließ fliegen / er / den / am Ostseestrand / im Sommer

Satzglieder

Überprüfe dein Wissen und Können

1 Schreibe auf, welche Satzglieder du bisher kennengelernt hast:
Subjekt …

2 Welche Satzglieder kann man mit den folgenden Fragen ermitteln?
Schreibe auf:
a) Wem? – Das ???-Objekt
b) Wo? – Das Adverbial des ???
c) Wann? – …
d) Wen? oder Was? – …
e) Wie? – …
f) Wer? oder Was? – …

3 Ein bestimmtes Satzglied gerät bei einem Fragesatz an den Anfang des Satzes.
Welches ist es?

4 Den folgenden Satzgliedern kannst du es äußerlich ansehen, wie sie heißen.
Schreibe den Namen des Satzgliedes hinter das jeweilige Wort:
a) den Hund: …
b) dem Kater: …
c) der Löwe: …

5 Ermittle, wie viele Satzglieder die Sätze in dem folgenden Text haben.
l Sätze a)–d), *ll* Sätze a)–g), *lll* alle Sätze.
Schreibe die Sätze so auf:
a) Der Naturschutzbund / verlieh / dem Eichelhäher / den Namen „Vogel des Jahres".

Der Eichelhäher

a) Der Naturschutzbund verlieh dem Eichelhäher den Namen „Vogel des Jahres".
b) Der Verein begründete seine Wahl folgendermaßen:
c) Der Eichelhäher verdient wegen seiner Nützlichkeit unseren Schutz.
d) Er versteckt jedes Jahr Eicheln im Waldboden.
e) Er lässt durch diese Tätigkeit einen natürlichen Mischwald entstehen.
f) Er schafft auf diese Weise anderen Vögeln Nahrungsplätze.
g) Er gibt damit den Singvögeln die Lebensvoraussetzungen.
h) Er erweist allen Tieren des Waldes einen guten Dienst.
i) Dieser „Polizist des Waldes" warnt oft die anderen Tiere.
j) Sie können dann schnellstmöglich in den dichteren Wald entfliehen.

6 Die Sätze d)–h) beginnen alle mit dem Wort *Er*. Stelle in diesen Sätzen jeweils ein anderes Satzglied an den Satzanfang, sodass der Text einen besseren Zusammenhang bekommt.

ll lll **7** Verschiebe in Satz i) das Adverbial der Zeit an den Satzanfang.

lll **8** Verschiebe in Satz j) das Adverbial der Art und Weise an den Satzanfang.

Nachschlagen im Register der verwendeten Fachausdrücke

Nehmen wir an, du möchtest wissen, wann man ein **Komma** setzt. Dann musst du nicht das ganze Inhaltsverzeichnis durchforsten und das ganze Buch durchblättern. Du suchst einfach im Register der Fachausdrücke das Stichwort **Komma**.

Komma: Ein Komma steht in → Aufzählungen zwischen Wörtern und Wortgruppen *(Sie lachte, jubelte, klatschte in ihre Hände.)* und zwischen ganzen Sätzen, wenn sie in einem Zusammenhang stehen *(Sie lachte, sie jubelte, sie klatschte in ihre Hände.)*. Ein Komma steht auch in → Satzgefügen zwischen Haupt- und Nebensatz *(Sie jubelte, wobei sie in ihre Hände klatschte.)*. → 260–263 , 316

Wenn dir die Informationen unter diesem Stichwort nicht genügen, dann verweisen dich → Pfeile auf weitere Stichwörter wie → **Aufzählung** und → **Satzgefüge**, unter denen du noch genauere Informationen über die Kommasetzung erhältst.

Aufzählung: Aufzählen kann man Wörter *(Er schoss, traf, gewann.)*, Wortgruppen *(Er hat geschossen, hat auch getroffen, hat schließlich gewonnen.)* und ganze Sätze *(Er hat geschossen, dann hat er getroffen, zuletzt hat er gewonnen.)*. Zwischen den aufgezählten Teilen werden Kommas gesetzt – außer es steht ein *und* oder *oder* dazwischen. → 260–261

Am Ende jedes Eintrages findest du dann noch einen Verweis auf eine oder mehrere Seiten im Buch selbst: → 260–263. Dort kannst du in den Infokästen nachlesen, wie die Kommasetzung geregelt ist.

Satzgefüge: Ein Satzgefüge ist ein Gefüge aus → Hauptsatz und → Nebensatz. Im Hauptsatz steht das gebeugte Verb an zweiter Stelle, im Nebensatz steht es an letzter Stelle: *Sie schossen viele Tore, sodass sie das Spiel gewannen.* Hauptsatz und Nebensatz werden durch → Komma abgetrennt. → 316

1 Du möchtest wissen, was eine Ballade von einem Gedicht unterscheidet. Lies unter den beiden Einträgen → **Ballade** und → **Gedicht** nach.

2 Du möchtest überprüfen, was der Begriff → **Lyrisches Ich** bezeichnet. Lies unter dem Stichwort nach und schau dir dann auf Seite → 175 das Beispiel im Buch an.

3 Du möchtest wissen, was man mit **Textlupen** untersuchen kann. Lies unter dem Stichwort nach. Und dann schau nach, was dazu im Buch auf den Seiten → 168 und 169 steht.

4 Du möchtest wissen, was lineare Texte sind. Lies unter dem Stichwort nach. Taste dich dann weiter voran zu den Stichwörtern → **nicht lineare Texte**, → **Tabellen**, → **Diagramme**, → **Infografiken**.

5 Finde heraus, in welcher **Zeitform** du eine **Personenbeschreibung** schreiben musst.

6 Lies unter den Stichwörtern → **Entscheidungsfrage** und → **Ergänzungsfrage** und finde heraus, worin sie sich voneinander unterscheiden.

Register der verwendeten Fachausdrücke

A

Adjektiv: Adjektive können die Eigenschaften von Dingen genauer bezeichnen *(schön, schnell, witzig ...)*. Alle Wörter, die zwischen Artikel und Substantiv stehen können, sind Adjektive: *das schnelle Auto.* Viele Adjektive können auch an anderen Stellen im Satz stehen: *Das Auto fährt schnell. Das Auto ist rot.* Die meisten Adjektive lassen sich → steigern: *groß, größer, am größten.* → 268, 302–303

Adverb: Adverbien sind Einzelwörter einer → Wortart. Sie machen Angaben zu Orten wie *oben, links, hinauf, dort* ..., zu Zeiten wie *heute, immer, bald, dann* ..., zur Art und Weise wie *gern, vielleicht, leider* ... und zu Gründen wie *deswegen, trotzdem, meinetwegen* ... → 268 – 305

Adverbial: Adverbiale sind → Satzglieder. Sie können aus einzelnen Adverbien, Adjektiven oder längeren Ausdrücken bestehen. Es gibt 1. Adverbiale der Zeit (wann?: *gestern,* seit wann?: *seit gestern,* wie lange?: *die ganze Zeit*), 2. Adverbiale des Ortes (wo?: *auf dem Spielplatz,* wohin?: *auf den Spielplatz,* woher?: *vom Spielplatz*), 3. Adverbiale der Art und Weise (wie?: *mit guter Laune, glücklich*). → 321

Akkusativ (Wenfall): → Substantive und → Pronomen können im Akkusativ stehen. Den Akkusativ erkennt man am → Artikel. Substantive im Akkusativ erfragt man mit den Fragen *wen?* oder *was?*: wen?: *den Schüler,* was?: *den Brief*. → 272, 310

Akkusativ-Objekt: Das Akkusativ-Objekt ist ein → Satzglied. Man kann es mit den Fragen *wen?* oder *was?* ermitteln: *Die Lehrerin lobt* (wen?) *den neuen Schüler. Der Spieler trifft* (wen? oder was?) *den Ball.* → 322

Aktiv: Die meisten deutschen Sätze stehen im Aktiv. Viele Aktiv-Sätze bestehen aus einem → Subjekt, in dem genannt wird, was jemand tut, und einem → Objekt, in dem genannt wird, worauf sich das Tun bezieht: *Die Lehrerin lobt den Schüler.* Der Gegensatz zum Aktiv ist das → Passiv. → 286

Anredepronomen: Das sind → Pronomen, mit denen man jemanden anredet: *Ich mag dich. Ich grüße Sie.* Wenn man einen Menschen mit *Sie* anredet, werden die → Pronomen großgeschrieben *(Ich danke Ihnen. Ich grüße Sie herzlich).* → 281

Anführungszeichen: Anführungszeichen kennzeichnen den Anfang und das Ende eines wörtlichen → Redesatzes, der von einem → Begleitsatz begleitet wird: *„Wir fahren morgen früh", sagte er, „nach Dortmund."* → 258

Argument: Beim mündlichen und schriftlichen → Diskutieren braucht man Argumente, um andere von seiner Meinung zu überzeugen. Argumente bestehen aus Behauptungen und Begründungen: *Ein Handyverbot verdirbt den ganzen Spaß an der Klassenfahrt, weil man seine News nicht checken kann.* Manchmal kann auch noch ein anschauliches Beispiel hinzugefügt werden: *Zum Beispiel will ich nicht verpassen, was in meiner Clique los ist.* → 21

Artikel: Substantive haben einen Artikel. Man unterscheidet den → bestimmten Artikel *(der, die, das)* und den → unbestimmten Artikel *(ein, eine)*. Die Artikel geben an, ob ein Substantiv Maskulinum *(der Löffel)*, Femininum *(die Gabel)* oder Neutrum *(das Messer)* ist. → 268, 272, 276, 311

Attribut: Attribute sind Beifügungen zu → Nomen. Die wichtigsten von ihnen sind das → Adjektiv-Attribut: *das benachbarte Haus*; das → Genitiv-Attribut: *das Haus des Nachbarn*; das → präpositionale Attribut: *das Haus vom Nachbarn.* → 324–325

Aufforderungssatz: Satzart, mit der man jemanden zu etwas auffordert oder ihn um etwas bittet: *Du musst mir bitte mal helfen!* Viele Aufforderungssätze stehen im → Imperativ: *Hilf mir bitte mal!* Nach Sätzen, die als Aufforderung gemeint sind, steht ein → Ausrufezeichen. → 285

Aufzählung: Aufzählen kann man Wörter (*Er schoss, traf, gewann.*), Wortgruppen (*Er hat

gr (grölen), sp (sparen), kr (kramen), p (pulen). Bei der Silbentrennung gehört das Dehnungs-h, im Gegensatz zum → silbentrennenden h, zur ersten Silbe *(feh-len, fah-ren).* → 232–233

Deklination: Beugung von → Substantiven, → Adjektiven und → Pronomen nach den vier → Fällen: → Nominativ: *mein neuer Freund,* → Genitiv: *meines neuen Freundes,* → Dativ: *meinem neuen Freund,* → Akkusativ: *meinen neuen Freund.* → 272

Diagramm: Diagramme stellen Zahlen in bildlicher Form dar. Es gibt verschiedene Formen, z. B. Säulendiagramme, Balkendiagramme, Flussdiagramme oder Kreisdiagramme. → 51

Diskussion: Sachliches Gespräch mehrerer Personen über ein bestimmtes Thema oder über mehrere Themen. Dabei haben die Gesprächsteilnehmer meist unterschiedliche Meinungen und versuchen, die anderen von ihrer Meinung zu überzeugen. Eine Diskussion muss sachlich und mit viel → Höflichkeit durchgeführt werden, damit sie nicht zu einem Streit wird. Um an einer Diskussion erfolgreich teilzunehmen, sind bestimmte → Gesprächsregeln notwendig. → 8–17

Doppelkonsonant: → Konsonantenverdoppelung

Doppelpunkt: Der Doppelpunkt steht nach dem vorausgehenden → Begleitsatz. Mit ihm wird eine wörtliche Rede eröffnet: *Sie lachte ihn an und sagte**:** „Das ist doch Unsinn!“* → 258

Drei-Schritt-Lesemethode: Mit der Drei-Schritt-Lesemethode kann man sich → nicht lineare Texte, wie → Tabellen, → Diagramme, → Infografiken, besser erschließen. Im ersten Schritt orientiert man sich, im zweiten Schritt wird der Inhalt erfasst und im dritten Schritt gibt man die Ergebnisse wieder. → 49

E

Erzählung: In einer Erzählung wird mündlich oder schriftlich der Verlauf von Geschehnissen dargestellt. Diese Geschehnisse können tatsächlich passiert oder ausgedacht sein. Da man nur erzählen kann, was bereits geschehen ist, verwendet man in Erzählungen meistens Vergangenheitsformen: Mündlich erzählt man überwiegend im → Perfekt, schriftliche Erzählungen stehen hauptsächlich im → Präteritum.

F

Fachwort: Ein Fachwort ist ein Wort, das man für die Beschreibung bestimmter Gegenstände oder Vorgänge benötigt. Fachwörter sind häufig → Fremdwörter: *Header, Logo, Link.* In einem Lexikon kann man ihre Bedeutung nachschlagen.

Fall (Kasus): Substantive können in vier Fällen vorkommen. Den Fall eines Substantivs erkennt man in der Regel am → Artikel: → Nominativ *(der Hund),* → Akkusativ *(den Hund),* → Dativ *(dem Hund),* → Genitiv *(des Hundes).* → 272, 310

Fantasiegeschichte: Eine Fantasiegeschichte ist eine frei erfundene Geschichte. In ihr können unwahrscheinliche Dinge vorkommen wie Aliens oder Gespenster. Fantasiegeschichten sind spannende Texte, in denen die Ereignisse in einer bestimmten Reihenfolge erzählt werden. Fantasiegeschichten stehen in der Regel im → Präteritum.

Femininum: → Geschlecht, → Grammatisches Geschlecht

Fishbowl: Es handelt sich um eine besondere Methode, um eine → Diskussion zu führen. → 14

Frageprobe: Mit der Frageprobe kann man mithilfe bestimmter Fragen die → Satzglieder genauer bestimmen. Man kann zum Beispiel herausfinden, ob ein Teil eines Satzes das → Subjekt oder ein → Objekt ist.

Fragesatz: → Fragezeichen, → Entscheidungsfrage, → Ergänzungsfrage

Fragezeichen: Das Fragezeichen gibt an, dass ein Satz als Frage gemeint ist: *Hilfst du mir mal**?** – Wann kommst du**?*** → 257–258

Konsonantenverdoppelung: Wenn die erste betonte Silbe in einem Wort mit einem Konsonanten endet (→ geschlossene Silbe) und die zweite Silbe mit demselben Konsonanten beginnt, dann wird beim Schreiben der Konsonant verdoppelt *(fal-len, krab-beln)*. Doppelt gesprochen wird er jedoch nicht. Man nennt das Zusammentreffen von zwei gleichen Konsonanten → Silbengelenk.

Korrekturlesen: Den → Entwurf eines Textes liest man Korrektur, um Fehler aufzuspüren und diese bei der → Überarbeitung zu korrigieren. Aller Erfahrung nach fällt es schwer, die Fehler in den eigenen Texten zu entdecken. Deshalb empfiehlt sich folgende Lesemethode: 1. Murmelnd lesen: darauf achten, ob sich Sätze seltsam oder falsch anhören, 2. Punkt-und-Komma-Lesen: nur auf die Zeichensetzung achten, 3. Rückwärts lesen: auf die Rechtschreibung einzelner Wörter achten.

Kreuzreim: Der Kreuzreim ist eine bestimmte Form des → Reimes. Beim Kreuzreim reimen sich die Wörter überkreuz miteinander: Der erste Vers reimt sich mit dem dritten Vers, der zweite Vers reimt sich mit dem vierten usw. Die Reimfolge beim Kreuzreim ist: a – b – a – b. → 172

Kurzform: Die meisten Wörter unserer Sprache sind zweisilbig *(träumen, läuten, Fläche, Fächer)*. Wendet man bei solchen Wörtern die Strategie „Eine Kurzform bilden" an, kann man häufig erkennen, wie sie geschrieben werden (*träumen* → *Traum, läuten* → laut, *Fläche* → *flach, Fächer* → *Fach*).

Kurzvokal: Vokal, den man kurz ausspricht wie *a* in *alle*, *e* in *denken*, *i* in *innen*, *o* in *volle*, *u* in *unten*. Kurzvokale stehen in → geschlossenen Silben *(of-fen, un-ten ...)*.

Kurzvortrag: In einem Kurzvortrag informiert man andere kurz über ein bestimmtes Thema. Die Länge von fünf bis zehn Minuten sollte dabei nicht überschritten werden.

L

Langform: Zur → Kurzform eines Wortes kann man eine zweisilbige Langform bilden: *Kuss – Küsse*. Bei Wörtern mit den → Auslauten *b, d, g* kann man an einer Langform hören, wie sie geschrieben werden: *schabt* → *schaben, wild* → *wilder, schlägt* → *schlagen*.

Langvokal: → Vokal, den man lang und gedehnt ausspricht wie *a* in *kamen*, *e* in *reden*, *i* in *ihnen*, *o* in *loben*, *u* in *suchen*. Langvokale stehen in → offenen Silben *(lo-ben, su-chen)*.

Layout: Das Layout ist die äußere Gestaltung eines Schriftstücks. Bei modernen Textverarbeitungsprogrammen haben die Schreiber die Wahl unter unzähligen Möglichkeiten, wie sie ihre Texte gestalten. Wichtig ist, dass das Layout zur Art des Textes passt. Ein sinnvolles Layout hilft den Lesern, den Text besser zu verstehen und zu nutzen. → 210

Lineare Texte: Die meisten Texte sind lineare Texte. Ein linearer Text ist fortlaufend geschrieben und wird – wie üblich – von links nach rechts und von oben nach unten gelesen. Im Gegensatz dazu stehen die → nicht linearen Texte, wie → Tabellen, → Diagramme und → Infografiken. → 40–47

Link: Mit Links (*auch:* Hyperlinks) werden → Internetseiten miteinander verknüpft. Klickt man auf einer Internetseite einen Link an, ruft man eine andere Seite auf. Oftmals sind Links grafisch hervorgehoben. → 204–207

Literarisches Gespräch: Im literarischen Gespräch kann man frei und ungezwungen seine Eindrücke zu einem Text äußern. Wichtig ist der gemeinsame Austausch über das Gelesene und die Möglichkeit, Fragen dazu zu stellen. → 152

Literarische Texte: Literarische Texte sind lyrische Texte (Gedichte), epische Texte (Erzählungen, Romane) und dramatische Texte (Theaterstücke, Dramen). → 148, 153

Lyrisches Ich: Der Begriff „Lyrisches Ich" bezeichnet in Gedichten denjenigen, der *Ich* sagt. Das lyrische Ich erlebt, empfindet und schildert Geschehnisse, Gedanken und Gefühle aus seiner subjektiven Sicht (Perspektive): *Ich male mir den Winter* (Guggenmos). Das lyrische Ich eines Gedichtes kann – muss aber nicht – mit dem Autor des Gedichtes übereinstimmen. → 175

M

Märchen: Märchen sind unterhaltende Erzählungen über fantastisch-wunderbare Begebenheiten. Sie sind frei erfunden. Ihre Erzählweise folgt dem Muster der Wiederholung (oft Dreizahl). Märchen sind zeitlich und räumlich nicht festgelegt. Man kann sie an ihren häufig formelhaften Anfängen *(Es war einmal ...)* und Schlussformeln *(... und lebten glücklich bis an ihr Ende.)* erkennen. Oftmals findet man in Märchen redende Tiere, Riesen, Zwerge, Drachen, Feen, Hexen und Zauberer. Diese Figuren können auch Menschengestalt annehmen. Der Held eines Märchens wird häufig durch gute oder böse Mächte auf die Probe gestellt. Am Ende wird in Märchen meist das Gute belohnt und das Böse bestraft.

Maskulinum: → Geschlecht, → Grammatisches Geschlecht

Metrum: Rhythmisches Versmaß in einem Gedicht, bei dem die Anzahl und Abfolge von Silben und deren Betonung innerhalb eines Verses festgelegt ist. Man unterscheidet z. B. bei der Abfolge von betonten und unbetonten Silben *Jambus* (unbetont – betont) und *Trochäus* (betont – unbetont). → 173

Mitlaut: → Konsonant

Mündliche Sprache: Die Sprache, in der wir reden, nennt man gesprochene Sprache. In ihr kommen → Umgangssprache und unvollständige Sätze vor. Sie unterscheidet sich von der → schriftlichen Sprache, in der wir schreiben.

N

Nacherzählung: Bei einer Nacherzählung wird ein Originaltext (z. B. ein Märchen oder eine Sage) lebendig wiedergegeben. Dabei ist es wichtig, eigene Worte zu verwenden. Außerdem muss alles in derselben Reihenfolge wie im originalen Text passieren. Beim Nacherzählen verwendet man vorwiegend die Zeitform Präteritum. Die wörtliche Rede der Figuren wird einfach übernommen. Die Nacherzählung ist ungefähr so lang wie der Originaltext. Aber an manchen Stellen kann der Originaltext zusammengefasst oder auch ausgebaut werden. → 67

Nachsilbe (Suffix): Nachsilben sind → Wortbausteine. Sie dienen dazu, ein Wort in eine andere Wortart zu überführen: *Spiel* (Substantiv) → *spiel-bar* (Adjektiv). Es gibt besondere Nachsilben für Substantive *(Frei<u>heit</u>, Zeit<u>ung</u>, Dankbar<u>keit</u>, Finster<u>nis</u>, Eigen<u>tum</u>, Wirt<u>schaft</u>)* und Adjektive *(gelb<u>lich</u>, ekl<u>ig</u>, lang<u>sam</u>, dank<u>bar</u>, kind<u>isch</u>)*. Manche Nachsilben sind keine echten Sprechsilben, weil man sie schriftlich nicht allein abtrennen kann *(Zei-t<u>ung</u>, kin-d<u>isch</u>)*. → 242

Natürliches Geschlecht: Bei Wörtern wie *der Onkel, die Tante* zeigt der Artikel an, dass sie männlich und weiblich sind. Das natürliche Geschlecht ist aber nur bei wenigen Wörtern erkennbar *(<u>der</u> Hengst, <u>die</u> Stute, <u>der</u> Rüde, <u>die</u> Hündin ...)*. Natürliches und → grammatisches Geschlecht müssen nicht übereinstimmen, wie zum Beispiel bei *das Mädchen*.

Nebensatz: Nebensätze sind mit → Hauptsätzen erbunden. Sie werden durch → Konjunktionen oder Relativpronomen eingeleitet. Ein Nebensatz kann einem Hauptsatz nachfolgen *(Ich komme, wenn ich Zeit habe.)*, oder ihm vorausgehen *(Wenn ich Zeit habe, komme ich.)*. → 262–263, 316

Neutrum: → Geschlecht, → Grammatisches Geschlecht

Nicht lineare Texte: Zu den nicht linearen Texten gehören → Tabellen, → Diagramme und → Infografiken. Es handelt sich dabei um → Sachtexte, die man im Gegensatz zu den → linearen (fortlaufenden) Texten wegen ihrer äußeren Form „nicht linear" nennt.

Diese Texte liest man in der Regel nicht wie üblich von links nach rechts und von oben nach unten, sondern man springt beim Lesen hin und her. Als Lesemethode für nicht lineare Texte empfiehlt sich die → Drei-Schritt-Lesemethode. → 46–51

Nominativ (Werfall): Substantive und Pronomen können im Nominativ stehen. Man erfragt sie mit der Frage *wer?* oder *was?*: Wer bellt? *Der Hund bellt.* – Was nervt mich? *Das Gebell nervt mich.* → 272

O

Objekt: Objekte sind → Satzglieder. Sie können aus einem oder mehreren Wörtern bestehen: *Sie füttert ihn. Sie füttert den Kater. Sie hilft dem kleinen Kind.* Man unterscheidet das → Akkusativ-Objekt: *Sie füttert* (wen?) *ihren Kater.* und das → Dativobjekt: *Sie gibt* (wem?) *ihm zu fressen.* → 322

Offene Silbe: Die betonte → Silbe eines Wortes kann mit einem Vokal enden, dann ist sie offen: *sa-gen, kau-fen* ... Der Vokal in der offenen Silbe ist lang, im Gegensatz zur → geschlossenen Silbe. → 231

P

Paarreim: Der Paarreim ist eine bestimmte Form des → Reimes. Beim Paarreim reimen sich jeweils zwei aufeinanderfolgende → Verse miteinander. Die Reimfolge beim Paarreim ist: a – a – b – b. → 172

Partizip I: Ungebeugte Form des Verbs. Das Partizip I (Partizip Präsens) wird mit *-d* am Wortende gebildet: *lachend*. Das Partizip I kann im Satz ein Substantiv näher bestimmen: *Mit einem strahlenden Lächeln begrüßte sie uns,* oder ein Verb näher bestimmen: *Sie begrüßte uns strahlend vor Freude.* → 294

Partizip II: Das Partizip II (Partizip Perfekt) wird in der Regel mit der Vorsilbe *ge-* gebildet: *laufen: gelaufen, sprechen: gesprochen.* → 292

Passiv: Ein Passivsatz ist der Gegensatz zu einem Satz im → Aktiv. Im Passiv wird im → Subjekt jemand oder etwas genannt, auf den sich eine Handlung richtet: *Der Schüler wird (von der Lehrerin) gelobt.* Wer etwas tut (z. B. *die Lehrerin*), kann weggelassen werden. → 286

Perfekt: Das Perfekt ist, wie das → Präteritum, eine → Zeitform der Vergangenheit. Mit dem Perfekt weist man auf etwas hin, das schon vergangen ist. Das Perfekt wird mit den Hilfsverben *haben* und *sein* gebildet: *Ich habe ihn vorhin gesehen. Ich bin gerade gekommen.* Das Perfekt kommt besonders häufig in der → mündlichen Sprache vor. → 289, 292, 296

Personalpronomen: Personalpronomen sind *ich, du, er, sie, es, wir, ihr, sie* und die entsprechenden Formen im Dativ *(mir, dir, ihm, ihr, uns, euch, ihnen)* und Akkusativ *(mich, dich, ihn, ihr, uns, euch, sie).* Mit den Personalpronomen kann man in einem Text vermeiden, dass die Substantive ständig wiederholt werden *(Lara spielt mit ihrem Hund. Sie tobt gern mit ihm herum.).* → 278–279

Personenbeschreibung: → Beschreibung

Personifikation: Der Begriff „Personifikation“ bedeutet, dass in → Gedichten Dinge, Tiere oder Naturerscheinungen etwas tun, was eigentlich nur Menschen tun können. Die Dinge, Tiere oder Naturerscheinungen werden auf diese Weise personifiziert. Das heißt, sie treten wie Personen auf und fühlen und handeln wie Menschen: *Der Wind zieht seine Hosen an* (Heine). → 174

Piktogramm: Kleines einfaches Bild. Es ist oft einfarbig dargestellt und dient in Infografiken als Blickfang. Piktogramme sind weltweit leicht verständlich. → 50

Plural (Mehrzahl): Der Plural des Substantivs gibt im Gegensatz zum → Singular an, dass es sich um mehrere Exemplare von etwas handelt. Der Plural steht mit dem Artikel *die* und ist in der Regel an Endungen oder → Umlauten zu erkennen: *die Tische, die Kinder, die Autos, die Gabeln, die Äpfel* ... → 271

Plusquamperfekt: Das Plusquamperfekt ist eine → Zeitform der Vergangenheit. Sie setzt sich aus den Vergangenheitsformen der → Hilfsverben *haben* und *sein* und dem → Partizip Perfekt zusammen: *sie hatte gewonnen, er war gelaufen.* → 292, 297

Positiv: → Grundstufe

Possessivpronomen: Die Possessivpronomen geben an, was zu wem gehört: *Das ist mein Fahrrad, das ist deine Meinung, das ist sein Glück, das ist unser Haus, das ist euer Sieg, das ist ihr Pech.* Possessivpronomen sind: *mein, dein, sein, ihr, unser, euer.* → 278–279

Prädikat: Das Prädikat ist ein → Satzglied. Jeder Satz enthält ein Prädikat. Das Prädikat ist der Mittelpunkt oder Kern eines Satzes. Es besteht aus einem → Verb. Oft gehört auch noch ein zweites Wort dazu: *Die Kinder spielen. Joschi hat den Ball bekommen. Er spielt ihn Felix zu. Der hat sich erschrocken.* → 320

Präfix: → Vorsilbe

Präposition: Präpositionen sind Wörter wie *an, auf, in, durch, zu* ... Nach Präpositionen steht das Substantiv im Genitiv *(wegen des Wetters)*, im Dativ *(zu dem Nachbarn)* oder im Akkusativ *(durch den Tunnel)*. Einige von ihnen können zwei verschiedene Fälle nach sich ziehen (Dativ: wo? *auf dem Teller*, Akkusativ: wohin? *auf den Teller*). → 268, 309–311

Präsens: Mit der Zeitform Präsens (Gegenwartsform) weist man auf etwas hin, das in der Gegenwart abläuft: *Ich lese gerade. Das Buch gefällt mir gut.* Oft weist man mit dem Präsens auch auf etwas hin, das erst in der Zukunft geschieht: *Morgen erzähle ich dir alles.* → 289

Präteritum: Das Präteritum ist, wie das → Perfekt, eine → Zeitform der Vergangenheit. Mit dem Präteritum weist man auf etwas hin, das vergangen ist: *Gestern spielten wir unentschieden.* Das Präteritum verwenden wir besonders in der → schriftlichen Sprache. → 289, 296

Pronomen (Stellvertreter): Pronomen stehen entweder vor einem Substantiv *(mein Fahrrad)* oder anstelle eines Substantivs *(Tina kommt zu Besuch. Sie bleibt bis Sonntag.)*. Die wichtigsten Pronomen sind die → Personalpronomen *ich, du, er, sie, es, wir, ihr, sie* und die → Anredepronomen *Sie* und *Ihr.* → 268, 278

Punkt: Der Punkt ist ein Satzschlusszeichen. Er steht in der Regel dort, wo ein → Aussagesatz zu Ende ist und ein neuer Gedanke beginnt. Nach dem Punkt wird großgeschrieben. → 256–257

Q

Quelle, Quellenangabe: In einer Quellenangabe wird die Herkunft (die Quelle) von Texten, Bildern oder Daten angegeben. So steht z. B. auf → Tabellen, → Diagrammen oder → Infografiken ein Hinweis zur Datenquelle, oder es gibt in Fachbüchern, wie hier im Schulbuch, ein Verzeichnis mit den Quellen der verwendeten Texte und Fotos. → 90

R

Recherchieren: Als Recherche bezeichnet man die gezielte Suche nach Informationen, z. B. im Internet. → 84–87, 91–92, 220–221

Redesatz: Im Redesatz (*siehe auch* → Begleitsatz) steht, was einer sagt. Der Redesatz wird durch → Anführungszeichen (*auch:* Gänsefüßchen) hervorgehoben: *Sie rief: „Das glaube ich nicht!"* → 258

Reim: Der Begriff „Reim" bezeichnet den Gleichklang von zwei oder mehreren Wörtern vom letzten betonten Vokal an: *Haus – hinaus, sinken – trinken*. In Gedichten kommt der → Paarreim, der → Kreuzreim oder der → umarmende Reim vor. → 172

S

Sachtext: Ein Sachtext will Leser vor allem über Dinge und Sachverhalte informieren. Zu den linearen Sachtexten (→ lineare Texte) gehören z. B. → Tierbeschreibungen, Zeitungsberichte oder Lexikonartikel sowie Kochrezepte, Gebrauchsanweisungen oder Spielanleitungen. Auch → Tabellen, → Diagramme oder → Infografiken gehören zu den Sachtexten, sie zählen zu den → nicht linearen Texten.

Sage: Sagen sind meist kurze volkstümliche Erzählungen, die ursprünglich mündlich überliefert und erst später, z. B. von Jacob und Wilhelm Grimm, gesammelt und aufgeschrieben wurden. Sie erzählen zum einen von übernatürlichen, wunderbaren und dämonischen Geschehnissen. Zum anderen erzählen sie aber auch von Persönlichkeiten oder Ereignissen in der Geschichte und beanspruchen durch die Nennung von Orten oder einer bestimmten geschichtlichen Zeit einen Wahrheitsgehalt. → 62–77

Satz: Ein Satz ist die sprachliche Form eines abgeschlossenen Gedankens. Mit jedem Satz in einem Text beginnt ein neuer Gedanke. Beim Sprechen macht man nach einem Satz eine Pause. Beim Schreiben setzt man danach einen Punkt. Sätze bestehen in der Regel mindestens aus → Subjekt und → Prädikat: *Der Apfel schmeckt. Die Blume blüht.* → 261, 315

Satzgefüge: Ein Satzgefüge ist ein Gefüge aus → Hauptsatz und → Nebensatz. Im Hauptsatz steht das gebeugte Verb an zweiter Stelle, im Nebensatz steht es an letzter Stelle: *Sie schossen viele Tore, sodass sie das Spiel gewannen.* Hauptsatz und Nebensatz werden durch → Komma abgetrennt. → 316

Satzglied: Teil eines Satzes, den man an den Satzanfang umstellen kann. Ein Satzglied kann aus einem oder aus mehreren Wörtern bestehen: *| Manche Kinder | essen | am liebsten | Bratwurst mit Ketchup. – Am liebsten | essen | manche Kinder | Bratwurst mit Ketchup |.* Man unterscheidet vier verschiedene Arten von Satzgliedern: → Subjekt, → Prädikat, → Objekt, → Adverbial. → 317–319

Satzreihe: Eine Satzreihe ist eine Kombination mehrerer → Hauptsätze, die zusammengehören. Die einzelnen Teile der Reihe werden durch Kommas abgetrennt: *Die Schüler spielten, sie schossen aufs Tor, sie haben gewonnen.* → 316

Satzschlusszeichen: Satzzeichen, mit denen man einen Satz abschließt: → Punkt, → Ausrufezeichen, → Fragezeichen.

Schreibkonferenz: In einer Schreibkonferenz nimmt eine Schülergruppe Texte unter die Lupe → Textlupen, die in der Klasse geschrieben worden sind. Die Partner geben sich gegenseitig Tipps für die → Überarbeitung der Texte. → 313–314

Schriftliche Sprache: Die Sprache, in der wir in richtigem Hochdeutsch schreiben, nennt man → Standardsprache (Hochsprache). Sie steht im Gegensatz zur → Umgangssprache. Beim Schreiben hat man Zeit zum Formulieren. Man überlegt sich, was man schreiben soll. Man schreibt genauer. Man bildet vollständige Sätze. Vor allem aber schreibt man für jemanden, der nicht anwesend ist, sondern später vielleicht das Geschriebene liest.

Signalwörter: Signalwörter nennt man Wörter, die etwas Bestimmtes anzeigen, z. B. die Setzung des → Kommas und die → Großschreibung. → 246–249

Sechs-Schritt-Lesemethode: Mit der Sechs-Schritt-Lesemethode kann man sich auch umfangreiche und schwierige → Sachtexte erschließen: 1. Überfliegend lesen: Was steht im Text ungefähr drin? 2. Gründlich lesen: Was steht in den einzelnen Absätzen genau? 3. Unverstandenes klären: Was verstehe ich nicht? 4. Zwischenüberschriften formulieren: Wörter, einen kurzen Satz oder eine Frage aufschreiben. 5. Informationen festhalten: Zu den Zwischenüberschriften Stichpunkte notieren. 6. Inhalt wiedergeben: Den Inhalt zusammenfassen und mit eigenen Worten wiedergeben. → 45

Silbe: Teil eines Wortes. Es gibt → offene Silben und → geschlossene Silben. Beim Sprechen kann man Wörter durch kleine Pausen in ihre Silben zerlegen *(Ja|nu|ar, Ok|to|ber)*. Beim Schreiben trennt man die Silben durch Silbentrennungsstriche ab *(Ja-nu-ar, Ok-to-ber)*. Eine Silbe besteht aus mindestens einem Vokal, der von einem oder mehreren Konsonanten eingerahmt sein kann. In jedem Wort gibt es eine betonte Silbe *(Já-nu-ar, Ok-tó-ber)*. → 230–231, 243

Silbengelenk: Silbengelenk nennt man die Stelle zwischen zwei Silben, von denen die erste mit demselben Konsonanten endet, mit dem die zweite Silbe beginnt: *kom-men, fal-len* ... Der Konsonant im Silbengelenk wird nur einmal gesprochen, aber beim Schreiben verdoppelt. → 230, 231

Silbentrennendes h: Wenn in einem zweisilbigen Wort die erste Silbe mit einem Vokal endet und die zweite Silbe mit einem Vokal beginnt, so steht zwischen ihnen oft ein silbentrennendes h *(se-h-en, Schu-h-e)*. Dieses h gehört beim Trennen des Wortes, im Gegensatz zum → Dehnungs-h, zur zweiten Silbe *(se-hen, Schu-he)*. → 232

Singular (Einzahl): Der Singular von Substantiven zeigt im Gegensatz zum → Plural an, dass nur ein einziges Exemplar von etwas gemeint ist. Er ist an den Artikeln *der, die, das, ein, eine* zu erkennen: *der Apfel, ein Apfel ...* → 271

S-Laute: Die s-Laute können in unserer Sprache stimmhaft *(reisen)* oder stimmlos *(reißen)* ausgesprochen werden. Den stimmhaften s-Laut schreibt man immer als *s (rasen, Riesen, sausen)*. Den stimmlosen s-Laut kann man auf dreierlei Weise schreiben: 1. nach langem Vokal mit *ß (aßen)*, 2. zwischen zwei kurzen Vokalen mit *ss (essen)*, 3. am Wortende mit *s*, wenn er von einem stimmhaften s-Laut abstammt *(Maus → Mäuse)*. Darüber hinaus gibt es eine Fülle von Wörtern, in denen das *s* im Zusammenhang mit Konsonanten vorkommt: mit *st, sp* usw., die mit *s* geschrieben werden *(Fest, Wespe ...)*. → 236–239

Standardsprache: Die Sprache, in der wir schreiben und in richtigem Hochdeutsch sprechen, nennt man Standardsprache. Sie steht im Gegensatz zur → Umgangssprache.

Steigern: Die meisten Adjektive lassen sich steigern → Grundstufe: *groß*, → Steigerungsstufe: *größer*, → Höchststufe: *am größten*. Bei vielen Adjektiven ist aber eine Steigerung nicht sinnvoll oder nicht möglich *(viereckig, täglich, tot ...)*. → 303

Steigerungsstufe (Komparativ): Die Steigerungsstufe zeigt in einem Vergleich an, dass etwas z. B. *näher, weiter* oder *größer* als etwas anderes ist. Sie wird mit dem Vergleichswort *als* gebildet: *Sie ist größer als ich*. → 303

Strophe: Als Strophe bezeichnet man die einzelnen Absätze eines Gedichtes. → 172

Subjekt: Das Subjekt ist ein → Satzglied. Fast jeder Satz enthält ein Subjekt. Es steht meistens am Anfang eines Satzes. Mit ihm wird gesagt, wer etwas tut, von wem eine Handlung ausgeht. Das Subjekt wird mit den Fragen *wer?* oder *was?* ermittelt. Es kann aus einem Substantiv, Pronomen oder mehreren Wörtern bestehen, die zu dem Substantiv gehören: Wer geht in die 5. Klasse? *Jakob geht in die 5. Klasse. Er geht in die 5. Klasse. Der aufgeweckte Schüler Jakob geht in die 5. Klasse.* → 320, 322

Substantiv (Nomen): Mit Substantiven bezeichnet man Lebewesen *(Kind, Affe, Baum)*, Dinge *(Hammer, Haus, Buch)*, Gedanken und Gefühle *(Wut, Idee, Glück)* und Zeitangaben *(Sommer, Ferien, Abend)*. Substantive haben einen → Artikel, an dem das → Geschlecht zu erkennen ist *(der Hammer, das Haus, die Langeweile)*. Substantive können in den vier → Fällen gebraucht werden *(der Hund, des Hundes, dem Hund, den Hund)*. Substantive schreibt man immer groß. → 268–269, 272

Suchmaschine: Eine Suchmaschine ist ein Programm, das mithilfe großer Datenbanken eine gezielte Informationssuche im → Internet ermöglicht. Mit Suchmaschinen, wie z. B. Google oder Yahoo, kann man durch die Eingabe von Stichwörtern → Internetseiten mit bestimmten Informationen suchen und finden. → 84

Suffix: → Nachsilbe

Superlativ: → Höchststufe

T

Tabelle: Tabellen gehören zu den → nicht linearen Texten. Sie bestehen aus waagerechten Zeilen (—) und senkrechten Spalten (|) und können sehr viele Informationen enthalten. Die übersichtliche Tabellenform erleichtert beim Lesen den Überblick und das Auffinden von Einzelinformationen.

Textlupe: Mithilfe von Textlupen kann man Texte in einer → Schreibkonferenz gezielt untersuchen, überarbeiten und verbessern. Textlupen lenken die

Aufmerksamkeit bei der Textüberarbeitung auf bestimmte Dinge, wie z. B. die Rechtschreibung, umgangssprachliche Ausdrücke, Zeitformen ... Je nach Textsorte können unterschiedliche Textlupen wichtig sein. → 168–169

Trochäus: → Metrum

U

Überarbeitung: Ein erster aufgeschriebener Text (→ Entwurf) bedarf einer Überarbeitung. Hier werden vor allem Rechtschreib- und Kommafehler korrigiert. Manchmal werden auch Satzglieder umgestellt und umgangssprachliche Ausdrücke verbessert. Um die Fehler aufzuspüren, empfiehlt sich die Lesemethode → Korrekturlesen. Die → Schreibkonferenz kann Hilfen für eine Überarbeitung geben. → 168–169

Umarmender Reim: Der umarmende Reim ist eine bestimmte Form des → Reimes. Beim umarmenden Reim wird ein Reimpaar von einem anderen umschlossen. Die Reimfolge beim umarmenden Reim ist: a – b – b – a. → 172

Umlaut: Umlaute nennt man diejenigen Buchstaben (Vokale), die zwei Pünktchen haben: *ä, ö, ü, äu*. Sie heißen Umlaute, weil sie meistens von einem Wort mit *a, o, u, au* umgelautet sind: *Bad – Bäder, Baum – Bäume.* Wenn man bei der Schreibung von Wörtern unsicher ist, ob sie mit *ä* oder *e*, *äu* oder *eu* geschrieben werden, hilft die Strategie der Bildung einer → Kurzform. → 241

Umgangssprache: Die Sprache, in der wir locker miteinander reden, nennt man Umgangssprache: *Das hab ich echt nicht geschnallt.* Sie unterscheidet sich besonders in manchen Wörtern von der → Standardsprache oder Hochsprache: *Das habe ich wirklich nicht verstanden.*

Umstellprobe: Die Umstellprobe dient zur Ermittlung der → Satzglieder. Einzelne Wörter oder Wortgruppen, die man an den Satzanfang umstellen kann, ohne dass sich der Sinn verändert, sind Satzglieder. Die Umstellprobe dient auch zur Verbesserung von Texten: *Er | hatte | heute | keinen Appetit.* → *Heute | hatte | er | keinen Appetit.* → 168–169, 317, 319

Unbestimmter Artikel: Der unbestimmte Artikel gibt im Gegensatz zum → bestimmten Artikel an, dass das Substantiv, zu dem er gehört, vorher noch nicht genannt oder noch unbekannt ist: *Vor dem Haus steht ein Taxi. Auf wen wartet es nur?* → 276

V

Verb (Zeitwort, Tätigkeitswort): Verben bezeichnen, was einer tut oder was geschieht: *Der Wind weht. Der Regen prasselt. Die Kinder frieren.* Verben können in verschiedenen → Zeitformen gebraucht werden *(lügen, log, hat gelogen)*. Verben bilden das → Prädikat eines Satzes. → 268, 283, 292

Vers: Als Vers bezeichnet man die einzelne Zeile eines Gedichtes. Ein Vers ist eine Sinneinheit, nach der man in der Regel eine kleine Sprechpause macht. → 172

Versmaß: → Metrum

Versteckter Artikel (Verschmelzung): Artikel können mit manchen → Präpositionen verschmelzen: *bei dem – beim, zu dem – zum, in dem – im, von dem – vom, in das – ins ...* Der Artikel ist sozusagen in der Präposition „versteckt“. Nach Präpositionen mit verstecktem Artikel wird das folgende Wort in der Regel großgeschrieben *(beim Turnen, zum Essen ...)*. → 247

Vokal: Vokale sind Selbstlaute im Gegensatz zu → Konsonanten. Vokale werden ohne die Unterbrechung von Lippen, Zähnen, Zäpfchen und Zunge zum Klingen gebracht. Die Buchstaben für Vokale sind *a, e, i, o, u*, auch die → Umlaute *ä, ö, ü* und die → Zwielaute (Diphthonge) *ei, ai, au, eu* zählen zu den Vokalen.

Vorsilbe (Präfix): Vorsilben sind → Wortbausteine. Sie dienen dazu, die Bedeutung eines Wortes zu verändern und zu erweitern. Aus *zählen* wird *er-zählen, ab-zählen, ver-zählen, aus-zählen ...* Vorsilben sind immer auch echte Silben, die bei der Silbentrennung mit einem Silbenstrich abgetrennt werden können: *zer-reißen, ab-fallen ...* Es gibt zwei Arten von Vorsilben: 1. unselbstständige, die nicht allein stehen können, wie *be-, er-, ver-, un-: ver-zählen* → *sie ver-zählt sich*; 2. selbstständige Vorsilben, die vom Wort abgetrennt werden können, wie *ab-, aus-: ab-zählen* → *sie zählt etwas ab.* → 244

W

Weglassprobe: Bei der Weglassprobe werden Wörter oder Wortgruppen (→ Satzglieder) weggelassen. So kann man prüfen, welche Satzglieder oder Teile von Satzgliedern für einen vollständigen Satz notwendig bzw. überflüssig sind. Mithilfe der Weglassprobe kann man Texte → überarbeiten.

Wortart: In der deutschen Sprache gibt es sieben Wortarten: 1. → Substantiv, 2. → Artikel und → Pronomen, 3. → Adjektive, 4. → Verben, 5. Adverbien, 6. → Konjunktionen, 7. → Präpositionen. → 268–287

Wortbaustein: Wortbausteine sind Teile von Wörtern, die an den → Wortstamm angefügt werden. Es gibt Wortbausteine, die der Bildung von Wörtern dienen, wie → Präfixe und → Suffixe *(an/**spiel**/bar, über/**heb**/lich ...)*, und solche, die der Beugung von Wörtern dienen *(ge/**komm**/en, ge/**hol**/t ...)*.

Wortfamilie: Eine Wortfamilie besteht aus Wörtern, die den gleichen Wortstamm haben: *-fahr-: Fahrt, Fähre, gefährlich, Fährte, Gefährte.* → 234

Wortfeld: Ein Wortfeld besteht aus Wörtern, die eine ähnliche Bedeutung haben. Wortfeld *„gehen“: laufen, rennen, stapfen, rasen, marschieren ...;* Wortfeld *„komisch“: lächerlich, lustig, ausgeflippt, ulkig, verrückt ...* → 304

Wörtliche Rede: → Redesatz, → Begleitsatz

Wortschatz: Ein Wortschatz besteht aus den Wörtern, die jemand versteht (Verstehenswortschatz), und aus Wörtern, die jemand verwendet (Gebrauchswortschatz). Je mehr Wörter des Wortschatzes einem Menschen zur Verfügung stehen, umso besser kann er die Welt verstehen, umso besser kann er sich verständigen und schreiben.

Wortstamm: Der Wortstamm ist der Kern eines Wortes ohne → Vorsilben und → Nachsilben: *ver/**steh**/en, ge/**mal**/t, unter/**halt**/sam.*

Z

Zeitform (Tempus): Die Zeitformen sind Formen des Verbs. Die wichtigsten Zeitformen sind: → das Präsens *(du gehst)*, → das Perfekt *(du bist gegangen)*, → das Präteritum *(du gingst)* → das Plusquamperfekt *(du warst gegangen)*. Das → Futur I ist eine selten gebrauchte Zeitform *(du wirst gehen)*. → 288–301

Zwielaut: Zwielaute nennt man die Laute (→ Vokale), die aus zwei Lauten bestehen und somit mit zwei Buchstaben geschrieben werden: *ai, au, äu, ei, eu (Waise, Haut, Säule, Meise, Kreuz)*. Obwohl das *ie* auch aus zwei Buchstaben besteht, ist es kein Zwielaute, weil es beim Sprechen nur aus einem langen *i* besteht.

Lösungen: Überprüfe dein Wissen und Können

Seite 17 : Miteinander diskutieren
Aufgabe 1: Richtig sind A, C, D und F.
Aufgabe 2: Richtig sind A, D, E und H.
Aufgabe 3:
Lia: begeistert, gibt zu
Mischa: wertschätzend, einsichtig
Miriam: begründend
Fabian: kompromissbereit, zustimmend
Aufgabe 4: Richtig sind b) und c).
Aufgabe 5:
Ja: b) drückt Verständnis aus, c) ist wertschätzend, d) zeigt Kompromissbereitschaft.
Nein: a) ist abwertend.

Seite 25: Meinungen vertreten und begründen
Aufgabe 1: 1) richtig, 2) Argumente, 3) Behauptung, 4) Begründung, 5) Beispiel, 6) Kommentar, 7) Internet
Aufgabe 2: Ja: 1), 4), 6); Nein: 2), 3), 5)
Aufgabe 3: 1-b), 2-a), 3-c), 4-f), 5-d), 6-e)
Aufgabe 4, 5, und 6: individuelle Lösungen

Seite 39: Informierend schreiben: Berichten
Aufgabe 1:
- Falsch sind die Sätze: b), d), e), h).
- Satz b): Die W-Fragen sollte man möglichst genau beantworten.
- Satz d): Die Ereignisse, über die man berichtet, sind bereits geschehen.
- Satz e): Deshalb verwendet man beim Berichten hauptsächlich das Präteritum.
- Satz h): Gefühle und Bewertungen des Schreibers gehören nicht in einen Sachbericht.

Aufgabe 2: Was ist geschehen? Wo ist es geschehen? Wann ist es geschehen? Warum ist es geschehen? Wie ist das Ganze ausgegangen?
Aufgabe 4: Satz f), i)
Aufgabe 5: Satz d), e)
Aufgabe 6: **Wo** und **wann**: Satz a) und b);
Wem: Satz b); **Warum:** Satz c); **Wie:** Satz h)
Aufgabe 7: Satz b): war; Satz g): leisteten

Seite 51: Lineare und nicht lineare Texte erschließen
Aufgabe 1:
- Freizeitaktivitäten von Jungen und Mädchen
- JIM-Studie 2019, Medienpädagogischer Forschungsverbund Südwest (mpfs), www.mpfs.de
- 1200 Befragte

Aufgabe 2: a) ... Freunde/Leute, b) Mädchen, c) Jungen, Mädchen
Aufgabe 3: individuelle Lösung
Aufgabe 4: Falsch sind A und B.
Aufgabe 5: Richtig sind a), b), e).
Aufgabe 6: 1-D, 2-C, 3-B, 4-A

Seite 77: Helden- und Göttersagen
Aufgabe 1: Richtig sind: a), b), d), f)
Aufgabe 2: a) Heldensagen, b) Göttersage
Aufgabe 3:
Dädalus und Ikarus
Der berühmte Architekt und Bildhauer Dädalus **musste** wegen des Mordes an seinem **Neffen** Talos aus Athen fliehen. Auf der Insel **Kreta** fand er bei König Minos Unterschlupf. Aber schon nach wenigen Jahren **bekam** Dädalus Heimweh nach Athen. Daher ging er zu Minos und **sprach: „**Mein König. Seit vielen Jahren diene ich dir nun schon. Aber ich habe Sehnsucht nach meiner Heimatstadt. Lass mich bitte nach Athen zurückkehren!" Das lehnte König Minos jedoch ab. Denn er wollte auf einen so geschickten **Architekten** und Künstler nicht verzichten.
In seiner Verzweiflung **schmiedete** Dädalus einen Fluchtplan. Zusammen mit seinem Sohn sammelte er ...

Seite 93: Historische Heldinnen und Helden
Aufgabe 1: Richtig sind d), f), g)
Aufgabe 2 (mögliche Lösung): Wale Lebensweise Schlaf, Wale schlafen
Wenige, aber gezielte Suchbegriffe helfen, die Suche einzugrenzen. Man sollte nicht mehr als vier Suchbegriffe verwenden. Nur ein Begriff „Wale" ist zu wenig, dadurch bekommt man zu viele Ergebnisse. Die anderen Suchanfragen lenken vermutlich in die falsche Richtung (Fische, Pottwal). Man sollte bei Suchanfragen auch keine Sätze formulieren.
Aufgabe 3: Link, Suchmaschine, Recherche, Webseite, Urheberrecht, Internetquelle
Aufgabe 4: Die **Person**, die einen Text **geschrieben** oder ein Bild oder Video aufgenommen hat, wird als Urheberin oder als Uhrheber bezeichnet. Die Arbeit der Person ist also geschützt. Das bedeutet: Andere dürfen dieses **Material** nicht einfach so **verwenden**. Das würde sonst das Urheberrecht **verletzen** und ist außerdem strafbar. Möchtest du für deine **Recherche** oder deinen Kurzvortrag also fremde Texte oder **Bilder** verwenden, bist du verpflichtet, die Quelle anzugeben. Das gilt auch für Material aus dem Internet. Eine Internetquelle gibst du so an: Autor des

Textes (wenn genannt): Titel, Webadresse (URL), das **letzte** Zugriffsdatum

Seite 115: Personen beschreiben

Aufgabe 1: Richtig sind die Aussagen b) und c).
Aufgabe 2: Richtig ist die Aussage b).
Aufgabe 3: Richtig sind die Aussagen a) und c).
Aufgabe 4: Die Aussage b) müsste lauten:
Mit **Verben** kann man beschreiben, was eine Person tut.
Aufgabe 5: Aus einer Personenbeschreibung könnten die Sätze a) und b) stammen.
Aufgabe 6: Die Sätze e) und g) passen nicht in eine Personenbeschreibung.
Aufgabe 7: Sie passen nicht, weil sie etwas erzählen, was man nicht sehen kann.
Aufgabe 8 (mögliche Lösung): Die Sätze könnten etwa so aussehen:
Der (kleine/große/...) Junge hat (blaue/braune/...) Augen und (lockige/blonde/glatte/ ...) Haare. Er steht (breitbeinig/lässig/ ...) da und schaut (neugierig/ schüchtern/ ...) in die Gegend. Er hat ein (weißes/gestreiftes/etwas schmuddeliges/ ...) T-Shirt und (lange/kurze/blaue/ ...) Hosen an. Seine Füße stecken in (braunen/schwarzen/...) Turnschuhen. Er macht einen (coolen/schüchternen/sympathischen/ ...) Eindruck auf mich.

Seite 142–143: Erich-Kästner-Quiz

Aufgabe 1: a) Pony Hütchen; Aufgabe 2: c) München; Aufgabe 3: a) fünfundsiebzig Jahre; Aufgabe 4: a) Zirkus; Aufgabe 5: c) Sattler; Aufgabe 6: a) Königsbrücker Straße; Aufgabe 7: b) Lehrer; Aufgabe 8: b) Erich; Aufgabe 9: b) Denkmal; Aufgabe 10: c) Hupe; Aufgabe 11: b) Neustadt; Aufgabe 12: b) Geld; Aufgabe 13: c) Ida; Aufgabe 14: b) Bücherverbrennung in Berlin durch die Nationalsozialisten; Aufgabe 15: c) Kindheit; Aufgabe 16: a) Oma; Aufgabe 17: c) Fahrschein; Aufgabe 18: Die richtigen Buchstaben ergeben zusammen den Titel „Pünktchen und Anton“. Aufgabe 19: a) „Das doppelte Lottchen“, b) „Konferenz der Tiere“. Aufgabe 20: Emil ist ein mutiger Junge. Seine Mutter ist ihm sehr wichtig und er möchte sie nicht enttäuschen. Im Alltag ist Emil sehr hilfsbereit und pflichtbewusst. Deshalb tut er auch alles, um das Geld zurückzubekommen. Über die Unterstützung von Gustav und von seinen neuen Freunden ist Emil sehr froh und glücklich.

Seite 171: Spannende Geschichten schreiben

Aufgabe 1: Die Geschichtenanfänge b) und c) zeigen, dass eine spannende Geschichte folgt.
Aufgabe 2: Spannend wird eine Geschichte durch c), d), e).
Aufgabe 3 (mögliche Lösung): plötzlich, auf einmal, im nächsten Moment, blitzschnell, mit einem Mal, schlagartig, augenblicklich, sofort
Aufgabe 4: Besser hört es sich an, wenn du schreibst:
a) Plötzlich hörte ich vor meinem Fenster ein verdächtiges Geräusch.
b) In diesem Augenblick war ich hellwach.
Aufgabe 5 (mögliche Lösung):
a) Es war finstere Nacht. Durch die trüben Fensterscheiben kam gespenstisches Licht herein.
b) Wir gingen blind im stockdunklen Wald an schwarzen Bäumen vorbei, deren lange Äste uns wie tastende Hände berührten.
Aufgabe 6: Gedankenrede kommt in den Sätzen a) und b) vor. Satz c) ist wörtliche Rede.
Aufgabe 7 (mögliche Lösung):
Kurz vor Weihnachten sollte ich aus dem Keller den Kasten mit Christbaumkugeln heraufholen. Vorsichtig knipste ich das Licht an. Doch plötzlich ging das Licht wieder aus. Auf einmal hörte ich im Dunkeln ein klapperndes Geräusch. Ich wusste nicht, was es war und dachte: Was kann das nur sein? Hier ist doch niemand! Aufgeregt tastete ich mit den Händen in den dunklen Kästen herum. In diesem Augenblick merkte ich, dass sich in einem der Kästen etwas klappernd und surrend bewegte. ...
Aufgabe 8 (mögliche Lösung):
Vor lauter Schreck zog ich blitzschnell meine Hände aus dem Kasten zurück. Schon wollte ich laut aufschreien, doch dann erinnerte ich mich daran, woher das Geräusch kommen konnte. Das Surren klang wie ein Aufziehmotor. Und mein kleiner Bruder hatte viele Aufziehautos. Vielleicht war eines davon zwischen den Christbaumschmuck geraten. Und tatsächlich, als ich in den Kasten hineingriff, aus dem das Geräusch kam, hatte ich gleich ein kleines Spielzeugauto in der Hand. In diesem Moment fiel die ganze Anspannung von mir ab. Ich packte die Kiste mit dem Christbaumschmuck unter den Arm und tappte durch die Dunkelheit nach oben zurück ins Wohnzimmer.

Seite 177: Gedichtewerkstatt

Im Originaltext von Cyrus Atabay heißt es:
die weiße Brust / gut zu unterscheiden /
von den verschneiten Äckern ringsum.

Seite 183: Gedichtewerkstatt

Aufgabe 2:
a) Eine ruhige bzw. stille Heidelandschaft im Sommer zur Mittagszeit;
b) Laufkäfer, Bienen, Vögel (Lerchen)
c) der Kätner, sein Junge (Sohn)
d) Farben: rosarot, blau, golden; Duft: Heideduft

e) Käfer hasten durchs Gebüsch, Vögel schwirren aus dem Kraut, Schlag der Dorfuhr, Lerchenlaut
f) Ruhe, Gelassenheit, Friedlichkeit
Aufgabe 3 (mögliche Lösung):
Das Gedicht hat die Überschrift „Abseits", da das kleine Bauernhaus außerhalb, sprich „abseits", des Dorfes in der Heide liegt.
Aufgabe 4 (mögliche Lösungen):

- Wohnst du gerne in der Heide? – Oh ja, ich liebe die Natur.
- Bist du einsam? – Nein, ich habe viele Freunde im Dorf.
- Wo ist deine Mutter? – Sie arbeitet im Dorfkrug.
- Was machst du mit den vielen Pfeifen? – Ich verschenke sie an meine Freunde und manchmal verkaufe ich auch welche auf dem Markt.

Aufgabe 5:
Kreuzreim in den ersten vier Versen einer Strophe, Paarreim in den letzten beiden Versen einer Strophe.

Seite 240: Aufbau und Schreibung der Wörter
Aufgabe 1 (mögliche Lösungen):
fehlen, Bahn, ihm, fahren
Aufgabe 2 (mögliche Lösungen):
Höhe, Mühe, blühen
Aufgabe 3:
a) fühlen, dröhnen, Mähne; b) grün, Töne, schälen;
c) blühen, höher, nähen
Aufgabe 4:
Mähne, Träne, Kähne, Zähne, Späne, Schwäne
Aufgabe 5 (mögliche Lösungen): groß, Fuß, Grüße
Aufgabe 6 (mögliche Lösungen): Fässer, Flüsse, nass
Aufgabe 7:
a) Heute wäre ich fa**s**t zu spät zur Schule gekommen.
b) Er fa**ss**t den Teppich an.
Aufgabe 8:
a) Bluse, Masern, auslosen; b) Fluss, Flossen, passen;
c) Gruß, groß, aßen
Aufgabe 9:
a) Ich habe gestern ein neues Fahrrad bekommen.
b) Damit kann ich jetzt meistens zur Schule radeln.
c) Ich brauche den Schulbus nicht mehr zu nehmen.
d) Ich habe aber etwas Angst davor, dass ich einmal eine Panne habe.
e) Am besten ist, ich fahre früh genug los!
f) Beim Fahren ist mir aber dann doch der Reifen geplatzt.
g) Mein Großvater konnte den Reifen noch am selben Tag austauschen.
h) Ich war über eine Glasscherbe gefahren.
i) Mein schönes neues Fahrrad ist nun wieder repariert.

Seite 245:
Aufgabe 1: Hände, ändern, Strände; aufräumen, Bäume, träumen
Aufgabe 2: ängstlich – Angst, äußerlich – außen, mächtig – Macht, prächtig – Pracht, scheußlich, bräunlich – braun, länglich – lang
Aufgabe 3: Richtig sind die Aussagen a) und c).
Aufgabe 4: freudig, endgültig, einmalig, windig; freundlich, plötzlich, herrlich, höflich
Aufgabe 5:
ärgerlich – durstig – nämlich – wenig
ehrlich – richtig – zufällig – wahrscheinlich
gemütlich – plötzlich – gruselig – kitzlig
Aufgabe 6: Wanze, Schürze; Kalk, Werk; Katze, Schütze; Hecke, hacken
Aufgabe 7: **z/tz:** kürzer – jetzt – geizig – winzig;
k/ck: links – rechteckig – verrückt – schaukeln
Aufgabe 8: stanzen – beizen – brutzeln – plauzen – falzen
Aufgabe 9: Regel a)
Nach einem kurzen Vokal steht **tz** oder **ck**.
Katze, lecken, wackeln
Regel b) Nach einem Konsonanten steht **z** oder **k**. *Kerze, denken, krank*
Regel c) Nach **au** und **ei** kann nur **z** oder **k** stehen. *Schnauze, Pauke, schaukeln*
Aufgabe 10: unendlich – unentschieden –
entlaufen – endgültig – entweder … oder
Aufgabe 11: Richtig sind die Aussagen a) und c).

Seite 255: Die Großschreibung
Aufgabe 1: Ich hörte ein Lachen. Das laute Lachen stört. Das ist zum Lachen.
Aufgabe 2: Ich hörte ihr Lachen. Ich hörte sie laut lachen. Allzu lautes Lachen stört. Das ist zum Lachen.
Aufgabe 3: Ich hörte sie weinen. Ihr Weinen klang traurig. Du musst nicht weinen! Das ist zum Weinen.
Aufgabe 4: Der Junge ist beim Arbeiten ordentlich ins Schwitzen gekommen. Das Mädchen hat beim Lernen ordentlich zu schwitzen begonnen.
Aufgabe 5: Meine Lieblingsfarbe ist knalliges Grün. Ihr Kleid leuchtet knallig grün.
Aufgabe 6: Meine Lieblingsfarbe ist ein leuchtendes Pink. Ihr Kleid leuchtet knallig pink.
Aufgabe 7: Meine Lieblingsfarbe ist ein helles Blau. Ihr Kleid leuchtet herrlich blau.
Aufgabe 8: Wenn große Fischer große Fische fischen, dann haben sie einen großen Fang gemacht.
Aufgabe 9: Immer wenn ich nachts aufwache und an den nächsten Morgen denke, dann habe ich die ganze Woche vor Augen.

Aufgabe 10: Immer wenn ich abends nicht einschlafen kann, besonders sonntags, und an den nächsten Morgen denke, dann habe ich die ganze Woche vor Augen.
Immer wenn ich abends nicht einschlafen kann, besonders sonntags, und an den nächsten Morgen denke, dann habe ich die ganze Woche vor Augen. Gestern Nacht ist es mir wieder so ergangen.

Seite 267: Zeichensetzung
Aufgabe 1: Richtig sind die Aussagen a), b) und d).
Aufgabe 2: Wie alt bist du**?**
Aufgabe 3: Was hast du denn da wieder gemacht**?** – als Frage gemeint
Was hast du denn da wieder gemacht**!** – als Vorwurf oder Anklage gemeint
Was hast du denn da wieder gemacht**.** – kann zum Beispiel Enttäuschung ausdrücken
Aufgabe 4: a) Sie sagte**: „**Ich konnte gestern nicht kommen**."**
b) **„**Warum denn nicht**?"**, fragte er**.**
c) **„**Weil ich**"**, sagte sie**, „**zum Training musste**."**
Aufgabe 5: Richtig sind die Aussagen a) und c).
Aufgabe 6: a) Sie schrien, tobten, klatschten in die Hände und hielten sich den Bauch vor Lachen.
b) Der Regenbogen besteht aus den Farben Rot und Orange, Gelb und Grün, Blau und Violett.
Aufgabe 7: Richtig sind die Aussagen a), c) und d).
Aufgabe 8: Nachdem ich die Tiersendung gesehen hatte, schaltete ich den Fernseher aus.
Aufgabe 9:
a) „Wollen wir heute zum Schwimmen gehen?", fragte ich Laura.
b) Sie antwortete: „Das geht leider nicht."
c) „Warum", fragte ich, „soll das nicht gehen?"
d) Laura sagte: „Ich kann nicht mitkommen, weil meine Tante zu Besuch kommt."
e) Ich musste ihr glauben, dass das stimmt.

Seite 275: Wortarten
Substantive
Aufgabe 1: **Substantive:** Schuss, Tor; **Verben:** spielen, schießen; **Adjektive:** fair, unhaltbar
Aufgabe 2: **Substantive für Lebendiges:** Giraffe, Baum, Mädchen, Kinder, Katze;
Substantive für Dinge und Orte: Kirche, Berlin, Schrank, Italien, Computer;
Substantive für Gefühle: Freude, Traurigkeit, Liebe, Langeweile, Hunger
Aufgabe 3: Richtig sind: a), d), e)
Aufgabe 4: die Nägel, die Münder, die Betten, die Kleider, die Zeichenblöcke

Aufgabe 5: Ich helfe dem Jungen. Ich füttere die Katze.
Aufgabe 6: Eines Tages (Genitiv) ging ich mit meinem Bruder (Dativ) auf den Sportplatz (Akkusativ). Auf dem Platz (Dativ) war viel los, denn alle wollten sehen, wie unsere Mannschaft (Nominativ) spielte. Bis zu dem Ende (Dativ) des Spiels (Genitiv) war der Wettkampf (Nominativ) spannend.
Aufgabe 7:
a) Ich habe im Garten einen Vogel gefunden.
b) Er lag auf dem Gras und zitterte.
c) Dem Vogel ging es nicht gut.
d) Er war wohl aus dem Nest gefallen.
e) Ich habe den kleinen Kerl aufgehoben
f) und auf einen Tisch gelegt.
g) Da sah ich, dass er sich den linken Flügel gebrochen hatte.
h) Ich war traurig, dass ich dem verletzten Vogel nicht helfen konnte.

Seite 282: Artikel und Pronomen
Aufgabe 1: Ein König hatte eine schöne Tochter. Eines Tages kam er auf eine seltsame Idee: Wer dem König zu Weihnachten eine reife Feige bringt, der sollte die Königstochter heiraten. Die Idee war deswegen so seltsam, weil im Winter die Feigen noch nicht reif sind.
Aufgabe 2: a) In einem Text steht der bestimmte Artikel meistens dann, wenn ein Substantiv zum zweiten Mal auftritt.
b) In einem Text steht der unbestimmte Artikel meistens dann, wenn ein Substantiv zum ersten Mal auftritt.
Aufgabe 3: Lauras Kater hat ein weißes Fell. Er ist an den schwarzen Punkten gut zu erkennen. Wenn sie/Laura ihn morgens füttert, dann wartet er schon auf sie.
Aufgabe 4: Tobi hat auch einen Kater. Mit ihm ist er oft unterwegs. Manchmal klettert der Kater auf einen Baum, und von unten schaut Tobi dann zu ihm hinauf.
Aufgabe 5: Richtige ist die Aussage c).
Aufgabe 6: **Personalpronomen:** ich, du, er;
Possessivpronomen: mein, dein, sein
Aufgabe 7: Liebe Frau Wernicke,
nun bin ich schon einen Monat in meiner neuen Schule. Wie **Sie** sich vielleicht denken können, habe ich mich noch nicht so richtig daran gewöhnt. Deswegen habe ich **Ihnen** auch bisher noch nicht geschrieben. Aber jetzt kann ich **Sie** beruhigen. Mittlerweile gefällt es mir hier schon viel besser. Ich denke trotzdem noch oft an **Sie** und **Ihren** tollen Unterricht zurück. Grüßen **Sie** bitte alle meine Mitschüler und sagen **Sie ihnen**, dass ich noch immer an **sie** denke.

Seite 301: Zeitformen
Aufgabe 1: Richtig sind a), c), d).
Aufgabe 2: a) Perfekt, b) Perfekt, c) Präteritum, d) Präsens, e) Präsens, f) Präsens, g) Perfekt, h) Futur.
Aufgabe 3: Ich fragte meinen Freund: „Habt ihr gestern eigentlich das Turnier gewonnen?"
Aufgabe 4: a) Heute Vormittag spielten wir gegen die 6b Volleyball. b) Wir haben uns sehr angestrengt.
c) Trotzdem lief es erst nicht gut für uns.
d) Doch man darf sich nie aufgeben!
e) Am Ende haben wir sie doch noch geschlagen.
Aufgabe 5: Richtig sind a), c) und d).
Aufgabe 6:
a) Gestern fand unser Schwimmfest statt.
b) Ich habe / hatte mich gut darauf vorbereitet.
c) Die Trainerin sagte zu mir:
d) „Mit dir holen wir sicher den Sieg / werden wir sicher den Sieg holen.
e) Du hast mich noch nie enttäuscht."
f) Und tatsächlich: Wir haben den Wettkampf gewonnen. / Wir gewannen den Wettkampf.

Seite 308: Wortarten
Adjektive und Adverbien
Aufgabe 1: schön, blau, eigensinnig, hoch, schmal, langsam, mutig, neu, fröhlich, grün, wunderbar, offen
Aufgabe 2: Ein Fußball ist größer als ein Tennisball, aber kleiner als ein Medizinball.
Aufgabe 3: Eine Ein-Euro-Münze ist größer als eine Zwei-Cent-Münze, aber kleiner als eine Zwei-Euro-Münze.
Aufgabe 4: Ein Fernsehturm ist höher als ein Haus, aber nicht so hoch wie ein Wolkenkratzer.
Aufgabe 5: Nicht hinein passen: fair, blond, lieb.
Aufgabe 6: **Adjektive sind:** lieb, selten, leicht, schwer; **Adverbien sind:** gern, manchmal, jetzt, immer.
Aufgabe 7 (mögliche Lösung): Mary ist eine sehr gute Schülerin. Sie kann wunderbar Gitarre spielen. In Diskussionen hat sie kluge/schlaue Ideen. Ihre Kleidung ist besonders/ausgefallen. Sie ist auch eine intelligente/gute Klassensprecherin.
Aufgabe 8: **Adverbien des Ortes:** draußen, links, überall, dort, hier, unten … ; **Adverbien der Zeit:** gestern, nachmittags, früher, anfangs, dann, bald, häufig, dreimal, neulich …; **Adverbien der Art und Weise:** ungern, hinterrücks, eilends, anders, so, derart, allerdings, lieber …; **Adverbien des Grundes:** deshalb, folglich, also, deswegen, damit …
Aufgabe 9: nie/manchmal/selten, zuletzt, abends, hier, draußen, gestern/morgen, unten
Aufgabe 10: Adverbien sind: meinetwegen, manchmal, gern, hier.
Aufgabe 11:
a) Meinetwegen kannst du reden, was du willst.
b) Manchmal musst du aber aufpassen …
c) Gern kannst du auch etwas lauter sprechen.
d) Hier von meinem Platz aus kann ich dich schlecht verstehen.
Aufgabe 12:
a) Meinetwegen (Grund) kannst du reden, was du willst.
b) Manchmal (Zeit) musst du aber aufpassen.
c) Gern (Art und Weise) kannst du auch etwas lauter sprechen.
d) Hier (Ort) von meinem Platz aus kann ich dich schlecht verstehen.

Seite 314: Präpositionen – Konjunktionen
Aufgabe 1:
a) Ich gehe durch/in das Tor. b) Ich setze mich auf den Stuhl. c) Ich warte an/vor der Tür. d) Ich warte wegen des Regens unter einem Dach. e) Ich warte dort schon seit einer Stunde. f) Dann gehe ich trotz des Regens weiter.
Aufgabe 2:
a) Ich fahre um den Teich herum. b) Ich klettere auf den Baum. c) Dann ruhe ich mich unter dem Baum aus. d) Ich fahre auf meinem Fahrrad in einen Wald. e) Dort klettere ich auf einen Baum. f) Ich sitze auf einem Ast und schau in den Himmel.
Aufgabe 3: Tina geht heute zu ihrer Freundin.
An Saschas Geburtstag gab es eine große Party. Kannst du heute einmal bei mir vorbeikommen?
Aufgabe 4: Sie konnte die Aufgabe ohne Hilfe lösen. Zwischen den Zweigen huschte ein Eichhörnchen umher. Das kleine Dorf liegt oberhalb des Sees.
Aufgabe 5: Tom hörte Musik, während er auf den Bus wartete. Ich konnte wegen einer Erkältung nicht in die Schule kommen. Das Meer liegt jenseits der Berge.
Aufgabe 6: Richtig ist die Antwort b).
Aufgabe 7:
a) Gestern fuhr ich mit dem Bus in die Stadt.
b) Ich setzte mich auf einen freien Platz.
c) Gegenüber saß ein Mann mit einem Hundekorb.
d) Und aus dem Korb schaute ein Hund heraus.
e) Gestern fuhr ich mit dem gelben Bus.
f) Ich sah von meinem Platz aus einen Mann.
g) Der hatte einen Hundekorb zwischen den Beinen.
h) In dem Korb wackelte ein Hund mit seinen Ohren.
Aufgabe 8: Die Ausdrücke stehen im:
a) Akkusativ, b) Akkusativ, c) Genitiv, d) Dativ,
e) Akkusativ, f) Genitiv
Aufgabe 9: Du hast mich gestern nicht angetroffen, weil ich nicht zu Hause war. Ich konnte ja nicht wissen, dass du mich besuchen wolltest. Und als ich davon erfuhr, war ich

im Schwimmbad. Du musst mich das nächste Mal vorher anrufen, wenn du kommen willst. Dann bin ich bestimmt zu Hause oder im Garten. Ich warte auf dich, aber melde dich vorher!

Seite 329: Satzglieder

Aufgabe 1: Subjekt, Prädikat, Akkusativ-Objekt, Dativ-Objekt, Adverbiale der Zeit, des Ortes, der Art und Weise, des Grundes

Aufgabe 2: a) Dativ-Objekt, b) Adverbial des Ortes, c) Adverbial der Zeit, d) Akkusativ-Objekt, e) Adverbial der Art und Weise, f) Subjekt

Aufgabe 3: Prädikat

Aufgabe 4: a) Akkusativ-Objekt, b) Dativ-Objekt, c) Subjekt

Aufgabe 5:

a) vier Satzglieder: Der Naturschutzbund / verlieh / dem Eichelhäher / den Namen „Vogel des Jahres". b) vier Satzglieder: Der Verein / begründete / seine Wahl / folgendermaßen:

c) vier Satzglieder: Der Eichelhäher / verdient / wegen seiner Nützlichkeit / unseren Schutz.

d) fünf Satzglieder: Er / versteckt / jedes Jahr / Eicheln / im Waldboden.

e) vier Satzglieder: Er / lässt / durch diese Tätigkeit / einen natürlichen Mischwald / entstehen.

f) fünf Satzglieder: Er / schafft / auf diese Weise / anderen Vögeln / Nahrungsplätze.

g) fünf Satzglieder: Er / gibt / damit / den Singvögeln / die Lebensvoraussetzungen.

h) vier Satzglieder: Er / erweist / allen Tieren des Waldes / einen guten Dienst.

i) vier Satzglieder: Dieser „Polizist des Waldes" / warnt / oft / die anderen Tiere.

j) fünf Satzglieder: Sie können / dann / schnellstmöglich / in den dichteren Wald / entfliehen.

Aufgabe 6: d) Jedes Jahr ...; e) Durch diese Tätigkeit ...; f) Auf diese Weise ...; g) Damit ...; h) Allen Tieren des Waldes ...;

Aufgabe 7: i) Oft ...

Aufgabe 8: j) Schnellstmöglich ...

Quellen

Texte

Seite 19: Nutzer verbringen im Schnitt 3,7 Stunden am Smartphone. Reuters, Frankfurter Allgemeine Zeitung, 15.01.2020

Seite 28: BMX-und Dirt-Bike-Park (verändert). Stadt Annaberg-Buchholz. https://www.annaberg-buchholz.de/de/meldungen/2019/10/neuer-bmx--und-dirt-bike-park-am-poehlberg.php?lastpage=zur%20 Ergebnisliste&url=&start=40

Seite 35–36: Gefangen im Kaninchenbau (verändert). nach: Alexander Mertens: Dackel Luzi im Kaninchenbau. Bild-Zeitung vom 19.01.2001

Seite 40–42: Katharina Kesper: Gefährliche Kindheit im Slum. Interview zum UNICEF-Foto des Jahres. Deutsches Komitee für UNICEF e.V., Köln

Seite 43–44: Martin Theis: Leben an der Klippe (Erstveröffentlichung). Martin Theis. Pfleghofstraße 1, 72070 Tübingen

Seite 46: Dela Kienle: Parmila darf lernen (verändert). Dela Kienle, GEOlino. https://www.yumpu.com/de/document/read/29718071/parmila-darf-lernen-pdf-aus-dem-geolino-heft-04-younicefde

Seite 53–59: Mecka Lind: Isabel, ein Straßenkind in Rio (verändert). Aus: Mecka Lind: Isabel, ein Straßenkind in Rio. Arena Life. 2. Auflage 1996. © by Arena Verlag GmbH, Würzburg 1995, Seite 50-61

Seite 62–63: Gustav Schwab: Der Zyklop Polyphem (verändert). aus: Gustav Schwab: Die schönsten Sagen des klassischen Altertums. Tosa Verlag, Wien o.J.

Seite 65–66: Prometheus (verändert): aus: Richard Carstensen: Griechische Sagen. Bearbeitet von Gustav Schwab und Richard Carstensen. Ensslin & Laiblin Verlag, Reutlingen 1996

Seite 68: Die Sage vom Ritter Iwein mit seinem Löwen. Originalbeitrag von Wolfgang Menzel

Seite 74–75: Dädalus und Ikarus. Originalbeitrag von Harald Herzog

Seite 80–82: Eine Frau bewegt die Welt (verändert). nach: Bertha Benz: Eine Frau bewegt die Welt. Mercedes-Benz AG, Stutgart,https://www.mercedes-benz.com/de/classic/bertha-benz/

Seite 132: Erster Mensch am Südpol (verändert). nach: Dienstag, 14. Dezember 2021: Nicole Schuster, Katharina Ronhold: Roald Amundsen war als 1. Mensch am Südpol, 1911. Bundeszentrale für politische Bildung, Bonn: https://www.hanisauland.de/node/1231

Seite 88–89: Bürgerrechtsaktivitäten. Originalbeitrag

Seite 92: Loeb Strauß (aka Levi Strauss). Erfinder der Jeans (verändert). nach: Tricia Jones GmbH, München, 27.06.2019, https://www.a-n-a.com/shop/blog/portraits/10-menschen-die-die-modewelt-revolutioniert-haben

Seite 94: Chesley Sullenberger – Pilot wird als Held gefeiert (verändert). nach: ott/jba, FOCUS Online vom 09.09.2015. http://www.focus.de/panorama/welt/chesley-sullenberger-pilot-wird-als-held-gefeiert_aid_362553.html

Seite 95: Helga Kleisny: Chesley Sullenberger: Drei Minuten, 28 Sekunden (verändert). nach: Helga Kleisny. Zeit Online, 09.09.2016,https://www.zeit.de/wissen/2016-09/chesley-sullenberger-new-york-airbus-pilot-hudson-river-notlandung?utm_referrer=https%3A%2F%2Fwww.google.com%2F

Seite 97–98: Lebensretter Kenan will kein Held sein (verändert). nach: Herbert Mackert (dpa): Lebensretter Kenan will kein Held sein. dpa Augsburger Allgemeine, 31.05.2019, https://www.augsburger-allgemeine.de/bayern/Wie-aus-einem-Kind-ein-Held-wurde-id54462666.html, wgr/©dpa

Seite 186-188: Jörg Fingerhut: Populär – Yusra Mardini (verändert). nach: Jörg Fingerhut: Der Hamburger Magazin. Ausgabe 44, Herbst 2019. Der Hamburger Verlag GmbH, https://www.derhamburger.info/populaer-yusra-mardini

Seite 119: Text A: Holly Goldberg Sloan, Meg Wolitzer: An Nachteule von Sternhai. Übersetzt von Sophie Zeitz. Hanser Literaturverlage. München, 2019

Seite 119: Text B: Anne Becker: Die beste Bahn meines Lebens. Beltz & Gelberg. Weinheim, 2019

Seite 119: Text C: Neal Jarrod Shusterman: DRY. Übersetzt von Kristian Lutze und Pauline Kurbasik. S. Fischer Verlag GmbH. Frankfurt am Main, 2018

Seite 119: Text D (Klappentext verändert): Kathrin Schrocke: IMMER KOMMT MIR DAS LEBEN DAZWISCHEN. Mixtvision Mediengesellschaft mbH, München 2019, https://mixtvision.de/buecher/immer-kommt-mir-das-leben-dazwischen/

Seite 119: Text E: Oliver Uschmann, Sylvia Witt: Meer geht nicht. Gulliver, Beltz Verlage. Weinheim, 2020, https://www.beltz.de/kinder_jugendbuch/produkte/produkt_produktdetails/42812-meer_geht_nicht.html

Seite 119: Text F: Enne Koens: Ich bin Vincent und ich habe keine Angst. Übersetzt von Andrea Kluitmann. Gerstenberg. Hildesheim, 2019

Seite 125–126: Erich Kästner: Als ich einkleiner Junge war (verändert). Nach: Erich Kästner: Als ich ein kleiner Junge war. © Atrium Verlag AG, Zürich. 1. Auflage 2016. Seite 54–56, 75–77, 88, 173–174

Seite 130-139: Erich Kästner: Emil und die Detektive (verändert). Nach: Erich Kästner: Emil und die Detektive. Atrium Verlag AG Zürich. Dressler Verlag GmbH Hamburg, © Atrium Verlag AG, Zürich 1935, Seite 29–36, 46–48, 58–60, 66–70, 79–82, 124–133

Seite 144: Gina Ruck-Pauquèt. Der Löwe, der Mäuschen hieß. Aus: Mut tut gut! Geschichten, Lieder und Gedichte vom Muthaben und Mutmachen. Hrsg. von Rosemarie Portmann: © Arena Verlag GmbH, Würzburg 1994. © Gina Ruck-Pauquèt

Seite 146–147: Leo N. Tolstoi: Der Sprung. Kindererzählungen, Märchen und Fabeln russischer Klassiker. Aus dem Russischen übersetzt von Manfred von Busch. Alfred Holz Verlag, Berlin 1971

Seite 149–152: Jutta Richter: Der Rattenkönig (+Hörtext). Aus: Jutta Richter: Ich möchte einfach alles sein. Geschichten, Gedichte und Bilder aus der Kindheit. Ausgewählt von Uwe-Michael Gutzschhahn. © Carl Hanser Verlag. München, Wien 1998

Seite 154–156: Julius Becke: Beim Tiger. Aus: Was für ein Glück. Neuntes Jahrbuch der Kinderliteratur. Hrsg. von Hans-Joachim Gelberg. © 1993 Beltz Verlag, Weinheim und Basel. Programm Beltz & Gelberg, Weinheim, Seite 177–179

Seite 154–156: Gina Ruck-Pauquèt: Ein Hund mit blauen Augen. Aus: Schwann Arbeitsbuch Literatur 5, © Pädagogischer Verlag Schwann. Düsseldorf 1971

Seite 172: Wilhelm Busch: Bewaffneter Friede. Aus: Wilhelm Busch: Gesamtwerk. Hamburg: Xenos Verlagsgesellschaft mbH 1986

Seite 173: Joachim Ringelnatz: Bumerang. Aus: Joachim Ringelnatz: Das Gesamtwerk in sieben Bänden. Zürich: Diogenes 1994

Seite 173: Philipp Günter: Bumerang. Originalbeitrag

Seite 174: Wolfgang Bächler: Der Nebel. Aus: Gedichte für Anfänger. Hrsg. von Joachim Fuhrmann. Reinbek bei Hamburg: Rowohlt 1980

Seite 175: Mascha Kaléko: Der Frühling (verändert). Erste Strophe aus dem Gedicht: Die vier Jahreszeiten. Aus: Dies.: Die paar leuchtenden Jahre. München: © dtv Verlagsgesellschaft München 2004

Seite 176: Arno Holz: Schönes, grünes, weiches Gras. Aus: Arno Holz Werke Band I. Phantasus. Hrsg. von Wilhelm Emrich und Anita Holz. Neuwied am Rhein/Berlin-Spandau: Hermann Luchterhand Verlag 1961

Seite 177: links: Cyrus Atabay: Freundschaft. Aus: Neue deutsche Erzählgedichte. Hrsg. von Heinz Piontek. Stuttgart: Deutsche Verlagsanstalt 1964 rechts: Cyrus Atabay: Freundschaft (verändert). Aus: Neue deutsche Erzählgedichte. Hrsg. von Heinz Piontek. Stuttgart: Deutsche Verlagsanstalt 1964

Seite 178: Bertolt Brecht: Die Vögel warten im Winter vor dem Fenster. Aus: Die Gedichte von Bertolt Brecht in einem Band. Hrsg. vom Suhrkamp Verlag, für die Gedichte 1 bis 3 in Zusammenarbeit mit Elisabeth Hauptmann. © für diese Ausgabe: Suhrkamp Verlag, Frankfurt am Main 1981

Seite 179: Matthias Claudius: Ein Lied hinterm Ofen zu singen. Aus: Matthias Claudius: Werke. Stuttgart: Cotta'sche Buchhandlung 1965

Seite 180: Reinhard Döhl: Apfel. Aus: Arbeitsheft Praxis Deutsch. 4. konkrete poesie und Buchstabenspiele. Arbeitsheft für Schüler. Von Anneliese Senger

Seite 180:: Eugen Gomringer: wind. Aus: eugen gomringer: worte sind schatten. die konstellationen 1951–1968. Hrsg. von Helmut Heißenbüttel. Reinbek bei Hamburg: Rowohlt 1969

Seite 180:: Eugen Gomringer: schweigen. Aus: eugen gomringer: worte sind schatten. die konstellationen 1951–1968. a.a.O.

Seite 180:: Timm Ulrichs: ordnung – unordnung. Aus: Arbeitsheft Praxis Deutsch. 4. konkrete poesie und Buchstabenspiele. a.a.O.

Seite 182: Beispiele für konkrete Poesie. Aus: Arbeitsheft Praxis Deutsch. 4. konkrete poesie und Buchstabenspiele. a. a. O.Seite 195: Theodor Storm: Abseits. Aus: So viele Tage wie das Jahr hat. 365 Gedichte für Kinder und Kenner. Gesammelt und herausgegeben von James Krüss. 10. Auflage der Neuausgabe von 1989, © 1959 bei C. Bertelsmann Jugendbuch Verlag, München

Seite 183: Theodor Storm: Abseits. Aus: So viele Tage wie das Jahr hat. 365 Gedichte für Kinder und Kenner. Gesammelt und herausgegeben von James Krüss. 10. Auflage der Neuausgabe von 1989, © 1959 bei C. Bertelsmann Jugendbuch Verlag, München

Seite 184–185: Emanuel Geibel: Die Goldgräber. Aus: Wolfgang Stammler (Hrsg.): Geibels Werke. Kritisch durchgesehene und erläuterte Ausgabe. Zweiter Band. Leipzig und Wien: Bibliographisches Institut 1918

Seite 187: Gottfried August Bürger: Die Schatzgräber. Aus: Ders.: Sämtliche Werke. Hrsg. von Günter und Hiltrud Häntzschel. München: Carl Hanser Verlag 1987

Seite 188–189: Johann Wolfgang von Goethe: Der Zauberlehrling. Aus: Johann Wolfgang von Goethe: Werke. Bd. I: Gedichte und Epen. Hrsg. von Erich Trunz. Hamburger Ausgabe. München: Beck 1978

Seite 192–193: Friedrich Rückert: Barbarossa. Aus: Friedrich Rückert: Ausgewählte Werke. Hrsg. von Annemarie Schimmel. Erster Band: Insel Verlag. Frankfurt am Main, 1988

Seite 194–200: Michael Ende: Nobert Nackendick (verändert). Nach: Michael Ende, Reinhard Michl: Norbert Nackendick oder das nackte Nashorn.

Bilder

|akg-images GmbH, Berlin: Bildarchiv Abraham Pisarek 122.1; Dix, Otto © VG Bild-Kunst, Bonn 2020 127.1. |Alamy Stock Photo, Abingdon/Oxfordshire: Andrii Biletskyi 123.1; Arina Habich 221.1; Bettina Strenske 219.3; Chris Lawrence 222.1; Danita Delimont 220.2; Eivaisla 123.2; Florin Seitan 219.1; Free_styler 122.4; Imageplotter Travel 222.3, 222.4; Jan Sochor 219.2, 221.2; Janine Wiedel Photolibrary 222.2; kornienko alexandr 122.5; PictureLux / The Hollywood Archive 220.1; robertharding 6.4, 219.5; Sarah Ingledew 225.1; Sorin Colac 225.2; Zoonar GmbH 219.4. |Alamy Stock Photo (RMB), Abingdon/Oxfordshire: imageBROKER 209.1. |Atrium Verlag AG, Zürich, Hamburg: Coverillustration „Erich Kästner, Emil und die Detektive. Ein Comic von Isabel Kreitz" © Atrium Verlag AG, Zürich 2018 130.2; Erich Kästner, Als ich ein kleiner Junge war. Titelillustration von Hans Traxler © Atrium Verlag AG, Zürich 2011 125.1, 141.8; Erich Kästner, Das doppelte Lottchen. Illustration von Walter Trier © Atrium Verlag AG, Zürich 1949 141.7; Erich Kästner, Das fliegende Klassenzimmer. Illustration von Walter Trier © Atrium Verlag AG, Zürich 1935 141.2; Erich Kästner, Der kleine Mann. Illustration von Horst Lemke © Atrium Verlag AG, Zürich 1963 141.5; Erich Kästner, Die Konferenz der Tiere. Illustration von Walter Trier © Atrium Verlag AG, Zürich 1958 141.6; Erich Kästner, Emil und die Detektive. Illustration von Walter Trier © Atrium Verlag